娱乐业的玩"法"

杨吉
Jeff Yang

著

中国社会科学出版社

图书在版编目（CIP）数据

娱乐业的玩"法" / 杨吉著. — 北京：中国社会
科学出版社，2017.6
ISBN 978-7-5203-0621-8

Ⅰ.①娱… Ⅱ.①杨… Ⅲ.①电影－传媒法－研究－
中国②电视－传媒法－研究－中国 Ⅳ.①D922.84

中国版本图书馆CIP数据核字（2017）第127270号

出 版 人	赵剑英	
责任编辑	郭晓娟	
责任校对	王纪慧	
责任印制	王 超	

出　　版	中国社会科学出版社	
社　　址	北京鼓楼西大街甲 158 号	
邮　　编	100720	
网　　址	http://www.csspw.cn	
发 行 部	010－84083685	
门 市 部	010－84029450	
经　　销	新华书店及其他书店	

印　　刷	北京君升印刷有限公司	
装　　订	廊坊市广阳区广增装订厂	
版　　次	2017 年 6 月第 1 版	
印　　次	2017 年 6 月第 1 次印刷	

开　　本	710×1000　1 / 16	
印　　张	26.25	
字　　数	366 千字	
定　　价	58.00 元	

凡购买中国社会科学出版社图书，如有质量问题请与本社营销中心联系调换
电话：010－84083683

前言 | 在高调的行业做低调的事

一

意料之中，"网络红人"谷阿莫果然被控侵权了。

2015 年 1 月，他在 Facebook 上传短视频"5 分钟看完热门韩剧《皮诺丘》"。他用诙谐的语调、独特的视角介绍时下热门影视剧的做法，令人耳目一新，视频上传当月，便累计近 46 万次点赞。次月，他又如法炮制，在新浪微博上发布了"5 分钟看完《飓风营救》1 至 3 集"，同样收获了超高的人气，有数据显示，仅 8 天就有 50 余万粉丝关注。从此往后，谷阿莫的"× 分钟带你看完一部电影"一发不可收拾，每隔一段时间，他便在社交媒体上发布类似视频，通过对电影进行重新剪辑，再配以口吐莲花脱口秀式吐槽而在网络空间一举走红。

然而，问题也随之产生！争议焦点在于谷阿莫这种未经著作权人同意的"滑稽模仿"（Parody）是否构成侵权？当然在谷阿莫一方看来，这是"合理使用"，是《著作权法》赋予的权利。该法第二十二条第（二）项规定，"为介绍、评论某一作品或者说明某一问题，在作品中适当引用他人已经发表的作品"，可以不经著作权人许可，不向其支付报酬。但谷阿莫的行为能以此抗辩免责吗？换言之，"合理使用"的边界又在哪里？

根据我国《著作权法实施条例》第二十一条规定："依照著作权

法有关规定，使用可以不经著作权人许可的已经发表的作品的，不得影响该作品的正常使用，也不得不合理地损害著作权人的合法利益。"这可以视为我国立法对"合理"的界定。回到谷阿莫系列视频中，他从网络上非法下载影片（有些还是正在院线上映的影片），将数小时的正片内容浓缩成几分钟的篇幅，这不仅让剧情提前曝光，而且所谓"×分钟看完一部电影"，其潜台词不亚于认为这部电影废话连篇、有很多啰唆的内容——不论谷阿莫主观上是否有恶意，客观上是对影片版权方发行收益的侵害，而非提高。

所以，谷阿莫的成名之路也是他是非不断、饱受争议之路。已经有不少影评人、导演、法律专家对其行为提出了质疑，认为他有侵权嫌疑。直到最近，他因为公开"几分钟说完"了《哆啦A梦》《模仿游戏》《W两个世界》等六部影视剧而遭到两家电影发行代理商的起诉。

就在谷阿莫官司缠身的前不久，娱乐圈风波不止。国内知名女星白百何被爆婚内出轨，在异国约会小男模。正当公众一片哗然，纷纷将目光聚焦到当事人两夫妻如何回应时，白百何和她的丈夫——本身也是国内知名歌手、音乐人的陈羽凡，分别通过各自的社交媒体对外发声，要点竟然是：二人早已于2015年协议离婚，但为了保护孩子，没有选择公开这一消息。既然事已至此，也不再隐瞒，望大家周知且予以理解和包容。峰回路转、急转直下，用这八个字来形容这一起明星婚姻危机（娱乐八卦），再贴切不过。

尽管事后，那位第一时间披露该事件的娱记云淡风轻地表示"理解他们的做法"，但据他得到的确切消息，"两人分居两年多，但没有办离婚手续"。这句话显然话里有话，似乎另有玄机。不过话说回来，它却不是我们最终要关心的议题。究竟是婚姻关系仍然存续、早就分居，还是感情确已破裂、协议离婚，这是当事人的私事和私权利，民众可以关切，但不能干涉。而就法律范畴来讲，它引发人们思考的是明星隐私权和公众知情权之争（有时还涉及媒体报道权），以及当两者利益冲突时如何平衡的话题。

二

在盛产电影、明星和花边新闻的好莱坞，则有应对之策，除了普通法、侵权法、相关判例，还有由名人州长阿诺德·施瓦辛格（Arnold Schwarzenegger）在 2009 年签署通过的地区性的《加州反狗仔队法案》（*Anti-Paparazzi Bill*）。这些较为周全、严密的制度安排为保障信息公开、公众知情和个人隐私的"相对均衡"划定了框架。

相较而言，我国在个人隐私保护，尤其是处理明星隐私、媒体报道和公众诉求关系上，相关法律法规并不完善。不仅如此，还有像谷阿莫一类的非法下载二次创作引发的著作权侵权问题，《人在囧途》与《人再囧途之泰囧》之间的不正当竞争，从韩庚到吴亦凡再到鹿晗与韩国 SM 娱乐公司的演艺经纪纠纷，王宝强、马蓉婚变丑闻牵连出的公民名誉权侵权。新实施的《广告法》对明星名人产品代言进行了责任限定，如小 S 那样，若要为某牙膏品牌宣传说"能量加上持久光泽，只需一天牙齿就真的白了"，可没那么轻松自在了……

正如我们看到的，随着中国影视娱乐行业的快速发展——以电影市场为例，2002 年中国电影产业化起步初期，全国电影票房不足10 亿元，到 2010 年全国票房突破 100 亿元。而"十二五"期间，中国电影用 5 年时间便实现了从 100 亿元到 440.69 亿元的纵身一跃，保持着总票房 30% 左右的高增长率。到了 2016 年，全国票房达到457.12 亿元，同比增长 3.73%，观影人次超过 13 亿。广阔市场、人口红利、后发优势、代际变化、消费升级，天时地利人和，多重因素的融合催生了娱乐这个新兴产业的崛起。与此同时，与之相关的配套需求、专业问题也愈发凸显。

譬如，一部热门小说要被改编成影视剧，涉及版权交易该如何谈判？授权协议该如何起草？有哪些不易被察觉的隐患（条款陷阱）需要排查？又譬如，到了投资拍摄环节，联合出品有哪些方式？合同如何订立？到了建组筹拍期，对制片到导演再到大量工作人员的聘任、剧组规则和纪律、剧组公章保管与使用等该如何执行？再譬如，作为新生事物的互联网众筹、影视产品金融化或资产化，这种"跨界合作"有哪些门道以及鲜为人知的内幕，特别借由电影《叶问3》票房造假事件的爆发，监管部门的介入对影视行业的规范和风险规避有哪些启发？我们从中又该吸取什么教训？还有，2017年3月1日起实施的《中华人民共和国电影产业促进法》，作为我国文化传媒领域第一部严格意义上的法律，它的颁布对我国电影行业（市场）释放出哪些积极信号，法律条文尚存在哪些不足？行业内普遍期待的电影分级制会在何时"靴子落地"——后者与当前常为人"诟病"的广电审查实际上是一体两面。

上述这些不仅是当前国内影视娱乐行业实务中经常出现和亟待解决的问题，也是本书要集中展开讨论、系统且全面介绍的议题。除此之外，针对学界、业界提出的一些似是而非、模棱两可的概念，例如"娱乐法""IP"（常常结合"产业链"一词来使用），它们究竟是怎么回事，语词的背后在传递什么信息，本书都将给出详尽的阐释。不可否认，它虽是一家之言，但希冀正本清源。

三

就本书主题——影视娱乐业的法律实务（或用一个时髦的、舶来的概念简称"娱乐法"，Entertainment Law）来说，截至目前不乏有同行们发表、出版的相关研究成果。如宋海燕教授的《娱乐法》，她同时也是一名律师、某律所的高级合伙人；像李振武和隋平主编的《娱乐法诉讼案件审理实务》，两位都有丰富的一线实务经验，李振武本人就是一名中院法官；还有专职律师周俊武撰写的《当明星撞上法律》，他结合自己的代理案件，与我们分享了围绕明星展开的肖像权、著作权、名誉权、隐私权等法律知识点，他之前还出版过一本类似的作品，叫作《星路律程：行走娱乐圈的法律之道》。另外，还有在业内已取得相当知名度和成就的两个自媒体：一个是由 90 后女孩刘莐创办的"如是娱乐法"，其主持翻译了《好莱坞怎样谈生意：电影、电视及新媒体的谈判技巧与合同模板》，该书的出版相当于好莱坞"娱乐业法务指南"对国内相关行业的一次传经送宝；另一个是由王军律师领衔的法律服务团队运营的一个名为"TA 娱乐法"的公众号，他们最新的作品便是联合中国传媒大学共同撰写、出版的《中国影视法律实务与商务宝典》。

对这些著述加以梳理、比较，有的侧重对欧美经验的介绍，而缺乏对本国实践的关注；有的只是案例汇编、审判指导，无非是把民商事案件中涉及影视明星的部分加以突出；还有的其实更像知识产权律师的实务操作手册，在影视剧法务中，知识产权占比很大，也因而经常被外界拿来同"娱乐法"混为一谈。从这个意义上讲，创作本书至少有两个目的又或者说是期许：对正在兴起的我国影视娱乐业法律服务和实务作一次系统、全面且具有针对性、及时性的梳理；并在此基础上，完整解答什么是"娱乐法"，它的内涵、外延，以及如何适用等问题，在建构独立的部门法的目标上贡献一己绵薄之力。当然，目前它只是横跨多个部门法的热词，充其量是民商法的一个专业方向。

为了能让更多人看到、读懂，尤其是那些对"娱乐法"感兴趣的非法律科班出身的影视传媒业从业者，如投资人、制片人、导演、演职、企业管理人士等，在写作本书时，我尽量避免深奥术语和晦涩用语，努力让行文通俗易懂，让文本好读有趣。

每一章的开篇，通常从新近发生的新闻事件切入，然后引出相关法律知识点，做专题性讲解。在确保必要理论深度的同时，为了与传统教材有所区分，进而突出本书的实用性、操作性，每一章都会融合对许多相关案例的分析，并结合个人实务经验，最终在结尾处奉上策略性或技术性的建议。值得一提的是，标题用"设问式"语句，为的是简明扼要地提出问题，方便读者按需查找索引，但独立成章的内容不仅只是回应标题，事实上正文涵盖的内容、议题、思想、案例乃至对策要远超过标题表面看上去所覆盖的范围。

本书最后,附录了影视娱乐法务经常会用到的合同模板或法律范本,这些都是我平日里身为一名法律工作者或符合本文语境下的"娱乐法律师",在给客户企业提供咨询服务时起草、审查或修改时有意识地整理出来的。希望这些文本能对读者有启发、帮助,进而与同行分享,且不吝指正。

四

恰如本书前言只是正式阅读本书的开始,而我希望本书的问世只是方便大家阅读其他相关著作的开始。有很多含金量高、"干货满满"的好书将有助于我们了解"娱乐法"的理论与实务,即便它们中很多不专属于此法本身,但多一点不同维度的知识储备总是好的。毕竟,开卷有益、知行得合一。

除了前面提到的几本图书,限于篇幅,再精挑细选列出以下10本推荐书目,排名不分先后,它们分别是:

1. 王迁:《知识产权法教程》,中国人民大学出版社 2016 年版。

2. 姜汉忠:《版权洽谈完全手册》,世界图书出版公司 2015 年版。

3. 陈焱:《好莱坞模式:美国电影产业研究》,北京联合出版公司 2016 年版。

4. 梅峰、李二仕、钟大丰:《电影审查:你一直想知道却没处问的事儿》,北京联合出版公司 2016 年版。

5. 〔美〕哈罗德·L.沃格尔:《娱乐产业经济学:财务分析指南》,中国人民大学出版社 2013 年版。

6. 〔美〕大卫·伊斯曼:《贩卖音乐:美国音乐的商业进化》,世界图书出版公司 2017 年版。

7. 〔美〕唐·R.彭伯:《大众传媒法》,中国人民大学出版社 2005 年版。

8. 〔美〕爱德华·杰·艾普斯坦:《制造大片:金钱、权力与好莱坞的秘密》，台海出版社 2016 年版。

9.James Andrew Miller, *Powerhouse: The Untold Story of Hollywood's Creative Artists Agency*, Custom House, 2016.

10.Sherri Burr, *Entertainment Law: Cases and Materials in Established and Emerging Media*,West Academic Publishing, 2017.

本书写作过程中曾受益于上述优秀作品的启发，并参考了部分观点、素材和案例，在此一并表示感谢。本研究作为创意传播研究中心成果，接受了浙江省"十三五"新兴特色专业——"网络与新媒体专业建设专项资金"的资助，在此表示感激！

当策划编辑郭晓娟女士问起我，对新作有何期待时，我说，希望能给目标读者有价值的真知灼见，同时期待引发讨论，哪怕是批评拍砖，也都将有利于"娱乐法"在更广大范围被探讨、研究和实践。它的落地生根、发芽成长，最终获益的无疑是中国影视娱乐产业——我们期待它工业化、规范化、专业化、系统化那天的到来。

回到写作本身，其过程艰辛自受、孤单自知，幸好有思考独处所带来的寂寞的欢愉。敲下成书前最后一个字，内心抑制不住激动，我知道它带给我的除了"在高调的行业做低调的事"所不为人知的快感外，更有智识的训练和专业的精深而产生的满足感。

感谢购买、欢迎进入，请继续下一页……

杨吉 @ 杭州

二〇一七年四月二十七日

目　录

Content ···

第一章

"娱乐法"是新法吗？

当越来越多的人在谈"娱乐法"（Entertainment Law）的时候，他们究竟在谈什么？

在定位"寻找答案，分享知识"的在线问答社区"知乎"上，有网友提出"娱乐法"在中国具体包括哪些法律法规、娱乐法律师的主要工作内容是什么，一个叫刘茜的人给予了认真回复。她写道："娱乐法在中国确实属于新兴领域。要在中国成为一个专业的部门法，恐怕还需要 50 年的发展时间。目前中国高校没有任何专门的课程以及教科书，连学术产出都几乎为零。"随后，她简单介绍了美国的发展历程，大致梳理了中国所谓"娱乐法"涵盖的部门法和相关从业律师（法律工作者）需要从事的内容 —— 她认为主要有两块，一是国际市场上娱乐产业国际贸易，二是版权服务、各种合同起草、审查与谈判等。但在文章的最后，她也没有给出一个相对明确的"娱乐法"定义。①

同样，在一本号称"中国大陆第一本娱乐法专著"的《娱乐法》一书中，作者宋海燕博士也只是在自序中简单地介绍"娱乐法"概念。她写道："其实，娱乐法并非一门单独的法律学科，而是融合了

---

① 参见"知乎"网 2014 年 3 月 11 日的提问，http://www.zhihujingxuan.com/17392.html。值得一提的是，该网站曾获《新周刊》2011 年度"最有价值网站（资讯栏）"的称号，其颁奖词是："它不是一个好玩的平台，却是一个耐看的网站，不是百科全书，但能答疑解惑。它用知识串联社交，用问答拉近距离，它是求知者的乐园，也是授业者的讲堂，严肃而不沉重，专业中不失诙谐，用通俗的语调传达知识的能量。它的存在阐述了最简单的真理：知识是第一生产力，也是人类进步的阶梯。"

合同法、著作权法、商标法、侵权责任法、劳动法,甚至破产法的跨部门的调整娱乐行业商业行为的法律规范的综合。"同时,她也指出,作为世界上最成熟发达的娱乐产业鼻祖,以好莱坞为代表的美国娱乐产业覆盖了电影、电视、数字媒体、音乐、出版、软件游戏等多项产业。并且,为适时反映该产业的法律需求,美国不少法学院 —— 包括宋海燕博士本身任教的美国洛杉矶洛约拉大学法学院(Loyola Law School Los Angeles)也专门开设了"娱乐法"课程。[①]宋博士不仅是一名教师,还是美国加州和中国的执业律师,曾任美国迪士尼公司亚太区高级知识产权法律顾问,因此,她的观察一定程度上反映了当前法律学界和实务界对"娱乐法"概念的研究现状与认知水准。

根据已有的、公开的文献梳理,2013 年 2 月,中国《知识产权报》刊登了一篇题为"娱乐法:新兴的知识产权研究领域"的文章。文中以类似"海外采风"的视角,介绍了美国娱乐法的教学和研究进展。据称,加州大学洛杉矶分校(UCLA)是全美国第一个开始对娱乐法进行研究的法学院,至今已有四十余年,它甚至还办有《娱乐法评论》(UCLA Entertainment Law Review)杂志。如今,美国很多法学院的课程体系中都有娱乐法这门课,且多为与版权法、专利法、商标法及反不正当竞争法并列的一门课程。此外,该文的信息价值在于观点鲜明地指出"娱乐法属于知识产权法"和"娱乐法是一个集合所有传统法学并专注于娱乐产业发展所形成的一个新课程"。这两个定论似乎为"娱乐法"理顺了部门法归属(并非一个独立学科)和它所涵盖的法律部门。[②]

---

① 宋海燕:《娱乐法》,商务印书馆 2014 年版,详见"自序"部分。

② 文中写道:"但由于娱乐法的实践通常也涉及雇佣法、合同法、侵权法、劳动法、破产法、证券法、税法、保险法,甚至刑法、国际私法,如娱乐法领域的从业人员可能需要撰写合同、协商或者调解,有时还可能会进行诉讼或者仲裁,因此,从各校的娱乐法课程介绍来看,其内容涵盖面极宽。"参见魏玮《娱乐法:新兴的知识产权研究领域》,载《知识产权报》2013 年 2 月 18 日。

于是一系列问题随之产生。例如，难道"娱乐法"真的难以下定义吗？如果有，它究竟是什么法？隶属什么学科？涵盖哪些部门法？它与比较相近的知识产权法（Intellectual Property Law），或者传媒法（Media Law）又有什么区别？

就像曾经困扰中国法学界很长一段时间的一个问题（争议），即"经济法是不是部门法"，如今类似的疑问也落在了"娱乐法"头上。① 虽然国内有不少专家学者先后以影视法、艺术法、文艺法等称谓发表了一系列专著或文章，甚至也有学者较早地提及过"娱乐法"，但这一概念长久以来并未引起重视，"娱乐法"的部门法地位自然也无法获得应有的认可。② 然而，随着我国文娱产业的蓬勃发展，与文化传媒、数字娱乐市场相配套的法律服务需求势必呈现出井喷态势。③

---

① 自从经济法产生之日起，就伴随着经济法与相关部门法学关系的争议，其中包括经济法是不是一个独立的部门法，以及它与民商法、行政法乃至后来的社会法之间的争议。经过一段时间的探讨、争论，学界对经济法同民法的关系（分别调整国民经济管理关系和当事人以平等身份参与的民间社会经济关系）基本理顺，但经济法同行政法的关系问题随之又突出起来。这不仅因为它们调整的国家经济管理关系与国家行政管理关系都是纵向的管理关系，而且国家行政管理中一部分涉及经济领域，并具有经济性内容，因此也可以称为经济管理。然而这两种经济管理关系用传统部门法划分标准来区分显然是无能为力的。在这种情况下，重新审视法律部门的划分标准，从一种新的视角来讨论经济法与行政法的区分问题，就十分必要了。与此同时，关于经济法与社会法在产生基础、法律价值目标、调整对象和调整方式的诸多不同，观点也日渐明朗、趋于共识。相关文献参见李昌庚：《回归自然的经济法原理》，知识产权出版社 2010 年版；漆多俊：《经济法学》，高等教育出版社 2014 年版；漆多俊：《转变中的法律：以经济法为中心的视角》，法律出版社 2007 年版；张守文：《经济法原理》，北京大学出版社 2013 年版。

② 魏永征等：《影视法导论——电影电视节目制作人须知》，复旦大学出版社 2005 年版；宋震：《艺术法基础》，文化艺术出版社 2008 年版；李绍章：《要不要制定文艺法》，载 "土生阿耿的博客"，http://blog.sina.com.cn/s/blog_55f7ae720100fnvi.html；张平：《版权·文化产业·娱乐法》，载《中国版权》2003 年第 4 期。

③ 据《中国文化产业年度发展报告 2015》（该报告主要分析和盘点 2014—2015 年，含 2014 年全年和 2015 年初）总结，2014 年作为我国全面深化改革的第一年，文化体制改革有序推进，一系列顶层改革设计对于文化管理体制产生了重要影响。2014 年亦是我国文化产业政策密集出台的一年，"跨界融合"成为当年度推动文化产业发展的核心词，支持小微企业发展是本年度政策的重要着力点，政策环境的进一步优化为文化产业发展注入了强劲动力。报告认为，文化产业作为一种新兴产业，已经成为主要经济增长点和引领经济发展的重要引擎。影视、动漫等内容产业持续快速增长，电影市场也迎来了爆发式增长期，票房已近 300 亿元（2015 年 12 月初，全国票房已破 400 亿元，冲刺 450 亿元大关），动漫产业转型升级，总值超过 1000 亿元；在影视（转下页）

一般而言，当"社会关系的特殊性日益凸现，调整这类社会关系的法律规范便从原来所属的法律部门中独立出来，成为单独的法律部门"。[①] 所谓"法律部门"，或者称"部门法"，是指根据一定标准和原则所划定的调整同一类社会关系的法律规范的总称。要划分是否是一个法律部门及是哪一个法律部门，有两个标准：一是法律调整的社会关系，也即法律调整的对象，它是划分法律部门的首要标准；二是法律调整的方法，它是补充标准。此外，法律部门的划分原则有客观原则、目的原则、平衡原则、发展原则、主次原则等。按照前述的划分标准、原则，我国的法律体系一般划分为以下十大法律部门：宪法、行政法、民商法、经济法、劳动与社会保障法、科教文卫法、自然资源与环境保护法、刑法、诉讼法和军事法。[②]

然而必须指出的是，由于社会关系复杂交错，彼此联系，因此法律部门之间往往很难截然分开。事实上，有的社会关系就需要由几个法律部门来调整，例如经济关系就需要由经济法、民法、行政法、劳动法等调整。而回到"娱乐法"上，它便是由众多部门法组成的一个综合体，其法律涵盖知识产权法（主要是著作权、商标）、合同法、劳动法、侵权责任法、诉讼法等。[③]

（接上页）内容与平台合作方面也进行了新探索。报告预测，2015 年以及随后两年，文化产业将继续快速增长，有望继续保持 10% 以上的增速。互联网文化产业将成为文化产业发展的主流，整体发展格局将发生重大变化，互联网文化产业将占到文化产业整体市场价值的 70%；传统媒体文化产业，艺术品与工艺美术、娱乐设备等，体验娱乐和主题公园、设计等三个产业将各占10%。整体大致形成 7∶1∶1∶1 的格局。详见叶朗主编：《中国文化产业年度发展报告 2015》，北京大学出版社 2015 年版。另可参见德勤：《中国文化娱乐产业前瞻——电影新纪元》研究报告，载"德勤中国"，http://www2.deloitte.com/cn/zh/pages/technology-media-and-telecommunications/articles/chinese-culture-entertainment.html。

① 徐显明主编：《法理学》，中国政法大学出版社 2007 年版，第 69 页。

② 张文显主编：《法理学》，高等教育出版社、北京大学出版社 2011 年版。

③ 例如斯坦福大学法学院对于"娱乐法"课程就是类似的介绍。其原文为：Entertainment law is not, in and of itself, a separate legal discipline. Instead, the practice of entertainment law lies at the intersection of various traditional legal disciplines, such as contract, tort, copyright, trademark, antitrust, secured transactions, etc., and applies those disciplines to a unique business setting. 参见其官网介绍：https://law.stanford.edu/courses/entertainment-law/。

所以，对于娱乐法是否能成为一个单独的、成自洽体系法律部门的追问，答案显然是否定的。有两个理由。第一，"娱乐法"是专门服务于娱乐产业的法律规范综合，它横跨了多个部门法。[①] 第二，宽泛意义上的"娱乐法"也包括了娱乐产业的商业惯例 [②] 和政府监管政策，尤其是后者，在中国要积极接受来自国家新闻出版广电总局、文化部、宣传部的文化管理、内容监管。任何影视项目、演出经纪行为都有可能存在政策风险。而这些其实也是一个从事"娱乐法"咨询服务的法律工作者必须要了解的内容，以便为客户解读政策条文、为其提供策略建议和解决方案。[③]

然而，即便在娱乐业发达、"娱乐法"体系相对成熟的美国，学界对于究竟什么是"娱乐法"的称谓，还是存在诸多争议的。根据国内学者的梳理，大部分学者在论及娱乐法时，使用"Entertainment Law"这一用语来强调娱乐法的独立属性。与此不同的是，部分学者使用"法律与娱乐"（Law and Entertainment）来表明其研究对象是涉及娱乐的各种法学的一个综合体而非一个学科。从其调整范围来看，"Entertainment Law"是狭义的娱乐法，调整的是娱乐领域的核心法律问题；而"Law and Entertainment"则为广义的娱乐法，还包含其他

---

① See Erica Winter, *Entertainment Law - Glamor by Association*?, Law Crossing, Retrieved on 29 April 2013.

② See Jeffrey A. Helewitz, Leah K. Edwards, "Entertainment Law", Delmar Pub . Inc., July 2003, page xvii.

③ 由于影视剧的意识形态属性，我国政府对影视剧行业实施较为严格的监管。中国电视剧行业的监管职责主要由国家新闻出版广电总局和省级广播电影电视行政管理部门承担，监管内容主要包括电视剧制作资格准入、电视剧备案公示和摄制行政许可、电视剧内容审查、电视剧播出管理等方面。在电影制作、发行业务方面，我国政府也对电影制作和发行资格准入、电影备案公示和摄制行政许可、电影内容审查、电影发行和放映许可等方面进行监管。国家的监管政策可能对公司影视剧业务策划、制作、发行等各个环节均会产生直接影响。目前，中国影视剧行业的监管政策正处在不断调整的过程中。一方面，如果未来资格准入和相关监管政策进一步放宽，影视剧行业将会面临更为激烈的竞争，外资制作机构、进口影视剧可能会对国内影视剧制作作业造成更大冲击；另一方面，如果公司未能遵循这些监管政策，将受到行政处罚，包括但不限于：责令停止制作、没收从事违法活动的专用工具、设备和节目载体、罚款，情节严重的还将被吊销相关许可证，从而对本公司的业务、财务状况和经营业绩产生重大不利影响。相关政策文献综述可参见胡惠林编《我国文化产业政策文献研究综述》，上海人民出版社 2010 年版。更多可定期点击查阅国家新闻出版广电总局网站《政策法规》栏目，http://www.gapp.gov.cn/govpublic/61.shtml。

涉及娱乐的法律问题。另外，鉴于体育和娱乐在当代有着千丝万缕的联系，有些法学院和学者则干脆把娱乐法和体育法放在一起，称之为"体育和娱乐法"（Sports and Entertainment Law）或"娱乐、体育和休闲法"（Entertainment, Sports & Leisure Law）。[1] 但我们认为，把"娱乐法"与体育法混为一谈是错误的，而这种错误也是显而易见的。体育活动是否属于娱乐的范畴取决于其类型，观赏性体育活动比如观看球赛，属于一种娱乐，受娱乐法的调整；而参与性体育活动因为包含积极参与而非仅仅是休闲（active participation beyond mere leisure），所以不属于娱乐的范畴，主要受体育法的调整。

对于究竟如何给"娱乐法"下定义，参照舍瑞·伯尔（Sherri Burr）在《娱乐法》（*Entertainment Law*）等类似专著中的定义，娱乐法是指围绕电影、电视、戏剧、音乐、体育、出版、网络等主要娱乐媒介的有关合同、知识产权、劳动关系、融资、税务、侵权、行政规制乃至刑事责任的法律规范与判例构成的一个相对法律规范集合。[2] 而这一点则和部分国内学者对于"娱乐法"的界定如出一辙，她认为"娱乐法作为一个法律概念并不是很清楚，从娱乐法所包含的内容上看，早期主要是著作权与邻接权有关的法律，后来涉及与娱乐业有关的所有法律，近年来随着软件和网络娱乐产业的发展，像网吧、在线游戏等法律规范的内容也都属于娱乐法的范围。就像网络法、音乐法、电子商务法的概念一样，娱乐法也是一些相关法律的集合"。[3] 对此，笔者个人持赞同观点。

作为相关法律集合概念的"娱乐法"，从产业面看，可以进一步划分为以下几种类别：电影法［包括剧本购买协议（电影工作室、电

---

① 朱海波：《娱乐法基本问题研究——以美国法为参照》，载《宁波广播电大学报》2008 年第 4 期。
② Sherri Burr, *Entertainment Law: Cases and Materials in Established and Emerging Media*, West Academic Publishing,（2017）.Also See Leah K. Edwards ,Jeffrey A. Helewitz, *Entertainment Law*, Cengage Learning, 1 edition (2003).
③ 张平：《版权·文化产业·娱乐法》，载《中国版权》2003 年第 4 期。

影公司、制片人、与剧本作者签订的协议）、融资、所有权记录、人才协议（编剧、导演、演员、作曲、设计师）、制作和后期制作、工会、分配问题和一般的知识产权问题，特别是著作权与商标权]；音乐法 [包括人才协议（音乐家、作曲者）、制片人协议、同步权利（表演者的音乐同步到录像，包括音乐录像带、电影、电视以及用于商业等，唱片公司有权获取收益），音乐行业的谈判和一般知识产权问题，特别是著作权法]；电视和广播法（包括广播的许可和管理，设备许可和一般知识产权问题，特别是著作权）；剧院法（包括出租与合作协议，以及涉及表演的相关法律问题）；网络与新媒体法（包括知识产权法、信息网络传播条例）；出版和印刷业法（包括广告法、知识产权法）等。

至于前文提到，"娱乐法"与从称谓上相对比较接近的媒体法（Media Law）和传播法（Communication Law）的关系，因为调整对象和调整方法的不同，其实是完全不一样的概念。媒体法和传播法侧重对媒体的规范，是用来调整有关新闻传播活动的法律规范总和。[1] 而娱乐法则是为娱乐产业提供风险规避、咨询服务。

随着娱乐法在美国蔚然成风，多所大学开设了相关的课程，到了 2012 年 7 月，美国《好莱坞报道》（*The Hollywood Reporter*）杂志专门发布了"全美十大娱乐法专业高校"（America's Top 10 Entertainment Law Schools）的榜单，排名前三的分别是：加利福尼亚大学洛杉矶分校法学院（UCLA School of Law）、南加州大学古尔德法学院（USC Gould School of Law）、哈佛大学法学院（Harvard Law School）。值得一提的是，在这十大法学院名单里，有四所高校来自洛杉矶地区，那里正是好莱坞的所在。[2]

而那个当时在知乎上用心作答的刘莐，后来和北大法学院的同

---

[1] ［美］萨莉·斯皮尔伯利：《媒体法》，周文译，武汉大学出版社 2004 年版；［美］约翰·泽莱兹尼：《传播法：自由、限制与现代媒介》，张金玺、赵刚译，展江校对，清华大学出版社 2007 年版。

[2] Matthew Belloni, "America's Top 10 Entertainment Law Schools", *The Hollywood Reporter*, July 27, 2012.

学联合创办了"如是娱乐法"。据他们的官方网站介绍,这是一家国内领先的娱乐产业专业咨询服务机构,专注娱乐法律事务,为从事影视、音乐、游戏、新媒体等娱乐企业提供定制化的法律风险防范服务、政策分析与商业资讯。目前,他们主要借助微信公众号、电子"内刊"《娱乐法观察》等向大众推广普及"娱乐法"相关行业资讯、法律分析和政策解读,并以此树立品牌,招徕客户订单。[①]

[①] 陈昌业:《这家 90 后创业公司如何"玩转"娱乐法?》,载虎嗅网,http://www.huxiu.com/article/40796/1.html;刘茋:《高调行业中做最低调的事》,载腾讯网,http://cd.qq.com/a/20140823/019699.htm。

第二章

IP 还是那个 IP 吗?

有一段时间，徐远翔身陷舆论旋涡，当时他的处境就像有首歌唱的那样"最近比较烦"。

　　事情的起因是这样的：2015 年 11 月 27 日，在天津举办的一场名为"原创与 IP 相煎何太急"的论坛上，时任阿里影业副总裁的徐远翔发表了一番言论，然而，言多必失，他的言论得罪了一批电影圈的同行。确切地讲，遭到了主要来自编剧群体的炮轰。那么，他究竟说了什么？为何会惹来非议呢？

　　在论坛上，他一上来就给在座的编剧"指明了一条生路"。他表示："互联网时代 IP 转化为影视产品的生产机制和传播方式完全是颠覆性的，我们不会再请专业编剧，包括跟很多国际大导演谈都是这样。我们会请 IP 的贴吧吧主和无数的同人小说作者，挑最优秀的十个组成一个小组，然后再挑几个人写故事。我不要你写剧本，就是写故事，也跟杀人游戏一样不断淘汰。最后哪个人写得最好，我们给予重金奖励，然后给他保留编剧甚至是故事原创的片头署名。然后我们再在这些大导演的带动下找专业编剧一起创作，我们觉得这个符合超级 IP 的研发过程。现在很多人都在讲 IP，但不是所有人都具备 IP 的开发能力。"①

---

① 报道转引自《阿里影业副总言论惹非议　业内众编剧反驳其"颠覆性"剧本创作方式》，载时光网，http://news.mtime.com/2015/11/28/1549724.html。关于更多报道及徐远翔的发言全文可参见钛媒体，http://www.tmtpost.com/1482744.html。

整个演讲不止这些内容，但上述言论足以让编剧们集体抗议。一石激起千层浪，不少编剧纷纷通过微博、微信朋友圈等发布"阿里影业，走好，不送"等文字。意思是，声明拒绝与这家公司合作。虽然事后，也就是 11 月 28 日下午，当事人徐远翔在自己的微博和朋友圈作了解释和说明，内容大致是："第一，本人也是编剧出身，深知剧本重要性，且对编剧同行之尊重由来已久；第二，媒体有些断章取义，建议大家读完全文，且参考当时对话的语境；第三，从未说过只要 IP 不要编剧，而只是说 IP 和编剧构成剧本产业链的前端和后端。期待和诸位合作！"[①] 但说出去的话，泼出去的水，其造成较为负面影响的事实已经摆在那儿了。

然而，就在徐远翔的 IP 论断引起争论之际，不少媒体不约而同地在其总结的年度热词榜上写下了"IP"，例如《新周刊》。它在"2015年度大盘点的专题策划"中写道："2015 年兴起了另一个关键词——'IP'。一个在知识产权保护上相当薄弱的国度，一个抄袭山寨最疯狂的行业，开始言必提 IP。拿来主义在中国互联网圈子里盛行已久，现在提 IP 的也可能是昨天山寨别人的人。由于'IP'太热，2015 年，我们讲到 IP 时，甚至与知识产权保护关系已经不大了，更多的是一个和资本市场勾兑的营销概念。"[②] 还有中国互联网巨头之一的腾讯公司，在 2015 年 12 月 22 日发布了一年一度的《2015 腾讯娱乐白皮书》，其中名为"冒险家的乐园"的"电影篇"卷首语中，腾讯娱乐电影频道主编曾剑这么写道："'IP'可能是这两三年里，热度和讨厌度并列

---

① 对于徐远翔的言论，许多国内知名编剧都在公开或者半公开的场合进行了反驳。《心花路放》《老炮儿》《厨子·戏子·痞子》等电影的编剧董润年在微博上直言不讳地指出"您那里面说的作者竞争的过程不叫创作"；电视剧《铁齿铜牙纪晓岚》编剧汪海林则表示"职业编剧应该有自知之明，远离阿里影业"；而知名编剧束焕（《港囧》《煎饼侠》《人在囧途之泰囧》）则直接在朋友圈吐槽徐远翔的言论称"好威风，好杀气，满嘴跑舌头是病，得治"。更多内容参见《阿里影业副总徐远翔让编剧圈炸锅了！其实人家说错了么》，载虎嗅网，http://www.huxiu.com/article/132682/1.html。

② 花总：《创业成为新的宗教，好好上班变成耻辱》，载《新周刊》2015 年第 24 期。

双高的一个词。……'IP'热，以及'IP 热'的开花结果，是可以上溯到从 2013 年就已经开始了的，'中国电影，变天了！'中国电影从 2013 年开始表现出来的这种'改朝换代'感，在之后的几年，尤其是 2015 年里，表现尤其突出。'IP'热只是其中一个明显的表现。"① 当我们在谷歌搜索引擎输入"IP 热"，显示结果为 240 多万条，其本身热度可见一斑。那么，IP 究竟指的是什么？"IP 热"为何流行起来？我们又该如何在热度之下保持理性、冷静的思考呢？

　　IP，实为英文单词"Intellectual Property"的缩写，直译为"知识产权"。至于"知识"如何成为"财产"，可追根溯源至近代欧洲。由于科学技术在经济发展和社会进步中的极端重要性日益显现，同时各国之间人才流动越来越频繁，倘若一国不通过法律强制性地将发明创造成果规定为创造者在法律上的财产，任由他人模仿、使用，那么创作者就无法从其发明成果中获得报酬，等于是将其聪明才智无偿地贡献了出去。长此以往，一方面不会有很多人愿意进行可能具有巨大社会利益和经济价值的发明创造，另一方面可能导致大量人才离开本国。因此，法律需要通过赋予发明人对其发明创造的财产权来换取他们投身于发明创造活动的积极性，在使自己享有财产权的同时造福国家。总之，"法律之所以要将自有的信息转变为属于创造者的财产，是出于实现特定公共政策的需要"②。

　　尽管如此，对知识产权下定义时，人们万不能望文生义地理解为"对知识的产出权"，因为并非任何知识都能产生知识产权这种财产权。换句话讲，哪些知识成果能够被承认为财产以及该财产权的范围如何，都取决于各国法律的规定。

　　在学界，对"知识产权"这一概念可采取两种方法来下定义，一种概括式，另一种则是列举式。概括式就是通过总结知识产权客体

---

① 《2015 腾讯娱乐白皮书电影篇："冒险家的乐园"》，载腾讯网，http://ent.qq.com/a/ 20151224/ 021925.htm。

② 王迁：《知识产权法教程》，中国人民大学出版社 2014 年版，第 3 页。

（对象）所共有的特征来进行界定，例如郑成思教授在《知识产权法教程》中归纳的："知识产权是人们就其智力创造的成果依法享有的专有权利。"① 列举式的典型，像《世界知识产权组织公约》第 21 条就列举了属于知识产权的八类客体，也就是一一列出其客体，如：作品、表演、录音录像制品、广播信号、发明创造、外观设计、商标和商号等。比较这两种方式，概括式符合我国所在的大陆法系国家的一般思维，因此比较容易接受；但也得承认，列举式更为切合实际。按照国内学者王迁的观点，由于知识产权作为一种法定财产权，是公共政策的产物，当公共政策需要鼓励某种特定的非物质成果的产生，或保护其相关的利益时，就可能通过立法对其加以保护，其方法就是赋予相关主体对这种非物质成果以财产权，而知识产权恰恰是适用于非物质客体的产权。所以，"随着科学技术与社会、经济的不断进步，越来越多的非物质成果根据公共政策的需要被法律列为知识产权的客体，虽然这些客体之间存在不少的差异，但却都具有非物质性。因此，除了非物质性之外，要想概括出知识产权客体的共有特征越来越困难，只能采取列举客体的方式来对知识产权进行定义。"② 基于国内主流约定俗成的做法，本书对知识产权定义仍采取概括式，即知识产权是人们依法对自己的特定智力成果、商誉和其他特定相关客体等享有的权利。

截至目前，传统知识产权大致分为七大权利，它们是：著作权、专利权、商标权、集成电路布图设计权、植物新品种权、地理标志权、商业秘密。其中，著作权自成一体，专利权和商标权被合称为工业产权。③ 集成电路布图设计权等后几个属于新型知识产权，则伴随

---

① 郑成思：《知识产权法教程》，法律出版社 1993 年版，第 1 页。

② 参见王迁《知识产权法教程》，中国人民大学出版社 2014 年版，第 4 页；相关定义可参见刘春田主编《知识产权法》，中国人民大学出版社 2002 年版，第 6 页。

③ 之所以有这种划分，是因为这些权利的应用领域不同。著作权主要适用于能够给人带来美感和精神享受的文学艺术作品，而不是利用它们进行生产活动。而专利权保护的是能够在工农业等领域进行实际应用的发明创造和工业品外观设计，商标权保护的则是在商业流通领域使用的商标标识所体现的商誉。

着科学技术的发展和社会的进步而产生。那么问题来了,从徐远翔到《新周刊》再到其他影视传媒从业者口中的 IP 具体指的是哪种权利呢?

毫无疑问,是著作权!有报道这么介绍当前的"IP 热"现象:"IP 的形式可以多种多样,既可以是一个完整的故事,也可以是一个概念、一个形象甚至一句话;IP 可以用在多个领域,音乐、戏剧、电影、电视、动漫、游戏……但不管形式如何,一个具备市场价值的 IP 一定是拥有一定知名度、有潜在变现能力的东西。美国迪士尼公司就是运营 IP 的高手,依靠米老鼠等深入人心的形象,不但拍摄动画电影,还创造了史上最成功的主题乐园。印有米老鼠等形象的玩具、服饰等衍生产品所创造的利润远远超过电影本身的产值。"① 又如,也有文章客观地指出"IP 改编在影视行业其实早已有之","好莱坞每年都有大量经典漫画改编的电影登上银幕。一些卖座的原创作品也会接二连三推出续集、前传和外传。在中国,以文学作品、戏剧为蓝本的影视剧更是屡见不鲜,许多年轻观众都是看着根据金庸、古龙、琼瑶小说改编的影视剧长大的。近年来,《盗墓笔记》《花千骨》《琅琊榜》等多部改编自网络文学的影视剧火爆荧屏,《同桌的你》《栀子花开》等歌曲也被改编为青春电影。一时间中国影视业中现象级 IP 作品层出不穷"。②

这等于说,国内影视圈近来追捧(称呼)的 IP,实际上指的是作品的著作权。其实也不难理解,娱乐产业的核心,如小说、剧本、影视作品、音乐作品、游戏软件等无形资产正是著作权法所保护的客体,娱乐产业的从业人员也多为著作权法视为"权利人及作者"的作家、编剧、导演、作曲、摄影、演员等。那么如何正确理解著作权这个概念呢?

---

① 张贺:《"IP 热"为何如此流行》,载《人民日报》2015 年 5 月 21 日第 17 版。

② 李思思、任沁沁:《IP 热需冷思考——30 余位中国编剧为原创发声》,载新华网,http://news.xinhuanet.com/politics/2015-11/12/c_1117122945.htm。

著作权是指民事主体依法对作品及相关客体所享有的专有权利。在概念上，它有狭义和广义之分。狭义仅仅指作者对作品所享有的一系列专有权利。广义的著作权还包括邻接权，即作者之外的民事主体对作品之外的客体享有的一系列专有权利。按照我国《著作权法》的规定，邻接权特指表演者对其表演、录音录像制品制作者对其制作的录音录像制品、广播组织对其播出的节目信号和出版者对其设计的版式享有的专有权利。

值得一提的是，与"著作权"这一术语经常替换使用的是一个叫"版权"的概念。两者有何区别？简单讲，前者来自大陆法系国家①，后者来自英美法系国家②。基于两大法系的不同，著作权更为注重作者人身权利的保护，而版权侧重保护作者的经济权利。③

我国自清末从日本引进"著作权"的概念后，在正式立法中一直使用"著作权"，我国现行立法的名称也是《著作权法》。但这并不意味着我国的《著作权法》体现了典型的大陆法系著作权制度，相反，英美法系版权法中的不少规则和观念也体现在我国《著作权法》之中。例如，《著作权法》规定了"法人作品"，在特定条件下视法人或其他组织为"作者"，这条规定借鉴自《美国版权法》，而传统大

---

① 大陆法系（civil law system）一词中的"大陆"两字指欧洲大陆，故又有"欧陆法系"之称，与英美法系同为当今世界两大重要法系之一。其起源可追溯到古罗马，其后在欧洲中世纪的后期（约12—15 世纪），罗马法在欧洲大陆又再度受到重视。到了 18 世纪，欧洲大陆的许多国家都颁布了法典，尝试列出各种法律分支的规范，因此该法系又叫成文法系。法国、德国、意大利、日本、韩国等均采用大陆法系。我国（除香港特别行政区外）曾借鉴过大陆法系，并在此基础上逐渐形成了具有中国特色的社会主义法律体系。

② 又称"普通法系"（Common Law）或"海洋法系"。普通法一词起源于 1150 年左右的英格兰。在英格兰的盎格鲁—撒克逊人被来自诺曼底的诺曼人征服后，原本的盎格鲁—撒克逊习惯法与来自诺曼底的封建法律融合，也被罗马法所影响，形成了英格兰独立于欧洲其他国家法律体系的普通法。其特点就是判例法，即反复参考判决先例（Precedent），最终产生类似道德观念一般的、普遍的、约定俗成的法律。

③ 甚至我们也可以从两个术语的英文原词来看，著作权是"author's right"，强调"作者的权利"，换句话讲，是作为"人"的权利，即人格权、身份权等。而版权是"copyright"，最初意思是"复制权"，是为了阻止他人未经许可复制作品，损害作者经济权利。关于这两者的关系比较，详见李明德、许超《著作权法》，法律出版社 2009 年版，第13—16 页。

陆法系著作权是绝不会承认法人或者其他组织能成为"作者"的。再比如,《著作权法》规定电影作品的著作权归制片人享有,这条规定同样来自英美法系版权法的规定。[①] 但不管怎么样,我国《著作权法》同时借鉴了两大法系的制度,同时该法第五十七条明确规定"本法所称的著作权即版权",这使得在影视娱乐圈说的 IP 又多了一层逻辑递进,即 IP 既等于"著作权"也等于"版权",它们是一样的。

按照我国《著作权法》规定,著作权保护的对象(客体)是作品,又根据《中华人民共和国著作权法实施条例》第二条对"作品"所下的定义:"著作权法所称作品,是指文学、艺术和科学领域内具有独创性并能以某种有形形式复制的智力成果。"依此定义,我们对于"作品"应当从以下三个方面来理解。

第一,必须是人类的智力成果。这一点毋庸赘言。所以,再美的风景,或大自然的杰作(山川湖泊等),都不可能成为作品。当然,若有摄影师把眼前美景拍下从而成为作品,则另当别论。

第二,能被他人感知的外在表达。譬如中国科幻小说家刘慈欣扛鼎之作的《三体》,只有创作出来,形成书面的才称得上是"作品"(注意,即使刘慈欣写完放在家中,不同意公开出版,他也享有对小说《三体》的著作权)。但如果刘慈欣仅仅是打了腹稿,或者只是脑海中的一个想法,那么作品就无从谈起了。

第三,一定要符合"独创性"。这里的独,可以从两点来看,第一个是"独立"。也就是说,作品是否是作者独立创作的。对此,美国第二巡回区上诉法院的汉德法官(Learned Hand)在 1936 年审理"纽约诉讼米高电影公司"(Sheldon v. Metro-Goldwyn Pictures Corp)一案时,就有过十分精辟的评述:"作品必须不是借来的,因为抄袭者在这个范围内不是'作者'。但如果奇迹般地,一个从来不知济慈关于希腊之瓮颂歌的人重新创作了这部作品,那么他就是作者;如果

---

① 王迁:《知识产权法教程》,中国人民大学出版社 2014 年版,第 20 页。

他因此而获得了版权,其他人就不得再复制那首诗作,尽管他们可以复制济慈的诗作。"[1] 美国联邦最高法院在审理"费斯特电话簿"(Feist Publications, Inc., v. Rural Telephone Service Co.)一案中也持相同观点。"独创性并不意味着新颖性。一部作品即使与另一部作品十分相似,只要该相似性是偶然的,不是抄袭的结果,就是独创的。举例而言,两位诗人若互不相识,却创作出同样的诗作,两部作品都不是新颖的,但都是独创的,因此都可以获得版权的保护。"[2] 国内的司法实践也是同样的做法。最高人民法院《关于审理著作权民事纠纷案件适用法律若干问题的解释》第十五条明确规定:"由不同作者就同一题材创作的作品,作品的表达系独立完成并且有创作性的,应当认定作者各自享有独立著作权。"

第二个是"独特"。正所谓世上没有两片完全相同的树叶,人也不可能两次踏进同一条河流。由于每个人观察世界的角度、方法总有差异,内心思想和情感世界不尽相同,表达手段也各有特点,所以出现两个完全雷同的作品几乎是不可能的。因此,哪怕差异过于细微,只要能被客观识别的,也符合"独特"的要求。另外,如果是在他人作品基础上进行劳动的结果,与原作品之间过于相似,以至于缺乏能够被客观识别的差异,那么这种劳动成果就会因为不符合"独特"的要求而只能被称为原作品的"复制件",相关的劳动过程也只能是"复制"而非"创作"。

除了"独",还有"创"。原因很好理解,一个小孩子,由于莫名的情绪,拿起画笔在纸上胡乱涂鸦,虽然涂鸦的内容是他"独立"创作的,也很"独特",但由于缺乏起码的美感和智力创造部分,所以无法成为著作权法意义上的作品。相信这样的 IP 也绝不是影视公司想要的。那么,这里就涉及了"创"。

---

[1] Sheldon v. Metro-Goldwyn Pictures Corp., 309 U.S. 390 (1940). 转引自 https://supreme.justia.com/cases/federal/us/309/390/。

[2] Feist Publications, Inc., v. Rural Telephone Service Co. 499 U.S. 340〔1991〕.

"创"是指一定水准的智力创造高度。但它并不意味着非得具备高度文学和美学价值。[①] 正如霍姆斯法官（Mr. Justice Holmes）说过的："由那些只受过法律训练的人来判断美术作品的价值是危险的。一方面，有些极具天才的绘画一开始不被人们所欣赏。不能因为这些民众的口味低就认为这幅绘画不受版权保护。"[②] 也就是说，作品不仅是"阳春白雪"，也可以是"下里巴人"。事实上，近些年影视圈热捧的超级 IP 往往来自后者，艾瑞咨询发布的报告显示，目前，网络小说已经成为最大的 IP 源头。网络小说开发成的影视剧、游戏、动漫以及一些周边产品往往获得较高的收益。网络小说 IP 的火爆也带动了一批网络小说写手致富。对"IP"的争抢让小说改编影视版权的价格水涨船高。几年前，一部文学作品的版权费在 30 万元左右，而如今，大批小说的版权费开价 200 万元以上，价格增长了近 7 倍。目前，网络作家已经超过 250 万人，有 10 万名作者通过创作获得经济效益。例如，在 2014 年的网络作家排行榜上，排名第一的唐家三少一年版税收入居然高达 5000 万元之多，而从《福布斯》排行榜上来看，国内著名女影星周迅 2014 年的年收入才 4800 万元。[③]

在搞清楚影视娱乐业所说的"IP"具体指向什么以后，我们还得听听当他们在谈 IP 时，往往是怎么说的。前面提到腾讯公司，也是"泛娱乐战略"最早提出者。该公司创始人、董事局主席马化腾曾

---

① 世界上不同国家对于作品的创造性的要求也都有所不同。一般认为，英国版权法对于作品独创性的要求最低，只要作品是作者"独立创作而非抄袭"即可视为满足独创性条件。而美国、意大利、法国等国家除了需要满足"作者独立创作"的条件之外，还要求作品具有一定的"创造性"，这点与中国著作权法相似。同时，学界普遍认为德国著作权法对于作品独创性要求最高，其著作权法要求作品必须具有一定"品质性及美观性"。转引自宋海燕《娱乐法》，商务印书馆 2014 年版，第 21 页。另可参见［德］M. 雷炳德《著作权法》，张恩民译，法律出版社 2004 年版，第 117 页。另外还需要补充的是，我国在立法上始终缺乏对"独创性"标准的界定，导致在司法实践中判断尺度也无法统一。参见姜颖《作品独创性判定标准的比较研究》，载《知识产权》2004 年第 3 期。

② Bleistein v. Donaldson Lithographing Co. 188 U.S. 239, at251 (1903).

③ 何天骄：《热门网络小说版权几乎被买空 超级 IP 可遇难求》，载一财网，http://www.yicai.com/news/2015/12/4728726.html。

对外表示，互联网时代，文化产品的融合现象明显，游戏、文学、动漫、影视、音乐都不再孤立发展，而是可以协同打造同一个明星知识产权（IP）。顺应这个趋势，腾讯提出"泛娱乐"概念，以明星 IP 为核心，希望向迪士尼学习，与合作伙伴一起，打造涵盖游戏、文学、音乐、影视、动漫、戏剧的新生态。[①] 比如一部热门的网络小说，如天下霸唱的《鬼吹灯》、南派三叔的《盗墓笔记》，即是典型的"热门 IP"，它们可以被改编成电视剧、网络剧、广播剧、漫画、电影、网络游戏，也可以将其中的人物形象授权给合作方制作衍生品，每一个环节都可以变现。这么做其实是参照好莱坞的盈利模式，即拥有了 IP 之后，能衍生产业则是更大的蛋糕。例如，在好莱坞电影票房只占总收入的 30%，而衍生产业则占据 70%。当然，美国并没有什么"泛娱乐"的概念，而是归类为文化产业，注重实现单一内容产品的 IP 化和 IP 全产业链运营。像迪士尼动漫 IP 化运营和好莱坞续集大片模式便是最典型的代表。

美国迪士尼以动漫文化为起点，主营业务涵盖动漫、影视、游戏、图书、主题公园和众多特许经营产品等各种文化领域，成功打造成世界文化企业标杆。纵观迪士尼近百年的发展历史，迪士尼从一家动画电影的制片公司发展为全球娱乐王国，最重要的因素就是对旗下 IP 资源的精心经营。一方面，依托于创作团队，制作出精良的内容产品；另一方面，对内容产品进行反复开发利用，形成"轮次收入"。最终实现单一内容产品的 IP 化和 IP 全产业链运营。

至于续集大片模式，以 2014 年为例，全球前 50 大卖座影片中有 34 部属于"续集片"或"系列片"。这些续集大片主要是由好莱坞

---

① 纪佳鹏：《腾讯影业即将登场　构建泛娱乐新生态》，载《21 世纪经济报道》2015 年 9 月 10 日；姜旭：《腾讯：借版权运营打造"泛娱乐"王国？》，载《知识产权报》2015 年 4 月 17 日。另关于阿里巴巴、百度、小米等其他科技巨头的泛娱乐化战略布局以及国内产业现状与分析，可参见汪祥斌《IP 这么火，看看国内外泛娱乐产业现状》，载 i 黑马网，http://www.iheima.com/space/2015/1124/152924.shtml。

"六大"电影公司华纳兄弟、派拉蒙、20 世纪福克斯、索尼、迪士尼和环球拍摄制作和发行。对好莱坞巨头电影公司来说，续集片是更加保险的投资，续集电影无论在粉丝基础、观众接受度还是品牌内容影响力上，都比原创电影更具优势。全球票房位居前列的影片中续集电影占比通常超过 50%，从 2014 年全球票房来看，票房收入位居前列的影片中续集影片占比高达 63%。①

对比好莱坞发展现状和经验，针对中国当前 IP 热和本文的梳理，我们需要冷静，并给它泼几碗冷水。第一，IP 其实特别指向著作权；第二，电影、动画购买文学版权的传统可谓由来已久，所谓 IP 开发不过是换了个新说法而已；第三，当下抢 IP 热，是中国电影工业化生产日益成熟的表现；② 第四，优质 IP 仅仅是影视剧成功的一部分，IP 的成功不仅和内容有关，更和平台的整体运营能力有关。③ 对此，援引某媒体一评论文章的标题来讲，"IP 不'万能'，不培育却万万不能"。④

---

① 关于好莱坞六大制片公司介绍以及美国好莱坞电影产业发展的概况可详见陈焱《好莱坞模式：美国电影产业研究》，北京联合出版公司 2014 年版。

② 以中国电影市场为例，它正处于急速上升期中，仅 2015 年，全国电影票房收入接近 450 亿元，同比上一年度增长将近 150%，强大的吸金能力肯定会推动电影生产。20 世纪八九十年代，中国平均每年拍一百多部电影，如今每年拍摄六七百部，优质 IP 一下成为珍贵资源。在僧多粥少的情况下，上演 IP 抢夺战也就很自然。

③ 除了 IP 全产业链打造已成各家谋篇布局的重中之重外，理性对待 IP 热也逐渐成为业内共识。参见 "IP 成热词　是否该'降温'？" 载第 22 界上海电视节官网，http://www.stvf.com/information/ViewDetail.aspx?ParentCategoryID=c42a893a-488d-47d3-b924-1e4a76cb9e12&InfoGuid=154f3ce2-6bf7-4669-afd6-caadd336a688。巩育华：《为啥把知识产权说成 IP》，载《人民日报》2015 年 9 月 2 日；贾娜、万紫千：《"IP 热"背后的冷思考》，载《检察日报》2015 年 10 月 31 日。

④ 殷茵：《IP 不"万能"，不培育却"万万不能"》，载《新闻晨报》2015 年 7 月 10 日。

第三章

相似就算抄袭吗？

"言情剧教母"和"雷剧专业户"狭路相逢，战火从微博上的口水仗到法律上的对簿公堂，这是怎么一回事呢？

　　2014年4月5日，琼瑶通过名为"花非花雾非雾"的微博发表《琼瑶写给广电总局的一封公开信》，控诉编剧于正的《宫锁连城》连续剧抄袭她多年前的作品《梅花烙》。琼瑶列出五大"罪状"，证明于正从故事主线到桥段细节都有明显抄袭的迹象，因此要求湖南卫视即刻停播《宫锁连城》。写到动情处，这位七旬高龄的华人知名作家用了"已经被欺凌到无法沉默"，"心如刀绞，一气之下，已经病倒"等煽情语句来表示自己痛苦莫名的现状。

　　微博发出后几小时，于正也发表长微博，一边称敬仰琼瑶是言情剧的鼻祖，一边否认自己抄袭。他称，自己戏里用的许多演员都是由琼瑶捧红。随后话锋一转，说《宫锁连城》的创意是来自他和演员张庭的一次聊天，"我们筹备之初就决定要用'偷龙转凤'这个桥段……她（指张庭）想重拍《绝色双娇》，故事里也有偷龙转凤的桥段"。于正坚持认为这只是一次巧合和误伤，是因为一些网友故意炒作这些耸人听闻的话题罢了。于正还说《宫锁连城》的剧本第一时间就给了琼瑶公司，但对方并没有提出异议。不过这一说法很快遭到了琼瑶公司创翊文化相关工作人员的否认，"公司的艺人接戏，接什么样的戏，阿姨（业内对琼瑶的昵称）不会事无巨细地去管，阿姨并没有看到这个本子"。

　　事件经由社交媒体传播，迅速成为文娱圈的热点，社会反响热烈。一时之间,有超九成网友对琼瑶表示支持,包括苏有朋、赵薇、林心如在内的知名演员纷纷声援,不少作家、编剧则替琼瑶鸣不平,批评于正是抄袭"惯犯",一向有"于抄抄"的臭名。其中,曾与于正合作过的编剧李亚玲、瞬间倾城等也站出来,爆料于正曾指使抄袭。李亚玲揭露,五年前于正就动过效仿《梅花烙》的心思,并称抄袭只要不超过20%,即便把20集戏全抄了,但只要将剧扩充到100集,法院就不会追究。

在一个法治的社会里,公众的讨伐并不能替代法律的审判,既然指责于正抄袭,那么最理想、最公正的方式就是走上法律维权的途径。果不其然,在当月的28日,仍是通过"花非花雾非雾"官方微博,琼瑶对外发布,已正式委托律师提起诉讼,追究于正的侵权责任,同时要求播出《宫锁连城》的湖南卫视承担连带责任。[①]

涉案作品是否构成侵权,或者通常意义上讲的"抄袭",对它的判定主要采用"接触 + 实质性相似"的国际上公认的公式。如果被控侵权作品的创作者曾接触过受著作权法保护的作品,同时该被控侵权作品又与原告作品存在内容上的实质性相似,则除非有合理使用等法定抗辩理由,否则将被认定有侵权情形。至于被告具体侵犯的是著作权中的哪一项专有权利,则要具体问题具体分析了。

虽然我国不是一个判例法国家,但在既往判例中不乏经典的判决,且对法院审判具有司法指导意义。像发生在十多年前的、曾轰动一时的庄羽与郭敬明、春风文艺出版社等侵害著作权纠纷案中,审理该案的北京市高级人民法院作出了一份说理充分、水准极高的判决书。法院在判断郭敬明的小说《梦里花落知多少》是否侵犯了原告庄羽在先发表的小说《圈里圈外》的著作权时,认为"文学创作是一种

---

① "于正抄袭门"事件经过主要参考了"百度百科"的同名词条,并结合了包括《东方早报》《新民晚报》《现代快报》等媒体的报道。相关链接如下:http://baike.baidu.com/view/12880204. htm#reference-[3]-13368083-wrap; http://www.chinanews.com/cul/2014/05-03/6126661.shtml; http://media.people.com.cn/n/2014/0416/c40606-24900427.html。

独立的智力创造过程，更离不开作者独特的生命体验。因此，即使以同一时代为背景，甚至以相同的题材、时间为创作对象，即便两部作品中也可能出现个别情节和一些语句上的巧合，但不同的作者创作的作品也不可能雷同"。法院在比较了被告和原告的作品之后，认为两部作品中的相似情节和语句数量"已经远远超出了可以用'巧合'来解释的程度"，故认定被告郭敬明侵权成立。①

在上述案例中，法院的判定逻辑遵循的就是"接触+实质性相似"公式。既然庄羽已经公开出版小说《圈里圈外》，所以被告郭敬明接触过该作品，存在"高度的盖然性"。基于这一前提，两部作品一旦出现多处"如有雷同，纯属巧合"的地方，便构成了"实质性相似"。因此，侵权成立，抄袭者难有辩驳的余地。

说到"实质性相似"，这里势必引出著作权保护的一个重要原则——著作权法不保护抽象的思想、思路、观念、理论、构思、创意、概念、工艺、系统、操作方法、技术方案，而只是保护以文字、音乐、美术等各种有形的方式对思想的具体表达——这也被称为"思想与表达的二分法"（The Idea/Expression Dichotomy）。

关于"思想与表达的二分法"，国际上是有共识的，且被以法律形式固定下来。TRIPs② 第9条第2款规定："版权保护应延及表达，而不延及思想、工艺、操作方法或数学概念之类。"《美国版权法》第102条第2款规定："在任何情况下，对于作者原创性作品的版权保护，都不延及思想观念、程序、工艺、系统、操作方法、概念、原则和发现，不论它们在该作品中是以何种形式被描述、解释、说明或体现的。"我国《著作权法》第五条规定，"历法、通用数表、通用表格和公式"不受保护。其中，历法和公式仅是计算方法和数学原理的简

---

① 北京市高院最终维持了北京一中院判决书，判定被告侵权成立。参见北京市高级人民法院民事判决书（2005）高民终字第539号。

② 《与贸易有关的知识产权协议》（The Agreement on Trade-Related Aspects of Intellectual Property Rights），简称"TRIPs"或"TRIPs协议"，它是世界贸易组织法律框架的组成部分。

单反映,作为"思想"不能受到著作权法的保护。

乍听之下,这"二分法"似乎简单易懂,但在实践中,要做好区分和适用却是另外一回事了。按照前面提及的 IP 概念,要构成一部文学作品、一部戏剧,仅仅有故事梗概、中心思想、主题价值是远远不够的,它还要有具体的文字表达、情节设计等。那么,区分抽象的思想与具体的表达之间的界限,以此来确立著作权保护的基准,就有了十分重要的意义。

还是以案说法。在"尼克斯诉环球电影公司"(Nichols v. Universal Pictures Corp.)一案中,原告创造了一部名为《爱尔兰之花》的舞台剧,而这与被告环球影业拍摄的一部电影内容上相似。两部作品都是以犹太家庭和爱尔兰天主教家庭之间发生的宗教冲突为故事背景,两家人闹出了一系列啼笑皆非的笑话,最终经过双方子女的不懈努力,再加上孩子的出生,两家人终于和好,结为亲家。审理该案的仍是前文提到过的汉德法官,他认为虽然两部作品在抽象的主题思想上过于相似,后者貌似构成对前者的侵权,但倘若具体分析一些情节设计,还是会发现许多方面相差甚远,因此判定被告环球影业不构成侵权。[1]

典型案例还有"华纳兄弟诉美国广播公司"(Warner Brothers Inc v. American Broadcasting Companies)。华纳兄弟电影公司拍摄了举世闻名的电影《超人》(Superman),被告美国广播公司也拍摄了同样以"超人"为主角的电视连续剧《最伟大的美国英雄》(The Greatest American Hero),但它里面刻画的超人的性格与电影版的明显不同,他是一个性格软弱、身陷家庭情感旋涡的中学老师亨利。一天他在野外开车时偶然遇到了外星人。外星人送他一件披风,并且告诉他坏人在策划毁灭世界,要他肩负起拯救世界的重任。果然亨利穿上披风后,威猛无比,但脱下披风又变回了胆怯懦弱。

华纳兄弟认为,美国广播公司无疑是侵权了。因为他们剧中的

---

[1] Nichols v. Universal Pictures Co., 45F. 2d 119, at 121 (2nd cir., 1930).

"超人"亨利与电影中的超人具有实质的相似性，被告未经允许复制了电影《超人》的披风和能力的桥段设计。法院审理认为：被告的"超人"与原告的"超人"具有显著的不同。电影中的"超人"在外貌和行为上都是一个勇敢、自豪的英雄，而电视剧中的"超人"无论在外貌，还是行为上都是一个缩头缩尾、胆怯的人，即便他披上披风成了具有超能力的人，但这也只是一个"被动"下的状态，况且，亨利无法对超能力运用自如，反而是以一种跌跌撞撞和搞笑的方式来使用超能力的。法院最终裁决，被告的电视剧虽然使用了原告电影中超人的某些因素，但相似之处仅仅只是"思想"部分，而不涉及"表达"环节。故，被告行为不构成侵权。①

其实除了以上两个经典案例外，像"斯坦波格诉哥伦比亚电影公司"（Steinberg v. Columbia Pictures Industries, Inc.）②、"斯德马卡夫电视公司诉麦当劳"（Sid & Marty Krofft Television Productions, Inc. v. McDonald's Corp.）③ 等也都是首先在思想与表达上做出切分，然后通过比较、审视表达的方式来判断侵权与否。虽然每个案例在具体审查时手法略有不同，但对于故事情节究竟是"思想"还是"表达"的问题，目前国际上得到较多认同的是：如果故事的情节，包括事件的顺序、角色人物的交互作用和发展足够具体，则属于"表达"的范畴，将受到著作权法的保护。同时，在具体的作品中有哪些情节属于"思想"，哪些属于"表达"，并没有一个固定的或者放之四海而皆准的标准。④

回过头再看琼瑶诉于正等侵害著作权案，本案争议最主要的焦点在于：原告在本案中主张被告于正侵犯作品的改编权和摄制权，包括三个层面：第一层面是涉案作品的人物设置及人物关系，第二层面是被指控抄袭的 21 个桥段，第三层面是 21 个桥段构成的整体内容。

① Warner Bros. Inc. v. American Broadcasting Companies, Inc., 720 F.2d 231 (2d Cir. 1983).

② See Steinberg v. Columbia Pictures Industries, Inc., 663 F. Supp. 706 (S.D.N.Y. 1987).

③ See Sid & Marty Krofft Television Productions, Inc. v. McDonald's Corp. 562 F.2d 1157 (9th Cir. 1977).

④ 参见王迁《知识产权法教程》，中国人民大学出版社 2014 年版，第 54 页。

这三个层面又可以从以下十个小问题展开，它们是：①思想与表达之间的界限应如何划分；②人物设置及人物关系属于思想还是表达；③ 21 个桥段属于思想还是表达、是否属于作品的片段；④ 21 个桥段构成的整体内容属于思想还是表达、是否构成作品；⑤抄袭、改编与合理借鉴之间的界限应如何划分；⑥特定情境、公知素材及有限表达与作品创作的关系；⑦剧本《宫锁连城》的相应部分是否改编自 21 个桥段的内容；⑧剧本《宫锁连城》的相应部分是否改编自 21 个桥段构成的整体的内容；⑨剧本《宫锁连城》与电视剧《宫锁连城》的关系是什么；⑩二者在原告主张的 21 个桥段方面是否一致。①

　　对于上述可以被简单归纳为"什么不能抄""怎么样算抄"的一连串问题，在 2014 年 12 月 25 日由北京第三中级人民法院作出的一审判决中，合议庭分别是这样评述的：②

---

① 本案的其他焦点还包括：原告在本案中主张著作权的作品是小说《梅花烙》还是剧本《梅花烙》？（它的分论点是：第一，小说《梅花烙》与剧本《梅花烙》的关系是什么？第二，二者在原告主张的 21 个桥段方面是否一致？第三，原告是否享有剧本《梅花烙》的著作权？）被告是否能够通过电视剧《梅花烙》接触到剧本《梅花烙》？如果构成侵权，各被告应当承担怎样的民事责任？（它的分论题又包括：第一，余征是否摄制了电视剧《宫锁连城》？第二，余征是否应对摄制电视剧《宫锁连城》的行为承担连带责任？第三，其他四被告是否参与了剧本《宫锁连城》的创作？第四，其他四被告是否应对创作剧本《宫锁连城》的行为承担连带责任？第五，即使剧本《宫锁连城》系改编自小说《梅花烙》及剧本《梅花烙》，依据剧本《宫锁连城》拍摄电视剧《宫锁连城》的行为是否侵害了小说《梅花烙》及剧本《梅花烙》的摄制权？第六，即使拍摄电视剧《宫锁连城》的行为侵害了小说《梅花烙》及剧本《梅花烙》的摄制权，四被告是否应当停止发行和传播电视剧《宫锁连城》？第七，即使拍摄电视剧《宫锁连城》的行为侵害了小说《梅花烙》及剧本《梅花烙》的摄制权，在余征已经就其侵害改编权行为承担赔偿原告经济损失责任的情况下，四被告是否还应就侵害摄制权行为另外承担赔偿原告经济损失的责任？）需要指出的是，这里的余征即编剧于正（笔名），琼瑶也是笔名，本名叫陈喆。关于两人的庭审记录，"如是娱乐法"做了整理，以"琼瑶诉于正等侵害著作权案庭审全过程"为标题在网上全文发布。上篇请见：http://mp.weixin.qq.com/s?__biz=MzA4MTMwMDczMg==&mid=202034151&idx=1&sn=273e1553fd5f7d7dec0d0ecb7b6af0a1&3rd=mzA3MDU4NTYzMw==&scene=6#rd；下篇请见：http://mp.weixin.qq.com/s?__biz=MzA4MTMwMDczMg==&mid=202034151&idx=2&sn=061cbbead65ef5c1d072d79ddc84c207&3rd=mzA3MDU4NTYzMw==&scene=6#rd。
② 参见北京市第三中级人民法院民事判决书（2014）三中民初字第 07916 号。在此后篇幅法院判决书的段落引用，非特别指明，皆出自该份判决。

作品的表达元素，包括足够具体的人物设置、人物关系、情节事件、情节发展串联、人物与情节的交互关系、矛盾冲突等，通常会融入作者的独创性智慧创作，凝结着整部作品最为闪光的独创表达，应当受著作权法保护。

情节之间的前后衔接、逻辑顺序等却可以将全部情节紧密贯穿为完整的个性化创作表达，并赋予作品整体的独创性。作品情节选择及结构上的巧妙安排和情节展开的推演设计，反映着作者的个性化的判断和取舍，体现出作者的独创性思维成果。

如果人物身份、人物之间的关系、人物与特定情节的具体对应等设置已经达到足够细致具体的层面，那么人物设置及人物关系就将形成具体的表达。

由此可见，一审法院认为"足够具体的人物设置、人物关系、情节事件、情节发展串联、人物与情节的交互关系、矛盾冲突""特定的故事结构、情节排布、逻辑推演""情节之间的前后衔接、逻辑顺序""作品情节选择及结构上的巧妙安排和情节展开的推演设计"都是被认定为不能抄袭的表达。尽管原告选用的某些素材如宫斗、三角恋和跳崖失忆症等，已落入俗套不受保护，但对于这些素材的"选择和组织、串联和推演"，譬如一个跳崖失忆的女子无意入宫争宠和一个因宫斗失宠而跳崖失忆的女子就是截然不同的两种表达，根据"二分法"，这就能被著作权法纳入保护的范畴。

此外，法院还写道：

如果用来比较的先后作品基于相同的内部结构、情节配搭等，形成相似的整体外观，虽然在作品局部情节安排上存在部分差异，但从整体效果看，则可以构成对在先作品的再现或改编。

区分思想与表达要看这些情节和情节整体仅属于概括的、一般性的叙事模式，还是具体到了一定程度足以产生感知特定作品来源的特有欣赏体验。如果具体到了这一程度，足以到达思想与表达的临界点之下，则可以作为表达。

正是由于组织与推演这种独创性的表达必须贯穿在整个剧本中，所以从整体感知剧本独创性也是认定表达及判断能不能抄的重要手段。对此，法院提出"足以产生感知特定作品来源的特有欣赏体验"这样看起来有些主观化的判断标准，这应当是为法院自由裁量权作出的保留。

究竟怎么样就算抄，或者换句话讲，在回答"相似即抄袭"与否的问题上，法院先是对"实质性相似"给出了司法实践上的论证：

> 可以选用的方法通常是以前后两作品进行内容比对，基于相似的表达性元素来判断两部作品是否存在著作权法意义上的关联性，这一关联性是指，在作品表达层面，在先作品与在后作品间是否存在着创作来源与再创作的关系。同时，就受众的欣赏体验而言，如果构成改编，则往往能够产生"两部作品近似或在后作品来源于在先作品"的感知。
>
> 在台词不同而情节却存在显著相似性、关联性的情况下，仅根据台词表达来否定作品之间的相似性，从而作出否定侵权的结论，对原作者而言是不公平的。

有趣的是法院创造性地提出了"关联性感知""欣赏体验"这样的用词，但它们明显带有主观色彩；另外，法院甚至还认为"台词不同亦有可能被认定为实质性相似"。如此一来，反倒在一定程度上让人们不明就里，愈加判断不了何谓实质性相似，但结合全文语境以及判决精深推断，我们至少可以得出如下结论：倘若两部作品台词相同的话，那么基本上可以说它们之间存在实质性相似。

针对是否可能是"合理借鉴"而非"抄袭"的问题上，法院首先花了一定篇幅阐述"改编与合理借鉴的关系"：

> 思想上的借鉴并未涉及侵害原创作者的独创成果，通常不涉及侵害著作权的情形；而具体表达上的借鉴，则需考量借鉴内容所占的比例，这包括借鉴内容在原创作者作品中的所占比例，及借鉴部分内容在新作品中的所占比例。而这个比例的衡量，不仅要进行量化考虑，也要从借鉴内容的重要性、表达独创性角度，即质的维度上考量。评判标准也需结合具体案件情况进行个案分析判断。

在随后的段落里，法院首先在人物关系方面进行了详细比对，从而认定"剧本《宫锁连城》在人物设置与人物关系设置上是以原告作品小说《梅花烙》、剧本《梅花烙》为基础进行的改编及再创作"；其次就原告提出的 21 个情节进行了分别比较，判定 18 个受著作权法保护的情节（表达）中有 9 个构成了实质性相似；进一步，法院对这些情节进行了整体的比对，得出"剧本《宫锁连城》相对于原告作品小说《梅花烙》、剧本《梅花烙》在整体上的情节排布及推演过程基本一致，仅在部分情节的排布上存在顺序差异"的结论。由此，法院得出"剧本《宫锁连城》作品涉案情节与原告作品剧本《梅花烙》及小说《梅花烙》的整体情节具有创作来源关系，构成对剧本《梅花烙》及小说《梅花烙》改编的事实"。

在关键问题上得到确认后，是非曲直和判决走向自然就迎刃而解了。最后法院认定《宫锁连城》是对《梅花烙》的非法改编，判决于正构成侵权，并责令其于判决生效之日起十日内在新浪网、搜狐网、乐视网、凤凰网显著位置刊登致歉声明，向原告琼瑶公开赔礼道歉，消除影响。其余被告，包括湖南经视文化传播有限公司等于判决生效之日起立即停止电视剧《宫锁连城》的复制、发行和传播行为。

一审判决作出后，包括于正在内的五被告均表示不服，要提起上诉。后该案于 2015 年 4 月 8 日在北京市高级人民法院公开开庭审理。在庭审中，上诉方之一的湖南经视公司提出了一份颠覆性的新证据。新证据是"台湾智慧财产局"（相当于我们熟知的知识产权局）出具的一份函件。其内容为 1992 年《梅花烙》在中国台湾地区的登记资料，显示《梅花烙》是怡人传播股份有限公司登记注册的，琼瑶仅是《梅花烙》的著作人，而《梅花烙》的著作权已经转移到了怡人公司。台湾地区的"法律"规定，著作创作完成发表之人要进行著作权登记，并且是允许权利卖断的。依照登记，《梅花烙》的所有著作权财产权包括改编权和摄制权都已经不在琼瑶名下，已经归怡人传播股份有限公司。在《梅花烙》创作完成以后，权利发生转让。这意味着，琼瑶不再是《梅花烙》的著作权人，不具备诉讼的主体资格。当然，鉴于本章主题在于讨论"思想与表达的二分法"原则下侵权的认定问题，因此如何认定著作权人不在我们的讨论范围，在此不再赘述。

另外，为了恰当地制造舆论氛围，多少影响到判决结果，于正的代理律师向媒体表示，若二审维持原判，将会对我国的文艺创作造成毁灭性的影响。如果把任何作品的内容以及表现出来的一些感受都作为保护对象，现在就不可能有任何新的创作，任何创作都是根据事实、客观、素材完成的。[1]

但 8 个月后，北京市高级人民法院一锤定音，驳回于正等人的上诉，维持原审判决，并判令被告停止侵权，于正除了向琼瑶道歉外，还需赔偿琼瑶 500 万元。判决作出，琼瑶激动万分，她表示："判决对保护原创，意义深远伟大！"而她的代理律师则发文称："近十九个月的诉讼历程，近六百个日夜的等待，台湾著名作家琼瑶《梅花烙》著作权维权案终审落幕，北京市高级人民法院一锤定音：驳回各被告上诉请求，维持原判！此刻，我们只想说：知识产权胜利了！原

---

[1] 许浩：《琼瑶诉于正案二审开庭 类型片法律风险增大》，载《中国经营报》2015 年 4 月 13 日。

创精神胜利了！" [1]

然而，随着琼瑶诉于正侵犯著作权案的尘埃落定，在娱乐圈类似的扯皮、纠纷却并不消停。一方面，于正的另外一部戏《美人制造》又被告抄袭，其涉嫌抄袭作家周浩晖的小说《邪恶催眠师》。[2] 另一方面，曾创造了华语电影票房奇迹、黑马姿态尽显的话剧 IP 改编的电影《夏洛特烦恼》被"影画志"自媒体指责全片抄袭了好莱坞电影《佩姬要出嫁》。当然，不同于于正"抄袭门"事件，《夏洛特烦恼》出品方主动出击，将该微信公众号的所有者以名誉侵权为由起诉至法院，请求法律还他们清白。[3]

可以想见，随着国产 IP 热现象的持续升温，类似的纠纷、争议还会不断上演。但对于"相似是否是抄袭"这个问题，我们已有一定的专业鉴别和堪称典型的司法判决。为此，从制片公司立场出发，我们建议应当对于项目生成过程中的每一步 —— 从故事梗概到分集大纲，再到最后的剧本 —— 都进行版权登记，这样能确保在法律概念上，使每一个"思想"都形成了"表达"，不给"于正们"有任何法律漏洞好钻。正如琼瑶的代理律师事后在给编剧的"21 条法律锦囊"中所写的那样："文学创意（故事核）最值钱，要想保护：要么让好的'创意'以商业秘密的形式存在，不予他人说；要么形成 1000 字以上的文字作品，去版权登记中心做个版权登记。" [4]

---

[1] 《琼瑶诉于正二审维持原判　于正须道歉赔 500 万》，载新浪网，http://news.sina.com.cn/o/2015-12-18/doc-ifxmszek7219142.shtml。另可参见北京市高级人民法院民事判决书（2015）高民（知）终字第 1039 号。

[2] 《于正〈美人制造〉也被告抄袭　1 月 19 日开庭》，载新浪网，http://ent.sina.com.cn/v/m/2015-12-21/doc-ifxmszek7526843.shtml?from=wap。

[3] 当然我们还要重申，我国《著作权法》并没有"抄袭"的概念，只提到了非法"复制""改编""剽窃"等。虽然国家版权局在《关于如何认定抄袭行为给某某市版权局的答复》中指出，剽窃和抄袭是同一概念，并将抄袭分为原封不动的低级抄袭和改头换面的高级抄袭。

[4] 《律师王军：写给编剧的 21 条法律锦囊》，原载编剧帮，转引自综艺 +，http://www.zongyijia.com/News/News_info?id=47388。

第四章

翻拍就能胡编乱造吗？

人红是非多，畅销书也是一样。在过去一段时间，堪称华语盗墓小说巅峰之作的《鬼吹灯》系列几度陷入版权纠纷。

2015 年 10 月 29 日和 30 日，小说的作者天下霸唱（原名：张牧野）连续出席几个新闻发布会，宣布将自己的两部作品授权改编成网络剧。具体来讲，是将《鬼吹灯》新系列的两部作品——《摸金符》和《牧野诡事》分别授权给不同的影视公司。然而，这两次授权却遭到阅文集团和企鹅影业的一致抗议。

阅文集团发表声明称："作者天下霸唱已独家将《鬼吹灯》系列包括其可能撰写的续集、前传、后传、外传等全部作品独家转让予阅文集团（旗下有起点网），阅文集团拥有该系列作品全部的著作权财产权利。目前市面上真正拥有《鬼吹灯》网络剧改编权的，仅有企鹅影业一家。"声明还说："其他任何公司套用《鬼吹灯》的世界观架构，或者借用胡八一、王凯旋、Shirley 杨、明叔等这些读者耳熟能详的角色名字来拍摄电影、网剧的行为均可能构成侵犯著作权。否则，要么就是挂羊头卖狗肉，借用'鬼吹灯'这三个字的宣传效应吸引眼球，但是实质上与《鬼吹灯》系列小说没有任何关系。"

经阅文集团授权过的企鹅影业相关人士也表示："'鬼吹灯'这三个字，网络剧方面只能企鹅影业使用，包括主人公胡八一的名字。""我们不管阅文集团和天下霸唱之间怎么签订的协议，协议有没有过期，具体姓名有没有规定，我们要保护我们的权益。"当然，天下霸唱的版权代理人是自信满满，一笑了之，他对记者说："如果合同里有霸王条款，是不会受法律保护的。对方所说的得符合法律，如果是一些违反法律的东西，我估计都会贻笑大方的。有一些垄断性的、霸王性的东西，我估计是不会受到法律保护的。"①

　　然而在稍早前，天下霸唱又在微博上针对 2015 年国庆档上映的由《鬼吹灯之精绝古城》改编而来的院线电影《九层妖塔》做出郑重声明，其要点如下：第一，他并没有参与过电影《九层妖塔》的任何创作环节；第二，此前没有收到过该片要将我署名在编剧里的通知。总之，他的观点是，他既没有参与编剧工作，也不愿意挂该片的编剧头衔。② 然而，仅仅过了六天，天下霸唱便委托律师，以侵犯作者的署名权及保护作品完整权为由，将《九层妖塔》导演、编剧陆川及出品方中国电影股份有限公司告上法庭，要求被告停止侵权、公开道歉并赔偿人民币 100 万元。③

　　事实上，自 2015 年 10 月以来，《鬼吹灯》的版权纠纷就这么隔一段时间出现在公众视野，譬如，11 月 15 日下午，北京市海淀区人民法院公开审理北京爱奇艺科技有限公司诉梦想者电影（天津）有限公司合同纠纷一案，原告认为被告企图无故单方解除合同，要求其继续履约，确切地讲，是要求梦想者电影（天津）公司继续拍摄制作根据小说《鬼吹灯之精绝古城》改编的网络剧。而被告方则辩称，根据影视剧制作周期，在剧本初步完成后即进入筹备期，此时爱奇艺仍长时间拖欠其进入筹备期后的第二笔 1200 万元的款项，因此决定要解

---

① 《鬼吹灯》系列最早在阅文集团下属的起点中文网上连载，截至目前《鬼吹灯》小说已经出版了 8 部作品。这 8 部作品的影视改编版权已经由阅文集团授权给了企鹅影业。在本文中提到的天下霸唱准备再创作两个系列的《鬼吹灯》，分别是《新鬼吹灯之摸金符》和《鬼吹灯之牧野诡事》。参见赵珂《〈鬼吹灯〉陷入版权纠纷　作者版权代理称不怕打官司》，载央广网，http://finance. cnr.cn/gs/20151101/t20151101_520352032.shtml。

② 天下霸唱在微博中还称："目前部分网站（包括不限于时光网、豆瓣网、猫眼、百度百科等）对电影《九层妖塔》介绍页面上还挂着我编剧的职称，希望各个平台能及时对该片的影片资料做出修改，勿让观众们再产生误会。"

③ 《天下霸唱状告〈九层妖塔〉侵权　索赔 100 万》，载网易娱乐，http://ent.163.com/15/1229/10/ BC0CPL20000300B1.html。

除合同。此外，他们也在法庭上承认，其已改与腾讯公司签订了类似的网络剧合拍合同。[①] 所谓"天下熙熙皆为利来，天下攘攘皆为利往"，面对资本热捧、市场紧追、"灯丝"（对喜欢《鬼吹灯》小说的读者群昵称）期待的《鬼吹灯》，其纷乱不堪的维权局面若借用小说的作者名来说，那真的是从"天下霸唱"到天下争"霸"。

无独有偶，就在《鬼吹灯》纷争不断，李逵李鬼一时难分之际，九夜茴也对与她曾经合作过的搜狐视频发起了诘难。九夜茴原名王晓頔，她是校园青春小说《匆匆那年》的作者。作品以方茴和陈寻的爱情故事为主线，描述了"80后"一代人的情感与生活历程，还原了"80后"一代人对青春最美好纯真的回忆。

2014年暑假，《匆匆那年》被正式改编成同名网络剧在搜狐视频上线，最终以超3亿的点击破了当时的网剧播放纪录，成为年度"现象级作品"。一边是网络剧的热播，另一边是大电影开画。在同年12月，由张一白执导，彭于晏、倪妮、郑恺等人主演的电影版《匆匆那年》上映，最后斩获5.78亿元全国票房。

然而就在一年后，2015年12月28日，一部名为《匆匆那年：好久不见》的网络剧在搜狐视频上线。客观地讲，虽然搜狐视频从未明确说这是九夜茴《匆匆那年》的续集，但还是有相当大一部分网友认为这是同系产品"姊妹篇"。由于该剧的宣传早于一周前铺开，许多网友到九夜茴微博下询问详细事宜，直至27日晚上，九夜茴在个人微博上发表"关于《匆匆那年》版权事宜的声明"，表示这部《匆匆那年：好久不见》是搜狐视频在没有得到她的授权之下擅自改编的侵权作品，她写道："第一，本人未授权任何机构或个人改编《匆匆那年》文字作品、影视作品之续集；第二，搜狐视频应于本声明发出之时立即停止在其网站上播放《匆匆那年：好久不见》，并公开致歉。

---

① 付丹迪、宋奇波：《〈鬼吹灯〉网络剧合作纠纷案开审，制作方弃爱奇艺改签腾讯》，载澎湃新闻，http://www.thepaper.cn/newsDetail_forward_1393468。

否则本人将对上述侵权主体及相关责任人采取相应法律措施，以捍卫基本事实，维护原著作者的合法权益。"对此，搜狐视频也毫不示弱，其于28日凌晨发布声明回应："2012年4月5日，本公司与王晓頔女士签署《电视剧改编权转让协议》，作者王晓頔已将小说《匆匆那年》之剧本改编权以及电视剧、网络剧改编权永久转让于本公司。协议约定，本公司有权根据小说改编的剧本摄制电视剧、网络剧，亦有权通过互联网、电视媒体、手机终端等多种渠道和媒体进行传播；本公司根据小说改编的电视剧剧本作品以及根据小说改编的电视剧、网络剧等作品，其著作权全部属本公司所有。为此，本公司的行为属于正当行使其合法享有的小说改编权及拍摄权。"① 双方口水仗就此开打。

其实从《鬼吹灯》到《匆匆那年》，它们的争议焦点却不尽相同。问题出就出在"改编权"之上，进一步讲，不管是被改编成网络剧，还是被翻拍成大电影，作者授予的改编权是否是一项可以违背原著主旨，或者将原著的部分元素拿出来进行加工和修改的权利呢？

根据我国《著作权法》第十条第一款第十四项的规定，改编权是"改变作品，创作具有独创性的新作品的权利"。照此定义分析，只有在保留原作品基本表达的情况下通过改变原作品创作出新作品，才是著作权法意义上的改编行为。例如，将原著小说改编成电影、改编成电视剧、改编成连环画、改编成舞台剧等，都是在行使不同形式的改编权。

法律创设改编权，是为了赋予作者控制他人改编行为的权利，因此，要行使改编权需要得到原作者的授权。就像前述案例提到的，影视公司需要向天下霸唱、九夜茴购买小说的改编权，这个改编权涉及剧本的改编、影视剧的改编等。当然，只要未发表改编作品或对其进行后续利用，该行为完全可以构成为个人学习、研究的合理使用，无

---

① 邱伟：《〈匆匆那年〉上线首日惹口水》，载《北京晚报》2015年12月28日。

须征得原作者的同意。例如，有画家在家中将《鬼吹灯》小说绘制成连环画，并且没有公开发表，仅在内部特定范围内传阅，那么作者是无法阻止这个改编行为的。

前面我们曾经介绍过，在英美法系国家，著作权主要是一种经济权利，而在大陆法系国家，作品被视为作者人格的延伸和精神的体现，而不仅仅是一般的财产。就像德国著作权法专家阿道夫·迪茨把作品称为是作者"心智的孩子"（intellectual child），① 也正因如此，大陆法系国家认为著作权是一种天赋人权，国家创设法律只是为了确认和更好地保护它，同时著作权既包括经济权利，也包括作者的精神权利。中国属于大陆法系国家，因此其著作权由人身权（精神权利）和财产权两部分构成。

按照我国《著作权法》规定，著作权的人身权（Moral Rights）主要表现为四大权利，即发表权（作者享有是否把作品公之于众，以及何时、何地、以何种方式公之于众的权利）、署名权（它是著作人身权的核心，是作者是否在自己作品上署名，以何种方式署名的权利）、修改权（修改和授权他人修改作品的权利）和保护作品完整权（保护作品不受歪曲、篡改的权利）。②

请注意，天下霸唱将《九层妖塔》主创团队及出品方告上法庭，起诉的理由就是后者侵犯了作者的署名权及保护作品完整权。这两项权利就出自著作的人身权。署名权不难理解，保护作品完整权值得一书。

保护作品完整权，即保护作品不受歪曲、篡改。歪曲是指故意改变事物的真相或内容；篡改则是用作伪的手段对作品进行改动或曲

---

① Adolf Dietzn, *International Copyright Law and Practice*, Matthew Bender& Company, Inc.(2006), Germany, 7(1)(b).

② 在法国、西班牙等一些国家，还设立了一些"特殊权利"，如"收回作品权""接触作品权""追续权"等。鉴于它们与本书主题关联度不大，故不展开介绍。感兴趣的可参见王迁《知识产权法教程》，中国人民大学出版社 2014 年版，第 125—128 页。

解。然而在影视剧摄制上，不可避免地会涉及对小说或剧本的重大修改，但只要这种修改没有从根本上改变作者的原意和其思想感情，就不构成对保护作品完整权的侵犯。根据我国《著作权法实施条例》第十条规定："著作权人许可他人将其作品摄制成电影作品和以类似摄制电影的方法创作的作品的，视为已同意对其作品进行必要的改动，但是这种改动不得歪曲、篡改原作品。"所以可以想见，当天下霸唱与《九层妖塔》出品方及主创团队正式开庭审理那天，庭上双方势必围绕电影是否有歪曲、篡改原小说所架构的世界观、人物设定、故事主线等争议焦点展开论辩。

不光是《鬼吹灯》的案例，在影视传媒行业，由侵犯作品完整性而引发的案例不在少数。比如，在 1976 年美国第二巡回区上诉法院审理的"吉利姆诉美国广播公司"（Gilliam v. American Broadcasting Companies, Inc.）一案中，原告因被告在播出其撰写的电视节目时擅自删减作品长度，向法院提起诉讼，并最终获得胜诉。法院认为，被告美国广播公司在未通知原告并且未得到其同意的情形下，擅自删除原告作品长度的行为违反了版权许可协议，因此判定被告侵权成立。[1]

又比如在极端重视著作人身权的法国，对作品完整性的保护已经达到了无以复加的程度。按照该国法律，对于侵犯保护作品完整权采用主观标准，由作者自行判断这项权利是否受到侵犯。换言之，在某种使用作品的行为是否侵犯保护作品完整权的问题上，不允许用使用者、公众乃至法院的判断代替作者自己的判断。[2] 如《等待戈多》作者贝克特曾表示反对使用女演员表演其戏剧，而且竟借助保护作品完整权，成功阻止了导演对女演员的使用。[3]

---

[1] Gilliam v. American Broadcasting Companies, Inc. 538 F. 2d 14 (2d Cir. 1976).

[2] See Andre Lucasn, Pascal Kaminan, Robert Plaisantn, *International Copyright Law and Practice*, Matthew Bender & Company, Inc. (2006). France.

[3] 董文涛：《为影视剧作家们说两句》，原载智合法律新媒体，转引自今日头条，http://toutiao.com/a5241746421/。

由此在实践中，娱乐业通常的做法就是制片方在聘请作家为其撰写剧本或购买已有的剧本时，要求作者签署一份"权利放弃声明"（release form），同意放弃人身权的部分权利，如保护作品完整权等，以减少日后引起纠纷、对簿公堂的概率。[①] 那么，九夜茴述及的改编权应当如何准确理解，在实务中又该如何有效规范呢？

改编权是我国著作财产权 13 种权利中的一种，其余 12 种为复制权、发行权、出租权、表演权、放映权、广播权、信息网络传播权、展览权、摄制权、翻译权、汇编权和应当由著作权人享有的其他权利。[②]

按照娱乐业一般惯例，影视公司在购买某部小说改编权时，要将小说改编成剧本，之后才能够根据剧本拍摄成影视剧。从小说到剧本的过程就是行使改编权。所以将剧本再次改编成新剧本，一般就不属于原合同中所约定的改编权目的范围内了。[③]

回到九夜茴与搜狐公司的争执案例中，通过两份声明我们可以推断出，九夜茴认为与搜狐的版权购买合同中约定的应当是搜狐将小说改编成剧本，再根据剧本拍摄成网络剧的版权，一次完成改编。搜狐却主张自己有权对根据《匆匆那年》小说改编成的剧本进行"二度创作"，即便它打出"续集"的旗号在法律上也是站得住脚的。诚然，搜狐公司在购买影视改编权时没有对改编权作出细致的约定，但合约载明"根据小说改编的电视剧剧本作品以及根据小说改编的电视剧、网络剧等作品，其著作权全部属本公司所有"，换言之，基于小

---

① 相关法律文件范本可参见本书附录。

② 对比美国版权法只规定了 5 种财产权，法国著作权法只规定了 2 种权利，我国财产权貌似很多，但这并不代表着我国著作权人享有的实质性权利更多，那是因为这是我国把某一项权利拆了好几项所得的结果。例如，根据《美国版权法》，无论是对作品的公开现场表演、机械表演还是公开放映和广播，都属于公开表演作品的行为，都只受"表演权"的控制。我国则将《美国版权法》意义上的"表演权"拆分成了"表演权""放映权"和"广播权" 3 项互相独立的权利。需要说明的是，在本书随后篇幅关于娱乐业案例分析和讲解过程中，势必会涉及著作财产权其他权利，因此本章只重点介绍"改编权"。

③ 版权购买合同范本可参见本书附录。

说《匆匆那年》改编而成的剧本本身的著作权当然也包括改编权是在搜狐公司手里的。如今,搜狐公司自制的《匆匆那年:好久不见》是根据剧本的部分元素重新创作而成,所以是无须征得原作者九夜茴授权同意的。况且,搜狐所购买的改编权是永久转让,这意味着,在永久期限内它都享有不受次数限制的改编的权利。

面对抢先一步与观众见面的《匆匆那年:好久不见》,九夜茴曾在微博上写下了"匆匆那年,不如不见"的文字。如今,她正在加紧写作《匆匆那年》的续集,既算是维权,也当作对抗。

第五章

数字时代盗版无罪吗？

英国广播公司 BBC 出品的人气英剧《神探夏洛克》(*Sherlock*) 在 2015 年圣诞节推出特别篇，国内某影业公司将其以"批片"① 指标引进，计划以院线电影在 2016 年 1 月 4 日在全国上映。可令他们苦恼的是，该片在 BBC 播出之后，高清资源已经第一时间传遍了网络。②

---

① "批片"又名"进口买断片"，是国内电影市场上一种特殊的进口影片类型，通常由国内片商以固定的价格把影片的放映权从国外片商处买断，而国外片商不参与中国票房分成的电影。与"批片"对应的概念则是"分账片"。

② 京雅：《揭秘〈神夏〉引进幕后：批片引进 价格蛮高》，载 新 浪 娱 乐，http://ent.sina.com.cn/m/f/2016-01-05/doc-ifxneept3714764.shtml。

差不多前后时间，参选 2016 年奥斯卡奖的多部热门影片资源也被泄露，名单中包括了昆汀·塔伦蒂诺主演的（Quentin Tarantino）的《八恶人》（*The Hateful Eight*）、汤姆·哈迪（Tom Hardy）主演的《传奇》（*Legend*）、迈克尔·法斯宾德（Michael Fassbender）主演的新版《史蒂夫·乔布斯》（*Steve Jobs*）、根据美国财经畅销书作家迈克尔·刘易斯（Michael Lewis）同名小说改编的《大空头》（*The Big Short*）、斯蒂芬·斯皮尔伯格（Steven Spielberg）与汤姆·汉克斯（Tom Hanks）时隔 17 年再度合作的《间谍之桥》（*Bridge of Spies*）等。尤其令人吃惊的是，当网上流传出《八恶人》高清片源时，这部电影离正式公映还有整整一周的时间。据媒体报道，这一切始作俑者是一家名为"Hive-CM 8"的网络组织。①

类似的事件一再发生，对电影公司来说多少有点见怪不怪，然而时间倒退至 2014 年 11 月，索尼公司遭遇了其史上最严重的影片泄露事件。由于遭到黑客侵入，至少有五部影片泄露，网上可下载高清资源，其中有四部电影在北美市场还未上映。而实施这一次黑客袭击的是一个名为"和平保卫者"（Guardians of Peace）的组织。在案发当天，索

---

① 《盗版下载组织破例公开发声：盗版有利电影》，载新浪娱乐，http://ent.sina.com.cn/m/f/2016-01-04/doc-ifxneept 3654823.shtml. See Arlene Washington, "Piracy Group Behind 'Hateful Eight' Leak Releases Apology", http://www.hollywoodreporter.com/news/piracy-group-behind-hateful-eight- 851761。

尼公司内部的电脑上都出现了骷髅的图像，并附带"Hacked by #GOP"的信息。要知道，这距离好莱坞另一家制片公司狮门影业出品的《敢死队3》(*The Expendables 3*) 遭泄，仅仅才过去四个月时间。[①]

在《数字时代，盗版无罪?》书中，约翰·冈茨（John Gantz）和杰克·罗切斯特（Jack B.Rochester）两位作者通过梳理制度的起源和回顾立法的历史，发现版权法从来都不是也可能永远都不是创作者的法律保障，至少不可能是他们的托付对象。版权法的真正目的在于保障复制者（出版商）有钱可赚。所谓知识产权保护制度更多时候是不同阵营为捍卫自己利益，通过积极争取、竞相抗争、几经博弈后的一个妥协性产物，包括后来的《千禧年数字版权法》（又译为"数字千年版权法"，*Digital Millennium Copyright Act*，DMCA）——这部数字时代版权保护意义重大的法律，冈茨和罗切斯特就评价道："如果你认为版权法的目的，是提供创作人在一段有限的时间内，在严格受限的情况下，凭其作品而获取一个公平合理的报酬，那么，《千禧年数字版权法》就是一部恶法。如果你认为版权法的目的是为版权持有人获取最大化的物质报酬，以及在获得版权之后保障他们的投资，让版权变得更有价值，那么，《千禧年数字版权法》就是一部好的法律。"在这种语境下，他们因此提出"我们正困在没有赢家的战争中""盗版已经改变媒体信息产品买卖双方的关系""一切都和资本主义有关"等观点，在他们看来，盗版其实是一定意义上的反抗! [②]正如著名盗版组织"海盗湾"（The Pirate Bay）设立的目标就是为了"实现真正的言论和文化传播自由"。[③]

---

① 《索尼五部电影遭黑客泄露 〈狂怒〉受冲击最大 〈安妮〉〈依然爱丽丝〉中枪》，载时光网，http://news.mtime.com/2014/11/30/1534624.html。

② 参见［美］约翰·冈茨、杰克·罗切斯特《数字时代，盗版无罪?》，周晓琪译，法律出版社2008年版。

③ 海盗湾（The Pirate Bay）最初是由瑞典的一个民间反版权组织于2004年成立。它是一个专门储存、分类及搜寻BT种子的网站，并自称是"世界最大的BT种子服务器"（BitTorrent tracker），提供的BT种子除了有自由版权的内容外，也有不少仍在著作权保护时效内的音频、视频、电脑应用软件与电子游戏，为网络分享与下载的重镇之一。其官方网站为：http://thepiratebay.ee/。

　　且抛开学理探讨不说，从实证的法律维度来看，影视剧遭泄露，对权利人来讲究竟是被侵犯了哪种权利？他（她）又该如何维权？针对数字时代盗版现象严重、频繁的问题，当前主要国家又采取了哪些保护机制或措施呢？

　　要知道，互联网的发展给著作权带来的最大挑战在于，它彻底改变了作品的传播方式，公众无须通过转移有形载体就可以获得作品的复制件。当网站或网络用户将作品以数字化文件的方式上传至公众开放的网络服务器时，其他用户就可以通过网络下载将文件下载至自己的计算机硬盘中，从而获得作品的复制件，而复制它的成本近乎零。面对这一变化，不少国家的著作权法对"发行权"有了全新的认识，并创设了新的权利种类。

　　通过考察几个主要国家或地区的立法状况，迄今为止，除美国和中国香港地区把网络传播仍视为"发行"外，其他各国和地区并未对发行行为的定义作出调整。[①]换言之，根据发行权的通常概念界定，即著作权人享有的以出售或赠与方式向公众提供作品的原件或者复制件的权利，人们仍是将"有形载体所有权或占有的转移"作为构成发行行为的必要条件。也就是说，网络传播并不构成"发行"。

　　懂得这两者的概念区分，对法律实务意义非同寻常。如果将其混为一谈，则无法保护当事人的权益。以华夏电影发行公司诉华网汇通技术服务公司和湖南在线网络传播公司侵犯电影发行权一案为例。在该案中，华夏电影发行公司依法取得了好莱坞电影《终结者3》在中国大陆境内的"独家发行权"。而两个被告在未经许可的情况下，擅自将电影上传至网站上供用户有偿下载。华夏电影发行公司便以该两家公司侵犯其"独家发行权"为由提起诉讼。法院经审理后认为，华夏电影发行公司对涉案影片仅享有影院独家发行权，因此只能就该权利遭到侵犯的行为提起诉讼。但两个被告把影片上传至网络的行为，

---

① 相关论述可参见王迁《网络版权法》，第一章第二节，中国人民大学出版社2008年版。

"并未落入原告对该影片所享有的独家发行权范畴"。根据这个理由，法院驳回了原告的诉讼请求。[①] 显然，在我国司法实践中，认定"发行"并不包括通过互联网的传播。所以，华夏电影发行公司仅仅享有"发行权"，是无法将他人未经许可把电影放到网上传播的行为提交法庭裁决的，因为它根本就没有"权利基础"。

既然网络传播不是发行，又是什么？难道我国《著作权法》没有专门的规定吗？当然，答案是否定的。

前面提到，《著作权法》的财产权里明示的有 12 项，发行权位列其一，另外还有一个叫"信息网络传播权"。它是用来保障那些"通过信息网络对作品进行交互式传播"的著作权人的权利的。[②] 换句话说，该权利是 2001 年修订《著作权法》时为了应对互联网对著作权保护带来的挑战而新设的。5 年后，中国还通过了《信息网络传播权保护条例》。[③] 根据《著作权法》第十条第一款第十二项规定，信息网络传播权是"以有线或者无线方式向公众提供作品，使公众可以在其个人选定的时间和地点获得作品的权利"。

根据定义，要构成网络传播行为，应当具备以下两个要件：第一，该行为应当通过网络向公众提供作品。所谓提供作品，是指公众能够获得作品的可能性，而不要求实际将作品送到公众手中。简单讲，这个"提供"可以用"使……可获得"转换语句来记忆。第二，该行为应当是"交互式传播"的。这么做就是使得"网络传播"能严

---

① 参见北京市朝阳区人民法院民事判决书（2004）朝民初字第 1151 号。

② 结合《世界知识产权组织版权条约》第 8 条立法和背景，以及当前互联网传播"点对点""交互式"的特征，在认知信息网络传播权上，万不能顾名思义地理解为"通过信息网络传播作品的权利"，而应该是"通过信息网络对作品进行交互式传播的权利"。详见王迁：《论对"信息网络传播权"的正确适用——兼评"成功多媒体诉时越公司案"一审判决》，载《法律适用》2008 年第 12 期。

③ 《信息网络传播权保护条例》于 2006 年 5 月 18 日以中华人民共和国国务院令第 468 号公布，并于当年 7 月 1 日起施行。2013 年 1 月 30 日，国务院令第 634 号《关于修改〈信息网络传播权保护条例〉的决定》对条例进行了修订。新颁布的《条例》全文 27 条，于同年 3 月 1 日起生效。

格区别于传统传播行为，如电视、广播等。[1]

根据上述两个要件，目前网络空间里常见和典型的网络传播行为大致有三种：第一种是网站经营者将数字化作品置于开放的网络服务器上供用户在线欣赏或下载，如网易云音乐、搜狐视频等；第二种是用户将数字化作品上传到开放的网络服务器上供用户在线欣赏或下载，如美国的 Youtube、国内的优酷土豆；第三种是将用户数字化作品放在 P2P 软件划定的"共享区"，供同类 P2P 软件的用户搜索和下载，如人人影视（现已转型为"字幕组"）和前面提及的 Hive-CM 8。[2]

权利的明细引出的下一组问题便是网站经营者（不管是 ISP 或 ICP）[3]或者用户个人，当他们的服务器上有未经许可便可供用户欣赏、下载受著作权保护的数字作品，又或者，他们提供的只不过是一种技术工具，能帮助他人搜索、下载受著作权保护的数字作品，他们是否侵权了？相关的责任又该如何厘定呢？

有学者指出，我国《著作权法》在规定侵权行为时，强烈地受到了英美版权法有关"直接侵权"理论的影响。"直接侵权"的概念是与构成著作权权利内容的一系列专有权利密切相关的。[4]因此，判定一项行为是否构成著作权侵权，主要看两点。第一，这项行为是否受到专有权利的控制；第二，是否存在法定的免责事由，如合理使用、法定许可等。[5]因此像搜狐在未经许可，且无免责事由存在的情况下，

---

[1] 针对当前有些网络应用有"网络广播"或"网络视频直播"等服务，它只是像普通无线广播电视一样，用户只能按照指定时间在线收听或收看，而无法自行选择（决定）节目、时间，那么，它不属于《著作权法》意义上的"网络传播行为"。

[2] 关于 P2P 技术原理及相关法律问题，可详见杨吉《BT 之劫：P2P 技术侵权问题研究》，载唐国华主编：《律师实务研究》（第 3 卷），浙江大学出版社 2009 年版。

[3] ISP（Internet Service Provider），网络服务提供商，指的是向用户综合提供互联网接入业务、信息业务和增值业务的运营商。ICP（Internet Content Provider）是互联网内容提供商，向广大用户综合提供互联网信息业务和增值业务的电信运营商。

[4] 王迁：《网络版权法》，中国人民大学出版社 2008 年版，第 80 页。

[5] 我国《著作权法》第二十二条列出了 12 种可构成为"合理使用"的情形，如个人使用、适当引用、时事新闻报道中的使用、对时事性文章的使用等；法定许可包括：报刊转载法定许可（第三十三条第二款）、制作录音制品法定许可（第四十条第三款）、播放作品的法定许可（转下页）

将美国哥伦比亚电影公司版权所有的电影《国家机密》《反恐特警组》向其网络注册用户有偿提供在线收看、下载等服务，显然是侵犯哥伦比亚电影公司信息网络传播权了。[①]

需要补充的是，根据英美版权法理论，在评价行为是否构成侵权时，是不考虑行为人的心理心态如何的。也就是说，有无主观过错只是会影响到损害赔偿数额或救济方法，并不影响对行为构成"直接侵权"的判定。[②]当然，如果直接侵权者确实无主观过错，其承担法律责任的方式与有过错的侵权者自然是不同的。

《最高人民法院关于审理著作权民事纠纷案件适用法律若干问题的解释》第二十条明确指出："出版物侵犯他人著作权的，出版者应当根据其过错、侵权程度及损害后果等承担民事赔偿责任。出版者对其出版行为的授权、稿件来源和署名、所编辑出版物的内容等未尽到合理注意义务的，依据《著作权法》第四十八条的规定，承担赔偿责任。出版者尽了合理注意义务，著作权人也无证据证明出版者应当知道其出版涉及侵权的，依据《民法通则》第一百一十七条第一款的规定，出版者承担停止侵权、返还其侵权所得利润的民事责任。"从该条规定来看，即便出版社无任何主观过错，其行为仍然构成"直接侵权"，应当承担停止侵权、返还其侵权所得利润的民事责任，但无须承担赔偿损失的民事责任。

（接上页）和播放录音制品的法定许可（第四十三条第二款、第四十四条）、编写出版教科书法定许可（第二十三条第一款）、制作和提供课件法定许可（《信息网络传播权保护条例》第八条）、通过网络向农村提供特定作品的"准法定许可"（《信息网络传播权保护条例》第九条）。

① 参见北京市第一中级人民法院（2006）一中民初字第 11932 号民事判决书。

② 如 TRIPs 协定第 45 条第 2 款规定：在适当的情况下，即使侵权人并不知道，也没有合理理由知道自己从事了侵权行为，各成员国仍可授权司法机关责令其返还利润和／或支付法定赔偿金。另外，值得一提的是，与英美法系普通民事侵权不同，知识产权的侵权用 infringement 这个词，普通民事侵权的英文则是 tort。根据词源，知识产权意思是你"进入"（in）专有权"范围"（fringe）了，就算侵权了。相比而言，tort 的范围要窄许多。相关论述可参见郑成思《侵害知识产权的无过错责任》，载《中国法学》1998 年第 1 期；王利明：《侵权行为法归责原则研究》，中国政法大学出版社 2003 年版。

　　"直接侵权"的行为认定和责任分配在实务操作中还是比较简单的，作为它的相对概念"间接侵权"在理解和适用上就复杂许多了。所谓"间接侵权"，是指即使行为人并未直接实施受专有权利控制的行为，如果其行为与其他人的"直接侵权"行为之间存在特定关系，也可能被认定为侵权。要知道，区分"直接"与"间接"的意义在于：基于著作权专有权利的绝对权性质①，除非法律有例外规定，只要未经许可实施受专有权利控制的行为即构成"直接侵权"，主观过错并非构成"直接侵权"的必要条件，它只影响赔偿责任的承担。而构成"间接侵权"的各种行为都不在著作权专有权利的控制范围内，将其界定为对著作权的侵犯是出于适当扩大著作权保护范围的政策考量以及这些行为的可责备性。因此，必须以行为人具有主观过错为构成要件。这意味着在诉讼中，如果著作权人指称被告"直接侵权"，只需证明其实施了受专有权利控制的行为，如果被告确实实施了相关行为，只能通过证明自己无主观过错，或过错程度较小，来免除或减轻赔偿责任。而如果著作权人指称被告"间接侵权"，则应当举证被告是在具有主观过错的情况下实施了引诱、教唆或帮助等行为。②

　　如发生在 2004 年的正东唱片诉世纪悦博侵犯录音制品制作者权纠纷一案，它经由二审判决，最终驳回上诉、维持原判，认定世纪悦博"未尽到注意义务，放任自己的行为，参与、帮助被链接网站……引导用户下载，主观过错明显"，因此构成侵权。③ 不难看出，二审法院判定被告败诉的理由是基于"间接侵权"。同类的国内经典判例还

---

① 绝对权，又称"对世权"，指的是对一切人主张的权利。绝对权的权利主体特定，义务主体是不特定的。物权、人身权、知识产权都是绝对权。绝对权相对的概念便是"相对权"，又称"对人权"，指仅对特定人主张的权利。相对权的权利主体和义务主体均为特定的一人或者数人。请求权均为相对权。

② 转引自王迁《网络版权法》，第一章第二节，中国人民大学出版社 2008 年版，第 82 页。

③ 参见北京市第一中级人民法院（2004）一中民初字第 400 号民事判决书，北京市高级人民法院（2004）高民终字第 713 号民事判决书。

有步升诉百度录音制作者侵权纠纷一案[1]。

关于"间接侵权"，其类型有两种：一种是教唆、引诱他人侵权，或明知他人侵权，但仍然故意给予实质性帮助的。[2]这是各国侵权行为法所普遍承认的规则。我国《侵权责任法》第九条规定："教唆、帮助他人实施侵权行为的，应当与行为人承担连带责任。"最高人民法院《关于贯彻执行〈中华人民共和国民法通则〉若干问题的意见（试行）》第一百四十八条规定："教唆、帮助他人实施侵权行为的人，为共同侵权人，应当承担连带民事责任。教唆、帮助无民事行为能力人实施侵权行为的人，为侵权人，应当承担民事责任。教唆、帮助限制民事行为能力人实施侵权行为的人，为共同侵权人，应当承担主要民事责任。"侵权责任法当然适用于著作权侵权，因此，在已有相关法条前提下，即便《著作权法》并没有对"间接侵权"作出明确规定，教唆、引诱和帮助他人实施"直接侵权"，照样构成侵权（"间接侵权"）。

另一种是"直接侵权"的预备行为和扩大侵权后果的行为。也就是说，它既不属于直接侵权，也不属于教唆、引诱和故意帮助他人侵权，但却极有可能导致"直接侵权"或扩大其侵权行为的损害后果。例如《英国版权法》第24条规定："未经版权人许可，在知晓或有理由认为某一专为制作作品复制件而设计或改装的工具将被用于制作侵权复制件的情况下，制作该工具、将其输入英国和在商业过程中持有，即构成版权侵权。在英国立法者看来，虽然制作、进口和持有侵权工具的行为本身并没有侵犯专有权利，但是，这一系列行为往往就是自己实施"直接侵权"，为此，出于防患于未然，将这种行为认定为"间接侵权"。[3]

---

[1] 参见北京市海淀区人民法院〔2005〕海民初字第14665号民事判决书。

[2] ［德］克里斯蒂安·冯·巴尔：《欧洲比较侵权行为法》，张新宝译，法律出版社2003年版，第81页。

[3] 由于中国《著作权法》并无类似规定，且与本书主题无关，故不展开介绍与评述。

　　结合网络传播，由于网络服务提供商所提供的网络接入服务、服务器托管、网络存储、通信传输、网络广告推广、支付结算、资料检索与分类、交易中介平台等信息网络技术与渠道，在客观上是网络空间侵权行为得以进行、侵权后果得以产生的条件，从严格逻辑上讲"对他人直接侵权行为提供实质性帮助"。但根据"间接侵权"构成要件，倘若网络服务提供商没有主观过错，即不知晓（不论其是"应知"或是"明知"）他人侵权行为的存在，那么它就不构成"间接侵权"。但问题是，知晓与否是一种主观心理状态，如果法律上不确立一套在客观上有助于鉴别、判断的规则，那么，推断行为人主观过错就很容易陷入"子非鱼"的认知怪圈。

　　例如，2016年1月初成为中国媒体头条和公众关注焦点的快播涉嫌淫秽物品牟利罪一案，在中国少见的全程网络庭审直播过程中，被告人王欣（也是被告单位深圳快播科技有限公司法定代表人和总经理）就以"技术本身并不可耻"作为总的论点应对公诉人的各种讯问。而他的辩护律师，也以"快播只是一个播放工具，并不是淫秽物品提供者，也不是发布工具，快播不提供上传下载服务"的观点，强调"技术中立"（有一种说法是"即使用菜刀的人犯罪，肯定不能追究到制作菜刀的人的头上"，即拿菜刀做比喻）。在此基础上，他们以在公司内部建立起一套名为"110"的监控系统，系统可以识别出视频的敏感文件名并主动屏蔽以及开放举报入口，有用户发现淫秽视频可以在线举报，公司会把发布视频的网站进行屏蔽等措施，来证明他们已尽到必要的注意义务，主观并无过错。换言之，如果没有过错得到证实，既不具备刑事上犯罪构成要件的主观方面（即无罪），也进而摆脱了民事上著作权"间接侵权"的嫌疑。[①]

　　由于被告人及其辩护人表现出来的扎实的技术知识背景和精彩的

---

① 庭审全文可参见 http://live.sina.com.cn/zt/l/v/news/kuaibo/。另见王亦君《快播案庭审能否厘清事实真相》，载《中国青年报》2016年1月12日。

庭辩技巧, 对比之下, 公诉方就显得有些准备不足、攻守薄弱、局势处于下风。对此, 围观的中国网民更是热闹,"鉴黄师""内幕""吊打""躺着也中枪"等热词被充分创造或运用, 以"消费"这起所谓的"开年第一部大戏"。[①] 而中国两大国家级、素有"党的喉舌"之称的新闻机构——《人民日报》和新华社客户端, 则分别发表题为《快播的辩词再精彩, 也不配赢得掌声》和《无论快播是否有罪, 都要对"狡辩的权利"报以掌声》的评论文章, 表示对此案予以关注并表明自己的立场。很快有好事者将两篇文章进行对比, 得出两家官方媒体"互掐"的结论, 这无疑为本是瞩目焦点的案件又推波助澜, 从而制造了网络上的新热点。一天后, 国家互联网信息办公室也发表声明, 其发言人表示, 坚决支持对"快播"涉黄案进行依法查处。所有利用网络技术开展服务的网站, 都应对其传播的内容承担法律责任。这是中国互联网发展和治理的根本原则。"'依法治网、依法办网、依法上网', 已成为互联网业界和全社会的普遍共识, 大家必须共同遵守。"[②]

以快播案为例, 其是否达到技术滥用的境地, 是否要承担刑事责任可以另说,[③] 但对涉案人主观认知的认定从来都是厘定法律责任的重点, 当然也是司法实践中的难点。所幸, 目前世界各国对网络服务提供商侵权责任认定方面基本形成了较为一致的规则, 而之所以能达成共识, 主要得益于美国《千禧年数字版权法》的颁布。

1998 年, 美国国会专门针对网络环境下的著作权问题通过了DMCA, 该法案第 512 条规定: 网络服务提供商没有监视网络、寻找侵权活动的义务。对于提供信息存储服务和信息定位服务的服务提供

① 《鉴黄师、内幕、吊打 快播案精彩攻防细节都在这》, 载新浪网, http://news.sina.com.cn/c/nd/2016-01-08/doc-ifxnkvtn9638746.shtml。
② 综合社评《快播案, 程序正义是为最终公正裁决》, 载《环球时报》2016 年 1 月 11 日, 中国网信网: http://www.cac.gov.cn/2016-01/10/c_1117725693.htm。
③ 刘宪权:《论信息网络技术滥用行为的刑事责任——刑修九相关条款的理解与适用》, 载《政法论坛》2015 年第 6 期。

商而言，只要符合一定条件，就可以不承担侵权责任。这就好比暴风将至，船舶驶进避风港后不会遭到破坏，网络服务提供商也能享受像"避风港"的庇护，因而该条款所确立的就是今天在知识产权界鼎鼎大名的"避风港原则"。[①]

当然网络服务商要享受"避风港"，其中一个重要的条件就是，在收到权利人发出的符合法定条件的通知后，迅速移除被指称侵权的内容，或屏蔽对它们的访问。从该条逻辑结构和用语来看，"通知"是条件引发，"及时移除"是动作跟进。这意味着，如果权利人不通知，而网络服务提供商在不知情的情况下，没有删除或者不断开被指控侵权内容链接的，那么则不构成帮助侵权，反之，则构成。例如，网络服务提供商在收到权利人的通知之后，认定该通知指称的侵权行为不实，因此拒绝移除相关内容。在这种情况下，网络服务提供商就不能再享受"避风港"的保护。权利人一旦证明通知的内容属实，网络服务提供商就要为自己的判断失误（过失）承担责任，其行为将被认定为"帮助侵权"。这个同样由 DMCA 首创的著名"通知和移除规则"便于人们从行为上推断网络服务提供商有无主观过错的标准，此后被包括我国在内的许多国家所采用。[②] 它一方面可以推动权利人积极地寻找和发现侵权信息以保护自己的利益，另一方面也促使网络服务提供商及时地制止侵权行为，防止侵权后果的进一步蔓延。

在中国，对"避风港原则"和"通知和移除规则"的吸收和借鉴主要体现在《信息网络传播权保护条例》中的第十五、第十七、第

---

① DMCA 中文译本可参见中共中央宣传部政策法规研究室编《国外网络法律文件选编》，北京大学互联网法律中心译，学习出版社 2014 年版，"数字千年版权法"部分。

② 网络著作权保护所涉的"间接侵权"问题十分复杂，对其有较为详尽、深入和精到的研究，在此推荐王迁教授的两本专著。一本是《网络版权法》，中国人民大学出版社 2008 年版；另一本则是《网络环境中的著作权保护研究》，法律出版社 2011 年版。

二十二、第二十三条。[①]对比美国立法，我国在认定网络服务提供商"共同侵权责任"方面，不细分具体的"帮助侵权责任""替代侵权责任""引诱侵权责任"，而是综合考量网站的主观知晓（侵权行为）程度、是否具备主观意图、是否具有控制侵权行为的能力及措施，是否从侵权行为中直接获得经济利益，以及是否对侵权行为提供了从技术到平台上实质性帮助等因素，进而作出是否侵权的结论。[②]

当然，鉴于像快播公司提出的"技术中立说"以及有些网络服务提供商采取"鸵鸟策略"，故意忽视明显存在的侵权行为，其实从判例到立法都已经有相应的对策预防，并不是靠"狡辩"或"佯装不知"就可以逃避责任的。根据 DMCA 的规定，即使权利人没有发出指称被存储或被链接的材料侵权的"通知"，只要网络服务提供者意识到了"能够从中明显推出侵权行为的事实或情况"，而没有"迅速移除材料或屏蔽对它的访问"，其行为就构成"帮助侵权"。美国国会

---

① 条例第十五条规定："网络服务提供者接到权利人的通知书后，应当立即删除涉嫌侵权的作品、表演、录音录像制品，或者断开与涉嫌侵权的作品、表演、录音录像制品的链接，并同时将通知书转送提供作品、表演、录音录像制品的服务对象；服务对象网络地址不明、无法转送的，应当将通知书的内容同时在信息网络上公告。"第十七条规定："网络服务提供者接到服务对象的书面说明后，应当立即恢复被删除的作品、表演、录音录像制品，或者可以恢复与被断开的作品、表演、录音录像制品的链接，同时将服务对象的书面说明转送权利人。权利人不得再通知网络服务提供者删除该作品、表演、录音录像制品，或者断开与该作品、表演、录音录像制品的链接。"第二十二条规定："网络服务提供者为服务对象提供信息存储空间，供服务对象通过信息网络向公众提供作品、表演、录音录像制品，并具备下列条件的，不承担赔偿责任：（一）明确标示该信息存储空间是为服务对象所提供，并公开网络服务提供者的名称、联系人、网络地址；（二）未改变服务对象所提供的作品、表演、录音录像制品；（三）不知道也没有合理的理由应当知道服务对象提供的作品、表演、录音录像制品侵权；（四）未从服务对象提供作品、表演、录音录像制品中直接获得经济利益；（五）在接到权利人的通知书后，根据本条例规定删除权利人认为侵权的作品、表演、录音录像制品。"第二十三条规定："网络服务提供者为服务对象提供搜索或者链接服务，在接到权利人的通知书后，根据本条例规定断开与侵权的作品、表演、录音录像制品的链接的，不承担赔偿责任；但是，明知或者应知所链接的作品、表演、录音录像制品侵权的，应当承担共同侵权责任。"

② 参见宋海燕《中国版权新问题：网络侵权责任、Google 馆案、比赛转播权案》，商务印书馆 2011 年版，第 1—52 页。

将这一认定规则称为"红旗标准"。[①]

2006 年发布的中华人民共和国最高人民法院《关于审理涉及计算机网络著作权纠纷案件适用法律若干问题的解释》第四条有类似规定:"提供内容服务的网络服务提供者,明知网络用户通过网络实施侵犯他人著作权的行为,或者经著作权人提出确有证据的警告,但仍不采取移除侵权内容等措施以消除侵权后果的,人民法院应当根据民法通则第一百三十条的规定,追究其与该网络用户的共同侵权责任。"《信息网络传播权保护条例》也做了类似规定。例如第二十二条规定:网络服务提供者为服务对象提供信息存储空间,供服务对象通过信息网络向公众提供作品、表演、录音录像制品,不知道也没有合理的理由应当知道服务对象提供的作品、表演、录音录像制品侵权,不承担赔偿责任。

就在快播"涉黄案"庭审直播后几天,被告人快播公司的辩护律师在接受某媒体采访时表示,"没有想到评论会一边倒(向自己这边)",但他也知道逞一时口舌之快或试图影响舆论并不会改变法院固有的判决。[②]同样道理,由于"Hive-CM 8"的网络组织此前违法盗版行为过于猖獗,其行为也已惊动美国联邦调查局(FBI)介入调查。

所以回到本章开篇曾提及的问题,数字时代盗版无罪吗?哪怕这个"罪"并非一定要在刑法上予以考量,从民事法律角度看,答案通常亦是肯定的。另外要补充一点的是,基于信息网络技术应用于实施犯罪行为的全新情况,为了有效维护信息网络安全与国家政治、经济、金融、社会等各方面的安全,十二届全国人大常委会第十六次会议于 2015 年 8 月 29 日通过了《刑法修正案(九)》,进一步完善了惩处信息网络犯罪的法律规定。特别是针对近年来信息网络为实施犯罪

---

① 当网络服务提供者意识到了从中能够明显发现侵权行为的"红旗"之后,如果其不采取措施,就会丧失享受责任限制的资格……在判断相关事实或情况是否构成"红旗",换言之,即侵权行为是否对一个在相同或类似情况下的理性人(reasonable person)已然明显时,应当采用客观标准。

② 张淑玲:《公开审理快播案有很好的警示作用》,载《京华时报》2016 年 1 月 11 日。

提供技术支持与帮助的常态情况，《刑法修正案（九）》第二十九条第四款专门增设了全新的犯罪行为类型 —— "为信息网络犯罪提供技术支持、帮助罪。[①]"

---

① 《刑法修正案（九）》第二十九条第四款、第五款以及第六款规定："第二百八十七条之二明知他人利用信息网络实施犯罪，为其犯罪提供互联网接入、服务器托管、网络存储、通讯传输等技术支持，或者提供广告推广、支付结算等帮助，情节严重的，处三年以下有期徒刑或者拘役，并处或者单处罚金。单位犯前款罪的，对单位判处罚金，并对其直接负责的主管人员和其他直接责任人员，依照第一款的规定处罚。有前两款行为，同时构成其他犯罪的，依照处罚较重的规定定罪处罚。"

第六章

作品署名很重要吗?

吃独食、巧取豪夺,甚至用
上了"久走夜路必撞鬼,德不配位
必遭殃"的措辞,这是在说谁呢?

就在电影《唐人街探案》上映后不久，影片的编剧之一李亚玲通过其个人微信、微博，指出影片所显示的编剧为导演陈思诚一事并不属实，而且将其他参与编剧的人放在片尾的演职员表中而非影片开头，这是一种"独食"编剧署名权，"贬低编剧地位、巧取豪夺的新模式"。李亚玲矛头直指陈思诚，陈思诚既是编剧，也是该片的执行导演。①

奇怪的是，这不是李亚玲和陈思诚之间的第一次过节。早在 4 年前，两人就因电视剧版的《北京爱情故事》编剧稿酬未支付闹得沸沸扬扬，最终走上法庭。而当时那场编剧讨薪风波直到 2014 年才尘埃落定，法院判决陈思诚支付拖欠的稿酬及利息，并赔礼道歉。案件虽然得到了审判，但陈思诚却另外专门召开新闻发布会进行澄清，仍坚称他享有《北京爱情故事》的著作权。但李亚玲不肯作罢，在之后的近两年时间里，三次就该剧著作权归属问题起诉陈思诚，但根据已有公开报道，结果不了了之。

既然心生嫌隙，按理说两人会选择分道扬镳、不相往来，实在要合作，就更加应当有言在先、立字为凭，可是，他们再次"相互扯皮"了。陈思诚曾在首映发布会上提到，影片《唐人街探案》的剧本

---

① 参见夏泽《陈思诚吃独食？〈唐人街探案〉编剧署名遭质疑》，载 1905 电影网，http://www.1905. com/news/20160107/966526.shtml?fr=wwwnews_newslist_news_2_201504#p1。

是在飞机上完成的,他说:"2013 年写《北京爱情故事》时候就想到这个故事了,后来每次坐飞机都会想想,比如在二十多个小时的越洋航班上,最后竟然就写完了。"对此,李亚玲反驳说,陈思诚的"编剧模式"其实就是先找人聊天谈出一个创意来,再请几个网络写手或新人写出几版故事;随后再把能用的亮点提出来,交给编剧写初稿;再把初稿交给另一批编剧写二稿乃至三稿,最后项目成型了,自己再改一稿,最终在影片的片头给自己署名编剧。

面对李亚玲"霸占编剧署名"的指责,陈思诚一开始并没有做出正面回应,反倒是《唐人街探案》的另一位联合编剧程佳客发声,替陈思诚背书。他称自己并非受剥削压榨的年轻新手编剧,并透露陈思诚找他合作时,已有了影片人物构思和故事框架,并一起组成团队在陈思诚的指导下进行创作,程佳客还明确表态:"现在的署名方式和我的贡献是吻合的。"一天后,陈思诚终于委托律师发表声明,要点如下:李亚玲的无端发难是对自己名誉权的诽谤、相关互联网用户未经核实擅自发布或转发也属"共同侵权",通过律师已做了相应的证据保全,必要时将采取包括诉讼在内的法律维权。[1]

在影视娱乐圈,类似的纷争并非个案。例如,2015 年根据路遥同名小说改编的电视连续剧《平凡的世界》热播,随之而来的关于编剧"署名权"的口舌之争也适时引爆。作者葛水平发表公开信讨要该剧的"总编剧"署名权,称自己历时两年创作剧本,而现在署名总编剧的温豪杰仅"统了一稿"。随后,温豪杰也发表声明澄清,称《平凡的世界》剧本自己创作一年先后改了近七稿,最终拍摄也是采用了自己的剧本。按照他与制片方合约规定,目前的一切都是有法律依据的互相承诺和履行承诺,并请"前作者"葛水平立刻兑现公开晒剧本的承诺。《平凡的世界》出品方华视影视也声明,该剧与历任编剧的署

---

[1] 转引自包今天《陈思诚"霸占编剧署名权"? 被"北爱"编剧炮轰"唐探"编剧发声明力挺》,载时光网,http://news.mtime.com/2016/01/08/1551124.html。

名与否，还有署名顺序在合同中都有明确体现，并且合理地反映了工作量，是合理合法的。① 就在差不多同一时间，2014 年大热剧集《北平无战事》编剧署名权纠纷一案开庭审理。原告胡强、刘桉诉称，他们在 2007 年 4 月 29 日分别就该剧的剧本创作事宜正式签署了"编剧合约"，而在这之前应编剧刘和平之邀完成了"创作初步意见""故事梗概"（两稿）、"人物分析"（初稿），并得到刘和平认可。而后二人进入资料收集、整理及人员采访工作环节，前后花了约一年时间。最终向刘和平提交了故事梗概、人物小传，14 集分集梗概以及前 3 集完整剧本。法庭上胡强出示了当年签署的"编剧合约"，合约上明确表示，胡强为刘和平的编剧助手，享有《北平无战事》播出时的编剧署名权。刘和平委托律师却表示，胡强、刘桉二人并未按照合约完成 30 集的剧本，而是中途不辞而别，因此不享有署名权利，并表示，现在播出的电视剧采用的正是刘和平经过多次推翻、多次改编后的剧本，与现在胡强、刘桉二人出示的剧本大纲及 3 集剧本有很大差异，因此认为二人并没有权利享受电视剧的署名权。②

又如，2015 年 11 月 10 日，作者蒋胜男发表了一篇"关于《芈月传》小说及电视剧著作权纠纷说明"的长微博，详细阐述了自己与该年度热播剧《芈月传》的编剧王小平、制片人曹平之间的著作权纠纷事件。称《芈月传》是她的原创小说，电视剧《芈月传》也是其在原著的基础上进行的改编剧本，"整个改编过程系其一人独立完成，无其他编剧辅助"。因此，对《芈月传》署名"总编剧王小平"的做法提出质疑，并指出《芈月传》有原著小说，并非之前宣传的那样是原创剧本。事后，制片人曹平在接受媒体专访时详细叙述了与蒋胜男的认识过程、《芈月传》的创作过程以及与蒋胜男的种种关于版权约定。

---

① 杨文杰：《〈平凡的世界〉编剧署名权陷口舌之争　影视剧编剧署名权，究竟有多少"明规则"？》，载《北京青年报》2015 年 2 月 12 日。

② 李国斌：《电视剧〈北平无战事〉陷入编剧署名权纠纷》，载《湖南日报》2015 年 2 月 11 日。另参见北京市朝阳区人民法院〔2015〕朝民（知）初字第 4495 号民事判决书。

而该剧的导演郑晓龙也在接受众家媒体采访时首度对此事表态，认为蒋胜男选择在《芈月传》的宣传期发出这样的微博明显是在炒作，自己不愿意跟着炒。①

值得一提的是，虽然近些年编剧维权事件频发，给外界以"纠纷重灾区"的印象。其实不然，相比于每一年度拍摄制作的影视剧基数，署名权纠纷的发生率其实微乎其微。②但即便如此，面对此类问题从创作者个人到制片公司仍应重视，做到事先防范，有备无患。

问题是"署名权"纠纷通常是怎么发生的？一般而言，分歧的产生不外乎两种情形：一种是双方在订立合同时，并未对日后可能发生的情况进行足够预估和防范，也没有对各自的权利义务等细节作详细约定；另一种是尽管合同有约定，但在执行中却没有严格按约履行，这里面既有可能是因为疏忽造成未按合同约定履行，也可能是双方合意形成新的履行方案而未签署补充协议。

以前述《北平无战事》编剧署名权纠纷一案为例，除了编剧外，还有像原告胡强、刘桉这样的"编剧助手"，那么后者参与了创作，能否依照《著作权法》自然获得著作权人的地位？是否享有署名的权利？在电视剧拍摄过程中，有剧本初稿和终稿之分，如果两者是由不同的人创作，但同时又存在某些相似的情节，那么这又该如何保障各自的权益？这些都是本案的焦点，而案件当事人显然没有在事发前预见到，乃至虽然双方有协议，但协议约定不明，纷争而起。③

---

① 赵国红：《郑晓龙回应〈芈月传〉"编剧署名权"纠纷：她这是炒作》，载电影界，http://www.dianyingjie.com/2015/1113/7003.shtml。赵珈：《郑晓龙回应〈芈月传〉小说作者质疑署名权》，载《东方今报》2015年11月16日。

② 根据国家新闻出版广电总局2015年12月电视剧备案信息综合，全年电视剧备案集数创新高达43000集，备案部数也创新高至1146部。转引自《惊人：2015年剧集备案43000集，1146部》，载传媒＋，http://m.media-plus.cn/p/article/sec/2016/1/8/8a2c5c5251f7b36701521ef597bb1270。

③ 具体可参见何薇、王亚西《编剧署名的门槛有多高？且听〈北平无战事〉一审判决详解》，载"金杜律师事务所官方网站"，http://www.kwm.com/zh/cn/knowledge/insights/in-which-case-can-the-scriptwriter-declare-its-right-of-authorship-20150922。需要补充的是，本文的两位作者就是该案被告刘和平以及其所在公司北京天风海煦影视文化传媒有限公司的代理人。

前面提到过,"署名权"是作者在著作权法中享有的一项重要人身权利,与"署名权"对应的即为著作权法意义上的署名行为。应当指出的是,在日常用语中,任何表明身份的行为都可以被称为"署名",如自己购买的书籍上签署名字或者盖上自己的姓名章,也可在日常用语中被称为"署名"。即使在知识产权法律层面,"署名"也并非只存在于著作权领域,例如,《专利法》第十七条规定:"发明人或者设计人有权在专利文件中写明自己是发明人或者设计人",该规定被认为赋予了发明人和设计人以"署名权"。[①] 但该署名显然与著作权法意义上的署名大相径庭。而在涉及著作权法"署名权"的纠纷中,在各种"署名"中正确识别著作权法意义上的署名行为具有重要意义。

我国《著作权法》第十一条第三款规定:"如无相反证明,在作品上署名的公民、法人或者其他组织为作者"。这意味着《著作权法》上的"署名"具有推定作者身份和著作人身权归属的作用;在没有证据证明著作财产权转让的情况下,"署名"实际上还具有推定著作财产权归属的作用。当然,在作者不希望自己与作品之间的联系在作品的传播过程中被他人感知时,作者可以通过禁止他人的署名行为而保持作品不署名状态。我国《著作权法(修订草案送审稿)》中对署名权的定义也相应地拟修改为"决定是否表明作者身份以及如何表明作者身份的权利",[②] 可以清楚地看出,署名或者不署名均为作者行为的描述,对于接触作品的相对人,作者无权要求对方对已有的署名状态做变更,即虽然在作品上以表明作者身份为目的的署名行为受作者控制,但作者并无法定权利要求他人在作品上署名,只能通过委托的方式使相对方产生合同义务。

---

① 参见汤宗舜《专利法解说》,知识产权出版社 2002 年版,第 114 页。

② 国务院法制办公室 2014 年 6 月 6 日颁布的《中华人民共和国著作权法(修订草案送审稿)》第十一条第二款。另可参见刘晓怡《聚焦〈著作权法〉第三次修改》,载国家知识产权战略网,http://www.nipso.cn/onews.asp?id=26266。

从我国《著作权法》中"署名权"定义看，署名权控制的行为首先必须满足"表明作者身份"的目的，而"在作品上署名"只是实现手段，所以署名权定义的直接否命题是：不以向他人表明作者身份为目的的署名行为不满足署名权构成要件。而《德国著作权法》中，署名权的德文直译应为"对作者身份的承认"（Recht auf Anerkennung seiner Urheberschaft am Werk），这实际上是一种对接触作品的人感知的描述，是署名行为的效果。它的推论是：当作品原件持有人，无论其是不是作者，在不可能为他人知晓的情况下在作品上进行署名是不满足署名权所控制的署名行为定义的。这一推论在德国著作权法中是可以找到依据的——作者不能反对"他人在私人圈子内对作品进行更改"（Veraenderung im privaten Kreis）。① 也就是说，"署名权"中的署名效果必须借助传播得以实现。这正如有些学者提出的"传播行为"是知识产权权利束的束点，即"核心行为"。② 也有学者认为，传播是行为目的的体现，把握传播这一要件，探讨不同作品传播者之间的行为是否可以构成结合，是直接结合还是间接结合，将为行为人侵权责任的认定提供依托。③ 总之，只有在认定一种行为构成著作权法意义上的"署名"前提下，才能认定该行为可构成对作者"署名权"的侵权。④

具体到影视业，署名纠纷多半因为"合作"而起。我国《著作权法》第十三条规定：两人以上合作创作的作品，著作权由合作作者共同享有。没有参加创作的人，不能成为合作作者。《著作权法》关于合作作品的规定中隐含着合作作品必须有合作创作的合意。以剧本为例，

① ［德］M. 雷炳德：《著作权法》，张恩民译，法律出版社 2004 年版，第 279—280 页。
② 何鹏：《知识产权传播论——寻找权利束的"束点"》，载《知识产权》2009 年第 1 期。
③ 李翔：《论署名权的涵盖范围及其救济途径》，载上海徐汇区人民法院网站，http://xhfy.xh.sh.cn/html/xh_rmfy/xh_rmfy_nljs_dycg/2015-11-24/Detail_177317.htm。
④ 对于如何区分著作权法意义上的"署名"与其他意义上的"署名"，如英美版权法上的©、®标记，我国《民法通则》意义上的"姓名权"等，可参见王迁《"署名"三辨——兼评"安顺地戏案"等近期案例》，载《法学家》2012 年第 1 期。

一部剧本的编写往往是一项烦琐浩大的工程，且制片方在很多情况下出于拍摄进度要求，往往希望多名编剧参与一部剧本的编剧工作。在合作创作剧本的情况下，合作创作的形式主要包含以下几个方面：

一　自愿合作

自愿合作一般是指编剧在接受剧本工作时已经知道自己编写的剧本仅仅是整个剧本的一部分，剩余部分由其他人处理。而此种情形下，共同署名属应有之义，很少出现纠纷。

二　被动合作

此种情形是剧本纠纷中关于署名权纠纷的典型代表。即编剧在接受工作时以为自己是唯一的编剧，最终提供了完整的剧本，但制片方认为编剧提供的剧本不符合拍摄要求，因此委托他人对剧本进行了相应的修改、完善，最终把参与修改的工作人员也作为编剧之一，因此产生争议。这里面又分以下不同情形，现分别加以阐述：

（一）修改他人剧本形成的署名权

1. 非创作性的修改不产生署名权。

在王强诉葛竞、春风文艺出版社著作权纠纷案中，北京市海淀区人民法院认为，并非所有参与剧本修改工作的人员均可成为剧本的合作作者，而需视修改者的工作是否构成具有独创性的表达而定，简单地编辑、机械地整理或提出口头修改意见等均不能使该修改者取得合作作者身份。[1] 在胡坤诉北京华录百汇国际广告有限公司、北京非常时代影视传媒文化有限公司著作权纠纷案中，北京朝阳区法院认为：

---

[1]　参见北京市海淀区人民法院（2005）海民初字第 15258 号民事判决书。

由于胡坤自己以及华录百汇公司、非常时代公司提交的证据只能证明胡坤在《儿子》剧本定稿中从事了统稿、修改和定稿的工作,而其所从事的统稿、修改和定稿工作中并不包含创作的内容,故无权主张署名权等著作权。[①]

2. 修改剧本达到创造性的高度,构成合作作者,享有署名权。

在李萧诉北京新世邦文化传媒有限公司著作权纠纷案中,北京市朝阳区人民法院认为,李萧在涉案剧《江阴要塞》参与了对王伟民导演修改稿的修改工作,且该修改的内容涉及人物性格、人物关系、全剧基调等有关全局的根本性问题,对剧本是否能够用于拍摄起到了至关重要的作用,因此李萧的修改工作起到了编剧的作用,李萧应当为涉案剧本的编剧。[②]

而在前述的王强诉葛竞、春风文艺出版社著作权纠纷案中,审理法院认为,根据现有证据确认王强在剧本修改过程中所做的工作包括:执笔剧本的具体改动;将剧本从头到尾都过了一遍,除第15、第16、第17集之外对剧本均进行过修改;对剧本中的剧情设计、人物构造、故事走向等进行修改等。虽无法确定王强具体修改的比例,但法院确认了王强在剧本修改过程中实际完成了部分具有独创性的创作工作,应该构成合作作者,享有署名权。

(二)剧本被修改形成的剧本署名权

剧本纠纷中,常见的最终判决结果是制片方和编剧解除合同。但是编剧已经提交了故事大纲、剧本大纲以及分集剧本等剧本的大部分内容,制片方也为此支付了相应的剧本费用。编剧对其已经完成的剧本当然享有署名权,但编剧对其未完成的部分是否享有署名权呢?

在郑晓龙诉张玉顺、北京顺华伟业影视艺术发展有限公司、齐

---

① 参见北京市朝阳区人民法院〔2006〕朝民初字第23910号民事判决书。

② 参见北京市朝阳区人民法院〔2010〕朝民初字第456号民事判决书。

鲁音像出版社、哈尔滨电视台著作权纠纷案中，法院认为，虽聘请张玉顺对原告改编的剧本进行了重新改编，删除了一些不当的人物和故事，调整了场次、场景、数字、时间和人物称谓等，但张玉顺重新改编的剧本保留了原告改编的剧本中的大量内容，故本院认为张玉顺是在原告创作的剧本的基础上进行了修改和创作，涉案电视剧的编剧应署名为：郑晓龙和张玉顺。① 由于编剧已经提交了故事大纲、剧本大纲以及分集剧本等剧本的大部分内容，制片方最终的剧本基本沿用原编剧的故事大纲、剧本大纲等主要内容，认定原编剧对其未完成的剧本部分享有署名权。

（三）剧本被改编形成的剧本署名权

合作作品的某一作者，对剧本进行修改、改编后的剧本的署名权，一般原则是，修改、改编需要经过其他合作作者的同意，若修改或改编形成的剧本构成了新的作品，则改编者享有单独的署名权，但应该以改编作品的使用方式进行署名。否则涉嫌侵犯原剧本的著作权。如张淳诉中国戏剧家协会、广西壮族自治区壮剧团、宋安群等著作权纠纷案中，北京二中院认为，广西壮剧团使用 2001 年 11 月《瓦》剧改编剧本排演成壮剧参加展演，并在展演节目单上未按照改编剧本的使用方式予以署名，构成了对张淳所享有的著作权的侵犯。②

除了合作，在创作过程中还有一种叫"委托创作"。我国《著作权法》第十七条规定："受委托创作的作品，著作权的归属由委托人和受托人通过合同约定。合同未作明确约定或者没有订立合同的，著作权属于受托人。"一般制片方和编剧在委托创作合同中都会对剧本的著作权予以明确约定。但根据业内分析，发现剧本纠纷关于委托创作的争议主要体现在以下两个方面：第一，未明确委托的意思，最终

---

① 参见北京市第二中级人民法院（2005）二中民初字第 14042 号民事判决书。
② 参见北京市第二中级人民法院（2002）二中民初字第 10140 号民事判决书。

产生著作权归属、署名权纠纷。即双方签订的合同没有明确是委托创作合同，也没有对著作权归属进行约定。没有明确的委托创作关系，导致无法明确适用《著作权法》第十七条。最终著作权的归属不明，具体署名需要双方提交的证据证明。第二，已经明确委托关系，但未约定著作权归属。在这种情形下，直接适用《著作权法》第十七条规定，制片方丧失剧本著作权，著作权归编剧所有。制片方仅对剧本享有合同约定的摄制权。①

除了署名与否的问题，在署名权行使上还涉及署名顺序的先后，可惜，我国《著作权法》并没有明确规定，司法实践更多地倾向于当事人的约定；没有约定的，更多的是看编剧对剧本的贡献程度，编剧的署名只要在作品中有所体现，制片方对顺序的排列一般不构成对编剧署名权的侵犯。

例如，在赵德平诉中央电视台、河北文化音像出版社著作权纠纷案中，北京二中院认为：作为制片方的中央电视台和河北音像出版社考虑到赵德平的工作量及责任，将其与完成拍摄稿且对剧本贡献更大的周喜俊分别署名，以突出周喜俊的作用，此结果虽在赵德平意料之外，但合理地反映出了剧本的实际创作情况，尚不构成对其署名权的侵犯。② 还有像李亚玲与陈思诚的署名争议，就其本质也属于此类问题。

那么，对广大像李亚玲那样觉得受委屈的影视剧主创群体（包括导演、编剧、摄像等）来说，究竟该如何防患于未然呢？以下是几点建议：

第一，目前，在相关影视合约上都会有保障主创"署名权"的条款，以保障他们的署名权；但如果没有对其做出更加细致严谨的限制性约定，比如对编剧来说，"未经编剧同意不得擅自增加编剧署名"，就可能让制片方有可乘之机，使其能够较为随意、自主地增加其他编

---

① 许超：《剧本署名权纠纷法律风险防范》，载天闻世代，http://www.elawfirm.com.cn/alpx/info_14_itemid_261.html。

② 参见北京市海淀区人民法院 (2004) 海民初字第 10965 号民事判决书。

剧署名和更改编剧署名排序。因为影片拍摄完毕之后,制片方会将排好的署名报给导演,导演再将署名交给后期人员加入字幕之中(同样的问题也会发生在导演身上,在拍摄中会出现总导演、执行导演、副导演、导演助理之分)。所以在制片公司筹备影视项目的期间与编剧签订剧本创作合同时,编剧应当就署名位置、顺序、大小、字体、形式、是否接受合作编剧等一切能想到的都与制片方进行完整、细致的约定。

第二,制片方会根据主创付出的创作成果(有时候是行业地位)授予其不同的署名权(表现)。还是以编剧举例,大编剧们可能享有"总编剧"署名①,甚至可以要求如"乙方将被署名为本作品的唯一编剧""乙方的署名将单独出现在片头""乙方署名在荧幕上的停留时间不短于 2 秒"等署名方式。

署名的字体大小、长度、粗细,署名占据画面的比例也可以进行明确的要求,比如规定编剧姓名必须为粗体、表明"编剧"身份的字体不小于姓名的 1/2 等;就署名的范围来看,署名其实不仅仅局限于影视剧的字幕中,付费广告、录像带封面、DVD 封面、海报等都属于编剧可以要求署名的范畴。此外,还可以要求将自己的署名与制片人和导演挂钩,也就是说凡是导演和制片人署名的范畴(如广告、海报),编剧都应得到署名,并且署名的方式也必须不低于导演和制片人。因此,编剧和制片方约定署名权时应尽量细致完善,以免出现空降编剧和总编剧的情况。不过在签约时权利的划分根本上还是取决于签约双方的实力。②

最后一点,署名权是否可以转让?答案是否定的。在委托创作合同中,较为常见的方式是概括性地约定完成的剧本版权归委托方 / 制

---

① 顾名思义,总编剧地位职权高于普通编剧。其主要承担下列职能:负责影视项目的剧本筹备和开发工作;负责影视项目剧本、创意、选题、审核工作;领导编剧团队完成策划案和剧本的创作;负责与剧本创作相关的资料搜集和整理、相关调研工作;统筹管理编剧团队。

② 相关文献可参见张燕、叶晓萍、曾明辉、刘倩《编剧一族之生活与生存》,载《南都娱乐周刊》2011 年第 6 期。

片方享有。常见的约定方式是:甲方永久性拥有本剧剧本(包括故事大纲、人物小传、分集大纲、剧本初稿及定稿等一切作品)及本剧全部版权及衍生作品、衍生产品的所有权利(甲方有权对上述作品进行任何形式的使用、改编、授权或许可)。我们认为,这种常见于委托创作合同中的概括性权属约定,并不能达到署名权转让至制片方的效果。首先,从司法实务上来看,这种概括性的权属约定并不及于作品的署名权,换句话说,即便在委托创作合同中概括性地约定了作品的版权归委托方享有,也不能视为编剧署名权的转让。[①] 其次,根据《著作权法》第十条的规定:"著作权人可以许可他人行使前款第(五)项至第(十七)项规定的权利,并依照约定或者本法有关规定获得报酬。著作权人可以全部或者部分转让本条第一款第(五)项至第(十七)项规定的权利,并依照约定或者本法有关规定获得报酬。"在《著作权法》中,将可转让和许可的著作权权项限制于第(五)至第(十七)项,也就是说,"署名权"因为是人身权,依附人身关系,因此依法不能进行转让。[②]

---

① 司法审判也支持了上述观点,在北京市第二中级人民法院(2007)二中民初字第 6836 号案件(李树型诉张之亮侵犯著作权纠纷案)中,在该案的委托创作合同中存在概括性的著作权属委托方的情况下,法院在判决中明确认定:"依据《中华人民共和国著作权法》的规定,作者的人身性权利一般不能转让,除非在委托创作关系中有明确约定。"

② 其实除了署名权转让外,实务中还有一种较为少见但也客观存在的现象,即署名权的"隐匿"。按法理,既然署名权有强烈的人身属性,就不被允许"放弃"。但"隐匿"则不同,它是与作为积极行使权利对立的一种消极行使的体现,法律是尊重当事人的意思自治的。在俞进军诉杨凡、崔麟著作权侵权纠纷案中,审理法院认为放弃署名权的行为是无效的民事行为,本院不应予以支持。同时法院也提出:对于委托创作的作品,《著作权法》有特别的规定,即当事人对著作权的归属问题可以进行约定。由于在该条规定中,没有提到人身权的特殊属性问题,通常会解释为约定的客体为全部著作权。尽管放弃声明的结果导致了杨凡、崔麟实际取得了剧本财产权,但放弃声明不等于双方重新设定了合同关系,合同是双方当事人共同的意思表示,订立合同需要协商,反映出双方协商的结果,而放弃则是一种不再享有权利的单方意思表示,没有转让或者将权利归属他人的意思。鉴于作者撤回放弃声明并不会损害拍摄方的利益,符合著作权法保护精神权利的要求及对权利人放弃权利应采取限缩性解释的民法原则,"放弃声明"的含义不应理解为俞进军将署名权等精神权利转让了出去。所谓"放弃署名权",只能解释为作者同意不署名,而并不意味着他人在其作品上有权署名。参见北京市第二中级人民法院(2003)一中民终字第 9510 号民事判决书。

第七章

剧本授权有门道吗?

"往事不要再提,人生已多风雨。"歌词耳熟能详,它出自经典电影《霸王别姬》的主题曲《当爱已成往事》。

电影《霸王别姬》改编自香港著名作家、编剧李碧华的同名小说，由陈凯歌执导，李碧华和芦苇编剧，张国荣、巩俐、张丰毅领衔主演。作品自 1993 年上映后获奖无数，也成就了中国第五代导演陈凯歌的盛名，帮他赢得了国际性声誉。[①] 但谁又想到，二十多年后，关于这部电影剧本的版权竟起纠纷，借鉴那首歌唱的，看来"往事还得重提"。

事情的经过是这样的。2014 年 4 月，李碧华的版权代理公司通过律师发表声明，称芦苇计划出版《霸王别姬》电影剧本的行为涉嫌侵权。随后，芦苇第一时间回应称他并没有要贪功，并希望李碧华能够包涵和原谅。他解释，因为自己只看到过李碧华写作的一稿剧本，所以不知道她还有三稿剧本，他希望如果可以的话，能跟李碧华联合出版这四稿剧本。但仅仅过了半个月，芦苇表现得"判若两人"，他通过一封"关于电影《霸王别姬》剧本著作权问题芦苇授权律师声明"，先是矢口否认自己侵犯了李碧华的著作权，并声称自己作为《霸王别姬》电影的署名编剧即剧本作者，依法享有该电影剧本的著作权；而且他还"反告"李碧华，称李碧华在其 1993 年再版发行的《霸王别

---

① 关于《霸王别姬》的背景介绍可参见维基百科同名词条，https://zh.wikipedia.org/wiki/%E9%9C%B8%E7%8E%8B%E5%88%A5%E5%A7%AC_(%E9%9B%BB%E5%BD%B1)。

姬》小说中，在未征得芦苇同意的情况下，大量采用了芦苇创作的《霸王别姬》电影剧本的情节及内容，较之其 1985 年版的同名小说，内容及字数增加了一倍，侵犯了芦苇《霸王别姬》电影剧本作者的著作权。[①]

我们曾重点讲过"作品署名很重要"，它既是身份的彰显，也是行权的保障。但发生在李碧华与芦苇两人间的纷争，可以说与署名有关，但似乎又跟署名无关。因为署名，所以两人都是作品的权利人，这一作品表现为原创小说或改编剧本又或电影本身，当彼此权利产生冲突，各执一词、各有各的理也就见怪不怪了。但究其本质，这实际上是原创作品与改编作品的著作权保护的问题。李碧华是原著作者，由汤臣电影公司（作者授权后的电影出品公司）享有其著作权。《霸王别姬》的剧本由芦苇所写，如果没有其他约定，应该由芦苇享有著作权。除非有特别约定，汤臣电影公司不会享有著作权。如果李碧华再版的《霸王别姬》小说使用了芦苇《霸王别姬》剧本中的内容，构成对《霸王别姬》剧本的侵权。也就是说，即使是原著，也不能侵犯改编作品的著作权。如果芦苇是《霸王别姬》剧本的作者，没有其他特殊约定的情况下，芦苇是有权利出版这个剧本的。所以从这个意义上说，两人的矛盾又跟单纯的署名无关。[②]

以此为展开，在实务中，事关剧本的法律问题主要集中在署名与否及方式、报酬支付、剧本质量认定、剧本修改或改编这几类上。对于这个通常的判断，有专门的调研报告给予了观点支撑。根据这份名

---

① 针对事件经过可参见陆欣《〈霸王别姬〉剧本纠纷升级：李碧华发声明 芦苇道歉》，载《南方都市报》2014 年 4 月 23 日。《芦苇回应〈霸王别姬〉剧本纠纷 反告李碧华再版小说侵犯著作权》，载时光网，http://news.mtime.com/2014/05/19/1527614.html。
② 《著作权法》第十二条规定"改编、翻译、注释、整理已有作品而产生的作品，其著作权由改编、翻译、注释、整理人享有"，但这并不代表改编者可以自由地行使改编作品的著作权。因为由于改编作品包含了原作品的著作权，权利人行使权利时，必然会同时行使原作品的著作权。因此，《著作权法》同时规定"行使著作权时不得侵犯原作品的著作权"，即使用范围需取原作者认可。关于改编权的问题，鉴于本书之前章节已有专论，故不再赘述。

为《2001—2012 全国剧本纠纷法律数据调研报告》，剧本纠纷往往给影视项目带来"致命伤"。在近十年间，纠纷主要集中在报酬支付、署名权、修改权、改编权、剧本质量和剧本交付上。[①] 与之对应的是，对编剧创作者而言，他们的主张往往是这几类：制片方未按合同约定支付报酬；制片方擅自修改剧本；制片方成片署名违约；片方影视作品涉嫌抄袭剽窃侵权。而对制片方来说，他们的主张大体是：创作方未依约如期交付创作成果；剧本质量不符合片方和拍摄要求；创作方拒绝修改剧本，构成违约；合同解除后创作成果的著作权归属争议。不论从哪一方出发，这些纷争其实都直指作为一剧之"本"的剧本的一系列实践难题，归根到底一句话：剧本授权中，门道有哪些？

按照我国《著作权法》规定，公民、法人或者其他组织的作品，不论是否发表，依照本法享有著作权。[②] 该条规定似乎为文艺创作的版权归属设定了一个规则，但可惜，它是理想化的。在当下流水线、工业化影视业生产模式里，它往往显得无所适从。

为什么呢？首先，通常剧本是按照故事创意、编剧阐述、故事大纲、分集梗概、分集场景、分集内容等来逐步完成的。如此一来，疑问随之而来——著作权法意义上的作品何时产生？有时候仅一个编剧阐述篇幅就达几千乃至上万字，它对介绍剧本来龙去脉作用很大，但和经由各方力量介入、讨论、修改后的剧本定稿也往往相差甚远，那么，编剧阐述就不重要了吗？当然不是。可倘若重要，又可以在哪些方面给予其有力保护、价值体现呢？以目前的操作来讲，这是悖论，也是难题。

另外，在随后的附录中你会看到，一个标准的编剧模板合同对于支付方式采取分期付款进行。如第一阶段编剧应于某日前完成故事创意的编写；第二阶段编剧应于某日前完成故事大纲和人物描述；第三

---

① 徐斌：《布尔乔亚的诞生——文化与资本联姻的法律实践难题》，载如是娱乐法，http://www.thuslaw.com/thus/content.php?aid=45。

② 参见我国《著作权法》第二条。

阶段编剧应于某日前完成电视剧分集梗概;第四阶段编剧应于某日前完成文学剧本所有剧集的创作;第五阶段编剧应于制片方提出修改意见后某日完成剧本修改并最终以制片方认可为准。[1]

有句话说得好,"文无第一,武无第二",意思是拳脚下可以分得胜负,但以文会友就很难见高低了,文章好坏主观性太强,没有公认的可以量化的评价标准。再加之上述两个行业惯例,则多少已经给双方履行剧本创作协议埋下了可能导致事后起争执的伏笔。试想,但凡影视歌舞音乐剧,剧本都是项目的起点,作品如果在一开始就处于模糊状态,那可想而知,有关剧本作品的纠纷将如影随形。《人在囧途》状告《人再囧途之泰囧》不正当竞争一案,其争议根源就来自早期故事创意的形成阶段。[2]

不仅如此,剧本进入中后期,将不时地受到来自包括投资人、制片人、导演甚至演员的意见和建议,以至于最终通过影视作品表现出来的剧本已经"面目全非",离原作者一开始创作的版本相距甚远。那么问题来了,经过众人参与修改、改编与再创作的作品还属于原来那个编剧的作品吗?

在上一章提到的陈思诚与编剧李亚玲的剧本版权纠纷,就是类似问题的最直观体现。这两人如果都不计得失、云淡风轻,那也就风平浪静、皆大欢喜。但从早前的电视剧《北京爱情故事》到后来的电影《唐人街探案》,无论是收视率或是票房上,都取得了较大的商业成功。同患难易,共富贵难,在利益和荣誉的分配上,不患贫而患不均,两人嫌隙就此产生!

---

[1] 参见附录《剧本委托创作协议》。

[2] 由光线传媒投资制作的电影《人再囧途之泰囧》创下 12.6 亿元华语电影票房纪录后,为制片方带来了近 4.2 亿元的票房收入。2013 年 3 月 2 日,电影《人在囧途》的片方武汉华旗影视制作有限公司宣布状告包括《人再囧途之泰囧》片方光线传媒在内的五家公司。华旗影视诉称被告构成"不正当竞争与著作权侵权"。该案经北京市高级人民法院审理,认定被告构成不正当竞争,并赔偿原告经济损失人民币 500 万元。参见北京市高级人民法院(2013)高民初字第 1236 号民事判决书。

　　面对层出不穷的同类问题，我们给过一些合同拟定上的建议，以期在条文规范上尽量做到"有言在先""防患未然"，此外，也稍作补充。针对合作作品的著作权归属，我国《著作权法》规定了两种合作作品类型——一种是可以分割使用的，另一种则是不可分割使用的。前者如歌曲和歌词，分开就是曲和词，合起来便是一首完整的歌。后者如两个导演联合制导一部电影，我们无法区分功劳孰大孰小，也不能把电影分开来使用。因此，根据我国最高人民法院《关于审理著作权民事纠纷案件适用法律若干问题的解释》第十四条规定："若合作作品可以分割使用的，作者可就各自创作的部分单独享有和行使著作权，但在行使著作权时不得侵犯合作作品整体的著作权。若合作作品是不可分割使用的，其著作权就由各合作方共同享有，通过协商一致行使；不能协商一致行使，又无正当理由的，任何一方不得阻止他方行使转让以外的其他权利，但是所得收益应当在各方之间合理分配。"该条司法解释对合作作品（包括委托、共同、改编，形式不一而足）的权利归属纠纷起到了"定纷止争"的作用，这意味着，即使在合约中没有明确约定，但凡有相关证据证明合作作品的类型、各自参与度（贡献度）的，事发后一味地口舌相争、意气用事，纯属徒劳。①

　　说到作品的可分割性，近些年随着影视商业模式的变化，以及在

---

① 关于如何认定"合作作品"的著作权纠纷，原告李淑贤诉被告李文达《我的前半生》著作权纠纷一案颇具代表性。李淑贤是末代皇帝爱新觉罗·溥仪的遗孀，溥仪在东北抚顺战犯管理所服刑时，由其口述，其弟弟溥杰执笔，写过一份题为《我的前半生》的自传体材料。当时有关部门领导审阅后，建议出版社帮助溥仪进行修改，并正式出版该材料。被告李文达被指定完成这一项任务，在之后的两年时间里，溥仪和李文达进行了大量的磋商和讨论，主要由李文达执笔，由溥仪口述、提供材料以及对写成的稿件提供审阅修改意见。1962年3月，《我的前半生》书籍三卷本正式出版，两年后的3月，书的终稿也正式出版。该书以溥仪署名。1965年，外文出版社将该书译成英文出版，1984年意大利及中国香港公司拟根据书籍改编拍摄电影，由此引发书籍作者权属的争议。该案件从起诉到终审判决，历时近10年。其分别经过北京中院、北京高院以及最高人民法院审理。该案的终审为类似审判确立了几个原则，其中一条便是对于合作作品的认定，需要看作者之间是否存在共同创作的"合意"及共同创作的"事实"。参见北京市中级人民法院（1989）中民字第1092号民事判决书；北京市高级人民法院（1995）高知中字第18号民事判决书；最高人民法院（88）民他字第2号。

之前提到的所谓"IP化运营"，"一剧（本）多吃"的现象也日益凸显。例如一个作者创作的剧本，授权给A公司拍摄电影，授权给B公司排练舞台剧，授权给C公司出版成书籍等。还有像好莱坞制片商也热衷于大片的"前传""续集"的拍摄，乃至"重拍"。同时，制片商在影片获得票房口碑成功后，往往即刻在市场上推出与影片角色相关的商品，或者与剧情内容有关的网络游戏等，以期再次获利。[1] 随之而来的，剧本的版权权种也日益多样，如出版权、影视摄制权、游戏改编权等。剧本作者可以将不同的权利授予不同的主体，这意味着，在合约中必须清楚列明——授予的究竟是什么权利、授权期限是多长时间、是独占排他还是可以联合开发、授权费用是多少、后期奖项收益怎么分配等。当然，协议中还要明确约定，剧本必须没有任何权利瑕疵，必须是原创剧本，必须符合国家相关法律法规政策的规定，以及该剧本从未以任何媒体形式披露过，也就是说，制片人拿到的得是一手的、独家的稿件。

另外，在编剧委托创作合同中，我们一般建议会加上一个"保密条款"，它用来保证双方互相保守对方保密信息的承诺，尤其是强调编剧要保守制片方的保密信息，万不可在电影、电视剧未上映前，先把剧本内容、情节桥段给泄露出去。例如2013年电视剧《毛泽东》在中国中央电视台一套黄金时间热播，总编剧黄晖却因不满电视剧被"过分"删改而将剧本曝光在微博之上，引发热议。黄晖在微博上的说法是"既然奉命缄口，原本要发的牢骚，只能不发了。好在剧本文字版权还是我的，剧也快播完了，趁着这一两天能腾出空，改晒剧本吧——晒剧本总归不犯法"[2]。问题摆在制片人和编剧眼前——如果

---

① 利用影片角色开发相关产品，并通过特许经营的方式盈利，最成功的莫过于迪士尼及旗下的皮克斯动画、漫威影业了。相关情况可参见陈焱《好莱坞模式》，北京联合出版公司2014年版；[美]爱德华·爱泼斯坦：《好莱坞电影经济的内幕》，郑智祥译，台湾稻田出版有限公司2011年版；[美]爱德华·爱泼斯坦：《大银幕后：好莱坞权钱秘辛》，宋伟航译，台湾远流出版事业股份有限公司2011年版。

② 详见"编剧黄晖"，新浪微博，http://c.blog.sina.com.cn/profile.php?blogid=ebcc620f89000sre。

著作权在编剧手中，那么在电视剧播出前后，编剧到底能否晒剧本？

对于"保密条款"的设计，一般会首先对保密信息的内容做出界定，用词往往是："编剧承认，在履行合同义务过程中会知悉或取得且无法自公开渠道获得的另一方的文件及资料（包括但不限于商业秘密、公司计划、财务信息、经营信息及其他商业秘密等，此后被称作保密信息），并且具体列举出这些信息在编剧涉及的影视领域特指剧本（电子版或纸介版）的全部或部分、非制片公司发布的电视剧剧情梗概、故事大纲、分集大纲、导演、演员、创作团队名单、拍摄进度等，或文学剧本或电视剧相关的一切信息。"

编剧应当对上述信息保守秘密，一般的保密条款中律师会写上"未经对方书面同意，任何一方不得向任何第三方泄露本合同以及本合同相关的一切信息"。且从法律风险规避的角度，还要加上"在合同终止后"，甚至"无论合同是否生效，上述保密义务都应当继续履行"的意思。无论何时保密义务都应当遵守——因为有时候编剧创作完成了一部作品的剧本，编剧的义务算履行完毕，这份合同的义务随即终止，但制片公司可能为了商业考量，沉淀了几年时间才拍这部剧，或者电视剧拍摄难度很大，用几年的时间才摄制完成，那此期间就是"合同终止后"编剧仍需履行保密义务的时间。保密义务到何时终止？条款中也应当注明，"直到对方同意其解除本项义务，或事实上不会因违反本合同的保密条款而给对方造成任何形式的损害时为止"。

有时候律师或者制片公司在写合同的时候会注明"未经制片公司同意，编剧不得在电视剧首播之前向任何第三方泄露上述保密信息"——用"在电视剧首播前"来规定保密的期限。这虽然比前面的说法显得更加细致，但是"首播"却不是一个精准的概念。因为电视剧在电视台发行时，会把"首播"作为一项特别的权利卖给电视台，可以只卖给一个电视台"独播"（通常是一线卫视），也可以卖给几家电视台"非独播"（通常是几家二线卫视），倘若是前者还好界定，若是后者，一般几家电视台就会采用各种方式竞争收视率，很典型的就是抢先播出,那按照"首播"时间作为每一集的保密信息截止时间,就会不利于后面的电视台了。况且电视剧在卖完"独播"后,反响好的还会继续卖"重播",在重播之前编剧把剧本公之于众,必然不利于重播的销售。除此之外,"首播"指的是每一集的播出还是全剧的播出?这在合同上都存在解释空间,如果不把这些概念逐一明确、说透,一旦编剧很愤怒,后果很严重:在首集电视剧播出后就把全剧剧本晒出来制片方也无能为力。①

对于保密信息的泄露,主要通过"违约责任"条款来救济。一般合同中会规定"编剧以个人的名义发布的公开信息(包括影音、文字、图像资料)中有涉及上述保密信息的,或经制片公司认为不利于发布的,在制片公司的要求下,应当及时予以删除"。比如说有时候编剧没多想,发一条微博,制片公司觉得不利于商业营销,出于整体考量,可以通知编剧删除他发布的保密信息。这项规定赋予制片公司这样的权利。

倘若编剧真的做了出格的事,用提前"剧透"的行为泄愤,给制片公司的利益造成损失,制片公司怎么办?在保密条款或者违约责任条款中,应当对应"若违反上述保密义务,应赔偿对方因此而遭受的一切经济损失"的规定。没有完善的"违约责任"条款,上述合同条款设计得再严谨精细,制片方和编剧也无法得到合理的保护和相应的赔偿。

"违约责任"过轻,会导致守约方无法责令违约方对自己的违约行为付出代价,最终损失惨重;反之,则又会导致最终违约之后难以履行。这时候,律师会根据双方的具体情况区分——到底赔偿"实

---

① 如果说上面都是间接影响,还有最重要的直接影响——报酬。有些时候,在写一些敏感题材(专业术语叫"重大革命历史题材")的电视剧时,为了控制风险,会跟编剧在协议中签署编剧报酬中有 10%—15% 的份额放到播出之后,也就是编剧最后一次领稿费要等到电视剧"首播"。这时如果编剧违反了保密条款,制片公司就有可能对这还没发下来的稿酬做文章了——对于编剧来说,风险还真是蛮大的。转引自刘莸《电视剧播出之后编剧可否微博晒剧本?》,载如是娱乐法,http://www.thuslaw.com/thus/content.php?aid=66。

际损失"或是"一切损失",还是直接写明违约金?损失的计算,也是影视行业比较难以衡量、在诉讼中也很令法官头疼的问题,因为影视作品的"应得收益"没有统一的计算标准,也就难以用它减去"实际收益",得出"实际损失"了。

总之,"剧本就是资本。一个好的创意和构思,能够支撑着一项文化产业发展和贸易。教训和实践让我们聪明起来了,学会签合同就是学会依法保护自己的权益不受伤害。请记住一点,不管你是多么有威望的剧作家,也不管对方是多大的投资人,当今市场经济一切都要用合同说话。因此,编剧保护自己的权益,一切都要在合同中约定,一份体现公平公正的合同书就是我们的护身法宝。"① 在剧本授权合约中,包括"薪酬支付""版权约定""保密信息"等,虽然都是一些常规、必备的条款,但设计时不可掉以轻心,更不能随意地套用格式合同来敷衍。它们对编剧、制片双方都有保障,其条文严谨、权责明细的目的不就是为了促成合作的双赢?

对于芦苇的反击,李碧华反而三缄其口。截至目前,我们既未看到双方对簿公堂,也不见芦苇想出的那版《霸王别姬》。在接受某媒体记者采访时,芦苇表示,自己确实有把《霸王别姬》的小说和剧本放在一起出版的想法,希望学电影的人能有一个参考,对比小说与剧本的不同,以及其中的创作技巧的差异,他并没有贪功的意图。他称自己只是有一个出书的雏形,还没有到成形的阶段,恰巧之前在接受采访时说了出来,引起了李碧华的不悦。②

倘若白纸黑字、有言在先,哪还有"悦"与"不悦"?

---

① 王兴东:《怎样签合同 编剧如何签好剧本著作权许可使用合同?》,载中国作家网,http://www.chinawriter.com.cn/zjqy/2011/2011-07-04/99543.html。
② 参见钱业《"霸王别姬"版权引纠纷 剧本作者告小说作者侵权》,载《法制晚报》2014年5月20日。

第八章

角色造型受保护吗？

就在好莱坞新近红人、喜剧明星艾米·舒默（Amy Schumer）以搞笑的方式装扮为《星球大战》系列电影中莉亚公主形象，并吮吸同为电影中角色之一的机器人 C-3PO 手指时，这一组刊登在 *GQ* 杂志上的逗趣造型引发了"星战"迷们的不满，后者认为图片不仅不好笑，而且"没品位""格调低下"。

为了回应和安抚，《星球大战》版权所有方——卢卡斯电影公司和迪士尼公司被迫出来澄清其立场。在其官方推特上发文说："卢卡斯电影公司和迪士尼都没有同意或参与 *GQ* 杂志拍摄的谐星艾米·舒默与'星战'电影系列角色夸张形象的图辑，并且谴责不当使用我们电影角色的做法。"[①]

还好这只是声明，没有升级为下一步法庭诉讼，不过在中国，同样是因为有人借用了电影中的角色造型，结果就不一样了。

2014年3月，上海美术电影制片厂（以下简称"美影厂"）发现上海申通德高地铁广告有限公司（以下简称"申通"）在上海地铁人民广场站等主要站点发布了第三方苏宁易购的户外广告，该广告左上角表明"suning.com 苏宁易购"，中间文字表述为"价格多低不让说但你懂的！""电脑手机竞价赛"等字样，下部是一组葫芦娃兄弟的卡通形象，像这样的广告站点多达100个。随即，美影厂一纸诉状将申通和广告主苏宁易购告上了法庭。

美影厂诉称：其拥有动画片《葫芦兄弟》中葫芦娃角色造型形象美术作品的著作权。其典型特征为：头顶葫芦冠、四方的脸型、

---

① "Star Wars Themed Amy Schumer GQ Shoot'not Approved'", http://www.bbc.com/news/entertainment-arts-33564512.

粗短的眉毛、明亮的大眼、敦实的身体、颈戴葫芦叶项圈、身穿坎肩短裤、腰围葫芦叶短裙。造型新奇、本领高强的葫芦娃自在电视屏幕上出现，就牢牢吸引住广大少年儿童，是中国动画最有影响的代表作品之一。数十年来，在美影厂的精心运作下，葫芦娃以其机智、勇敢的形象成为中国卡通明星。美影厂认为，申通公司作为广告发布者，苏宁公司作为广告主，未经自己同意，擅自使用与美影厂涉案作品相同的被控侵权卡通形象，构成共同侵权，给上海美影厂造成巨大的损失，因此要求法院判令申通公司、苏宁公司公开赔礼道歉、消除影响；立即停止侵犯美影厂享有的涉案作品著作权；两被告连带赔偿美影厂经济损失及为制止侵权所支出的合理调查费用共计人民币八十多万元。

面对美影厂的诉请，申通、苏宁两被告首先驳斥了其作为涉案作品权利主体的事实，认为被控侵权卡通形象与美影厂主张的涉案作品不同，即不享有涉案作品的著作权；更进一步，苏宁公司提出涉案广告上的卡通形象系自行设计，并提供给申通公司发布，所以不构成侵权；另外，被控侵权卡通形象中嘴部的"×"是为配合广告内容，表示停止说话的意思，不存在对美影厂权利项下的卡通作品的歪曲和篡改。总之，原告美影厂主张两被告赔礼道歉和赔偿经济损失，没有事实和法律的依据，请求法庭驳回。

一审法院上海市黄浦区人民法院在审理该案时，首先通过三份历史上的判决，认定了美影厂系葫芦娃角色著作权人的这一客观事实。[①] 接着通过当庭比对，把涉案广告照片中被控的侵权卡通形象和

---

① 1994年7月，原上海市中级人民法院在(1993)沪中民终字第1869号二审判决中，认定上海美影厂的职工胡进庆、姚忠礼、吴云初系动画片《葫芦兄弟》续集《葫芦小金刚》的编剧和人物造型作者，依法享有著作权。上海美影厂在上述案件中曾明确向法院表示不介入诉讼。2011年8月，上海市黄浦区人民法院在(2010)黄民三(知)初字第28号胡进庆、吴云初诉上海美影厂著作权权属纠纷案中查明，1985年底，上海美影厂指派其职工胡进庆、吴云初担任造型设计，二人绘制了"葫芦娃"角色造型稿；葫芦七兄弟的造型一致，其共同特征是：四方的脸型、粗短的眉毛、明亮的大眼、敦实的身体、头顶葫芦冠、颈戴葫芦叶项圈、身穿坎肩短裤、腰（转下页）

美影厂的葫芦娃角色在头饰、脸形、项圈、服装、配饰等方面进行逐一比较，得出"主要特征基本相同"的结论。同时鉴于苏宁公司并未提供任何所谓卡通形象系自主设计的创作底稿、原件证明，法院因而认定被控侵权卡通形象抄袭了美影厂的权利作品。而作为广告发布者的申通公司应当依据法律规定核实广告内容，对广告内容是否具有合法授权尽到合理的注意义务。鉴于涉案作品所具有的较高知名度，申通公司对此更应施以较高的注意义务。但现无证据证明申通公司对涉案广告内容尽到了相应的注意义务，故申通公司具有主观过错，依法应当承担停止侵权、连带赔偿经济损失的法律责任。最终，一审判决认定两被告构成侵权，具体而言，构成了对美影厂享有的涉案作品葫芦娃角色造型形象的复制权和发行权的侵害。故一审败诉。①

　　本案经二审程序，二审法院对一审判决大体持肯定态度，认为"原审法院认定事实清楚"，但也有所纠正，指出其"适用法律有误"。简单讲，就是一审法院认定的申通、苏宁两被告构成对涉案作品复制权的侵害是错误的。因为"《著作权法》第十条第（六）项所规定的发行权，是指以出售或者赠与方式向公众提供作品的原件或者复制件的权利。根据上述法律规定，判断是否侵犯著作权人对作品享有的发行权，应当以载有作品原件或复制件的有形物质载体的所有权转移为标志。本案中苏宁公司、申通公司除制作了涉案广告外，采取的是在

（接上页）围葫芦叶围裙，葫芦七兄弟的服饰颜色分别为赤、橙、黄、绿、青、蓝、紫。在该案中法院认定"葫芦娃"形象已成为家喻户晓、深受观众朋友喜爱的动画形象，在社会公众中享有较高的知名度；并判决上述葫芦娃角色造型美术作品（即涉案作品）的著作权由上海美影厂享有，胡进庆、吴云初仅享有表明其作者身份的权利。胡进庆、吴云初不服一审判决，提起上诉。2012年3月，上海市第二中级人民法院以（2011）沪二中民五（知）终字第62号判决，认定原审法院查明的事实清楚，适用法律正确，驳回上诉，维持原判。在出版发行的名为《葫芦兄弟》的DVD光碟和外包装盒彩封上均印制有涉案作品，并注有：上海电影音像出版社出版发行，ISRC CN-E28-03-0036-0/V.J9，上海电影集团公司、上海文广新闻传媒集团、上海美术电影制片厂出品字样。

① 参见上海市黄浦区人民法院（2014）黄浦民三（知）初字第86号民事判决书。

地铁沿线站点以包柱、灯箱广告的方式发布涉案广告。苏宁公司、申通公司所采取的上述发布广告的方式显然不会发生载有作品原件或复制件的有形物质载体的所有权转移。因此,本案中苏宁公司、申通公司的发布涉案广告的行为并未侵犯上海美影厂对涉案作品享有的发行权"。所以终审判决做了部分调整,但侵害美影厂葫芦娃角色复制权的认定是确凿无疑的。[①]

以上述"葫芦娃"角色造型保护案为例,又参考美影厂诉浙江新影年代文化传播有限公司、华谊兄弟上海影院管理有限公司关于"黑猫警长""葫芦娃"角色形象美术作品的著作权侵权一案[②]、美影厂诉珠海天行者文化传播有限公司等《大闹天宫》中孙悟空角色形象美术作品著作权侵权一案[③]、杭州大头儿子文化发展有限公司诉央视动画有限公司"大头儿子""小头爸爸""围裙妈妈"美术作品著作权侵权纠纷案[④]等,可以得出结论:在我国,影视作品中的角色、造型是受到著作权法保护的。[⑤]

根据现有相关判例,对于影视作品中角色、造型的保护逻辑往往基于对《著作权法》中美术作品从复制权到发行权等众权种的救济通道。它相当于美国版权法语境里的"外观视觉造型"(Visual Character)。它通常起源于绘画,具有固定的形态、服装、道具等视觉特征,即使脱离故事本身,也很容易被辨认出来。譬如美国两大漫画巨头漫威公司(Marvel Comics)与 DC 公司(DC Comics)旗下的

---

① 参见上海市第二中级人民法院(2014)沪二中民五(知)终字第 78 号民事判决书。

② 参见上海市普陀区人民法院(2014)普民三(知)初字 258 号民事判决书。

③ 参见上海市第一中级人民法院(2010)沪一中民五(知)初字第 82 号民事判决书;上海市高级人民法院(2012)沪高民三(知)终字第 67 号民事判决书。

④ 参见杭州市滨江区人民法院(2014)杭滨知初字第 634、第 635、第 636 号民事判决书;杭州市中级人民法院(2015)浙杭知终字第 356、第 357、第 358 号民事判决书。

⑤ 刘志月:《影视角色形象受著作权法保护》,载《法制日报》2013 年 4 月 25 日。又可参见孙文清、李培民《动画作品角色形象的权利认定 ——动画片〈喜羊羊与灰太狼〉角色形象纠纷案评析》,载《科技与法律》2011 年第 5 期。

众多超级英雄们，^①譬如孩童们耳熟能详的迪士尼旗下的唐老鸭、米老鼠等，还有这些年中国家喻户晓的喜羊羊、灰太狼、光头强、熊大熊二等造型。

对于外观视觉造型来说，一旦被成功推出，得到观众喜爱、市场认可，围绕它的衍生产品也会相继出现，比如漫画、卡通电视、电影及游戏、主题乐园等。权利人一般通过许可的方法决定外观造型应于何时在何地以何种方式出现，并由此收取相应的许可费用。在具体实践中，除了可以著作权授权许可外，也包括商标许可。

除外观视觉造型外，好莱坞经验中还有一种叫"故事角色造型"（Story Character）。不同于前者来源于漫画绘本，后者主要来自文学（字）作品。例如，由伊恩·弗莱明（Ian Fleming)创作的英国特工詹姆斯·邦德（代号"007"）属于最成功的故事角色了。自1962年10月由第一代007饰演者肖恩·康纳利版的《诺博士》（*Dr.No*）电影至今，已有24部007系列电影问世，整段时间横跨半个多世纪。^②

在故事原型中，007是一位身手敏捷、拥有不死之身的出色特工，同时也是一位风度翩翩、魅力四射的绅士。他举止文雅、衣着得

---

① 漫威旗下拥有蜘蛛侠、钢铁侠、美国队长、雷神托尔、绿巨人、金刚狼、神奇四侠、恶灵骑士、蚁人等8000多名漫画角色和复仇者联盟、X战警、银河护卫队等超级英雄团队。2008年底，华特迪士尼公司以42.4亿美元收购Marvel Entertainment Inc.，获得了绝大部分漫画角色的所有权。2010年9月，Marvel宣布其正式中文名称为"漫威"。漫威漫画成立于1939年，当时公司名称为及时漫画（Timely Comics）；到了1951年更名为亚特拉斯漫画（Atlas Comics），而在1961年才更名为漫威漫画。从此连载神奇四侠后，才由斯坦·李、杰克·科比与史蒂夫·迪特科等漫画家开始创造其他超级英雄与超级反派。DC创建于1934年。1938年6月，公司在《动作漫画》创刊号上创造出世界上第一位超级英雄——超人，从此改写了美国漫画史。1939年5月，公司在《侦探漫画》第27期上创造出世界上第一位没有超能力的超级英雄——蝙蝠侠。自此超人和蝙蝠侠作为DC的招牌角色，各自拥有自己的连载漫画，也开始了长期搭档，被称为"世界最佳拍档"。1967年公司正式定名为DC漫画并沿用至今。1969年DC被时代华纳集团收购，目前是华纳兄弟的子公司。旗下拥有超人、蝙蝠侠、神奇女侠、闪电侠、绿灯侠、绿箭侠等超级英雄和正义联盟、少年泰坦等超级英雄团队。有关漫威公司介绍，更多内容可参见［美］肖恩·豪《漫威宇宙》，苏健译，浙江人民出版社2017年版。

② 参见百度词条"007"，http://baike.baidu.com/link?url=qoAWcNseGFmDZ5N1nHDzaJNnkjixFGAb_mJCx5SOdYfTjtRSiWcd5stxeOpikUd7nK5JWoknQtV1PImEvZW-aenDTpWKo6RwtYlLKsqO30i。

体，出入总是驾驶一辆与众不同、顶级豪华的跑车，常与美女美酒相伴，并配有杀人执照。他有许多敌人，而且都是世界上最危险的群体。007 的任务就是要破坏他们的阴谋，制止他们的野心。为此，他经常深入虎穴，身陷困境，但最后总是能逃出生天，圆满地完成任务。迄今为止，总共有六位演员分别扮演过 007，从第一代的绅士范儿肖恩·康纳利（Sean Connery）到第六代的肌肉男丹尼尔·克雷格（Daniel Craig）。从 007 的例子我们就能看出来，故事角色造型并不一定是角色的外部形象特征，而是该角色内在的性格特征、对话、故事情节及他与其他人物角色的互动。饰演故事角色的演员是可以变换的，但是观众心目中的 007 却是永恒的。[①]

如果说，对于外观视觉造型的权利保护已成共识，并且有大量的司法判例。那么，角色造型又是什么样的情况呢？鉴于国内没有相关案例，我们重在介绍美国的司法实践。[②]

通过多年的案例判决，美国司法逐渐形成两种判定标准。第一种判定标准是"角色分离法"（character delineation test），即如果故事的角色能够脱离于故事本身而单独存在，那么这个故事角色是受版权保护的。例如像迪士尼的米老鼠案。[③] 第二种为"角色即故事"（story being told）分析法。这一标准认为，当角色本身就是故事，而不是讲

---

① 稍展开地讲一句，国内也有一个在民间流传甚广的角色形象，此人便是"来无影、去无踪"的佛山黄飞鸿。截至目前，已上映的黄飞鸿系列影视剧达一百三十多部。就以电影中不同人物类型来讲，有宣扬惩恶扬善、光大门派的，也有讲求民族意识、充满现代性焦虑的，还有悬壶济世、认为以武止戈的，林林总总、叙事不同。参见姚朝文《黄飞鸿叙事的民俗电影诗学研究》，暨南大学出版社 2014 年版；蒲锋、刘嵚：《主善为师：黄飞鸿电影研究》，香港电影资料馆 2012 年版。

② 宋海燕：《娱乐法》，商务印书馆 2014 年版，第 100—104 页；卢美慈：《虚拟角色著作权争议》，载"台湾创用 CC 计划"，http://creativecommons.tw/in-depth/586。

③ 在该案中，被告 Air Pirates 公司使用了迪士尼公司中的米老鼠基本形象，但是用于讲述不同的故事。在原告迪士尼的作品中，米老鼠是一个活泼可爱、乐于助人的形象。但在被告的作品中，米老鼠成了一个反社会的角色，满嘴脏话，甚至还吸食毒品。被告并没有直接从原告的漫画中复制一个米老鼠，而是根据人所共知的米老鼠的特征自己画出了一系列的米老鼠，最终法院判决被告败诉。Walt Disney Productions v. Air Pirates, 581 F. 2d 751 (9th Cir. 1978)。

述故事所需要的载体时，角色就成为版权保护的对象。①

上述第一种标准与我们之前提过的"思想与表达的两分法"近似。也就是说，只有故事中的故事角色能够脱离于故事本身而独立存在，那么，它才能独立作为著作权保护的客体对象。这一类典型判例便是之前曾提过的"尼克斯诉环球影业公司"（Nichols v. Universal Pictures Corporation）一案。② 美国第二巡回区上诉法院汉德法官在该案中提出了"摘要层次法"（abstract test），即首先要摘出涉案作品中不受著作权保护的部分，即思想，再将剩下的受著作权保护的部分，即表达，进行近似性比较，以判断是否侵权。③

在之后的"布洛斯诉米高梅公司"（Burroughs v. Metro-Goldwyn-Mayer,Inc.）一案中，④ "角色分离法"成为重要的判案关键。原告布洛斯于 1912 年创作了小说《人猿泰山》（Tarzan, The Ape Man），并于 1923 年成立布洛斯公司，将"人猿泰山"版权移转给公司，并由公司运营所有与泰山相关的版权。原告与被告米高梅曾有授权协议，许可被告米高梅在特定期间内，可使用"泰山"角色，但在协议终止后，米高梅明知该授权效力终止，仍使用"泰山"中主角，另行发展、延伸成电影故事，原告认为被告之行为，已侵害原告的角色著作权。法院认为"泰山"原始文字作品不仅其故事情节可受版权法保护，主角泰山的角色形象也受到保护。法院对"泰山"一角的分析如下：泰山由猿猴抚养成人，他与其所处的丛林环境互相结合，他能够与动物沟通，也有人的感情经验，"泰山"的人格特质是强壮、单纯、年轻、绅士。法院认为综合这些特质，"泰山"这一角色已经足够与原作品抽离，成为可独立受著作权法保障的虚拟角色。

---

① Warner Bros. Pictures, Inc. v. Columbia Broadcasting System.inc. 216 F. 2d(9 Cir., 1954).

② Nichols v. Universal Pictures Corporation, 45 F. 2d 119 (2d Cir. 1930).

③ Melville B. Nimmer & David Nimmer, NIMMER ON COPYRIGHT § 2.12 (Matthew Bender & Co. ed. 2009). Samuel J. Coe,supra note 2,at 1311-1312.

④ Burroughs v. Metro-Goldwyn-Mayer,Inc., 519 F.Supp.(S.D.N.Y. 1981).

"角色即故事"标准最经典的判例要推"米高梅公司诉本田汽车"（Metro-Goldwyn-Mayer Inc. v. American Honda Motor Co.）一案。[1] 没错，又是美国老牌电影制片厂米高梅。

案件的原告米高梅拥有007系列电影版权。被告本田汽车制作了一部宣传其最新运动型跑车的商业广告片。片中，有一位风度翩翩的男士驾驶着被告的新车飞驰，身旁坐着一位年轻貌美的女郎。车的后上方，一架直升机紧追不舍。随后一位杀手模样的角色一跃跳到跑车的车顶，千钧一发之际，驾车的这名男士转过头来，朝身旁的美女微微一笑，随后按下了跑车车顶脱离按钮，坏人随即被弹飞到空中，而男子与身边的女士则加速驶向天际。

原告诉称被告制作的商业广告片侵犯了其詹姆斯·邦德系列电影的著作权，但被告辩称，大多数特工、间谍的故事都离不开香槟、美女、武器、搏斗、飙车等场景，因此其广告片中的男主角形象并非给公众带来系007指向的混淆。换句话讲，他们不认为构成侵权。

审理该案的美国加州地区法院根据"角色即故事"标准，认为007这个虚构的人物经过几十年、十多部电影的演绎，已经在公众心目中成为一种固定的形象（特征），例如他爱喝马丁尼酒、开场白就是"我叫邦德，詹姆斯·邦德"，常有美女相伴，冷血、性感等。所以，就像其他那些虚构的人物，如超人、人猿泰山、福尔摩斯等，邦德具体由谁来饰演不重要，但这些塑造007人物性格、形象特征的情节要素，如飙车戏、勇斗歹徒、香车美女等桥段都在本田的这支广告中体现了，据此法院认定，正是邦德的这些个人特征与紧凑剧情，构成了007系列电影如此受欢迎的原因，该角色与电影已经无法分离，故应以版权法予以保护。

以上两种标准孰优孰劣，目前尚无定论。但通常认为，"角色分离标准"虽然旨在避免对思想赋予著作权保障，但若将该标准适用到

---

[1] Metro-Goldwyn-Mayer Inc. v. American Honda Motor Co., 900 F. Supp. 1287（C. D. Cal. 1995）.

实务案件中，将会导致法官充当文学批评的角色，不利于文艺创作与文化创新。而"角色即故事"标准是较为具体客观的判断方式，法院通过将角色造型著作权限缩在主要角色的这一做法，不至于产生过度保障的结果；同时，由于各读者对角色的阐释不同，文字作品较难累积出具体的角色形象，但在作品有影像或图像角色（例如 007、超人、蝙蝠侠）后，受众所接受的角色形象较为具体、固定，因而该虚拟角色较容易成立著作权保护。

值得一提的是，由于一个独特的故事角色往往以成套出版物或电影系列出现，比如像哈利·波特系列、007 系列、钢铁侠系列、美国队长系列、星球大战系列等，它们通常通过讲述同一位主人公在不同情境下的不同经历，进一步加强对主人公性格特征的描述，从而使其传播久远。有鉴于此，制片公司通常有以下几种专业做法：第一，在购买某个故事角色时，往往会购买整个系列的套书，包括已经创作出的作品以及那些仍在创作但尚未完成的作品续集；第二，会在剧本的购买合同中明确说明其不仅购买该作品的影视改编权，同时包括作品中"故事角色"的权利；第三，合约中规定"优先购买权"或"优先审阅权"条款，此举是为了保证制片公司能优先审阅或购买作家创作的同一系列新作品的权利。①

所以回到本文的开头，如果《星球大战》版权方卢卡斯电影公司和迪士尼较真了，对 *GQ* 杂志社提起诉讼，其判决结果多半会让艾米·舒默的"摆拍"一点都好笑不起来了。

---

① 在好莱坞有与之类似，并同时存在的条款叫"最终否决权"（Right of Last Refusal），它保证了作家与第三方电影公司最终达成的条款同样适用于参与首轮谈判的制片公司，从而避免了作家在与第一家制片公司首轮谈判时要价过高导致谈判失败，但会出现转身与其他第三家制片公司谈判时因条件优惠而达成协议，使得首轮谈判的制片公司错失良机的情形。

第九章

影视名称能被保护吗？

就在浙江卫视和灿星公司（全称"上海灿星文化传播有限公司"，以下简称"灿星公司"）开始大肆为新一季的音乐真人秀节目《中国好声音》做宣传之际，[①]一条关于节目的负面消息在国内的社交媒体上引爆。

[①] 成长：《新版〈中国好声音〉预计 7 月 15 日开播》，载《北京晚报》2016 年 6 月 13 日。

消息称，根据浙江唐德影视股份有限公司（以下简称"唐德公司"）申请，北京知识产权法院作出行为保全裁定，责令灿星公司立即停止在歌唱比赛选秀节目中的宣传、推广、海选、广告招商、节目制作过程中，使用包含"中国好声音""The Voice of China"字样的节目名称及相关注册商标，灿星公司的合作伙伴同时也是负责宣传、商务承揽的世纪丽亮（北京）国际文化传媒有限公司被要求立即停止在歌唱比赛选秀节目的宣传、推广、海选、广告招商过程中使用包含"中国好声音"字样的节目名称。[①] 有趣的是，该裁定作出时间是2016年6月20日21点20分，这个时间点曾是前四季《中国好声音》在每周五晚的浙江卫视播出的时间。

对大众而言，最大的疑问莫过于曾作为被授权方的灿星公司怎么就"侵权"了？唐德公司又何时被赋权了？

公开资料显示，《中国好声音》来自荷兰 Talpa 公司独创开发的以歌唱比赛为内容的真人选秀节目"The Voice of……" 2012 年，Talpa 公司授权灿星公司可于当年至 2015 年期间制作播出四季《中国好声音》节目。随后，自 2016 年 1 月 28 日起至 2020 年 1 月 28 日止，又

---

① 刘苏雅：《灿星"中国好声音"节目名被北京知产法院裁定停用》，载《北京晚报》2016 年 6 月 21 日；刘欢、石月炜：《法院裁定：停止灿星使用"中国好声音"节目名称》，载《北京日报》2016 年 6 月 21 日等媒体报道。

授权唐德公司取得独占且唯一的授权在中国大陆使用、分销、市场推广、投放广告、宣传及以其他形式开发《中国好声音》节目的相关知识产权。这意味着,权利期限一旦届满,灿星公司便无权再使用与制作《中国好声音》节目(包括节目名称和栏目模式)。

灿星公司辩称,《中国好声音》是浙江卫视向国家新闻出版广电总局报批节目时确定并最终获准制作播出的综艺节目。《2016 中国好声音》节目亦是由浙江卫视向广电总局报备并获准使用并制播的节目,其与 Talpa 公司节目模式完全不同,为原创的全新节目,新增加的一个综艺节目不可能出现"严重削弱申请人竞争优势"的情形。而且,唐德公司始终没有将许可的节目模式付诸实施的情况,因此也就没有任何所谓的损失。但受理此案的北京知识产权法院认为,灿星公司制作的《2016 中国好声音》在北京市开展校园海选并召开宣传片发布会,而唐德公司的请求理由中包括在北京市举行的校园海选及发布会中使用相关标识侵害其未注册驰名商标权益的主张,同时,"中国好声音"具有较高知名度,本案处理具有重大影响,因此,北京知识产权法院对本案具有管辖权。而根据 Talpa 公司的授权,在许可期限内,唐德公司有权以自己的名义采取法律行动。同时,灿星公司等的行为存在使用涉案注册商标及构成侵权的可能性,也存在构成不正当竞争行为的可能性。而且,《2016 中国好声音》节目一旦录制完成并播出,将会产生较大范围的传播和扩散,诸多环节都有可能构成对唐德公司经授权所获权利的独占许可使用权的侵犯,可能会显著增加唐德公司的维权成本和维权难度,甚至难以在授权期限内正常行使权利。而且,在相关公众对名称为《中国好声音》和 "The Voice of China" 的歌唱比赛选秀节目的模式及特色已有极高认知度的情况下,又出现名称为《2016 中国好声音》的歌唱比赛选秀节目,很可能会造成相关公众的混淆误认,也可能会严重割裂名称为《中国好声音》和 "The Voice of China" 的歌唱比赛选秀节目与其节目模式及特色等元素的对应联系,从而存在导致唐德公司后续依约开发制作的该类型节目失去竞争优势的可能性，对唐德公司造成的损失难以计算，且没有证据证明将会损害社会公共利益。因此，法院最终作出了前述保全裁定。[①]

分析法院意见，之所以作出对唐德公司有利的裁定，主要依据两点。第一，唐德公司获得了"The Voice of……"中国版即《中国好声音》的节目制作授权；第二，"中国好声音"LOGO已注册商标，且在公众领域形成较高知名度。这两点结合在一起，则意味着即便灿星公司"更换LOGO""使用自己的（节目）原创模式"，[②]但只要使用"中国好声音"字样，则落入了侵犯商标专用权的范畴了。[③]

无独有偶，2013年，温州人金阿欢以江苏卫视《非诚勿扰》商标侵权为由，将后者告上法庭。金阿欢称自己是"非诚勿扰"商标的正式持有人，2009年便向国家商标局申请"非诚勿扰"商标，并于2010年9月7日获得了商标注册证，核定服务范围为第45类，包括"交友服务、婚姻介绍所"。2014年12月，一审法院驳回金阿欢的诉讼请求。金阿欢继续上诉，2016年1月5日，深圳市中级人民法院对上诉人金阿欢与被上诉人江苏省广播电视总台、深圳市珍爱网信息技术有限公司侵害商标权纠纷一案作出终审判决：要求被上诉人所属的江苏卫视频道于判决生效后立即停止使用《非诚勿扰》栏目名称。[④]随后，出于"维护法律权威，尊重法院判决，并满足广大观众要求"

---

① 详见北京知识产权法院（2016）京73行保1号民事裁定书；另可参见芭儿《知产院首个诉前禁令！"中国好声音"的节目名称被裁定停用》，载 IPR Daily，http://www.iprcloud.cn/article?wid=13350。

② 胡君光：《7月15日开播"2016好声音"开启原创元年》，载综艺＋，http://www.zongyijia.com/News/News_info?id=56087。

③ 此前荷兰 Talpa 公司就因商标侵权起诉灿星公司要求停止侵权、消除影响，并索赔经济损失人民币300万元，相关报道参见秦文柏《〈中国好声音〉商标侵权案 梦响强音 管辖异议被驳回》，载中国法院网，http://www.chinacourt.org/article/detail/2016/04/id/1847312.shtml；黄洁、黄硕：《"中国好声音"被指商标侵权遭索赔》，载《法制日报》2016年3月18日；胡君光：《Talpa诉〈中国好声音〉商标侵权》，载综艺＋，http://www.zongyijia.com/News/News_info?id=51365。

④ 详见广东省深圳市中级人民法院（2015）深中法知民终字第927号民事判决书。

的考虑，江苏卫视对自办栏目的《非诚勿扰》做了"附加区别性标识"，暂时更名为《缘来非诚勿扰》。[1]

时间到了 2016 年 2 月，华谊兄弟传媒股份有限公司随即起诉金阿欢、永嘉县非诚勿扰婚姻介绍所（普通合伙）。华谊兄弟提出自己享有电影《非诚勿扰》标题"非诚勿扰"的文字著作权，以及该片宣传海报中呈现的电影标题美术字形设计的美术作品著作权。华谊兄弟发现，被告金阿欢等未经许可擅自使用原告享有著作权的标题文字及美术作品注册成商标，并将其以商业目的用于网站经营，此行为已经构成侵权。当然，华谊兄弟只要求被告承担 1 元钱象征性的侵权赔偿。此举被外界解读为"路见不平，有人踩"的道义伸张，也被视为对江苏卫视莫名遭遇的同情。与此同时，江苏卫视所在的江苏广播电视总台因不服深圳中院的终审判决，曾于 2016 年 1 月向广东省高级人民法院提请再审，该案已获立案审查，并裁定该案将由省高院提审，并且在再审期间停止原判决（二审判决）的执行。[2] 这预示着，《非诚勿扰》商标侵权一案或有转机，至少在接下来一段时间内，观众又可以看到不加"缘来"的《非诚勿扰》。

围绕《中国好声音》《非诚勿扰》节目名称使用权争议，两起案件一度占据国内各大媒体的娱乐头条，但仅仅过了几天，又一条类似的新闻引起了公众关注，并被一些专业影迷称为"来得及时、大快人心"。

事情起因很简单。国内某影视公司制作并上映了动画片《汽车人总动员》，美国迪士尼公司和皮克斯公司认为，《汽车人总动员》的主要汽车动画形象"K1"及"K2"明显使用和剽窃了其出品的《赛车总动员》《赛车总动员2》中"闪电麦坤"及"法兰斯高"的形象；《汽车人总动员》的电影海报从构图、配色、光影等方面均抄袭了自

---

① 顾彩玉：《〈非诚勿扰〉暂更名〈缘来非诚勿扰〉 江苏卫视表示尊重法律 专家支招称仍有转机》，载《综艺报》2016 年 1 月 25 日。

② 参见广东省高级人民法院（2016）粤民申 69 号民事裁定书。

己"赛车总动员"系列的电影海报，两者呈现出实质性相似的整体效果。另外，"赛车总动员"是知名商品特有名称，在中国台湾地区上映时，被译作"汽车总动员"。[①] 换言之，自电影公映以来，在广大影迷群体中形成较高辨识度，无论是"赛车总动员"还是"汽车总动员"，只是翻译上的不同，但明确指向的仍是自己的电影，其理应作为知名商品的特有名称受到保护。反观国内该影视公司的做法，以"汽车人总动员"为电影名称，除一字之差外，还故意在海报上用轮胎对"人"字进行了遮盖，企图混淆视听、误导公众，属于"傍名牌"的不正当竞争行为。基于前述理由，迪士尼和皮克斯向其中一被告公司所在地法院，即上海浦东新区人民法院提起诉讼，以著作权侵权及不正当竞争为案由，要求该影视公司及共同被告停止侵权、赔偿损失。[②]

从《中国好声音》到《非诚勿扰》再到《赛车总动员》，几起案件先后爆发，虽然各自事出偶然，但从整体上看，有其发生逻辑的必然。尽管在具体个案上，每一个都有不同的争议焦点，如围绕《中国好声音》的，除了名称的相似外，还涉及节目模式的版权保护，而后者在学界至今尚有争议。[③] 又如《非诚勿扰》则涉及其节目名称使用是否属于商标法意义上的商标使用，如果是则侵犯了权利人金阿欢的

---

① 该电影英文原名 "Cars"，大陆翻译为《汽车总动员》系列，中国港台地区则翻译为《反斗车王》或《汽车总动员》。到了第二部，台湾地区则译作《Cars 2：世界大赛》。有相应海报为证。具体可查阅"豆瓣电影"下《赛车总动员》系列词条。第一部：https://movie.douban.com/subject/1428878/。第二部：https://movie.douban.com/subject/3036478/。

② 这种外壳高度相似、内容略有不同的做法，其实不算个案了。有媒体专门对国产动画片作了梳理，像《宋代足球小将》就是模仿日本动漫《足球小将》，《疯狂玩具城》明显指向的是《疯狂动物城》，《宠物小精灵传奇》对应的是日本动漫《宠物小精灵》，《小樱桃和小丸子》很明显是分拆了《樱桃小丸子》。详见李婷《迪士尼向〈汽车人总动员〉索赔 400 万 中国动画"擦边球"终遇版权较真》，载《每日经济新闻》2016 年 6 月 29 日。

③ 争论焦点在于节目版式究竟是否属于我国《著作权法》上的"作品"，如果答案是肯定的，则理应纳入保护范畴，反之，则不受保护。参见李宗亚《浅议电视节目模板的著作权保护——以〈我们约会吧〉控告〈非诚勿扰〉抄袭一案为例》，载《法学研究》2011 年第 5 期；郑玲丽、娄莹：《浅谈电视节目模式的著作权保护》，载《时代法学》2014 年第 6 期；黄世席：《电视节目模式法律保护之比较研究》，载《政治与法律》2011 年第 1 期；黄洁：《北京高院发综艺节目著作权案审理解答"综艺节目模式"整体不受著作权保护》，载《法制日报》2015 年 4 月 15 日。

商标专用权；至于《赛车总动员》一案，既要关注电影名称是否可以作为"知名商品的特有名称"来保护，也要评价"一字之差""故意遮挡"以及两者海报风格实质性相似等行为是否构成不正当竞争。但三起案件都切中同一个问题要害，即影视节目作品的名称能否作为商标保护，以及如何保护？

商标，它是商品或服务的提供者为了将自己的商品或服务与他人提供的同种或类似商品或服务相区别而使用的标记。它和一般的商品或服务名称、商品装潢及广告用语等其他用于说明或推销商品或服务的用语不同，商标能够将你我彼此区别开来，而后者的首要作用并不是这个。举例来说，身边有很多咖啡店（或品牌），其店内装饰、产品包装、咖啡口感也各有特色，如果我们说"要买一杯咖啡"或"买一杯好喝的拿铁"，购买者是很难做出选择的，但如果明确地说要"购买一杯 Costa 的任意咖啡"或者"一杯星巴克的美式咖啡"，则很快能锁定目标。这也便是商标的功能所在，它有帮助消费者区分不同品牌的"识别功能"，有代表一定品质的"保障功能"，也有广而告之、强调存在感的"宣传功能"。[1]

根据 2013 年修订后的《商标法》的规定，能被申请注册为商标的范围很广，不仅包括了文字、图形、字母、数字、三维标志、颜色组合，声音以及前述要素的组合都可以提出申请。[2] 这意味着像美国电影公司米高梅电影片头中常用的那一段经典的"狮子吼"的做法，即便放在中国国内申请注册商标，也是被法律允许的。[3]

影视或节目作品名称商标注册通常用到文字、字母或数字等要素，或要素的组合，鉴于目前没有涉及拿声音或气味去申请商标保护

---

① 王迁：《知识产权法教程》，中国人民大学出版社 2014 年版，第 376—378 页。

② 详见《中华人民共和国商标法》第八条。

③ 据了解，一些发达国家已经在其商标法中明确规定，非可视性标志（如声音、气味等）可以作为商标获得注册并受到保护。如英国就允许注册气味和声音商标，一段由狗吠构成的声音被注册为油漆的商标，而一种特殊的花香也被注册为一种纺线的商标。See Ethan Horwitz, *World Trademark Law and Practice*, Matthew Bender & Company（2005），United Kingdom.

的，因此对于此类特殊情况可以搁置不论。但这里的问题是，对于像《赛车总动员》出品方迪士尼和皮克斯公司提出的 "基于知名商品的特有名称" 是怎么一回事？如果它未经申请注册，还能受《商标法》保护吗？

在我国，2001 年修订之前的《商标法》将商标注册规定为取得商标权的唯一途径，这导致了在实践中 "恶意抢注商标" 的事例频发。虽然《商标法》后来做了 "限制性" 预防，规定 "申请商标注册不得以不正当手段抢先注册他人已经使用并有一定影响的商标"，但如何认定他人在先使用的商标 "已有一定影响"，以及何种注册属于 "以不正当手段抢先注册"，仍然只能依靠商标注册机构和法院的自由裁量。为此，在 2013 年《商标法》修订时，吸收了一些司法实践中的合理做法，例如《商标法》第六十四条规定："注册商标专用权人请求赔偿，被控侵权人以注册商标专用权人未使用注册商标提出抗辩的，人民法院可以要求注册商标专用权人提供此前 3 年内实际使用该注册商标的证据。注册商标专用权人不能证明此前 3 年内实际使用过该注册商标，也不能证明因侵权行为受到其他损失的，被控侵权人不承担赔偿责任。" 这一系列规定，既肯定了我国实行依注册取得商标权的制度，注册是获得商标的主要途径，[①] 同时也对他人已经使用并有一定影响的未注册的商标给予了必要的保护，后者特指那些驰名商标。

然而驰名与否，或者如迪士尼等主张的 "知名" 保护，前提是得具有在一定地域范围内被相关公众知晓的 "一定影响"。这里有两个细节需要从整体上把握，一个是 "一定地域范围"，它是相对的概念，

---

① 在英美法系国家，早期商标权保护采取的是 "使用在先" 为基础，指的是即使商标尚未经过注册，只要其已经在商业活动中用于识别某种商品或服务，商标使用者也能取得商标权。但随着生产、流通的范围日益扩大，这种制度设定的负面影响逐渐显现出来——因为使用在先无法以书面形式公之于众，一旦发生权利归属冲突时，就很难完成自己比对方使用在前的举证责任。因此，目前多数国家以注册制为主，以使用取得商标权为辅。

通常指商品流通或服务提供覆盖的市场区域;另一个则是"相关公众",它是指与商标所标识的某些产品或者服务有关的消费者和这些商品或者服务的营销有密切关系的其他经营者,他们对指定的商标是否跟其他商标相同或近似的判断具有关键性意义。根据我国最高人民法院《关于审理商标民事纠纷案件适用法律若干问题的解释》,商标是否相同、近似,以及商品或服务是否相同或类似,都要以相关公众的一般注意力为标准。一般注意力,就是具有普通知识与经验的一般消费者在购物消费时运用的普通注意力。

以此为判断标准,像对《赛车总动员》与《汽车人总动员》的甄别上,对专业影评人或电影从业者而言自然不在话下,因为他们的注意力已够"专业"级别,但对于普通观众来说,如果稍不注意,冲着片中汽车人的角色设定和风格相似的电影海报,难免会造成混淆。

像迪士尼遇到的此种情况其实早有先例,并有生效判决可作参考。2013年3月,电影《人在囧途》出品方起诉光线传媒等公司出品的电影《人再囧途之泰囧》(简称《泰囧》)制片方及该片导演兼主演的徐峥等五个被告,称后者实施了引人误解的虚假宣传,导致观众混淆、误认,如故意将《泰囧》与《人在囧途》进行对比,称"《泰囧》是《人在囧途》的升级版、续集"等,而且通过比对可以发现,无论电影名称、构思、情节、故事、主题还是台词等多处,两部电影实质相似。原告据此认为被告已构成不正当竞争及著作权侵权,要求五被告立即停止侵权、消除影响、赔礼道歉,并赔偿经济损失人民币1亿元。

由于《泰囧》自2012年12月12日公映以来,创造了当时华语电影的票房纪录,因此诉讼消息一出,当即引起了广泛关注。根据《民事诉讼法》被告所在地管辖以及诉讼标的额(原告请求赔偿1亿元损失),[①]该案经北京市高级人民法院立案审理后,历时一年半,最终判决光线传媒等被告的行为属于"擅自使用知名商品特有的名称",

---

① 参见《中华人民共和国民事诉讼法》第二章第一节、第二节。

且造成了混淆，构成不正当竞争，同时赔偿原告损失 500 万元。①

在《人在囧途》与《泰囧》的"囧囧之争"中，最核心的议题便是原告出品的电影《人在囧途》究竟是否为"知名商品"？电影名"人在囧途"是不是"知名商品的特有名称"？对此，法院的意见如下：

最高人民法院《关于审理不正当竞争民事案件应用法律若干问题的解释》第一条规定，在中国境内具有一定的市场知名度，为相关公众所知悉的商品，应当认定为《反不正当竞争法》第五条第（二）项规定的"知名商品"。人民法院认定知名商品，应当考虑该商品的销售时间、销售区域、销售额和销售对象，任何宣传的持续时间、程度和地域范围，作为知名商品受保护的情况等因素，进行综合判断。但是，前述标准是针对普通商品的，本案涉及的是电影，情况就有所不同。结合电影的上映档期等因素，即便非常成功的商业电影亦很难符合"知名商品"的条件。对此，原因很简单：通常电影上映档期结束后，出品方不会再组织大规模的宣传，且多数人不会重复观看一部电影，因此在认定电影作品是否属于知名商品时，不应过分强调持续宣传时间、销售时间等，而应当注重考察电影作品投入市场前后的宣传情况、所获得的票房成绩、相关公众的评价以及是否具有持续的影响力。

根据原告所提交的证据，电影《人在囧途》2010 年 6 月公映后获得了超过 3000 万元的票房成绩，《文汇报》《北京青年报》《北京日报》《南方都市报》、北京电视台、上海电视台、东方卫视等媒体均对此进行了报道。《人民日报（海外版）》等报纸还刊登评论性文章，对于该片以小成本获取大收益进行了分析。2011 年，电影《人在囧途》相继获得"电影华表奖"优秀故事片提名、第 18 届北京大学生电影节"喜剧片创作奖"等荣誉。电影《人再囧途之泰囧》的

---

① 参见北京市高级人民法院（2013）高民初字第 1236 号民事判决书。

出品方、制片人及导演徐峥、演员黄渤等在接受采访时也对《人在囧途》的市场知名度予以了认可。即便《人再囧途之泰囧》上映后，很多网友仍对《人在囧途》给予高度评价。因此，可以认定电影《人在囧途》在先具有一定的知名度，属于《反不正当竞争法》规定的"知名商品"。

既然《人在囧途》为"知名商品"，那么作为电影名称的"人在囧途"被认定为"知名商品的特有名称"便顺理成章了。《反不正当竞争法》第五条第（二）项规定的"知名商品特有名称"的"特有性"，应当指能够区别商品来源的显著性。"人在囧途"可以作为"知名商品特有名称"获得保护。

首先，"人在囧途"作为作品标题具有一定的独特性。虽然被告主张"人在囧途"套用了在先电视剧《人在旅途》的表达方式，且"囧"为网络流行字，在电影《囧男孩》中早有使用，但是不可否认，本案中"人在囧途"的独特性恰恰在于"囧"字的利用，且在《人在囧途》上映之后，出现了以类似方式利用"囧"字的作品出现，例如《车在囧途》等。法院认定"人在囧途"属于具有独特性的作品名称。

其次，"人在囧途"虽属于描述性词汇，但经过使用已获得"第二含义"，具有显著性。正如被告所主张的，"囧"本身有尴尬之义，"人在囧途"作为作品名称，反映了作品类型和作品的主要内容。电影《人在囧途》上映后获得了较高的票房收入，媒体也给予了广泛报道，相关公众对电影内容高度认可，即使在《人再囧途之泰囧》上映之后，仍有很多网友对《人在囧途》给予高度评价，可见，电影《人在囧途》在相关公众中具备持续的影响力。《人在囧途》已经具有一定的知名度，"人在囧途"经过大量使用、宣传，能够实际上发挥区别商品来源的作用，相关公众能够将此与电影《人在囧途》的作者（或出品方）相联系，属于知名商品的特有名称，应当受到《反不正当竞争法》的保护。

至于对光线传媒等被告行为的认定，法院首先将"人再囧途之泰囧"与"人在囧途"进行比较，前者所包含的"人再囧途"，虽然使用的是"再"字，但在读音上与"人在囧途"相同，具有"再次走上囧途"的含义。因此二者构成使用在电影商品上的近似名称。此外根据原告方提交的证据，《泰囧》上映后，很多观众认为《泰囧》就是《人在囧途》的续集，或者认为二者属于"囧途"系列片，很多报刊文章对此也有相同的观点，甚至有媒体认为《人再囧途之泰囧》的别名为"泰囧"或"人在囧途2"，有的影院甚至在放映预告中将《人再囧途之泰囧》直接写为《人在囧途 泰囧》或《人在囧途之泰囧》，可见被告片名中含有"人再囧途"，已经使相关公众认为两部电影之间存在特定的联系，从而不当利用了原告电影《人在囧途》的在先商誉，损害了原告的竞争利益。

综上，法院认为被告主观上具有通过使用相近似的电影名称攀附电影《人在囧途》已有商誉的意图，客观上造成了相关公众的混淆误认，损害了原告的竞争利益，属于《反不正当竞争法》第五条第（二）项规定的"仿冒知名商品特有名称"的行为，同时，考虑到被告电影《泰囧》与原告电影《人在囧途》属于同类型电影，影片的主要演员基本相同，被告在使用相近似的电影名称基础上，多次公开发表"升级版"等言论，违反了市场经营活动中应该遵循的公平原则、诚实信用原则，违反了《反不正当竞争法》第二条第一款的规定，构成不正当竞争，应当承担相应的民事责任。①

迪士尼和皮克斯公司在起诉《汽车人总动员》片方时，其中一项诉请理由就提到了《泰囧》的案例，希望法庭参考先前判例，依法支持其《赛车总动员》系列动画电影作为"知名商品"及其"知名商品

---

① 除判决外，亦可参见上海知识产权研究所整理的《法院解读〈人在囧途〉与〈泰囧〉之争》，转引自智合东方，http://zhihedongfang.com/article-2138/。相关的法理分析，还可以参见王小兵《对电影〈人再囧途之泰囧〉版权侵权及不正当竞争案的法律分析》，载《上海律师》2013年第6期。

的特有名称"来加以保护。① 需要注意的是，这一项请求的法律依据不是《商标法》，而是《反不正当竞争法》，后者是一部旨在规范社会主义市场经济秩序、倡导公平有序竞争的法律，它的存立与适用就是为了"让商战有底线"。②

不难发现，以《赛车总动员》《人在囧途》等为典型案例，对于影视作品、综艺节目名称虽然没有申请注册商标，也没有被认定为使用过程中形成的"驰名商标"，但仍旧可以引用《反不正当竞争法》中"知名商品及其特有名称"的策略进行法律保护。那么，像《中国好声音》《非诚勿扰》等侵权案例，商标权保护又是如何展开的？

前面提到，商标是用来区分产品或服务的，避免消费者品牌混淆的，这也就是说，我们可以推断出除了"直接在人家核定使用的商品上使用核准注册的商标"外，"足以导致消费者对产品或服务来源产生混淆的"，也会构成商标侵权。③

在判断相同或类似商品或服务上出现的两个同一或近似注册商标是否导致消费者混淆，司法实践采纳的标准（方法论）就是以普通消费者"一般注意力"为基础，综合运用"隔离观察比较""显著部分观察比较"和"整体观察比较"等方法，同时考虑已注册商标的显著

---

① 陈伊萍：《迪士尼等起诉国产动画电影〈汽车人总动员〉侵权，在上海开庭》，载澎湃新闻，http://www.thepaper.cn/newsDetail_forward_1487445。

② 吕斌：《〈反不正当竞争法〉20 年之路》，载《法人》2013 年 12 月。从 2016 年起，这部"服役"了 23 年的法律开始迎来首次大范围的修订。上海交通大学特聘教授、凯原法学院常务副院长、竞争法律与政策研究中心主任王先林认为，现行反不正当竞争法的问题主要集中在以下几个方面：在立法体例上存在过渡性、应急性的问题，在内容上存在封闭性的问题，对经济生活中层出不穷的不正当竞争行为缺乏调控力；一些规定过于原则、抽象，在实践中难以具体操作，也没有反映国际竞争法制新近的发展，需要进一步完善；执法机构的职权与执法手段明显不足，法律责任方面也不完善，严重不适应有效打击不正当竞争行为的需要。截至目前，该法修订草案仍在讨论、完善中。参见朱宁宁《〈反不正当竞争法〉长跑 23 年迎来首修》，载《法制日报》2016 年 4 月 19 日。

③ 对此，2013 年修订后的《商标法》第五十七条有明确规定："（一）未经商标注册人的许可，在同一种商品上使用与其注册商标相同的商标的；（二）未经商标注册人的许可，在同一种商品上使用与其注册商标近似的商标，或者在类似商品上使用与其注册商标相同或者近似的商标，容易导致混淆的。"

性和知名度。[①]

所以回到唐德公司诉灿星公司禁用"中国好声音"商标一案上，根据 Talpa 公司的授权，唐德公司自 2016 年 1 月 28 日拥有独占且唯一的授权在中国大陆使用、分销、市场推广、投放广告、宣传及以其他形式的开发"中国好声音"节目的相关知识产权（包括注册商标 G 1098388、G 1089326；节目名称英文"The Voice of China"、中文"中国好声音"（Zhong Guo Hao Sheng Yin）；相关标识等），用于制作、推广、播放和销售《中国好声音》节目第五季至第八季，并有权许可他人进行上述使用，授权期限为 2016 年 1 月 28 日至 2020 年 1 月 28 日，但该期限被延长、修改或者许可协议被有效地终止的情况除外。同时，Talpa 公司明确授权唐德公司在许可期限内，对第三人未经授权使用《中国好声音》节目相关知识产权的行为以唐德公司名义采取相应的法律行动。据此，唐德公司作为涉及 Talpa 公司相关知识产权的独占许可使用合同的被许可人，属于《民事诉讼法》第一百零一条第一款规定的利害关系人，有权提出包括本案申请在内的保全申请。而灿星公司等行为明显是侵害了唐德公司的独占许可使用下的商标专用权的。

即便从不正当竞争保护的角度看，通过之前四季《中国好声音》制作播出，该节目已在中国境内具有较高知名度和影响力，该节目诸多设计元素亦具有较高知名度，"中国好声音"和"The Voice of China"名称也已具有较高的识别度，结合该模式节目已在全球数十个国家热播的情形，"中国好声音"和"The Voice of China"被认定为电视文娱节目及其制作服务类的知名服务特有名称，存在较大可能性。其次，根据 Talpa 公司与相关公司就制作播出第一至第四季《中国好声音》的授权协议的约定，"中国好声音"和"The Voice of

---

① 限于篇幅，具体比对方法不再展开，对该部分理论探讨与典型案例感兴趣的可详见王迁《知识产权法教程》，中国人民大学出版社 2014 年版，第十七章"商标权的取得"。

China"节目名称权益归属于 Talpa 公司，且 Talpa 公司在整个节目制作过程中进行了监督、审核等深度参与，故 Talpa 公司拥有有关"中国好声音"和"The Voice of China"节目名称权益的可能性较大。所以，当灿星公司在授权期限届满不再续约的情况下，再筹划《2016 中国好声音》节目，其在宣传、推广、海选、广告招商、节目制作过程中，既容易导致公众误以为是第五季的《中国好声音》，又会对唐德公司接下来真正制作《中国好声音》构成不正当竞争。所以，限于"情势所迫"，北京知识产权法院作出了灿星公司禁用"中国好声音"字样的民事裁定。

相比较而言，《非诚勿扰》一案在法律关系上就简单些，属于商标的直接侵权，也就是未经许可，在同种或类似商品或服务上使用与注册商标相同或近似的商标，用以指示商品或服务的来源，导致消费者产生混淆可能的行为。这就是为什么江苏电视台若想反败为胜，需要加强论证自己的《非诚勿扰》不具备服务功能，而纯粹是一档供娱乐消遣的综艺节目。

像陕西茂志娱乐有限公司诉梦工场动画影片公司等"功夫熊猫"商标侵权一案，就跟《非诚勿扰》案有相似之处。这同样是一起影视节目名称与商标权冲突的案件。通过审理，法院认定在影视作品名称与注册商标之间存在着商标使用与正当使用的区分。注册在影视制作服务上的商标与影视作品名称一致，商标注册人主张影视作品或者制品的权利人侵权的，关键要判断影视作品名称的使用是否属于商标的使用。通常而言，影视作品名称是为了表明影视作品的内容，也不是商标法意义上说明商品的提供者的行为，因此影视作品名称的使用通常并非商标的使用，不会构成对影视制作服务上注册商标专用权的侵犯。①

---

① 茂志公司在 2007 年申请注册"功夫熊猫及图"商标，于 2010 年获准注册，核定使用在电影制作等服务上。中国大陆的媒体早在 2005 年就刊登了多篇梦工场公司即将制作动画电影《功夫熊猫》的报道，由梦工场公司制作、派拉蒙公司发行的 *KUNG FU PANDA*（中文名称为《功夫熊猫》）电影 2008 年在中国大陆地区公映。茂志公司主张 2011 年由梦工场公司制作、派拉（转下页）

当然，由此还引发出一个更为学理性的问题，即影视作品、电视节目名称"商品化权"与否的问题，限于篇幅不再展开介绍。① 但可以确信的是，影视节目名称在司法实践中经历着从不予保护到逐步获得保护的一个过程。从相关案例采取的保护方式看，绝大部分是通过适用在先权利、商标权、知名商品的特有名称等进行保护的。同时，司法并没有支持影视节目名称的著作权，而是将它们认定为民事权益与财产权益，部分案件中甚至直接确认了商品化权。②

针对北京知识产权法院的裁定，灿星公司表示不服，随即提出复议。过程中，灿星方面还拿出了香港仲裁庭纠纷的裁决内容，让外界一度以为案情或许峰回路转。但就在 2016 年 7 月 4 日晚上，北京知识产权法院作出复议裁定，驳回灿星公司等要求撤销诉前行为保全裁定的复议申请，维持原裁定。这也意味着，接下来灿星公司真的不能使用包含"中国好声音""The Voice of China"字样的节目名称了。③

（接上页）蒙公司和中影公司发行、华影天映公司放映的 *KUNG FU PANDA 2*（中文名称为《功夫熊猫 2》）电影使用"功夫熊猫"作为电影名称侵犯了其"功夫熊猫及图"商标专用权。法院认为：梦工场公司制作的《功夫熊猫》电影在茂志公司的注册商标获准注册前就已经公映，因此梦工场公司、派拉蒙公司、中影公司和华影天映公司在《功夫熊猫 2》中使用"功夫熊猫"字样是对其 2008 年制作的《功夫熊猫》电影的延续，是善意使用，并不具有侵犯茂志公司注册商标的恶意。梦工场公司、派拉蒙公司、中影公司和华影天映公司在《功夫熊猫 2》中使用"功夫熊猫"字样是为了说明自己制作、发行、放映的电影的内容和特点，并不是作为表明其电影制作或者类似商品、服务的来源使用，并非商标意义上的使用行为。而且从电影观众或者其他相关消费者的角度来看，电影《功夫熊猫 2》中的"功夫熊猫"表示的是电影的名称，因为该系列电影的广泛宣传，相关消费者知道该电影是由美国电影公司或者梦工场、派拉蒙公司等制作、发行，但这是著作权法意义上的对电影作品相关权利归属的认知和确定，并非是对商品或者服务来源的认知。因此，梦工场公司、派拉蒙公司、中影公司和华影天映公司的涉案行为并非商标性使用行为，不构成对茂志公司注册商标专用权的侵犯。最终，一审法院判决驳回茂志公司的诉讼请求，二审维持原判。详见北京市高级人民法院（2013）高民终字第 3027 号民事判决书。

① 孟斌：《〈功夫熊猫〉终受益"商品化权"，但问题还在那里》，载《知产力》，转引自中国知产权律师网，http://www.ciplawyer.cn/article.asp?articleid=16761。

② 近年来商标权一直处在扩张的过程中，将电影名称作为民事权益保护已经被批评为在先权利的扩张。参见李琛《论商标禁止注册事由概括条款的解释冲突》，载《知识产权》2015 年第 8 期。

③ 曹玲娟：《〈中国好声音〉名称纠纷维持原裁定 禁止灿星制作以此为中文名的节目》，载《人民日报》2014 年 7 月 5 日；刘玮：《知产院驳回灿星复议 唐德：有侵权还会告》，载《新京报》2016 年 7 月 6 日；《灿星："好声音"内容和情怀属于中国》，载《新京报》2016 年 7 月 6 日。

而另一边，备受关注的"非诚勿扰"商标侵权案尘埃落定。2016 年
12 月 30 日，广东省高级人民法院作出再审判决，判决撤销深圳中院
二审判决，维持一审法院的民事判决。也就是说，江苏卫视可以继续
使用"非诚勿扰"栏目名称。[①] 走了一大圈，《缘来非诚勿扰》终于又
改回《非诚勿扰》了。

---

① 崔佳明：《"非诚勿扰"商标侵权案再审宣判：江苏卫视可以继续使用非诚勿扰栏目名称》，载中
国新闻网，http://www.sd.chinanews.com/2/2016/1230/33076.html。

第十章

有必要完片担保吗？

就像是一套经过精心设计的说辞，在介绍"完片担保"（Completion Guarantee，亦称 Completion Bond）时，媒体总是会提到电影《速度与激情7》（*Fast & Furious 7*）的案例。

2013 年美国当地时间 11 月 30 日下午 3 点,《速度与激情》系列男主角保罗·沃克在美国加州洛杉矶圣塔克拉利塔的一起汽车爆炸中身亡,年仅 40 岁。洛杉矶警方对事故进行了调查,结果称"超速是造成惨剧的主要原因 ①"。

由于事发时,《速度与激情 7》电影仍在拍摄中(官方声称已完成了大部分拍摄工作),因此沃克意外离世带来的首要的后续问题便是电影还拍不拍? 如果拍,该怎么拍? 对出品方环球影业(Universal Studios)来说,不管最终是重写剧本重新拍摄,还是改剧本保留保罗的戏份,它都希望能找到一个既尊重死者又能让电影继续下去的方式。但可以肯定的一点是,原本计划在 2014 年 7 月 11 日上映的 "速 7",推迟公映已在所难免了。②

遭此变故,片方无疑蒙受了巨大的损失,此后便有报道盛传,"正是完片担保公司的迅速介入,才保证了影片制作在延期 7 个月后终于与观众见面",这使 "完片担保" 在国内得到进一步重视。③ 然而,

---

① 《"速度与激情"男主角保罗沃克车祸身亡 年仅 40 岁》,载时光网,http://news.mtime.com/ 2013/12/01/1521221.html。

② 哈麦:《保罗沃克车祸身亡 "速度与激情 7" 或延迟但不搁置》,载时光网,http://news.mtime. com/2013/12/02/1521234.html。

③ 相关报道很多,但口吻如出一辙,不排除是新闻通稿,为的是借势推广 "完片担保" 产品。如周南焱《电影 "洋保险" 拉客户不容易》,载《北京日报》2015 年 5 月 7 日;(转下页)

随后不久"剧情"便发生了反转——据国内主流财经媒体《21世纪经济报道》的调查,《速度与激情7》最终得以完成,并非因为完片担保服务,而是之前购买了"制作保险",该险种主要负责演员在拍戏过程中伤亡,天气原因造成拍摄的延误,戏台的损坏,第三方拍摄损坏了场地里的东西等几个方面的赔偿。[①]

虽然被证明是一个误会,但就和传闻中 Netflix 用"大数据"技术策划拍摄了《纸牌屋》一样,尽管这也只是顺水推舟的"营销策略",客观上却让大数据广为传播、深入人心。[②] 同理,由于"速度与激情"系列电影在全球影迷心目中的经典地位,不管是以讹传讹,或是有些公司的有意而为,"完片担保"开始被国内影视从业者认识,并尝试着进入中国市场。

所谓"完片担保",是指从事完片担保服务的公司代替制片人向银行等金融机构提供保证,并通过流程监控等手段,保证电影能够在预算内完成;否则,完片担保公司将接手影片制作并按承诺的保额赔偿投资人。[③]

作为成熟电影市场的标志之一,完片担保在好莱坞已得到广泛适用。但需要强调的是,该模式服务对象通常为小型独立制片公司,像

(接上页)佚名:《合拍片融资可尝试"完片担保"》,载《中国文化报》2014年5月17日;夏阳:《当"完片担保"来敲门》,载《国际商报》2015年5月4日;李彦:《金融创新三招"定"票房》,载《中国新闻出版广电报》2016年5月11日。

① 黄斌、王丹丹:《借合拍片曲线潜行 完片担保渗入中国电影市场》,载《21世纪经济报道》2015年6月24日。

② 祖薇:《被国内奉为大数据应用的经典案例〈纸牌屋〉编剧约翰·曼凯维奇在上海电视节却表示〈纸牌屋〉不是大数据算出来的》,载《北京青年报》2016年6月11日。

③ 担保人向影视投资人提供的保证。其主要目的是用以规避影视制作风险,是一种保证投资人所投资的影视产品能够符合前期约定的内容和形式要求,且如期按预算交付的一种融资性担保产品。有别于大多数传统的保险产品,完片担保是一项实际操作性很强的电影产业专业服务。完片担保的作用是担保一部电影按照剧本预定时限及预算拍摄完成并交送发行商。其最根本的功能就是赋予投资者以足够的信心投资独立制片人,并在一定程度上降低了独立制片人的融资难度。完片担保向投资者承诺按期完成电影制作,并保证不会超出一定的预算成本,任何拖延或财务超支由担保人承担。如果出现制作无法完成的情况,担保方将保证退还投资人的投资。简单讲,完片担保从根本上向影视投资者保证了项目能在指定的时间内完成。

环球影业、派拉蒙、华纳等大片厂很少使用。理由是后者财力雄厚，即便出了问题，也有足够能力自行兜底。反观小制作公司，其境遇则不同。由于资金实力不同，小制作公司"身家性命"往往维系在几个项目上，一荣俱荣、一损俱损，其系统性风险巨大。因此"保证影片在预算内、计划内拍摄完成（不包括担保盈利）"，对独立制片公司来说意义非同寻常。有数据表明，在美国成本超过 200 万美元的独立制片每年有 50% 到 60% 是使用完片担保的。[1] 另外，完片担保也兼具了融资功能。这些制片公司向银行申请贷款或向政府求助补贴时，需要提交预售协议、主创人员合同等主要协议，该类文件通常需要由完片担保公司出具第三方保障的背书后，银行或政府才会通过审核并发放资金。换句话讲，"完片担保"也扮演了保证人的角色。

据国内完片担保较早的尝试者、和力辰光国际文化传媒董事长李力的观点，"完片担保"能在美国市场发展六十余年，与"美国电影市场经历了由金融市场倒逼进入工业化与标准化的时代"有关。他介绍道："电影市场的投资需要资金，在经历了数次电影投资无回报的时期后，美国电影市场的投资更多地从股权投资转向了债权投资抑或是信托产品以及夹层产品的投资，因此对于偏好债券型的信托产品与夹层产品来说，如何保证电影投资的固定回报反而成为最重要的判断依据。也正是如此，美国的金融市场倒逼美国的电影市场进入了投资电影必须购买完片担保的时代，只有购买了完片担保的电影才有可能从银行、保险机构这些偏好固定收益的金融机构融到钱，久而久之没有购买完片担保的电影逐渐从电影市场消失。而完片担保的出现又进一步倒逼电影拍摄过程中越发地标准化与工业化。"[2]

"完片担保"服务虽然在美国臻于完善，但却源自英国。"二战"

---

[1]　引自陈晨、张超然《这家担保过七千部电影的公司落户上海自贸区，行业将产生改变》，载澎湃新闻，http://www.thepaper.cn/newsDetail_forward_1295677。

[2]　关于对李力的相关采访，请参见孟佳《岔路口的中国电影：内生完片担保还是接受"外来者"》，载艺恩网，http://www.entgroup.cn/news/Exclusive/0926096.shtml。

结束后,英国电影制作行业遭遇到资金危机。在此期间,因为在一些电影的制片过程中出现大规模的损失,再加上美国电影对英国市场的强势侵占,使得一部分英国电影公司立即终止了对正在拍摄项目的资金供应,转而将重心放在发行代理业务上,电影制作环节的资金供给出现枯竭。为了缓解电影行业的资金压力,英国政府设立了"国家电影投资公司"(National Film Finance Corporation),但仍然要求独立制片人必须要从银行那里筹集到70%的预算,才能从国家电影投资机构那里拿到其余的资金。当独立制片人在面对银行时,银行便对制片环节资金使用的有效性提出了更高的要求。面对这样一种新的电影融资体系,"完片担保"作为新兴的风险控制模式,随之应运而生,为英国电影投资开创了新局面。从此以后,完片担保制度得以飞速发展并迅速成为推动西方电影工业发展的基础性、制度性保障。[①]

一个完整的完片担保流程,由项目制片人向完片担保公司提出申请起始;在接到书面申请后,完片担保公司对若干项目进行评估、分析,并就选中有意向的项目向制片索要更为详细、全面的制片计划;接着对通过的电影项目立项,签署相关法律文件,并收取保费。保费比例通常是项目总预算的2%—6%;在完成签约、缴费程序后,完片担保公司对拍摄计划、主创人员进行最后确认;在后续拍摄制作过程中,完片担保公司主要职责是每日监控财务现金使用状况以及对影片后期制作的监控——这里便有两种结局走向,一种是按计划在预算内完成制片,另一种则是当超支发生不可避免时,完片担保公司将全面接手制片环节,完成影片拍摄和后期制作。鉴于其往往与电影业协会有深度战略合作,因此担保方的介入会得到协会的鼎力支持,由后者指派相应的导演、摄影、制片团队资源,以便随

---

① 相关诞生背景可参阅夏海波、孙崇鸽《完片担保与中国电影工业》,载汉盛律师网站,http://www.hanshenglaw.cn/blog/186;王逸非:《中骏资本:从完片担保看金融模式的创新发展》,载投资界,http://news.pedaily.cn/201606/20160620398535.shtml。

时调换人员。[①] 如果完片担保方的全面主持工作仍然无法阻止项目停工、失败，那么担保方将启动对投资人全额退款的赔付程序。

不难发现，完片担保服务的功能主要表现为两方面。一是有利于制片公司获得融资，二是完片担保方能够对影片制作过程予以监督和提供保障服务。完片担保公司有权随时监督影片制作进程，并在合同约定的情形发生时取代制片人，继续完成影片制作，这是确保影片在预算成本和时间内完成的重要保证。

然而对中国影视业而言，"完片担保"可谓姗姗来迟。2014年，第17届上海国际电影节举行了完片担保——影视金融产品本土探索论坛暨《如果还能遇见你》与《双重记忆》项目完片担保的签约仪式，此举也被视为"中国式完片担保"的起步。[②] 2015年初，美国电影金融公司（Film Finances Inc., FFI）在上海自贸区成立分公司，其也成为首个进军中国的世界级完片担保公司。据报道称，FFI中国分公司除了为本土影片提供担保外，合拍片以及海外影片在中国的拍摄都将成为其业务范畴。[③]

从形式上讲，完片担保在中国已经落地，但两年下来，成效甚微，与其当时热闹围观、翘首以待的境况形成明显反差。换言之，该服务在当下中国遭遇了许多瓶颈。橘生淮南则为橘，生于淮北则为枳，情况为什么会是这样呢？

---

① 完片担保对整个制片环节控制力最重要的体现就在于能够随时更换团队接手项目，这得益于美国强大的电影行业协会。对于其他的制片团队来说，利用档期间隙接手赚取收入，以及资历较新的团队希望能够承担大制作，都是比较常见的理由。这实际上提高了资源配置的效率。

② 李君娜：《"完片担保"真能为中国重工业电影产业"担保"吗？》，载《视觉中国》2016年6月15日。

③ 美国电影金融公司1950年成立于英国伦敦，目前总部设在美国洛杉矶，是全球担保量最大的电影完片担保公司。公司迄今为止已经为超过7000部影片提供完片担保服务，平均每年完成超过230部电影的完片担保。目前，公司已经在英国、澳大利亚、加拿大、日本、德国等7个国家设立分公司。包括《汤姆·琼斯》《雨人》《贫民窟的百万富翁》《国王的演讲》等奥斯卡获奖影片，以及《敢死队》《饥饿游戏》等中国观众熟悉的商业大片都有该公司的完片担保服务。更多内容详见陈晨、张超然《这家担保过七千部电影的公司落户上海自贸区，行业将产生改变》，载澎湃新闻，http://www.thepaper.cn/newsDetail_forward_1295677。

在一篇题为《完片担保的中国式变通》的报道中,作者指出"新制度与规范,势必会引起旧秩序的不适"。合约上的一些条款在好莱坞是行得通的、通行的法则,但在中国就难以被接受。文章对国内某位资深制片人进行了采访,该制片人举例说,如果一部影片的制作费用是1000万元,按照中国的做法,开始只需支付一部分,比如200万元。后续如果影片没有完成,就只损失200万元。但在好莱坞,首先需要支付1000万元全款,完片担保公司才会作担保。"可是,这对我们来说是巨大的风险。"这位制片人说。除了签订合同,具体拍摄中差异可能更大。例如国外对休息时间和拍摄时间是有严格限制的,包括场地和吃、住、行,都有细致要求。而中方更多是导演决定。[①]

说到导演,这又反映了另一个现实问题,那便是中国影视行业长期处于"导演中心制"的模式,这与好莱坞的制片人制度明显不同。对此,娱乐资本论创始人郑道森持相同看法,他认为完片担保目前在中国很难普及的一部分原因就是由于受制于"导演中心制",而完片担保更倾向于制片人中心制。[②]娱乐资本论系国内一家专注于文化娱乐行业及资本的自媒体,由《新京报》前财经记者郑道森等人联合创立。在他们看来,"导演中心制"使导演在剧组中话语权过大,导演既负责艺术创作又负责剧组的日常事务,随意性大,担保公司无法从预算、拍摄程序和制度上真正起到监督、制衡的作用。一个典型例子是《满城尽带黄金甲》,虽然这部电影公告使用了完片担保,但有学者表示,这个案例并不具备实际操作意义,因为很难想象完片担保公司会派人在剧组里监管导演张艺谋的工作。事实上,截至目前中国的"完片担保"模式尚在概念引进、市场培育阶段,属于一个新鲜事物的"襁褓期",对绝大多数国内制作方来说,完片担保会被视作"闯入者"或"管家婆",抵触的情绪颇多。

---

① 陈振华:《完片担保的中国式变通》,载《瞭望东方周刊》总第649期。

② 李君娜:《"完片担保"真能为中国重工业电影产业"担保"吗?》,载《视觉中国》2016年6月15日。

　　除了规则共识、导演中心制原因外，中国电影行业协会和工会基础薄弱也是限制完片担保发展的因素。美国的完片担保公司一般会和当地具有行业约束力的制片人工会等合作，如果制片方在制作过程中出现逾期超支等现象，在沟通督促无效的情况下，可以撤换原来的导演或制片人，由美国制片人工会鼎力支持，从工会里调换新的导演、制片人等进行"补仓"。国内的行业工会或协会基本是在政府的主导下设立而非市场发展的必然产物，故带有半官方性质，行政色彩浓厚，很难从产业的角度对电影行业给予协助和支持。除此之外，其他原因还包括从业人员标准化意识低、资金缺乏专业监控、电影制作标准化程度低等。①

　　当然，除影视行业自身存在诸多缺陷外，相关行业的支撑不足也是造成完片担保无法在国内施展拳脚的壁垒。有分析指出，随着中国电影市场的崛起与发展，进入中国电影市场的"热钱"太多，过多的股权投资使得中国电影市场中太多的项目存在风险自担的状态，但随着电影市场投资收益分化的进一步严重，会有大量的股权类影视基金逐渐退出电影市场，同时也会有较多的股权类影视基金逐渐地转成债权型的影视基金或者夹层基金，由于后者背后的资金来源更多地来自银行、保险机构，资金的倒逼有可能催动中国电影市场完片担保制度的建立。②

　　由于从产业结构到政策配套再到行业现状，有太多的缺失与不足注定了"完片担保"在中国只能概念先行，落地执行上会"水土不

---

① 方瑾：《在国际上通行了60多年的完片担保，为何独独在中国水土不服？》，载娱乐资本论，http://www.huxiu.com/article/132270/1.html。

② 好莱坞制片公司融资时，银行要求能提供完片保险。因为国内影视行业工业化程度低，诚信状况差，国内的银行开发影视供应链融资产品时机还不成熟，故而大部分银行还是采用影视作品版权质押＋个人无限担保的传统抵押贷款形式，倾向于和大公司、大导演合作。就连华谊兄弟早年申请影视项目贷款时，还需要冯小刚、王中军把自家房产押上，其他的制片人要申请影视项目贷款，难度可想而知。由于银行对完片担保是什么尚不能完全理解，依据完片担保来贷款更是妄谈。

服"——用香港导演唐季礼的话来说,完片担保对电影工业标准化的要求极高,一旦涉足,将是一个系统改造。[1]但完片担保的引入无疑将推动中国电影产业结构的不断完善。与此同时,对制片方和投资人来说,完片担保方掌握的有关拍摄制作、演艺人员和全球各地的费用支出的资料都是第一手和全面的,因此他们能够从一个纯商业的视角(而非创意视角)来评估影片的拍摄过程。这种系统化、规模化以及公司化的经验优势即便最优秀的制片人也无法与之比拟。[2]

《速度与激情7》于2015年4月初在北美上映后,已经以令人目炫的速度打破了全球票房纪录。仅在中国大陆,票房就轻松突破20亿元人民币,一举打破多项纪录。[3]而其全球票房累计达13亿美元,跻身电影史上"三霸"。其他两部创收在10亿美元以上的影片分别是《阿凡达》和《泰坦尼克号》。这两部影片均由詹姆斯·卡梅隆执导。[4]

至于完片担保,它一方面借中外合拍片"曲线救国"在中国艰难地渗透、推广着,另一方面,国内某些保险公司也觊觎这块"市场蛋糕",着手研发类似保险产品,主要承保合作方拍摄电影过程中由于自然灾害、意外事故等原因造成的,诸如主演人身意外伤害、拍摄道具损坏等,导致影片无法继续拍摄产生的损失——即便如此,完片担保的操作人本质上是一群懂金融的电影从业者,而不是保险从业者。所以,再相似也是另外一回事了。

[1] 转引自于帆《好莱坞完片担保:进驻中国恐"水土不服"》,载《中国文化报》2015年2月1日。

[2] 这种对制片方的协助一般不单独收取费用,反正担保公司自己也需要对主创团队进行风险评估。对于一部电影的决策者来说,这些建议极为有用。制片方在做决定之前,最好充分利用这种信息优势,以确保决策行之有效,同时可以节省调查时间和动用人际关系的费用。

[3] AMY QIN:《〈速7〉中国票房破20亿元》,载纽约时报中文网,http://cn.nytstyle.com/film-tv/20150430/t30movie/。

[4] 苏平编译:《〈速度与激情7〉飚出票房神话》,载BBC中文网,http://www.bbc.com/zhongwen/simp/entertainment/2015/04/150426_furious7_box_office。

第十一章

了解广电审查吗?

坊间传闻甚嚣尘上,但就是不见靴子落地。然而,所谓的"限韩令"已波及国内娱乐业各个领域,并显现其蝴蝶效应。

事情经过"据说"是这样的。为了反制韩国部署"萨德"导弹防御系统，中国悄然启动了一项旨在针对韩国艺人和节目的限制令。[①]这一消息最早自 2016 年 7 月 28 日开始陆续从香港媒体传出，言之凿凿，声称广电总局向各大电视台下令，不可邀约韩星演出或者上节目，包括综艺、戏剧、广告、商演等。此消息传出后，国内有媒体记者随即向各大电视台多方打听，但受访者均表示并未接到此类通知。[②]

此后，韩国《首尔经济日报》报道倒是更为详细。该报称，中国政府对限制韩国艺人和节目的举措全面开启，包括：禁止 Bigbang、Exo 等团体在中国演出；停止新的韩国文化产业公司投资；停止韩国偶像团体面向 1 万名以上观众演出；禁止新签韩国电视剧、综艺节目合作项目；禁止韩国演员出演电视剧在电视台播放等多项规定的措施已经传达到各电视台，并要求在 9 月 1 日开始实施。

倘若消息属实，不仅意味着许多备受国人欢迎的韩国偶像近期不太可能在内地举办大型演唱会和粉丝见面会，更意味着不少韩剧、综艺在电视和网络平台将停播，涉韩演员的电影、电视剧上映播出计划

---

① 公子无忌、司徒格子：《中国推"限韩令"反制萨德？媒体：不能说两者无关》，载环球网，http://world.huanqiu.com/article/2016-08/9275259.html。

② 邵登、权小星：《"限韩令"追踪：韩娱圈或将有 1/3 的人失业》，载腾讯娱乐，http://ent.qq.com/a/20160809/002560.htm。

搁浅，甚至会让很多已经与韩国娱乐深度融合的国内项目停摆。有媒体就专门撰写长文，整理了受此限令影响的经济损失，初步估计，几天的传言就让韩国 CJ、SM、JYP、YG 四大娱乐公司总市值下降了3615 亿韩元，按当时汇率折算为人民币 21.5 亿元。这还不包括"或将受牵累"的院线电影、引进剧、综艺节目、电视剧、网络剧粗略统计约四五十档。[①]

针对迟迟未见的"限韩令"的官方正式文件，据行业人士反映，广电总局不时会有对下辖单位进行口头通知的工作形式，因此"限韩令"或许并不会见到所谓的文件。也就是说，要知其真实性与否，或许只能通过日后逐渐呈现出来的事实来验证了。

广电总局全称"国家新闻出版广电总局"（以下简称"广电总局"），是国务院主管新闻出版、广播影视和著作权管理的直属机构。2013 年 3 月，根据中共十八大和十八届二中全会精神，深化国务院机构改革和职能转变的方案，十二届全国人民代表大会第一次会议于2013 年 3 月 14 日审议通过《国务院机构改革和职能转变方案》。方案中提出，将新闻出版总署、广电总局的职责整合，组建"国家新闻出版广播电影电视总局"，促进新闻出版广播影视业繁荣发展。为进一步推进文化体制改革，统筹新闻出版广播影视资源，主要职责是，统筹规划新闻出版广播电影电视事业产业发展，监督管理新闻出版广播影视机构和业务以及出版物、广播影视节目的内容和质量，负责著作权管理等。国家新闻出版广播电影电视总局加挂国家版权局牌子，不再保留广电总局、新闻出版总署。后经讨论修改，"国家新闻出版广播电影电视总局"改为"国家新闻出版广电总局"。2013 年 3 月 22日，"国家新闻出版广电总局"正式挂牌，并加挂"国家版权局"牌子，而原先分管全国广播影视的"国家广播电影电视总局"牌子则不

---

① 曹乐溪、李静：《"限韩令"韩娱公司暴跌 3615 亿，中企爸爸为其买单？》，载娱乐资本论，http://yulezibenlun.baijia.baidu.com/article/570218。

再保留。[1]

回顾广电总局的历史沿革，查阅公开资料最早可追溯到1949年6月的"中国广播事业管理处"，隶属于中央宣传部，后经半个多世纪的发展，从"广播事业局"变为"广播电视部""广播电影电视部"，再到"国家广播电影电视总局"。上级主管单位也几经调整，从"中宣部"到"政务院文教委员会"到"中央直属部门""国务院组成部门"一直到"国务院直属机构"。[2]调整后的该机构的主要管理职能有四项，即：①负责拟订新闻出版广播影视宣传的方针政策，把握正确的舆论导向和创作导向。②负责起草新闻出版广播影视和著作权管理的法律法规草案，制定部门规章、政策、行业标准并组织实施和监督检查。③负责制定新闻出版广播影视领域事业发展政策和规划，组织实施重大公益工程和公益活动，扶助老少边穷地区新闻出版广播影视建设和发展。负责制定国家古籍整理出版规划并组织实施。④负责统筹规划新闻出版广播影视产业发展，制定发展规划、产业政策并组织实施，推进新闻出版广播影视领域的体制机制改革。依法负责新闻出版广播影视统计工作。[3]

即便在传媒与娱乐业最发达的美国，言论自由也并非如入无法之地，政府必要的监管是应有之义。[4]但谈及中国的广电审查，外界对它总是颇有微词，评价上难脱"狗血""可笑""不可思议""标准飘忽不定"等印象标签。例如，《风水侦探》系列的作者努雷·维塔奇（Nury Vittachi）撰写的发表在《纽约时报》的文章，较为翔实地介

---

① 马海燕：《国家新闻出版广电总局挂牌》，载中国新闻网，http://www.chinanews.com/gn/2013/03-22/4669039.shtml。

② 参见广电总局官网"广播影视机构沿革"介绍，http://www.sarft.gov.cn/art/2015/6/2/art_7_711.html。

③ 参见广电总局官网"总局主要职能"介绍，http://www.sarft.gov.cn/col/col4/index.html。

④ 参阅张许敏、李世成《美国低俗电视节目监管举措探析》，载《现代视听》（山东广播电视学校学报）2010年第5期；黄春平：《美国商业广播电视内容监管》，载《传媒》2010年第7期。亦可参阅［美］保罗·麦克唐纳德、简妮特·瓦斯科《当代好莱坞电影工业》，范志忠、许涵之译，浙江大学出版社2015年版。

绍了中国的广电审查现象。在这篇题为《审查制度下的中国影视剧》（*China's Crime-Free Crime Films*）的文章中，维塔奇写道："中国有一个庞大的电影工业，以及世界第二大的电影票房，但在那里发行的中国电影，在中国以外的地方很少能看到：一旦你见过杂技演员般的英雄单枪匹马杀死一个排的敌人，你这辈子就不会再想看另一部了。"在他的观察下，中国广电审查是这样的：这家机构会不定期宣布哪些东西是需要避免的。性爱场面或"过分表现酗酒、吸烟及其他陋习"是不能接受的。"宣扬消极、颓废的人生观、世界观和价值观"是被禁止的；同样也不能"挑起各宗教、教派之间，信教与不信教群众之间的矛盾和冲突"。反面人物的民族特征也是个重要问题。"如果涉及国际犯罪，坏人一定不能是华人。"[①] 鉴于在西方媒体眼里"难以理解"以及"不够公开透明"的审查标准，好莱坞电影要想进入作为全球第二大票仓的中国大陆市场，除了要面对进口片配额问题外，还要应付严苛的审查，用他们的话来说，这是要和中国广电总局"捉迷藏"。[②]

通常而言，广电禁令有的非常宽泛，比如禁止载有违反宪法确定的基本原则和危害社会公德的内容。有的则更具针对性：禁止恶意贬损人民军队和警察形象，禁止夹杂"凶杀、暴力、恐怖、鬼怪、灵异、超自然等内容"。与此同时，有些规定的出台，感觉起来"突然而至"。例如，2016 年 5 月，广电总局发布《关于进一步完善规范电视剧拍摄制作备案公示管理工作的通知》，该通知包含两点重要指示：①电视剧拍摄制作备案公示阶段不再受理剧名变更申请；②申报电视剧拍摄制作备案公示剧目的 1500—2000 字剧情梗概，须对思想内涵作出概括说明。[③] 新规一出，引来网友纷纷吐槽："难怪我语文考不及格，原来电视看得少！""小学生考试都不考中心思想了，电视剧要考""要写观后感吗，吼可怕"。① 其实对这条新规加以研读，它实际上是对习近平总书记在全国宣传思想工作会议、文艺工作座谈会、新闻舆论工作座谈会上的重要讲话精神的贯彻落实，目标旨在突出电视剧的社会效益和导向意识，强化作品思想内涵，遏制行业在选题策划和申报备案过程中的浮躁之风。但问题是"思想内涵"的评估则主观、抽象，标准不一，怪不得，吐槽埋怨的不仅有西方媒体，也有来自国内的媒体，有一篇文章甚至不惜以"鬼打墙的中国电影审查'标准'"为题来表达不满。②

在网上，有关心中国影视事业且热心万分的自媒体专门整理了一份自 2000 年至 2014 年广电总局颁布过的禁限令一览。对其做一梳理，从最早的 2000 年对国产动画片出保护政策，要求每个电视台每天必须播出 10 分钟以上的动画片（省台要求 30 分钟以上），其中 60% 必须是国产片，到 2014 年 11 月 10 日，广电总局决心加强互联网视听节目内容管理，对互联网常打擦边球的色情、暴力、黑社会、凶杀内容等予以监督规范。林林总总，大致归纳有：限制真人秀的"限真令"、限制广告类型及部分内容播出的"限广令"、实施"一剧两星"政策的"限播令"③、针对互联网电视盒子颁布的"整改令"④ 等。除了"限"，还有"禁"，例如，2014 年 9 月 29 日广电总局正式下发通知，要求对劣迹艺人的影视作品进行播出限制。其中，明确要求"不得邀

---

① 引自《广电总局出新规，电视剧申报前要概括中心思想，别带坏吃瓜群众！》，载今日头条，http://toutiao.com/i6284060141209780737/。

② 如是娱乐法：《鬼打墙的中国电影审查"标准"：鬼片不能真有鬼？》，载虎嗅网，https://www.huxiu.com/article/39367。

③ 2014 年 4 月，广电总局发布"限播令"：自 2015 年 1 月 1 日开始，同一部电视剧每晚黄金时段联播的卫视综合频道不得超过两家，同一部电视剧在卫视综合频道每晚黄金时段播出不得超过两集。该政策简称"一剧两星"。

④ 2014 年 6 月，广电总局要求关闭互联网电视第三方视频内容渠道；7 月，广电总局下达了一项"盒子最严整改令"，不仅要求境外引进影视剧、微电影必须在一周内下线，要求所有互联网电视盒子必须停止提供电视节目时移和回看功能，更表示未经批准的终端产品不允许推向市场。

请有吸毒、嫖娼等违法犯罪行为者参与制作广播电视节目;不得制作、播出以炒作演艺人员、名人明星等的违法犯罪行为为看点、噱头的广播电视节目;暂停播出有吸毒、嫖娼等违法犯罪行为者作为主创人员参与制作的电影、电视剧、各类广播电视节目以及代言的广告节目"。与此同时,网络也进入此次规范的范围,包括上述影视作品以及网络剧、微电影和网络视听节目等,都要求"封杀"劣迹艺人。①

进入2015年、2016年,广电总局的各类禁限令仍旧按照其不可预知、不可捉摸的节奏每隔一段时间发布,每次下发通知多少总会引起业内热议、公众躁动。试举两例:2016年4月,广电总局下发通知,将从节目数量、内容、播出时间等方面对真人秀节目进行引导调控,原则上不允许再制作播出明星子女参与的真人秀节目。这实际上是自2015年7月,广电总局发出的《关于加强真人秀节目管理的通知》的一种升级、细化。该通知要求真人秀节目避免过度明星化,摒弃"靠明星博收视"的错误认识,不能把节目变成拼明星和炫富的场所;并提出,真人秀节目应注意加强对未成年人的保护,尽量减少未成年人参与。② 此一系列通知亦被简称(解读)为"限童令"。到了7月,广电总局发布了《关于大力推动广播电视节目自主创新工作的通知》(以下简称《通知》),就加强节目自主创新、引进模式管理、卫视"920"时段编排等做了进一步明确。其中,综艺节目模式引进管理政策尤其受到业界关注。2014年,广电总局也曾出台"限模令",但政策之下,众多节目打出了"联合研发"等名号引进舶来品,究其本质仍是换汤不换药的买卖。为此《通知》详细规定了"与境外机构联合研发、邀请境外人员担任主创人员或境外人员在节目制作中发挥主要指导作用的节目,如中方未取得完全知识产权,视同引进境外版权模式节目管理",

---

① 各类"禁限令"具体可参阅虎嗅网编辑整理的《广电总局15年来禁限令一览》,载虎嗅网,https://www.huxiu.com/article/102160.html。

② 李萌:《"限童令"引业内热议 贾乃亮女儿不再参加节目》,载中国新闻网,http://www.chinanews.com/yl/2016/04-19/7838993.shtml。

可以说基本涵盖了业内诸如"联合制作、联合研发、中外合拍"等节目制作模式的变通办法。因此，此次政策的出台也被称为"新限模令"。①

除了以各类"通知"形式出现、有明显指向性和不确定性的政策外，广电总局也有一些成文的、被视为法律渊源的"法律法规"和"部门规章"。就影视审查面而言，涉及影视剧的大致有：1997 年 9 月 1 日起施行的《广播电视管理条例》；2004 年 10 月 20 日起施行的《电视剧审查管理规定》；2004 年 8 月 20 日起施行的《广播电视节目制作经营管理规定》；2010 年 7 月 1 日起实施的《电视剧内容管理规定》；2013 年 12 月 1 日起施行的《电视剧拍摄制作备案公示管理办法》；2004 年 10 月 21 日起施行的《中外合作制作电视剧管理规定》及其补充规定②；2001 年 12 月 25 日颁发，于次年 2 月 1 日起施行的《电影管理条例》；2004 年 11 月 10 日起施行的《电影企业经营资格准入暂行规定》及其补充规定③；2006 年 6 月 22 日起施行的《电影剧本（梗概）备案、电影片管理规定》和两个关于《改进和完善电影剧本（梗概）备案、电影片审查工作的通知》④；还有 2004 年 8 月 10 日起施行的《中外合作摄制电影片管理规定》等。

以电影为例，当梳理其具体审查标准时，只有《电影剧本（梗概）备案、电影片管理规定》明文规定了 10 类"电影片禁止载有的内容"和 9 类"应删剪修改的内容"，这些内容多为概括性、原则性标准，没有具体执行层面的规定。但由于中国电影审查结果的不公开透明性，使得媒体和部分电影评论人根据以往审查被驳回的经验，对

---

① "新限模令"要点：真人秀节目一年内只允许播一季；不得过度重播娱乐节目；鼓励原创节目，给予政策扶持；新引进境外版权的节目第一季不得在晚 10:30 之前播出，且需要提前两个月向总局备案；全国每晚 10:30 前最多允许两个引进境外版权的节目播出，总局发牌制；每家电视台每年最多新引进一个境外版权节目。更多报道参见陈丹、祝媛莉《原创在路上"新限模令"下国产综艺走向》，载《综艺》2016 年 7 月 14 日。

② 即 2008 年 2 月 14 日起施行的《中外合作制作电视剧管理规定》的补充规定。

③ 广电总局、商务部第 50 号令。

④ 分别颁布于 2010 年 2 月 4 日和 2010 年 5 月。

电影审查的硬性"标准"做了许多的非官方总结。

比如：鬼片、恐怖片：必须无鬼或证明片中角色是"心中有鬼"，但可以有妖（比如《画皮》：作为一个聊斋故事，原著是在讲鬼，而在电影中就将鬼改成了妖狐）；涉案题材电影：涉案、涉公安题材同时需要在影片中虚化实际作案手法，虚化或架空案件实际发生的地区和发生时间；暴力：无论在涉案、动作、恐怖等题材的电影中，均不能出现暴力场景的特写或其他直接表现暴力场景的画面；爱情：不得出现中学生恋爱；大学生恋爱需保证尺度；结婚、生子等必须出现在大学毕业以后。[1]

但是，"标准"之外也有例外。比如：杜琪峰2012年导演的《毒战》中出现了过去国产电影中从未出现的镜头：公安干警吸毒、烧人民币的镜头，公安干警大量被射杀的镜头；《北京爱情故事》《恋人未满》中，出现了正面积极地描写高中生恋爱的剧情，没有以批判或反对的视角对该段恋爱剧情进行描写；还有像2015年乌尔善导演的《鬼吹灯之寻龙诀》中，里面有大量讥讽、对拿着《毛主席语录》的年轻红卫兵予以批判的戏码……换句话说，前述内行们总结出来的"审查标准"失效了。难道说，广电总局在逐步放开审查标准吗？或者说，广电总局完全是凭兴趣在审查，任性而为？

要知道负责电影审查工作的是一个叫"电影审查委员会"的机构。根据《电影管理条例》规定，该审查机关是由36人组成的。然而，该委员会具体成员自2007年后，就没有再进行正式对外公布。此外，像那些被归纳出来的审查标准，往往是基于个别项目的经历遭遇所总结，再经由媒体报道、公共传播，以讹传讹的成分很大，除了

---

[1] 电视剧的相关标准则有：主人公不能太花心，小三不能有幸福；"80后"未婚生子情节一律绕道；有犯罪就必须有警察，自杀情节不能是社会原因；主人公政治立场要正确，积极向党组织靠拢；拒绝鬼魂，"异能"人士只存在于儿童剧；校园内不能有早恋，不能有暴力；政治剧、贪腐剧一律不用真实地名；不得篡改戏说经典历史人物和故事；不能美化犯罪分子和已有定论的反面人物的形象。参见首席娱乐官《传广电总局将加大网剧审查力度，说好的"艺术"呢？》，载百度百家，http://yueleguan001.baijia.baidu.com/article/165401/。

个案性强（不具有普遍指导意义），最有新闻价值的点也可能被夸大，标准的归纳就难免脱离广电审查的一般性原则。[①]

当然我们还得知道，除了广电系统审查的 "一般题材" 电影外，对于 "特殊题材" 电影我国还进行特殊审查：凡涉及外交、民族、宗教、军事、公安、司法、历史名人和文化名人等方面的内容时，广电会根据影片的具体内容，对相关电影联合相关内容主管部门审查，比如司法题材要得到司法部的意见，谍战题材要得到公安部的批示。

尤其在 2014 年 4 月 1 日起试行的《关于试行国产电影属地审查的通知》中，我国开始试行省级广电终审制度，增设了新的终审主体。除中央和国家机关（军队）所属电影制片单位摄制影片、进口影片、重大革命和重大历史题材影片、重大文献纪录影片、中外合作影片之外，省级广电对报审电影都有终审审查权。省级终审机构是否有具体的标准，也存在具体的公开性文件。因此，在新的审查制度下，媒体总结出来的审查 "标准" 的参考和借鉴意义无疑又大打折扣。

有分析认为，由于中国当代电影产业发展相对较晚，电影审查机构尚未形成明确、具体、可公开的标准。面对发展迅猛的电影市场，电影审查需要同时兼顾意识形态管理和市场规制的双重职能，这必然是一个对市场和国情逐步适应的循序渐进的过程。所以，在现阶段，我国的电影审查，大多以 "电影公映后可能产生的社会效果" 为审查的主要出发点，对个案进行审查。[②]

同时也说明，审查标准也是根据不同的时间、针对不同个案采取

---

① 《电影剧本（梗概）备案、电影片管理规定》（以下简称《管理规定》）中第十三条、第十四条确实对电影片的内容作出了禁止性规定。诚然，《管理规定》中的审查标准的确过于主观、宽泛，对一个把它当作送审电影的执行标准来说显然参考价值不足。但不可否认的是，第十三条、第十四条规定的内容就是审查标准本身。而媒体和网络中的种种审查 "标准"，是基于相关个案总结归纳而成，并没有放之四海皆准的功效。从法理上讲，我国并不是个判例法国家，法律法规中并没有以案例作为审查标准的规定（判例至少是公开内容）；同时，电影审查委员会也从未以明示或暗示的方式承认过去的案例具有任何程度的参考价值。

② 参见如是娱乐法《鬼打墙的中国电影审查 "标准"：鬼片不能真有鬼？》，载虎嗅网，https://www.huxiu.com/article/39367。

不同的尺度和审查标准。比如,社会的普遍认知和接受程度就是一个考量的标准。在社会中大多数少年的家长不太能接受"早恋"的 20 世纪末,不得出现"高中生恋爱"是广电总局公认的审查尺度;而在目前的社会氛围下,电影中较为纯洁和纯粹的"高中生恋爱"就渐渐成为广电总局可以接受的审查尺度。但审查委员会的这种接受,不代表其允许所有"高中生恋爱"的情形出现。比如,"高中生未婚先孕、接吻"等镜头,仍不被我国主流价值观接受,如对此情节故意强调,便会有无法通过审查的风险。

另外,上映档期所对应的实事和热点新闻可能也对审查尺度有影响。比如近年来知名的电影《无人区》,虽然是一部标准的公路类型片,但由于其题材和故事背景涉及的地点在特定时期内较为敏感,对其审查结果就造成了严重的影响,致使该影片拍摄后几年内都无法正式上映。而几年以后,在社会背景情况较为缓解后,《无人区》也顺利解禁上映了。由此例可以看出,"特殊题材"电影由专门的主管部门进行审查,这些主管部门往往会根据部门内近一段时间的工作重点,对审查尺度做出适度的调整。因此,时间,对审查尺度也有难以忽视的影响。

因此,所谓"应对审查"并非硬抗,而是要全面了解我国的社会局势、产业政策以及产业动态。以电影审查为例,审查归根到底是要实现"对社会的管理",以及"对电影市场的有序规范"。不仅中国是这样,美国好莱坞以及世界其他国家、地区也是如此。[①] 所以应从我国审查制度的客观实际出发,灵活动态地理解电影审查这一问题,才能更加有效地规避电影可能产生的审查风险,真正做到"立于不败之地"。况且,制度都是适应市场和社会的发展而设立的,并非一成不变,随着我国电影市场份额的扩大,相信电影审查制度也会相应完

---

① 参见梅峰、李二仕、钟大丰《电影审查:你一直想知道却没处问的事儿》,北京联合出版公司 2016 年版;曹怡平:《从剪刀手到守夜人:美国电影审查衰变史》,法律出版社 2012 年版。

善，配合电影市场的发展。

就在"限韩令"的"利空性"在传闻中持续发酵之际，有影视投资者就关心（无疑是当头棒喝），倘若之前投了涉韩的项目，如今沦落到可能不能上映、不能开播的被动局面，该如何是好？换句话说，能否在合同上予以规避呢？

我国《合同法》第一百一十七条和第一百一十八条分别规定："因不可抗力不能履行合同的，根据不可抗力的影响，部分或者全部免除责任，但法律另有规定的除外。当事人迟延履行后发生不可抗力的，不能免除责任。本法所称不可抗力，是指不能预见、不能避免并不能克服的客观情况。""当事人一方因不可抗力不能履行合同的，应当及时通知对方，以减轻可能给对方造成的损失，并应当在合理期限内提供证明。"因"限韩令"等类似政策性风险导致合同无法履行，双方可以援引前述两条来针对性处理，但需要指出的是，《合同法》的规定是大方向上的把握，如果想要尽可能降低实际情况发生时双方的损失，还需做更明确的规定。政策性风险在合同履行时，是否能认定属于"不可抗力"，发生了此类情形如何降低损失，仍然要看双方具体约定。

一般建议，在合同的不可抗力条款进行专门约定，即如果因一国的政府政策性风险等原因导致合同不能履行时，则合同双方均不承担违约责任。如此一来，就可以避免合约一方在事发时拒不承认政策性风险系不可抗力。因此，合约中"不可抗力"条款可做如下设计：

"本合同所称不可抗力是指一方不能合理控制、无法预料或即使可预料也无法避免，并于合同签订日之后出现的，使该方对本合同全部或部分的履行在客观上成为不可能或不实际的任何事件，包括并不限于自然灾害以及战争、动乱、罢工、政府行为或法律规定等。"

在此基础上，明确约定不可抗力情形出现后，一方的通知义务：

"主张不可抗力一方有义务在最短的时间内通知另一方，并在不可抗力事件发生后几日内向另一方提供关于此种不可抗力事件及其持续时间的适当证据及合同不能履行或需迟延履行的书面材料,并且尽一切合理的努力消除或减轻此等不可抗力事件的影响。"

最后一步就是明确彼此的责任承担方式。这也是最重要的一点。当不可抗力情形出现时,是全部免除责任,还是部分免除,如果是后者,又该承担多少责任。尤其就"如何通过约定责任承担方式以降低损失"的问题,在实务谈判中会较为敏感,很少有事无巨细写明确的。所谓"水至清则无鱼",过于明细,反而会增加合同谈判的难度。通常做法,是把政策变动定义为"不可抗力",之后按《合同法》规定处理;如果项目确实难以进行下去,则合同终止,最终按实结算。基于公平原则,条款设计建议如下:

"不可抗力事件发生时,双方应立即友好协商如何执行本合同,待事件终止或消除后,双方须立即恢复履行各自在合同项下的义务。如不可抗力致使合同人一方丧失继续履行合同的能力,则双方可协商解除或迟延履行合同,双方无须承担违约责任。"

当"限韩令"的真假仍扑朔迷离之际,又一条广电总局下发的通知倒是做实了。这份 2016 年第 44 号文件明确自 2016 年 7 月 1 日起,未经国家新闻出版广电总局批准的移动游戏,不得上网出版运营。新规中特别值得关注的是,已批准出版的移动游戏的升级作品及新资料片(指故事情节、任务内容、地图形态、人物性格、角色特征、互动功能等)发生明显改变时需要重新进行审批。否则一经发现,相关出版行政执法部门将按非法出版物查处。[1]

所以,面对广电总局这些年的"禁限令",有网友的评论倒是贴切——他写道:"广电总局为中国的影视媒体和广大朋友们真是操了好多心。"[2]

---

[1] 《广电总局新规:7 月 1 日起手游未经审批不得上线》,载腾讯科技,http://tech.qq.com/a/20160602/055029.htm。

[2] 云清:《这些年,广电总局操了哪些心?》,载新浪网,http://news.sina.com.cn/c/zg/jpm/2014-12-03/1825441.html?wbf=more。

第十二章

蹭热点翻拍合适吗?

2016 年 8 月, 国内知名演员王宝强"婚变"事件一直"霸屏", 也同时占据各大娱乐新闻版面头条。[1] 但就在此事发生后仅仅四天, 一部名为《宝宝别哭》的网络大电影已经开机, 开机照以及剧本同时被曝光。且不论该项目品质如何, 就对热点事件的反应速度而言, 在王宝强微博首度发表"离婚声明"几天时间里, 剧本、演员、剧组工作人员、外景地已全部到位, 实在令人叹为观止。[2]

---

[1] 8 月 14 日凌晨, 王宝强微博发布离婚声明, 声明称妻子马蓉与经纪人存在婚外不正当两性关系。15 日上午, 王宝强在律师陪同下来到朝阳法院正式起诉离婚。更多内容可参阅新浪网"王宝强离婚"专题滚动报道, 载新浪网, http://ent.sina.com.cn/zt_d/wbqlh。

[2] 时光网讯:《网络大电影〈宝宝别哭〉已开机 根据王宝强离婚事件改编 乐视宣布抵制该片》, 载时光网, http://news.mtime.com/2016/08/18/1558789.html。

　　然而，这种无底线蹭热点的行为，不仅引发网友众怒，也引来圈内人士的集体抵制。对此，北京乐漾影视有限公司创始人、乐视"老板娘"甘薇十分愤慨，她怒斥此举无节操无底线，并表态在乐视视频平台将不会播放这部电影，且呼吁全网一起抵制。而《泰囧》《煎饼侠》的制片人陈祉希在微博上表示，"不要脸到极点了，电影行业的耻辱！呼吁所有平台和渠道都将他们关在门外，观众也不要有猎奇心理观看！"

　　其实，网络大电影蹭热点、蹭 IP 的营销手法，久已有之。2015年陈凯歌执导的电影《道士下山》上映后，市场迅速冒出《道士出山》《道士降魔》《道姑下山》等搭顺风车的网络大电影。又如，随着冯小刚执导的电影《我不是潘金莲》定档 9 月 30 日，很快就有一大波有关潘金莲题材的网络大电影宣布开机，诸如《我是潘金莲》《她才是潘金莲》《暴走の潘金莲》等。在故事内容上，这些影片一般都东拼西凑，把穿越、多角恋等低俗、狗血剧情糅合在一起，而拍摄时间往往很短，粗制滥造。《暴走の潘金莲》的宣传通稿中，就赤裸裸地宣称，该片 7 月拍摄，8 月后期制作，9 月上线，"要与冯小刚导演的《我不是潘金莲》隔屏相应，形成话题"。①

----

① 徐颢哲：《〈宝宝别哭〉竟然已开机？电影蹭热点无节》，载《北京日报》2016 年 8 月 19 日。

以往，人们对于网络大电影这种赤裸裸的投机行为也就一笑了之，从未像此次《宝宝别哭》开机这样引起公愤。某些没有节操的影视工作者对王宝强的消费，已经到了公众忍无可忍的地步，因此招来普遍非议和抵制也是情理之中。①

在影视行业，相较于其他类型的素材，真实事件（新闻报道）改编电影由于其真实性、戏剧性或者反映了社会的某些现实，而格外被制片人、导演喜欢，成了好莱坞电影三大素材来源之一。但抛开情绪化或道德立场的站队，我们在法律上需要注意哪些问题，以及如何获得当事人授权，做到"合理合法合规"，这是接下来要讲的重点。

不管是在好莱坞，还是在中国，要想拍摄基于真人真事改编的影视作品，首先得获得当事人的授权，或者在创作时打起十二分注意，不能侵犯他人权利，未经他人同意（或涉及隐私）的内容绝不能写进作品里。

参照美国经验，虽然其《宪法第一修正法案》（*First Amendment*）允许一些例外情形，倘若创作的素材被认为属于公共记录（public record）的一部分，例如报纸上的文章，或者法院的判决书，就可以不经过购买真人故事改编权进行创作或摄制。②与此类似的还有时事新闻的报道，一般是指通过报纸、期刊、广播电台、电视台等媒体报道的单纯事实消息，在我国《著作权法》里这类新闻报道是不受著作权保护的，所以也可以随便无偿使用。然而，更多情形下，如果当事

---

① 有人就认为，中国民众一边倒地对王宝强给予同情、支持，是因为后者的遭遇已触碰了人们朴素的道德情感底线。有人甚至将当事王宝强与妻子马蓉，比作《水浒传》中的武大郎和潘金莲。更有甚者提出，王宝强比武大郎更惨，面临五重背叛或落空：爱情（妻子）、友情（经纪人）、亲情（可能非亲生的孩子）、财富（资金被转走）和生命（曾遭遇两次车祸），算是人类极限了；而对比马蓉，潘金莲只涉及第一项和第五项。在道德滑坡的社会转型期，王宝强的遭遇，也戳中了网友的敏感点。

② ［美］戴娜·阿普尔顿、丹尼尔·扬科利维兹：《好莱坞怎样谈生意：电影、电视及新媒体的谈判技巧与合同模板》，刘沆译，北京联合出版公司 2016 年版，第 42—43 页。关于该法案诞生的历史和对美国社会产生的意义、影响，可参见［美］安东尼·刘易斯《言论的边界：美国宪法第一修正案简史》，徐爽译，法律出版社 2010 年版。

人觉得未经授权就出现在作品里，便可以主张赔偿，理由是"名誉权诽谤"或"隐私权侵犯"。

以诽谤为例，分为两种，一种是文字诽谤（libel），另一种是言语诽谤（slander）。文字诽谤指的是将诽谤的内容通过书面或者出版物呈现（比如剧本）；言语诽谤则是通过口头或者手势进行（譬如台词脚本）。按照美国《侵权行为法》的规定，诽谤的内容必须具有伤害个人名誉的"倾向性"，并且能够使其在团体中地位降低，或者使他受到旁人的冷落，这才足以定性为诽谤。值得注意的是，遭诽谤者的具体人名是否被提及并不重要，重要的是一般公众都能从中认出这个人来，就应当被认定是诽谤。①

我国对名誉权保护的相关规定主要体现在《民法通则》和《最高人民法院关于审理名誉权案件若干问题的解释》。根据《民法通则》第一百零一条规定："公民、法人享有名誉权，公民的人格尊严受法律保护，禁止用侮辱、诽谤等方式损害公民、法人的名誉。"名誉，简单的理解就是公民个人、法人组织的声望、荣誉，它属于社会评价的一部分。公民的名誉权保护，要求任何新闻媒介、出版机构在对真人真事进行报道、评论、传播时都不得与事实不符，而影响公民原有的社会评价；任何人都不得以侮辱、诽谤的方法，损害他人的名誉；以及任何人不得捏造事实，陷害他人、败坏他人名誉。相比较而言，法人的名誉权由于不具有如公民一般的情感，所以其内容相对狭窄，主要包括：任何新闻媒介、出版机构在对法人进行报道评论时，必须与事实相符；任何人不得捏造事实，散布与法人真实状况不符的消息，败坏其名誉。

而结合最高法的司法解释，通常认定构成诽谤侵权行为的要符合以下几个要件：第一，须有捏造某种事实的行为，即诽谤他人的内

---

① ［美］戴娜·阿普尔顿、丹尼尔·扬科利维兹：《好莱坞怎样谈生意：电影、电视及新媒体的谈判技巧与合同模板》，刘筑译，北京联合出版公司 2016 年版，第 43 页。

容是虚构的;第二,须有散布捏造事实的行为,换言之,向公众进行传播;第三,要针对特定的人进行,即便不指名道姓,一般公众也可以从你散布的信息中准确地对号入座;第四,作出不实言论时,要有过失行为。这一点特别针对媒体单位而言,如果它没有尽到必要的注意和审慎调查义务,未经核实就擅自转发、报道、传播不实信息,那么,它就存在过失,就应当承担侵权责任。当然,如果情节严重的,则构成诽谤罪,这涉及刑事犯罪了。[①]

2014 年 9 月,由陈可辛导演的根据真实故事改编的电影《亲爱的》在全国热映。电影讲述的是一个家庭艰辛寻子的故事。田文军(黄渤饰)和鲁晓娟(郝蕾饰)曾是一对恩爱的夫妻,然而,两人之间的感情却被时间和争吵消耗殆尽,最终,他们选择了离婚。如今,联系着两人的唯一纽带,就是可爱的儿子田鹏。然而,某一天,这唯一的纽带也断裂了,田鹏于一次外出玩耍时无故失踪,绝望和崩溃之中,田文军与鲁晓娟踏上了漫漫寻子之路,并在途中结识了许多和他们一样无助的父亲和母亲们。时光匆匆流逝,一条关于田鹏的线索浮出水面,促使田文军和妻子来到了一处偏僻的村落之中,在那里,他们看到了酷似田鹏的男孩,然而,男孩口中的"妈妈"却并非鲁晓娟,而是一位名叫李红琴(赵薇饰)的村妇,这错位的一切究竟是怎么回事?[②]

然而就在半年后,该片的女主角赵薇饰演的李红琴一角的原型高永侠表示,影片虚构的下跪、陪睡内容令自己深受打击,"我没看完,受不了。里面说我和别人睡觉,又生了孩子,还给记者下跪。实际上这些都没发生过。从那以后,我总觉得别人在我背后指指戳戳。"高

---

① 我国《刑法》第二百四十六条规定:"以暴力或其他方法公然侮辱他人或者捏造事实诽谤他人,情节严重的,处三年以下有期徒刑、拘役、管制或者剥夺政治权利。" 2013 年 9 月 9 日,最高人民法院、最高人民检察院公布了《两高关于办理利用信息网络实施诽谤等刑事案件适用法律若干问题的解释》,进一步规定了"网络诽谤行为"以及"情节严重"的量化标准。

② 剧情简介引自豆瓣电影《亲爱的》,https://movie.douban.com/subject/25798222/。

永侠说自己的生活都被彻底打乱了，打算起诉制片侵犯其名誉权。[1]

以此为例，其实近些年关于影视作品侵犯故事原型人物名誉权的案件屡屡发生，如霍元甲后人诉电影《霍元甲》侵犯名誉权、杨三姐后人诉电视剧《杨三姐告状》侵犯名誉权等。然而我国目前并没有相关法律法规对此予以明确规定。只有广电总局针对主要人物和情节涉及历史名人和文化名人等内容的电影剧本有所规定——广电总局第52 号令《电影剧本（梗概）备案、电影片管理规定》，将影片主要人物和情节涉及外交、民族、宗教、军事、公安、司法、历史名人和文化名人等内容的称之为特殊题材影片。《电影剧本（梗概）备案须知》中规定，制片单位向国家广播电影电视管理局报送材料时，要出具省级或中央、国家机关相关主管部门同意拍摄的书面意见，涉及历史名人和文化名人的，还需出具本人或亲属同意拍摄的书面意见。但对涉及类似于高永侠这样的普通人物却没有任何规定。[2]

虽然影片《亲爱的》在片尾以字幕的方式打出"部分情节并未真实发生"，但在本案例中，它并未将影视作品中真实与虚构的情节加以区分，明确告知观众，同时观众依据一般常识又无法区分，而这些情节又影响到观众对影视人物的主观评价，并进一步将这种评价与对真实社会原型人物的社会评价建立对应关系，它就超出了法律允许的程度与范围。根据《最高人民法院关于审理名誉权案件若干问题的解释》，是否构成侵害名誉权的责任，应当根据受害人确有名誉被损害

---

① 刘清香、范宇森：《〈亲爱的〉女主角原型欲诉侵权：我没和别人睡觉》，载《新快报》2015 年 3 月 7 日。

② 即使在上述规定中，也仅仅是简单地要求制片单位出具历史名人和文化名人"本人或亲属同意拍摄的书面意见"，规定的内容相当笼统与模糊，缺乏具体的操作指导。首先，"亲属"应如何界定？在我国民法上只有近亲属的概念，民法通则中规定的近亲属，包括配偶、父母、子女、兄弟姐妹、祖父母、外祖父母、孙子女、外孙子女。规定中的"亲属"是否等同于近亲属？其次，在原型人物已经去世的情况下，"亲属同意"如何界定？亲属同意是指所有在世的亲属都同意还是部分亲属同意？亲属同意所指的亲属有没有一定的顺位？由此可见，我国规范拍摄以真实人物为原型的影视作品是否需要本人或亲属同意的法律法规过少且过于模糊。参见吴斌《〈亲爱的〉虚构情节侵权吗？》，载《北京日报》2015 年 3 月 18 日。

的事实、行为人行为违法、违法行为与损害后果之间有因果关系、行为人主观上有过错来认定。侵权行为是指实施了侮辱、诽谤等侵害他人名誉权的行为。损害事实是指名誉的损害。存在因果关系是指损害后果是由侵权行为造成的。行为人的过错包括故意或过失。

其中,认定行为人对他人名誉的损害,并不以受害人的自我感觉为依据(相当于高永侠本人说了不算),而是以公众对其的社会评价是否因此降低为依据。此处所说公众是指特定或不特定的他人,直接或间接知悉受害人被加害人侮辱或者受害人受到诽谤这一事实,并且由于对这一事实的知悉,而影响了其对受害人的评价。社会评价降低可以从三个方面来考量:一是社会其他成员对受害人产生不良的看法,出现不利于受害人的各种议论甚至攻击等;二是使受害人在社会生活中受到孤立、冷落等;三是使受害人在其职业、职务、营业等方面发生或者可能发生困难。

所以回头再看《亲爱的》被控侵权一案,制片方未明确告知故事原型哪些会有改编,并且在成片中没有区分情节的真实或虚构部分。客观上,当实际结果给原型人物造成了其社会评价的降低(乃至更多负面评价的出现),那么就构成了对他人名誉权的侵犯了。即便制片方有意打上"本故事部分内容纯属虚构,如有雷同实属巧合",或者"本故事部分情节未真实发生"等字样以起到"免责条款"作用,可惜在司法实践中,这是一种无效的宣告。

关于隐私权,这是一项基本的人身权利。它是指自然人(不包括法人)享有的私人生活安宁与私人信息秘密依法受到保护,不被他人非法侵扰、知悉、收集、利用和公开的一种人格权。而且,权利主体对他人在何种程度上可以介入自己的私生活领域,对自己的隐私是否向他人公开以及公开的人群范围和程度等具有充分的支配权。这个在学界成为共识的观点,与"隐私权"概念的提出者——美国法官、法学家路易斯·布兰代斯和沃伦的见地一脉相承。他们在那篇发表于《哈佛法律评论》上经典的《隐私权》一文中提出"隐私是一种独处的权利",并且写道,"对隐私权的保护源于一个基本的信念:任何人都有不被打扰的权利,都有决定以何种方式出现在公众面前的权利,除非他们已主动将自身置于公众视野内,或他们的隐私涉及公众利益"。[①] 顺带一提,借由这篇论文的刊发,隐私权的法律保护制度率先在美国建立。

我国在隐私权法律保护的制度性建构上经历了一个较为漫长的时期。按照国内学者的脉络梳理,2010 年《侵权责任法》的出台首次明确了"隐私权",[②] 即将以往受到司法实践保护的隐私利益上升为法律层面的民事权利,并将隐私权保护从定位于《妇女权益保障法》的特殊规定扩展到《侵权责任法》的普适性规定,这在我国隐私权保护的法律制度发展史上具有里程碑的意义。[③]

影视作品涉及隐私问题,一般表现为擅自公开隐私、擅自侵入私人领域以及错误曝光三种。[④] 而通常涉嫌侵权人的"合法性"抗辩事由是对方系公众人物须让渡出部分隐私权或者事发地系公众场合,其行为举止不享受隐私保护。[⑤] 在《宝宝别哭》这一事例中,如果涉及司法诉讼,该电影的出品方或许可以援引王宝强系国内知名艺人,其离婚事件已成为公共新闻、具有资讯传播的价值,而且所有信息都取材自媒体报道,属业已披露的信息,属于公开获取,因而其行为不构成隐私权侵犯。

这多少是个两难选项。法律既要保护个人隐私权,同时又要兼顾公众知情权、言论自由和新闻媒体的如实报道权。尤其是对于公众人

---

① See Warren and Brandeis, "The Right to Privacy", 4. Harv. L. R. 193, 1890.

② 《侵权责任法》第二条第二款规定:"本法所称民事权益,包括生命权、健康权、姓名权、名誉权、荣誉权、肖像权、隐私权、婚姻自主权、监护权、所有权、用益物权、担保物权、著作权、专利权、商标专用权、发现权、股权、继承权等人身、财产权益。"

③ 张新宝:《我国隐私权保护法律制度的发展》,载《国家检察官学院学报》2010 年第 18 卷第 2 期。

④ 相关理论介绍可参见宋海燕:《娱乐法》,商务印书馆 2014 年版,第 149—156 页。

⑤ [美]戴娜·阿普尔顿、丹尼尔·扬科利维兹:《好莱坞怎样谈生意:电影、电视及新媒体的谈判技巧与合同模板》,刘苑译,北京联合出版公司 2016 年版,第 44—45 页。

物（Public Figure），他们的隐私权界限又在哪里？要知道，那些蹭热点的影视剧翻拍，往往就是冲着焦点事件的当事人去的，从传播效应讲，后者自然是"注意力经济"的不二选择。[①]

何谓"公众人物"，其大致分为两种，一种是指那些在相关领域享有一定名声及影响力并被大众视为公众人物的名人，比如电影明星、体育明星、政府官员等，王宝强便是这一类的名人；另一种则是自己原本并不出名，但由于某件事引发公众注意从而成为公众人物的人，比如某刑事案件中的犯罪嫌疑人、受害人或目击证人等。结合当前国内网络文化的发展，那批活跃在淘宝上、微博上、微信朋友圈里从事电子商务的网络用户，有不少也算得上是当今这个时代的"公众人物"了，他们有个直白且响当当的名号：网红。[②]

一般而言，公众人物享有的隐私权范围要远小于普通人。这里有几个主客观的原因。第一，多数公众人物自愿（乐衷）将自身置于公众视野下，拿自己的私生活、个人喜好、日程安排及其朋友圈去吸引公众的眼球，从而换取曝光度、知名度及因此带来的各种利益；第二，某些公众人物的私事在曝光之后已经成为公众的谈资及公开事件，丧失了其私密性，因此不应再将其视为个人隐私；第三，新闻媒体有报道公众人物以及涉及公众利益（Public Interest）事件[③]的报道自由，相对应地，公众也有知情权。因此，以美国司法为考察对象，在平衡公众人物个人隐私和媒体言论自由时，通常将公众人物当作一个特殊群体来对待，只要媒体是通过合法的方式或公开的官方资料获

---

① ［美］托马斯·达文波特、约翰·贝克：《注意力经济》，谢波峰译，中信出版社 2004 年版。

② 袁国宝、谢利明：《网红经济：移动互联网时代的千亿市场》，企业管理出版社 2016 年版。

③ 公众利益是一个集合概念，亦称"社会利益""社会整体利益"。它指的是与个体利益相对应的全体社会公众的利益或公共利益。如社会进行生产和再生产的条件，人们公共生活的福利事业，发展精神文明的条件等。另一种含义是指与政府或官方相对应的民众的总称。它是一个非集合概念，可以有公众个体。在这种含义上，公众利益指的是与国家、政府利益相区别的民众的利益，或称为群众利益。公众利益是一切公共政策的出发点与归宿点。相关文献可参阅赵刚《公开与公平的博弈：美国最高法院如何平衡新闻自由与审判公正》，法律出版社 2012 年版；［美］新闻自由委员会：《一个自由而负责的新闻界》，展江译，中国人民大学出版社 2004 年版。

得信息的，就可以如实地报道，从而保障公众的知情权。这一"两利相权取其重"的裁判思路在"《纽约时报》诉警察局长沙利文案"中得到了进一步确立。联邦最高法院九位大法官在该案中力挽狂澜，宣布"对公共事务的讨论应当不受抑制、充满活力并广泛公开"，一举维护了媒体、公民批评官员的自由。①

通过法理分析，懂得借力打力蹭热点的《宝宝别哭》剧组，其实并不存在侵权一说，因此结局也只能是"遭抵制"，而不是"被起诉"。当然，像《太平洋大劫杀》的蹭热点翻拍则是另一回事了。

非虚构长篇小说《太平洋大劫杀》由《南方周末》前记者郭国松根据"鲁荣渔2682号"航海杀人事件创作。这是一起发生在2010年的真实事件。"鲁荣渔2682号"渔船载着33人出海，因用工合同引发船员不满，刘贵夺等9名船员劫船。劫船过程中，船上的杀戮没有停止过，有人因为"反叛夺权"被杀，有人因为"猜忌"被杀。当中国渔政执法船找到该渔船的时候，船上仅存11人。最后司法机关认定，这11人全部参与了对其他船员的杀害，有6人被判死刑。这起案件在当时轰动全国，令人震惊。作为知名的调查记者，郭国松出于职业本能决定将此事件作为自己非虚构写作计划的一部分。此后三年多时间，他多次前往渔船公司所在的山东省荣成市，奔波于东北三省和内蒙古自治区，甚至深入到大兴安岭深处的小镇上，零距离接触采访了32名船员的家属和周边相关人员。② 而据最新消息，该片将由中南影业与奇树有鱼联合出品，由知名导演高群书执导。③

---

① 这是一起新闻自由史上的里程碑案件。说的是1960年，因为一则批评性广告，警察局长沙利文以诽谤为由，将《纽约时报》告上法庭，并申请巨额赔偿。两审失利后，几乎被各地政府官员相继提起的索赔逼至绝境的《纽约时报》，奋起上诉至联邦最高法院。详见［美］安东尼·刘易斯《批评官员的尺度——〈纽约时报〉诉警察局长沙利文案》，何帆译，北京大学出版社2011年版；另可参阅［美］安东尼·刘易斯《言论的边界：美国宪法第一修正案简史》，徐爽译，法律出版社2010年版。

② 陈梦溪：《多家影视公司争夺〈太平洋大劫杀〉》，载《北京晚报》2016年8月9日。

③ 聂宽冕：《高群书将执导〈太平洋大劫杀〉》，载《京华时报》2016年8月22日。

同样是基于一个热点新闻事件,但它和王宝强婚变新闻不同的是,前者有具有著作权保护的原创作品(即郭国松经调查报道写成的非虚构小说),后者只是公开的新闻素材。所以,要翻拍成电影,必须获得原作者的授权。[①] 有趣的是,在远洋渔船"鲁荣渔 2682 号"杀人事件上,除了郭国松,还有杜强撰写发表在国内时尚杂志《Esquire 时尚先生》的特稿,取名《太平洋大逃杀亲历者:我们 11 人杀害 22 名同伴》,该影视改编权已被乐视影业买下。[②]

所以,蹭热点翻拍是无可厚非的,为了避免侵权,制片公司应在项目立项前取得事件当事人的"授权书",其主要条款是要求当事人放弃其部分人身权(如隐私权等)及对电影公司提起诉讼。这里还有一些注意事项,它包括:授权的合法性——如果是一个主要亲历者代表多个次要亲历者授权,主要亲历者要保证自己有权"做主",保证没有未经他人许可的尴尬情节,承诺接受采访或讲述不会构成对他人诽谤,或者权利侵犯其他次要亲历者;对再创作的许可——片方有权根据文学、影视等项目的改编和拍摄需要,使用戏剧性手法进行再创作,这些改编有可能会与亲历者的真实经历发生偏离,包括但不限于姓名、人物形象、人物关系、情节程度、故事发展场景等;配合义务——在电影的宣传过程中需要亲历者参与的时候要给予配合,亲历者与电影宣传口径保持一致;排他授权——让当事人保证你获得的素材是独家的,对方不可再授权给其他人进行创作拍摄。提请注意的是,为了拿到"豁免",它往往需要制片方支付一笔费用。还有

---

① 正如奥利佛·斯通打算拍摄斯诺登为主角的电影,也会从英国《卫报》记者卢克·哈克那里获得授权。因为他讲到的素材是别人没有写过的内容,他对这些独占素材具有合法的著作权利。这一授权原则之所以是合理的,是因为在新闻记者行业,记者在很多时候也是通过积年累月的追踪报道获得一手资料,进而撰写出"独家报道"的,新闻行业肯定这样的付出,所以当一个记者写了详尽的独家大稿,另一个记者从中直接取材换个说法拼凑文章,大家是不认可第二个人的原创性的,且谴责第二个人这样的行为。所以作为"源头"的独家报道,如果具备了很强的故事性,在表达上接近一个小说或剧本的时候,去肯定其记者的功劳,获得其授权也是合理的。
② 飞鸟凉:《特稿〈太平洋大逃杀〉将拍电影 乐视高价购买电影版权 中国新闻是真正的 IP 富矿》,载时光网,http://news.mtime.com/2016/03/08/1553223.html。

一种就是在拍摄区域贴出一个警告指示牌,并注明"拍摄进行中,请绕行;若进入拍摄地,视为同意入镜"的声明,以免除自己的责任。

有外媒报道,2016 年的夏天,中国网民最热门的话题不是奥运、不是国家引以为傲的量子卫星升空,更不是钓鱼岛或南海风云,而是影星王宝强妻子马蓉红杏出墙的丑闻。由于事件引发网民空前热议,局面几近失控,就在王宝强就婚变首度发声后的第 10 天,相关部门已经下令传媒网络不得炒作相关人物和事件,并进行"反三俗"检查。所谓的反三俗,即反庸俗、反低俗、反媚俗的简称。①

---

① 甄树基:《王宝强婚变微博点击率 79 亿次 当局下令不得炒作》,载法广网,http://cn.rfi.fr/。

第十三章

经纪约是卖身契吗？

　　"一日为师，终身为父"，在
中国传统伦理中，这种师承制既突
出长幼有序的身份位阶，又强调宗
派家谱的关系属性，但问题是，都
21世纪了，这种行会制是否有些违
和？倘若师徒反目，就一定是数典
忘祖，便可逐出师门？师父先声夺
人、以势压人，难道就可以只手遮
天，做徒弟的就没点权利保障吗？
看来，这的确是一个问题。

　　2016年8月31日,著名相声演员郭德纲在微博晒出德云社家谱,并配文称"该清的清,该驱的驱。所谓的清理门户,是为了给好人们一个交代。凡日月所照、江河所至皆以忠正为本。留下艺名带走脸面,愿你们万里鹏程。从此江湖路远,不必再见"。同时,更着重强调"另有曾用云字艺名者二人,欺天灭祖悖逆人伦,逢难变节卖师求荣,恶言构陷意狠心毒,似此寡廉鲜耻令人发指,为警效尤,夺回艺名逐出师门"。[①]9月5日,郭德纲口中那个"云"字辈的前弟子、艺人曹云金正式在个人微博回应,以一篇长达7000字篇幅的长文细数师傅的种种不是,并斥责其"无德""有罪"。该文后经有着国内"第一狗仔"之称的娱乐记者卓伟转发后,事件在网上进一步发酵。[②]

　　当日晚,何云伟通过微博力挺曹云金,他表示"金子(指曹云金)微博所言说几句,情况属实,有理有据,我已经微信谢过金子了"。何云伟也曾是郭德纲的弟子,属于德云社发展中期扛鼎的人物之一。2010年8月,他和另一名德云社早期成员、相声演员李菁宣布退出德云社,而对外的一致说辞是,双方积怨已久、在利益分配上分

[①]　详见《郭德纲晒德云社家谱:该清的清　该驱的驱》,载凤凰娱乐,http://ent.ifeng.com/a/20160831/42676193_0.shtml。

[②]　详见《卓伟转曹云金长文:其他都是真的,睡女记者呢?》,载凤凰娱乐,http://ent.ifeng.com/a/20160905/42679032_0.shtml。

歧太大，"离开德云社，并非是轻率之举，这个决定是经过我们深思熟虑的"。[1] 六年来，何、李二人与郭德纲的恩怨不仅没有化解，反而到了老死不相往来的地步。根据最近某媒体报道，何云伟通过某直播平台隔空向郭德纲喊话，称自己将名字中的"云"字去掉，现在身份证上的名字叫何伟。[2]

然而，包括曹云金在内，郭德纲与何云伟、李菁等昔日同事、徒弟等人之间的孰是孰非，也有其他不同的说法。例如，由王俣钦撰写的《钦口说，我眼中的德云社》一书，将何云伟、李菁、曹云金等人出走的原因归纳为人品问题。同时爆料早在 2010 年初，郭德纲过生日（1 月 18 日）当天，曹云金就已经宣布离开德云社。[3] 需要一提的是，王俣钦是郭德纲的小舅子，针对他书中"爆内幕"的章节，郭德纲自称，事先他阅读过原稿，并摘掉了这一章将近一半的内容，至于这么做的原因，按照郭德纲的话来讲叫"万事留一线，江湖好相见"。[4]

师徒反目、各执一词，对于事件的真相外人终究是雾里看花，但可以肯定的是，在这场纷争的背后，是传统的师徒制面临现代市场经济规则和契约模式的冲击。如许多人指出的，问题的关键在于，如何界定郭德纲与曹云金的关系。郭德纲按照相声界的旧传统，认为曹云金跟他学艺期间白吃白住，学成后要无偿效力一段时间作为报酬。而曹云金认为，他学艺掏了学费，后来在德云社演出，也是劳资关系，并不存在郭德纲说的那种旧传统意义上的师徒关系。[5] 因此，郭德纲

[1] 杨林、勾伊娜：《知情人：何云伟李菁与郭德纲积怨已久 退出非偶然》，载《新京报》2010 年 8 月 7 日。
[2] 在直播的过程中，何云伟向昔日师傅喊话："郭德纲，我的名字叫何云伟谢谢，身份证上就是何伟，云字已经去掉了，您爱怎么叫，怎么叫！"转引自《何云伟直播中喊话郭德纲：名字已去掉"云"字》，载腾讯娱乐，http://ent.qq.com/a/20161001/022696.htm。
[3] 参见王俣钦《钦口说：我眼中的德云社》，现代出版社 2013 年版，第 195—215 页。
[4] 徐菲：《郭德纲小舅子出书 曝德云社成员出走内幕》，载新浪娱乐，http://ent.sina.com.cn/j/2013-09-09/10184004656.shtml。
[5] 岳峙：《郭德纲曹云金反目，相声旧传统复辟的路还长》，载搜狐文化，http://cul.sohu.com/20160927/n469288235.shtml。

理直气壮地提出，相声界奉行"三年学徒，两年效力"①，这是江湖规矩、天经地义，可对另一边做徒弟的曹云金来说就不是那么回事了，他可不乐意。后者希望借由在平等、自愿、意思自治基础上达成的协议来维系双方的合作，而郭德纲虽然试图用现代化企业管理机制来推进其德云社艺人经纪业务，但在所谓"契约制"之下实际还是"师徒制"那一套。②

无独有偶，自 2014 年 5 月，吴亦凡向韩国首尔中央地方法院提出对于其所属公司韩国 SM 娱乐公司"专属合同"无效的诉讼，继而宣布正式退出组合 EXO-M 后，组合的另两位中国籍人气成员鹿晗、黄子韬分别于同年的 10 月 10 日、次年的 4 月 22 日，向韩国首尔中央地方法院提起诉讼和借助父亲的微博发布声明的方式，提出退出 SM 娱乐公司。③

就当时而言，连续有中国籍艺人要求单方解约、退出此前培养包装他们许久的演艺公司，消息一出，对 SM 娱乐公司造成的影响固然不小，但由此及彼，引发的讨论和争议确实深远又波及面甚广。一方面公众开始质疑中国艺人的契约精神和职业伦理，另一方面也有人对以 SM 公司为典型的艺人培养体制和经纪管理制度提出质疑，甚至当

---

① 目前在不少传统行业，尤其像相声这类的曲艺行业，仍保留着拜师学艺的传统，而且行业内非常重视维持"一日为师，终身为父"的规矩。这种形同父子的师徒制，简单讲，就是拜了师就跟着师傅一块生活，学艺之外也帮师傅干杂活，前三年师傅免费教，等技艺学成了，头两年赚的钱得拿来孝敬师傅。

② 事实上，曹云金拒绝签署的那一张合约，原本是郭德纲打算将家族化管理晋升为企业化管理的开始。彼时，德云社两大主将李菁和何云伟已出走另立门户，退社风波让他预见到了"捧红一个走一个"的尴尬未来，于是他与新老员工重新签了合同，签约期分为 5 年和 10 年，由员工自由选择，但是以后徒弟们的演出计划都得由德云社来安排，用郭德纲的话讲，徒弟要"先把工作做好，再出去赚钱"，俨然是一副艺人经纪公司的形象。北京晨报当时采访郭德纲，他称："这次 100 多位演员都顺利签约。其中有八成员工连内容都不看，对我特别信任，还有很多人直接选择了 10 年期，这让我特别感动。"但是，在外人看来，徒弟们连合同都不看就签约的行为其实是在"表忠心"，是"师徒制"的延续。转引自李敏《郭德纲和曹云金师徒反目，"威权学徒制"惹祸》，载腾讯评论，http://view.news.qq.com/original/intouchtoday/n3641.html。

③ 林灵汐、叶深：《为何鹿晗吴亦凡解约被挺　黄子韬解约被骂》，载《南方都市报》2015 年 4 月 24 日。

时有娱乐记者大胆猜测：SM 时代已经结束。[①]

公开资料显示，韩国 SM 娱乐有限公司（S.M.Entertainment，官方称：SMTOWN）是韩国最大且最具影响力的娱乐公司，也是最具争议的娱乐公司。它是由 20 世纪 70 年代韩国著名歌手李秀满退居幕后以后于 1995 年 2 月创办的，也因此 SM 有了"造星梦工厂"之称。SM 是 Star Museum 的缩写，即"明星博物馆"，SM 娱乐旗下拥有无数闪耀的明星，也因此被誉为"名人殿堂"。[②]

然而，在这份漂亮的成绩单背后，SM 娱乐公司却以它独有的近乎严苛、残酷的艺人培养模式为外界称道抑或诟病，褒贬不一。据国内某媒体前方实地走访所揭示出来的"亚洲最成功造星基地的秘密"，恰恰印证了中国的那句老话：要想人前显贵，必先人后受罪！

在韩国，以 SM、JYP、YG 三大巨头为首的经纪公司，每年都会定期在全球范围内选秀。所谓"选秀"，就是挑选合适的年轻人成为"练习生"，进入公司的偶像培养人才库。但记者实地调查发现，练习生们每天的艰辛生活真不是一般人能坚持下来的。例如，为了确保手势标准，一个甩手动作或许要练一天；为了保持身材，饿了只能喝白水。"一间 30 平方米的排练室映入眼帘，四面的墙壁上镶着落地镜，浅黄色的木地板干净整洁，看起来和普通舞蹈教室没什么差别。但仔细观察后发现，往里走，厨房、洗手间、储物间一应俱全，除了排舞、练声，其他生活杂事都可以在此解决。说是练习生的练习室，但实际感觉更像一个集中管理的'军营'。"在众多实习生当中，根据长相、实力、耐性、天资等标准，要分三六九等，最终出道与否需要层层选拔，能力和机遇缺一不可。即便出道后，充其量也只是万里长征的第一步，想要

---

① 权小星：《EXO 黄子韬解约：SM 中国成员为何出逃》，载"新浪专栏 水煮娱"，http://ent.sina.com.cn/zl/bagua/blog/2015-04-24/09553324/1677811587/64015f830102vt7d.shtml。

② 参见 SM 娱乐公司官网：http://www.smtown.com；另可参见维基百科词条"SM 娱乐"。其与 YG 娱乐、JYP 娱乐并称为韩国三大娱乐公司，是韩国最大规模的经纪公司，并有着亚洲造星工厂的美誉。相关资料还可参见王丛《韩娱经济学》，中信出版集团 2015 年版；金容载等：《韩国艺人养成计》，中国传媒大学出版社 2015 年版。

成为炙手可热的超级巨星，还要在娱乐圈里继续修炼、"攒人品"。据统计，韩国出道 20 个艺人，才能有 1 个红起来。在走红之前，经纪公司会对他们进行更高标准的包装和培训（包括整容、安排上综艺节目等），而在冷板凳上的小艺人们还要心甘情愿被前辈踢屁股。[①]

除了高标准、高负荷的练习生培养，SM 公司另一点为外界所关注的便是它不平等乃至压榨性的经纪合约。一项专题研究显示，在韩国娱乐圈经纪公司与艺人之间多年来存在并时常起纷争的焦点集中为以下三点：一签便是十年以上的"不平等长约"、对艺人私生活干涉的"奴隶条款"以及"收益分配不公"问题。[②] 其中，SM 娱乐公司表现最为典型。

2009 年 7 月 31 日，SM 旗下组合"东方神起"三名成员金在中、朴有天、金俊秀一同起诉 SM 娱乐公司，向韩国首尔中央地方法院递交了"专属契约效力停止诉讼保全"的申请。2009 年 8 月 3 日，金在中、朴有天、金俊秀通过代理律师事务所发表正式声明，公开他们提出诉讼的原因，表示在过去 5 年里因 SM 公司的独断专行，让他们身心俱疲。自 2004 年出道后，不断穿梭韩国、日本、中国发展，全年仅有一周休假，其余时间每天都仅睡 3—4 小时。专辑合约条款极度不公平，卖出 50 万张专辑，每人仅可获分 1000 万韩元（按当时汇率，约合人民币 5.6 万元），更重要的是，合约年期长达 13 年，加上兵役 2 年，合约延长至 15 年以上，合约中还规定如果单方面提出解约需赔付公司高达数千亿韩元的违约金。[③]

---

① 参见马晓溪、楚飞《实地探访韩国娱乐产业链·造星篇》，载贵圈第 102 期，http://ent.qq.com/original/guiquan/g102.html。另可参见《韩国最大经纪公司 SM 造星运作机制分析》，载 i 黑马网，http://www.iheima.com/news/2014/0321/59730.shtml。

② 王筱雯：《浅谈娱乐圈之不平等奴隶长约制度》，载南台科技大学，http://my.stust.edu.tw/blog/lib/read_attach.php?id=147725。

③ 详见《东方神起解约事件》载"百度百科"，http://baike.baidu.com/item/%E4%B8%9C%E6%96%B9%E7%A5%9E%E8%B5%B7%E8%A7%A3%E7%BA%A6%E4%BA%8B%E4%BB%B6#。以下关于东方神起解约事件部分皆出自该词条。

事件爆发后，拥有80万会员的"东方神起"最大的粉丝后援会，在其官方网站上发表了抵制SM公司的声明，并倡议罢买SM公司商品。与此同时，韩国第二大"东方神起"粉丝后援会向韩国国家人权委员会递交呈文，以保护遭受SM公司不公平合约待遇的成员们的人权，申请书中还附有韩国12万名歌迷的签名。

"东方神起"解约事件使得社会相关各界开始关注"韩国演艺经纪公司系统的问题和对策"，甚至更有学者指出，三名成员的官司若败诉，就要付天价违约金，SM简直像吸血鬼。①

2009年10月27日，经审理韩国首尔中央地方法院判定SM娱乐公司与"东方神起"的专属合约"违反了善良的风俗及其他社会秩序""过度侵害其经济自由和基本权利"，并且韩国法律规定"艺人的专属合约时效限定为7年以内"，因此判决SM经纪合约违法无效，三人可以自由开展演艺活动，自这一天起三人不再是SM公司旗下艺人。

2010年4月12日，SM公司向韩国首尔中央地方法院提起两项诉讼，要求重新确认金在中、朴有天、金俊秀三人的专属合约有效，并向三人索赔22亿韩元（折合人民币约1760万元）以补偿"东方神起"深圳演唱会被取消及"东方神起"代言化妆品等收入的损失。2011年2月17日，韩国首尔中央地方法院驳回SM的两项诉讼，法院表示："SM和JYJ（金在中、朴有天、金俊秀恢复自由身后另行组建的团体，JYJ为三位成员英文名首字母缩写）的合约违背了艺人享有自我决定的权利，是一种要求艺人无条件遵守经纪公司单方面要求的从属型合约"，最终裁定SM娱乐公司的专属合同无效，SM无权干涉JYJ的演艺活动，三人无须赔偿任何损失予SM。

受该判例影响，2015年4月14日，韩国国会议员崔敏熙提交法

① 详见《东方神起遭经纪公司剥削　业界人士座谈为其抱屈》，载新浪娱乐，http://ent.sina.com.cn/y/2009-08-18/10122658210.shtml。

律修正案，建议禁止在没有明确理由的情况下妨碍艺人出演电视节目，该法案被称为"JYJ 法案"。崔敏熙表示，JYJ 在揭露大型经纪公司的奴隶条约，促进标准所属契约书的诞生等方面做出了巨大贡献，让许多艺人避免了成为经纪公司独断专横的牺牲品。但 JYJ 自己却一直遭受种种不公正待遇，广播通信委员会又受限于法规无法介入，因此有必要修改现有法规。当年 11 月 30 日，韩国国会正式通过了"JYJ 法案"。①

从郭德纲与曹云金等师徒反目到 SM 公司不断有旗下艺人要求解约，再算上近些年一些艺人明星与其经纪公司的合同纠纷诉讼②，虽然表现彼此各有侧重，但指向的问题实质却因为经纪合约强烈的人身依附性、权利专属性以及条款严苛性，时常使得艺人和经纪公司处于"相依相防"的紧张关系，而稍有不慎，结果容易让一纸合约不是成为把艺人送往星光大道的"通行证"，反而是步步紧逼的"卖身契"。

经纪约，又称"艺人约""经纪合同"或"演艺经纪合同"，是经纪公司和艺人关于发展未来演艺事业的各项权利义务的约定。其中最主要的内容是，经纪公司对演艺人员享有独家经纪权，全权负责艺人在全球范围内的包括电影、电视演出，舞台、现场表演在内的所有演艺事业，全权代表其对外洽谈、安排及策划，以及经纪报酬的分成方式及支付方式，主体部分属于《合同法》中的委托合同内容。③此外，对于合同中对艺人的人身自由、工作范围和工作内容进行一系列限制的约束条款，又属于劳动雇佣关系，受《劳动法》的调整。

---

① 尹惠英：《JYJ 法案"禁止无理由封杀"电视活动有望破冰》，载韩星网，http://www.koreastardaily. com/sc/news/60133。

② 相关诉讼案例可参见李振武编著《娱乐法诉讼案件审理实务》，法律出版社 2015 年版，第四章；周俊武：《当明星撞上法律》，人民出版社 2016 年版；周俊武：《星路律程：行走娱乐圈法律之道》，法律出版社 2008 年版。

③ 在行业内，经纪约会根据经纪人与艺人经纪权范围的不同，分为全约和非全约。全约全权负责演艺人员包括但不限于电影、电视、唱片、商演等活动，而非全约则根据不同的演艺事项分为"唱片约""电影约""演出约"等。在本章中，为方便讨论，所称"经纪约"仅指全约。

截至目前，我国法律尚未对演艺经纪合同作出明确定性的规定，演艺经纪合同不属于《合同法》中规定的任何一种有名合同，而是一种无名合同。根据窦骁与北京新画面影业有限公司演出经纪合同纠纷上诉案，北京市高级人民法院对经纪约作出认定，其具有居间、代理、行纪的综合属性，但又不同于居间合同、代理合同和行纪合同，它是各类合同性质相结合的一种综合性、混合性合同。[①]

关于经纪约的解约问题，结合已有的司法实践，通常有三种方式，它们是：申请合同无效、申请撤销合同以及主张解除合同。

关于合同无效，我国《合同法》明确规定了无效的五种情形，依照《合同法》第五十二条规定："有下列情形之一的，合同无效：（一）一方以欺诈、胁迫的手段订立合同，损害国家利益；（二）恶意串通，损害国家、集体或者第三人利益；（三）以合法形式掩盖非法目的；（四）损害社会公共利益；（五）违反法律、行政法规的强制性规定。"另，该法第五十三条还对"免责条款"的无效作出规定："（一）造成对方人身伤害的；（二）因故意或者重大过失造成对方财产损失的。"

通常演出经纪机构不会在此类问题上犯低级错误，但也有案例显示，某些机构却因为存在《最高人民法院关于适用〈中华人民共和国合同法〉若干问题的解释（一）》中第十条规定的"违反国家限制经营、特许经营以及法律、行政法规禁止经营规定"的情形，而被法院最终裁决部分合同条款无效。[②] 例如，在杨蔼玥与老孙文化（北京）有限公司演艺经纪合同纠纷一案中，原审被告老孙文化公司案发时并未取得有关主管部门关于营业性演出的许可，因此被判定"其中涉及

---

① 参见北京市高级人民法院（2013）高民终字第 1164 号民事判决书。又或可参见上海上腾娱乐有限公司与张杰演艺经纪合同纠纷案，上海市静安区人民法院（2007）民字第 2286 号民事判决书、上海市第二中级人民法院（2008）沪二中民一（民）终字第 1830 号民事判决书。

② 由于《合同法》中对于无效合同的规定非常严格，申请合同无效非常难，司法实践中认定演艺经纪合同无效的案例几乎没有。其他正文参见盈科深圳律师事务所《从明星解约纠纷看娱乐圈演艺经纪合同的法律风险》，转引自读选网，http://www.duxuan.cn/doc/20788544.html。

营业性演出的部分，违反了国务院《营业性演出管理条例》的相关规定，属无效条款"①。

此外，为规范演出经纪活动，加强演出经纪人员管理，明确演出经纪活动当事人的权利与义务，保障演出市场健康发展，文化部于2012年根据《营业性演出管理条例》及《营业性演出管理条例实施细则》，出台了《演出经纪人员管理办法》（以下简称《办法》）。《办法》对经纪人作了规定，第三条规定："本法所称演出经纪人员，包括在演出经纪机构中从事演出组织、制作、营销，演出居间、代理、行纪，演员签约、推广、代理等活动的从业人员；在县级文化主管部门备案的个体演出经纪人。"同时，《办法》还规定从事演艺经纪的人员必须通过"演出经纪人员资格认定考试"，取得"演出经纪资格证书"，同时还明确"设立演出经纪机构，应当符合《营业性演出管理条例》规定的条件，有3名以上取得演出经纪资格证书的专职演出经纪人员"。②这意味着，在我国大陆地区从事经纪人活动，必须获得相应资质，否则，将存在合约中相关条款无效的法律风险。③

关于撤销合同。《合同法》规定的可撤销合同包括因重大误解、显失公平、欺诈、胁迫、乘人之危而订立的合同。同时，行使可撤销合同的撤销权应当自签订合同后一年内行使，该撤销权行使的期间属于除斥期间，是不变期间，不发生任何中止、中断或者延长的后果。④通常等艺人真正红火了有实力提出解除合同的时候已经超过了一年期限，因此艺人以显失公平等为由主张撤销合同，也是非常困难的。主张解除合同需要依据双方合意或者相关法律规定。

---

① 参见北京市第一中级人民法院〔2008〕一中民终字第 14677 号民事判决书。

② 相关考试办法、资格认定条件可参见中国演出行业协会官网"资格认定"：http://www.capa.com.cn/news/zgrdlist?type=17。

③ 需要补充的是，在我国港澳台地区，从事演艺经纪活动无须报名考试、资质认定。而关于在美国从事演艺经纪业务，不同的州对经纪人和经纪公司的管理与限制也各有不同。相关背景资料可参见陈焱《好莱坞模式：美国电影产业研究》，北京联合出版公司 2016 年版，第 12 章。

④ 参见《合同法》第五十四条、第七十五条。

　　关于解除合同，我国《合同法》第四百一十条规定："委托人或者受托人可以随时解除委托合同。"然而在实践中，不少艺人以双方签订的演艺经纪合同属于委托合同为由，要求行使单方解除权，并不那么容易。相反，鉴于经纪合约的混合性，以及为了体现合同自愿、公平以及诚实信用等基本原则，法院在该类合同权利义务关系终止的确定上，主要是遵循双方约定，并按照《合同法》的一般性规定进行界定，而不是在任何情况下都赋予当事人单方合同解除权。所以，从这个意义上而言，经纪约之所以会被戏称为"卖身契"，主要原因也在于合同的"不可任意解除"。①

　　例如，在窦骁诉新画面公司演出经纪合同纠纷一案中，原审法院以《合同法》第一百一十条规定"当事人一方不履行非金钱债务或者履行非金钱债务不符合约定的，对方可以要求履行，但有下列情形之一的除外：（一）法律上或者事实上不能履行；（二）债务的标的不适于强制履行或者履行费用过高；（三）债权人在合理期限内未要求履行"为理据，认为在本案中，虽然涉案合同约定窦骁对于新画面公司提供的具体工作机会有决定权，但如果窦骁不接受必将面临在合同期内亦不能接受任何演艺工作的后果，即在客观上长期失去在公众面前展示的机会。因此，涉案合同具有特定人身属性的非金钱债务的性质，可以适用上述法律规定予以解除，但窦骁应当依法承担相应的违约责任。换言之，判定窦骁关于解除涉案合同的诉讼请求，于法有据，予以支持。②虽然该条判决在二审时被认定适用法律错误予以纠

---

① 许多学者、从业者持相同观点，他们认为除非法律规定或合同另有约定，否则不得任意解除，原因有二：其一，从演艺经纪合同的法律性质来看，其同时具备多种法律关系，不能简单定义为委托合同，直接适用任意解除权缺乏基础；其二，从演艺经纪合同的商业属性来看，演艺经纪合同受艺人自身发展规律的影响，经纪公司的经济利益往往产生于合同履行期限的后期，为确保经纪活动的稳定性，防止因艺人单方毁约而使经纪公司前期的投入付诸东流，通过不可解除条款来排除艺人的任意解除权具备合理性。参见刁康成《想混演艺圈？先看懂"卖身契"》，原载星瀚微法苑，转引自传送门，http://chuansong.me/n/1304078。
② 参见北京市第二中级人民法院（2012）二中民初字第 16451 号民事判决书。

正，但最终结论还是被采纳维持。

二审首先提出，《合同法》第一百一十条系规定在第七章违约责任部分，该法条系关于非金钱债务的违约责任的规定，并不涉及合同权利义务终止的认定，而《合同法》关于合同解除的规定应当适用该法第九十四条的相关规定。因此一审判决因仅适用第一百一十条从而认定合同解除，显然存在适用法律错误，所以需予以纠正。同时，本案中，虽然涉案合约的履行属于具有人身依赖关系性质的合同，合同的履行需要当事人主观自愿进行配合，但是否此类合同在一方当事人明确表示不再履行时，即能够依法解除呢？对此法院认为，作为从事演艺工作的人员，其主要生活来源基本来自参加的各类商业活动，若经纪公司本身不予安排活动或者恶意阻却活动的成立，将不仅导致演艺人员在合同期内不能出现在公众面前，无法接受任何商业活动，而且可能面临基本的生存困境。在此情况下，从合同的基本属性及人身权利的基本内涵出发，解除相关合同具有合理性。

《合同法》第九十四条第（二）项规定，在履行期限届满之前，当事人一方明确表示或者以自己的行为表明不履行主要债务的，可以解除合同；第（五）项规定，法律规定的其他情形。上述法律规定系为了保障合同守约方具有是否继续履行的自主选择权。本案中在窦骁明确不再履行涉案合约义务的情况下，新画面公司一方面要求继续履行合同，一方面又主张若合同解除，应由窦骁承担解除合同给新画面公司造成的经济损失，故新画面公司未明确表示同意解除合同。考虑到涉案合约的履行需要双方当事人在相互信任的基础上实现合同的根本目的，才有利于艺人和经纪公司的共同发展，在窦骁已经明确表示不再履行合同主要义务，而新画面公司对于合同解除亦存在意向的情况下，应当本着有利于合同当事人实现各自利益及发展，本着公平、有价、平等的基本原则，在实现合同当事人真实意思的情况下，确定合同权利、义务关系。若涉案合约解除后，在窦骁赔偿相应损失的情况下，不仅新画面公司作为经纪公司能够实现培养艺人的经济收益，而且窦骁亦能够正常发展其自身演艺事业。故综合考虑在案情况,依法解除合约将有利于双方当事人各自合同利益,一审判决解除涉案合约的认定结论并无不当,二审予以确认。虽然最终支持了窦骁的解约诉求,但二审法院还是对"单方解约"作出了价值评判,其在判决中指出,"若允许艺人行使单方解除权,将使经纪公司在此类合同的履行中处于不对等的合同地位,而且也违背诚实信用的基本原则,同时会鼓励成名艺人为了追求高额收入而恶意解除合同,不利于演艺行业的整体运营秩序的建立,因此在演艺合同中单方解除权应当予以合理限制"[①]。

由上述案例可知,艺人希望以委托人的身份单方解除演艺经纪合同基本上是不可行的,而此后多件同类案件的判决亦体现了这一观点。[②]

当然也有例外。例如,当出现合同中约定的单方解除事由或存在其他法定解除事由时,艺人还是可以行使单方解除权的。在上海坤宏传媒投资管理有限公司与薛之谦其他合同纠纷一案,法院将双方签订的《艺人合同书》的性质认定为"有委托代理内容、居间内容、行纪内容、演艺经纪内容等"的"混合性无名合同"。但是因为经纪公司未能实现合同中的部分承诺,而合同中又约定在这样的情形下薛之谦可以行使单方解除权,所以合同在薛之谦提出解约之日即解除。[③]

又如,当一方已有很强的解约意愿时,法院会从勉强维持合作关

---

① 北京市高级人民法院(2013)高民终字第 1164 号民事判决书。

② 其实早在 2009 年的熊威、杨洋(熊天平妻子)与北京正合世纪文化传播有限公司知识产权合同纠纷一案[(2009)民申字第 1203 号]中,最高人民法院就明确了演艺合同是一种综合性合同,其中关于演出安排的条款既非代理性质也非行纪性质,而是综合性合同中的一部分,因此不适用委托代理关系中的"单方解除"规则。该案也作为典型案例,被纳入《最高人民法院知识产权案件年度报告(2009)》。而在上海唐人电影制作有限公司诉林更新委托合同纠纷一案中,虽然一审法院认为双方当事人间的《经理人合约》是委托合同,林更新作为委托人有单方解除权,但是二审法院认为系争合同"同时具有委托合同、劳动合同、行纪合同和居间合同等特征",故一审判决中"将本案系争合同定性为单一的委托合同欠当"。因此二审法院对林更新关于"双方签订的合约符合委托合同性质,其享有任意解除权"的意见不予采纳,撤销了一审判决。参见上海市第一中级人民法院(2013)沪一中民一(民)终字第 2086 号民事判决书。

③ 参见上海市第一中级人民法院(2013)沪一中民一(民)终字第 2086 号民事判决书。

系并不利于双方的发展为出发点，支持解约。例如，在贾某与上海东锦文化传播有限公司其他合同纠纷再审案中，虽然艺人贾某不享有单方解除权，法院还是以"继续履行合同显然对双方均无益处"为由判决合同解除。①

为保障艺人和经纪公司的权益，签署经纪合约是一件严肃、重要的事情，双方应当对一些关键条款作出详尽的、明确的、个性的约定，针对不同的艺人作出有针对性的、定制性的约定。比如权利义务、利益分成比例、包装计划、路线设计、主打市场、违约的范围和违约责任的承担及承担方式等。同时考虑到当前大多数经纪合约是经纪公司提供的格式合同，签约艺人往往因为是新人出道、人轻言微，合同约定的权利义务关系多是失衡的，话语权和解释权基本倒向经纪公司这边。但其实从长远来看，这并不利于经纪公司的经营管理和发展。②

而近些年来，时常出现艺人因违反法律规定或者违反社会道德，如吸毒、嫖娼等，给经纪公司造成损失的，所以在经纪合约中建议增设条款，若艺人出现前述情况，公司可单方解除合同并要求赔偿，包括实际损失和预期可得利益损失。③

就在曹云金公开与郭德纲的矛盾后，郭德纲也按耐不住，于9月25日午夜0点29分，在其微博上发表六千余字长文，对前徒弟的指控、争执一一回应。这篇标题《天涯犹在 不诉薄凉》的文章此后数日长期占据热门微博榜第一的位置。④而截至本章写作完成时，两人化干戈为玉帛估计遥遥无期。

而吴亦凡、鹿晗两人工作室则在2016年7月几乎同一时间发出

① 上海市高级人民法院（2014）沪高民一（民）再提字第8号民事判决书。
② 马锦洲：《演艺经纪合同不应是"卖身契"》，原载文化传播网，转引自法律快车，http://www.lawtime.cn/info/hetong/htnews/2009121135523.html。
③ 相关经纪合同模板可参见本书附录。
④ 橙鉴：《郭德纲深夜发长文回应曹云金：命中注定有此一撕》，载经济观察网，http://www.eeo.com.cn/2016/0925/292245.shtml。

声明，宣布两位艺人与 SM 娱乐公司达成和解。鹿晗方称：已经和SM 公司就专属合同无效一案达成和解，鹿晗将按照现有模式在中国自由开展演艺工作。吴亦凡方面也表示：吴亦凡今后将在全世界范围内（日韩地区以外）拥有自由开展演艺工作及自行委托第三方开展经纪业务的全部权利。随后 SM 公司方面也发声，表示"SM 与吴亦凡、鹿晗间的专属合同将按照原合同有效至 2022 年，SM 给予吴亦凡、鹿晗委托权限在除日本、韩国以外等地活动。吴亦凡、鹿晗将给予 SM收入分配"[①]。

在利益面前，终究没有永远的敌人。最理想的经纪，应当不是一纸"卖身契"，而是你中有我我中有你，相互依存共同发展的"老友记"。

---

① 美羊羊：《鹿晗吴亦凡恢复自由身！详解 SM 为何甘愿达成和解》，载搜狐韩娱，http://korea.yule. sohu.com/20160721/n 460394078.shtml。

第十四章

音乐改编不可以吗？

　　前花儿乐队的主唱，如今的歌手、"段子手"、综艺节目主持人大张伟，在国内某综艺节目上演唱改编的曲目《爱如潮水 Remix》被指认抄袭国外著名 DJ Zedd 的单曲 *Candyman*。很快，此事竟"惊动"了有着"娱乐圈纪委书记"之称的、万达集团董事长王健林的独生子王思聪。后者在微博点名批评大张伟，称其行径是"像素级的抄袭"。随后，大张伟在微博上转发了自己最新创作的歌曲《人间精品起来嗨》，并摆明"挑衅"王思聪："哈喽啊，我新作《人间精品起来嗨》用了 20 多首别人歌，您了伸手伸手伸伸手，请毛里求撕下儿这段子曲儿呗～您是最了解茶鸡蛋和普通鸡蛋砸人哪个疼的主儿啊！"王思聪见状又立刻回应：不要脸还是挺服你的！2016 年 9 月 12 日，在媒体采访中当被问及此事，大张伟依旧发挥了一个转型为综艺咖后的娱乐本色，他直言觉得这事特别有意思，并且还表示，自己本来想把伴奏发给王思聪，希望有机会能和他同唱一首歌。[①]

---

① 聆君：《王思聪炮轰抄袭　大张伟：想把伴奏发给他》，载新浪娱乐，http://ent.sina.com.cn/z/v/2016-09-12/doc-ifxvukhx4974723.shtml。

尽管，大张伟在公开场合承认自己借鉴了 *Candyman* 的编曲结构，并强调此举是致敬 Zedd，但王思聪上来的"一记闷棍"，却将焦点引向娱乐法领域，即大张伟的行为是否构成音乐作品侵权。值得一提的是，就在一年多以前，正值湖南卫视《偶像来了》综艺节目开播，才播出第一集，王思聪就转发了关于该节目涉嫌抄袭韩国综艺《英雄豪杰》节目版式的文章，并事后因此与湖南电视台工作人员在网上大打"口水仗"。但就事论事，仅就在著作权保护的认知和活学活用上，王思聪不愧为某自媒体号戏称时所授予的"知法懂法的好少年"。①

对比文字作品、美术作品等著作权保护，音乐作品确实会复杂许多。按照《著作权法实施条例》第四条第一款的规定："音乐作品是指歌曲、交响乐等能够演唱或者演奏的带词或不带词的作品。"其中，带词的音乐作品，与文字作品有一定的交叉，因为歌词本身就是文字作品，甚至有的音乐作品的歌词使用的就是现成的文字作品，如王菲演唱的《但愿人长久》歌曲词部分用的就是苏东坡那首《水调歌头·明月几时有》的词。另外，以歌曲形式表现的音乐作品，

---

① 刘茏：《王思聪说话竟然这么准确！难道是一名娱乐法专家》，原载如是娱乐法，转引自知乎，https://zhuanlan.zhihu.com/p/20148260。

通常由词、曲和混成后的录音制品三部分构成，按照不同的权属主体看，就可以分为词作者、曲作者和录音制品所有者（唱片公司）三种权利。

但这不等于说，当使用他人的音乐作品时，必须得从上述三个主体分别获得授权，否则即视为侵权。以中国音乐著作权协会诉北京东方新大陆文化艺术有限公司等侵犯著作财产权纠纷案为例，2009 年 5 月 15 日、5 月 16 日，被告在北京展览馆剧场举办了名为"何日君再来"的邓丽君经典歌曲演唱会。演唱会共演出歌曲 26 首，其中包括了未经著作权人许可的《月亮代表我的心》《甜蜜蜜》《恰似你的温柔》《海韵》以及《独上西楼》5 首歌曲。鉴于这 5 首歌曲的词曲作者将其著作权授权给我国台湾地区"著作权协会"行使，该协会又与中国音乐著作权协会签订了《相互代表合同》，由后者在大陆行使这 5 首歌曲的著作权。因此，法院审理认为，演出组织者组织演出、使用他人作品的，应取得著作权人的许可，并支付报酬。被告作为涉案演唱会的主办者，属于著作权法意义上的演出组织者，但二者在其组织的"何日君再来"演唱会中使用音乐著作权协会管理的涉案 5 首歌曲，并未征得许可，亦未支付报酬，故共同侵犯了相关著作权人的表演权，依法应承担连带赔偿责任。[①]

又如，在中国音乐著作权协会诉新一佳超市有限公司背景音乐侵权案中，法院审理认为被告未经音乐著作权协会或相关作品作者同意，擅自在其经营场所内借助技术设备公开表演涉案音乐作品，已侵犯相关作品之表演权，依法应承担停止侵权、赔偿损失之民事责任。[②]这意味着在经营场所（如购物超市、商场、酒店、咖啡厅、美容院

---

① 参见北京市朝阳区人民法院（2010）朝民初字第 20969 号民事判决书。
② 参见深圳市中级人民法院（2011）深中法知民终字第 62—65 号民事判决书。

等）播放未经授权的音乐作品，同样是侵权行为。①

　　通过上述典型案例，在音乐作品授权问题上可以得出三个结论。第一，词曲作者通常会授权给唱片公司，唱片公司通过将其制作成录音制品，从而获得录音录像制作者权，简称"录制者权"。第二，在我国，除了直接向唱片公司获得歌曲授权外，另一个主要途径便是向中国音乐著作权协会获得许可，并通过其向著作权人支付报酬。第三，除非有"合理使用"与"法定许可"的情形，任何对音乐作品的使用，不论其串烧、改编、作为背景播放，都应获得权利人许可。

　　录制者权利，权属来自邻接权。根据我国《著作权法》的界定，邻接权特指表演者对其表演活动、录音录像制作者对其制作的录音录像、广播组织对其播出的广播信号以及出版者对其版式设计所享有的专有权利。该权利与著作权相比，最主要的差异在于，后者的客体得是符合"独创性"要求的作品，而邻接权的客体是未达到"独创性"标准、不构成作品的其他劳动成果，也因此，其享受的法律保护水平相应地较著作权保护要来得低。② 由此，录制者权与表演者权、广播组织权、版式设计权同属我国《著作权法》意义上的四类邻接权。

---

① 事实上，早在 2003 年就有相关判例，北京某商场因擅自使用他人的音乐作品作为背景音乐，而被判定为侵权。虽然近些年不断有类似案件发生，著作权人也屡次维权成功、获得赔偿，但经营场所背景音乐侵权现象仍屡禁不止、监管难度颇大。相关资料参见谢德良《首例背景音乐著作权案立案 京城某商场被索赔 20 万》，载《北京娱乐信报》2003 年 11 月 4 日；段菁菁：《全国首例酒店餐饮业背景音乐侵权案结案》，原载新华网，转引自知识产权局，http://www.sipo.gov.cn/albd/2009/201310/t20131023_836292.html；卢扬、郑蕊：《商场背景音乐侵权缘何屡禁不止》，载《北京商报》2016 年 7 月 18 日；张延来：《经营场所播放背景音乐侵权案法律要点梳理与分析》，载《中国知识产权》总第 41 期。

② 邻接权产生的主要原因，是某些有价值的非物质劳动成果由于不具备"独创性"而无法受到狭义著作权的保护，因而才创设的一项权利。相关理论参见［德］M. 雷炳德《著作权法》，张恩民译，法律出版社 2004 年版；王迁：《知识产权法教程》，中国人民大学出版社 2014 年版，第 194—197 页。

就音乐作品而言，录制者权的权利主体一般为唱片公司。可以想见，唱片公司要合法地录制歌手演唱的歌曲并制作成唱片出版、发行，首先必须与词曲作者以及歌手签约，获得他们的许可并支付报酬。同时，唱片公司必须组织自己的专业录制团队，搭建专业录音棚，使用昂贵精密的录音设备，对现场演唱进行高质量的录音。录制完成之后，又必须投入人力、物力、财力进行后期剪辑和制作。这意味着，倘若他人未经许可就擅自复制、发行唱片，就会严重损害到唱片公司的利益。尤其是面对信息化浪潮和数字化环境的影响，非法复制、传播音乐作品变得愈加快速、便捷，而且无论在波及面还是规模上，都是传统物理空间难以想象的。所以说，以 P2P 技术为代表的下载方式，对诱发侵权、帮助盗链的确有"推波助澜"的作用，这已不仅仅是冲击传统音乐产业的话题范畴了。[①]

根据我国《著作权法》和《著作权法实施条例》规定，录制者权利主要有：复制权、发行权、信息网络传播权、出租权。其中，录像制作者还享有许可电视台播放的权利。[②] 这些权利保护期限同样为 50 年，即截止于录音、录像制品首次制作完成后第 50 年的 12 月 31 日。

在我国大陆地区，对音乐著作权保护采取集体管理制。该制度是相对于音乐著作权人个人行使权利而言的，是众多的音乐著作权人通过一个统一的机构，并以这个机构的名义，共同向音乐作品的使用者行使自己权利的一种体系模式。音乐著作权集体管理在国外已有一百多年的历史，在包括美国、英国、德国、日本等发达国家，著作权集

[①] 相关文献可参见张今《数字环境下私人复制的限制与反限制——以音乐文件复制为中心》，载《法商研究》2005 年第 6 期；张今：《数字环境下的版权补偿金制度》，载"腾讯研究院"，http://www.tencentresearch.com/171_11；熊琦：《数字音乐之道：网络时代音乐著作权许可模式研究》，北京大学出版社 2015 年版；[美] 大卫·J. 莫泽：《音乐版权》，权彦敏、曹毅博译，西安交通大学出版社 2013 年版。

[②] 参见《著作权法》第四十二条、第四十六条。

体管理已是常设性、常态化的了。[①]

中国音乐著作权协会是由国家版权局和中国音乐家协会共同发起成立的目前中国大陆地区唯一的音乐著作权集体管理组织，是专门维护作曲者、作词者和其他音乐著作权人合法权益的非营利性机构。机构成立于 1992 年 12 月 17 日。[②]

据中国音乐著作权协会副总干事刘平在一次论坛演讲中介绍，音乐著作权协会通过诉讼维权和谈判等方式，目前已与百度、腾讯等公司的在线音乐平台都建立了一揽子合作协议，建立了网络环境下付费使用音乐的主渠道，近些年音乐版权许可收入也显著增加。2014 年收入达人民币 1.37 亿元。此外，截至 2014 年底，国内会员总数超过 7700 人。自 1994 年加入国际作者作曲者协会联合会（CISAC），目前已与 63 个海外协会签署了相互代表协议。在 CISAC 框架下，管理全球约 300 万词曲作者的 1400 多万首音乐作品。[③]

值得一提的是，音乐著作权协会采取会员登记注册制，其"集体

---

① 以美国为例，美国比较著名的著作权集体管理组织有 9 个，其中 3 个存在于音乐作品领域。在目前美国音乐界最著名、影响最大的著作权集体管理组织是美国作词家、作曲家和音乐出版商协会，会员包括词曲作家和音乐出版商。目前其会员总数达到 20 万人，管理的作品总数高达 800 万件。每个词曲作者和出版商加入协会，成为其会员之后都必须和协会签署会员合同，主要内容有：会员将其作品的非戏剧公开表演权的非专有许可权转让给协会，使得后者有权向使用者发放表演权管理的所有作品的许可证；会员授权协会在发生侵权纠纷时代表其提出诉讼，并委托协会的律师处理版权纠纷；会员同意接受协会的版税分配制度。详见吕宇航、杭敏《美国音乐版权的运作与管理模式》，载《中国出版》2012 年 4 月上；对于欧盟经验的介绍，可参见恩里科·博纳迪奥《互联网时代音乐版权的集体管理与欧盟倡议：从互惠代表协议到开放平台》，http://www.ifla.org/past-wlic/2012/148-bonadio-zh.pdf。

② 中国已成立了中国音乐著作权协会、中国音像著作权集体管理协会、中国文字著作权协会、中国摄影著作权协会、中国电影著作权协会等 5 家集体管理组织，基本覆盖了作品使用的各个领域。转引自方圆《中欧版权集体管理研讨会探讨著作权集体管理实现路径》，载《中国新闻出版报》2014 年 12 月 1 日；关于中国音乐著作权协会背景介绍可详见其官网"关于协会"，http://www.mcsc.com.cn/mIL-5.html。

③ 刘平：《互联网时代中国音乐著作权保护所面临的挑战与机遇》（*Challenges and Opportunities in Copyright Protection of Chinese Music Industry*），第四届中美知识产权高端论坛发言，载《伯克利法律评论》，https://www.law.berkeley.edu/。

管理"相当于受著作权人的委托,代为行使许可、收费等职责。大部分音乐作品登记都是词曲结合的 Demo 音频登记。词曲再加简单的单轨编曲就可以成为一个受到现代工业认可的初级歌曲作品。这个作品中,基本只会出现词作者、曲作者的署名。这与版权登记系两个完全不同的概念。前者是著作权身份明晰前提下的权利行使委托,后者是主张著作权归属的预防保护。在我国,版权登记场所通常有两处,一是中国版权保护中心,二是各省市的版权局。

在法定许可问题上,有专门的"制作录音制品的法定许可"。《著作权法》第四十条第三款规定:"录音制作者使用他人已经合法录制为录音制品的音乐作品制作录音制品,可以不经著作权人许可,但应当按照规定支付报酬;著作权人声明不许使用的不得使用。"正确理解与使用这一法定许可,要从以下三个层面加以掌握:第一,只适用于已经被合法录制为录音制品的音乐作品。如果它仅在网络中传播,就不能未经音乐作品著作权人许可而制作录音制品。同时,如果音乐作品作为配乐被电影作品使用,对这部电影的制作和出版不能视为"已经将音乐作品合法录制为录音制品",因为电影中的配乐只是电影作品的一部分,电影录像带、VCD、DVD 等也不是"录音制品"。

第二,只是对音乐作品著作权人"机械复制权"的许可,并不包括对表演者和录音制品制作者享有的"复制权"和"发行权"的许可。如果直接翻录他人制作的录音制品,或者在翻录的基础上以技术手段进行加工和编辑,制成新的制品出版,将同时构成对表演者和前一录音制品制作者"复制权"和"发行权"的侵犯。因此,所谓许可,只是实际上允许使用词曲本身。

第三,"制作"之余,允许"发行"。根据音乐著作权协会之前公布的付酬标准,制作录音制品的法定许可费按照录音制品批发价的3.5% 与制作数量相乘所得,但每首作品著作权费不低于 200 元;音乐作品的长度超过 5 分钟的,每增加 5 分钟就按增加一首音乐作品来计算法定许可费。

关于"合理使用",我国《著作权法》第二十二条列出了 12 项情形,《信息网络传播权保护条例》规定了 8 种数字环境中的情况,加以梳理,最常见的大体是以下三种类型:

类型一:个人使用。为个人学习、研究或者欣赏,使用他人已经发表的作品的行为。例如网上下载音乐试听,则不构成侵权。如果存在大量复制,在大多数国家都因其会对权利人的经济利益造成不合理的损害而认定为侵权。①

类型二:适当引用。为介绍、评论某一作品或者说明某一问题,在作品中适当引用他人已经发表的作品,包括在通过信息网络提供他人作品中适当引用已经发表的作品。例如,你编写的某首曲子中,援引了他人音乐作品的几个曲子片段,那是被允许的。但超过一个明显合理的"量级",就涉嫌抄袭了。量级的计算并没有一个公式化的标准,但可以设想,一首歌三五分钟,重合的音乐片段总不会在半分钟以上吧。

类型三:免费表演。免费表演已经发表的作品,该表演未向公众收取费用,也未向表演者支付报酬。它的适用有严格的限定,这里的"费用"和"报酬"包括以任何名义收取或支付的,与欣赏或表演作品有关的直接或间接的费用和报酬,如车马费、出场费或实物对价,以及向观众收取的餐饮费、场地费、会员费等。如果一家餐厅有偿聘用一个歌手在席间弹唱享有著作权的歌曲,就应该获得著作权人的许可并支付报酬。②

---

① BMG Music v. Gonzalez, 430 F. 3d 888 (7th Cir. 2005)。还有一个概念要区分的是,侵权与否和是否被追究责任又是两个尺度。例如,一个人大量从网上下载盗版音乐或电影,其行为已侵权,但不一定会被追究责任。

② 包括前些年在国内闹到沸沸扬扬、争议颇大的卡拉 OK 版权收费一事,从法理上讲,它既不构成"合理使用",更不属于"法定许可",收费是必然的,只是涉及谁来收、怎么收、向谁收、收后怎么分等细节问题,需要进一步商榷。参见吴冬《卡拉 OK 版权之争 从侵权诉讼到版权收费》,载《中国知识产权》总第 16 期;汤磊:《用别人的歌要付钱 KTV 版权费那些事儿》,载智合东方,http://zhihedongfang.com/article-991/。

2015 年，广电总局发布的《关于大力推进我国音乐产业发展的若干意见》提出，到 2020 年，整个音乐产业目标实现产值 3000 亿元。国内消费市场升级带给音乐文化产业新的发展环境，而"互联网＋音乐"则是音乐产业发展的方向，也是实现 3000 亿元产值的重要收益增长点。2016 年 6 月 24 日周杰伦新专辑发布，有数据表明在线数字专辑当天销量突破 90 万张，创造千万销售额。而音乐网络直播更是亮点频出，乐视音乐 2015 年在线观看直播人数突破 1.5 亿。

另外，同样在 2015 年，国家版权局一纸《关于责令网络音乐服务商停止未经授权传播音乐作品的通知》（7 月 8 日发布），要求网络音乐服务商于 2015 年 7 月 31 日前将未经授权传播的音乐作品全部下线。这对众多版权音源储备不足的在线音乐平台来说，不亚于一击重拳，它们有可能面临瞬间用户数锐减的尴尬。然而，对整个数字音乐市场来说，江湖洗牌、格局重整或由此拉开序幕。

版权市场的瓜分和割据并不代表着在线音乐平台竞争的结束，而恰恰预示着竞争将进入更高层级，更加白热化。由于一个平台无法覆盖到所有音乐版权，以及音乐作品版权的交叉授权，这预示着，未来在移动终端听歌将正式进入"多 APP 模式"。而从产业竞争角度来看，随着版权方的相互许可和联盟，以及唱片公司越来越倾向于减少对音乐平台的独家授权，网络音乐平台之间曲库的差异也许将不再是竞争的首要法宝，且这种差异反而可能越来越小甚至消失。照目前态势，在线音乐平台的竞争已经升级为在音乐发布、音乐社区、演唱会／晚会直播等领域的竞争，其最终结果一定是通过多元化、个性化的服务，进一步细分市场，满足不同音乐消费群体的不同要求。即使是个性鲜明、小众的音乐平台，也仍可能是市场和资本关注的热点——在线音乐的战国时代才刚刚开始。①

---

① 参见何军、贺环豪、刘聘《在线音乐江湖之法律解读》，原载《汉坤法律评述》，网络转引自计兮网，http://www.goingconcern.cn/article/10344。

　　就在大张伟抄袭事件爆发后，有资深媒体人就撰文质疑 "这起事件越来越觉得可能是'炒作'"，"因为我查了一下 QQ 音乐的曲库，这首歌已经获得节目制作方的授权上线，也就是说，这首歌可能已经获得了相关版权人的授权，不然在事件曝光之后就应该下线了"。即便可能如此，但文章作者却进一步表示，"大张伟打开了一个黑匣子"。他想传达的意思是，在曲目改编问题上，要么获得授权，要么收手别干，但在版权价格水涨船高，正版化如火如荼的当下，"版权" 成为音乐行业最热门的话题之一，旗帜鲜明地反对侵权也是最政治正确和能占据道德制高点的态度，可是，我们应该更关心解决方案。①

　　然而这是一个很深远且复杂的话题，本章的篇幅也无法承载，只能推介两本书就此打住。一本是劳伦斯·莱斯格的《思想的未来》，还有一本是北川善太郎的《著作权交易市场：信息社会的法律基础》。

---

① 陈贤江：《大张伟打开了一个黑匣子》，载知乎专栏，https://zhuanlan.zhihu.com/p/21978846。延伸阅读还可以参见 Ran《专家科普：大张伟算不算抄袭？如何界定？》，载新浪娱乐，http://ent.sina.com.cn/z/y/2016-08-15/doc-ifxuxnak0293911.shtml。

第十五章

广告合作更难了吗？

"能量加上持久光泽，只需一天牙齿就真的白了。"这是中国台湾艺人徐熙娣（小S）为佳洁士（品牌）双效炫白牙膏所做的代言。在镜头前，小S露出"炫白"的牙齿，笑容嫣然。但出于常理判断，这样的神奇效果是后期特效加工出来的，而所谓"牙齿变白，只需一天"怎么可能？

2015 年 3 月 9 日，据新华社消息，上海市工商局披露，因构成虚假广告，佳洁士被处罚 603 万元，这是国内针对虚假违法广告迄今为止开出的最大罚单。据查，画面中突出显示的美白效果是后期通过电脑修图软件过度处理生成的，并非牙膏的实际使用效果。上海市工商局广告处处长缪钧在接受媒体采访时表示，广告中使用 PS 技术可以理解，但如果将过度 PS 技术用于广告标的，就属于违反规定，广告标的必须坚持真实性的原则。"例如在汽车广告中，PS 蓝天白云好景色是没问题的；但在日化用品广告中，公然对标的物的实际效果造假，就必须付出法律的代价。"至于罚款金额，他则解释为"是根据广告法，按照广告费用的一定比例进行处罚的"。①

佳洁士广告摊上大事儿，既不是首例，也不是个案。在日化洗涤用品领域，虚假广告曾一度泛滥。像奥雪、欧舒丹等知名品牌也都曾被罚。业内人士反映，该行业的潜规则就是"不怕做不到，就怕想不到"。有很多策划公司专门帮洗护品牌企业做市场营销及广告，但这些公司往往对企业的生产技术、成本控制等各方面的能力都不了解。于是，像天山雪莲、深海鱼油、矿泉精华等各种迎合消费者的概念便

---

① 潘福达：《小 S 代言牙膏系虚假广告 佳洁士获 603 万元最大罚单》，载《北京日报》2015 年 3 月 10 日。

应运而生。但企业在实际的生产中，无论从技术上，还是成本上，均无法做到。

不仅如此，像保健食品、药品、医疗器械等行业也是虚假广告的重灾区。稍加梳理，近十年因虚假广告引发消费者权益纠纷时有发生，且不少由于有明星代言，其所引起的舆论关注和社会影响波及甚广。从现今往前推，其中较为典型的案例除小 S 代言的佳洁士牙膏外，还有姚明代言的汤臣倍健鱼油软胶囊案，濮存昕代言的云南白药牙膏案，张国立代言的"初元"营养液案，侯耀华代言的产品范围涵盖保健食品、药品、医疗器材等 10 个虚假产品广告案，赵忠祥代言的"长城利脑心片"案，陈道明代言的"和其正"案，郭德纲代言的"藏秘排油茶"案，刘嘉玲代言的"SK-II 神仙水"案等。[1]

有广告从业者曾向某媒体表示，明星代言人是中国消费者最买账的方式之一。[2] 然而，在回顾上文提及的因产品质量问题引发的对代言明星的信任风波时，不难发现，消费者在提起诉讼时，大多将代言明星作为产品销售者或生产者的共同被告诉至法庭。这一策略主要基于以下两点考虑：第一，通过"捎带上"明星可以吸引公众对案件的关注，制造舆论效果，得到司法上基于"顺应民意"的倾向性裁判；第二，认为明星获得高昂代言费，能力越大，责任越大，其理应在质量纠纷发生后的赔付问题上尽一分力，即保障赔付履行能力。

然而，这些案例均发生在 2015 年 9 月 1 日之前。按照当时适用的法律，虚假广告被处罚的主体主要是广告主、经营者、发布者三类人，依据案件的严重程度承担行政或刑事责任，而涉案的明星通常只

---

[1] 相关案情简介可参见清如许《〈广告法〉草案之后：明星代言需谨慎？其实没什么可怕的》，载如是娱乐法，转引自传送门，http://chuansong.me/n/2609929。相关案例亦可参见孙博洋《盘点那些涉虚假广告代言的名人》，载人民网，http://finance.people.com.cn/GB/8215/373565/387209/395590/。

[2] 周卓然：《新广告法就要施行了 想好明星代言怎么整了吗》，载界面，http://www.jiemian.com/article/341152.html。

承担民事责任。①

以现行的《食品安全法》为例，其第五十五条规定："社会团体或者其他组织、个人在虚假广告中向消费者推荐食品，使消费者的合法权益受到损害的，与食品生产经营者承担连带责任。"2008年，"三鹿"奶粉事件引发了食品安全问题，于是，2009年《食品安全法》获得通过并实施，根据其中第五十五条规定，消费者在购买食品后，若合法权益受到损失，可直接向明星这一方请求承担赔偿责任。这一条文无疑是一个进步，但是只将明星代言食品这一方面纳入法律调整的范围，其他方面仍然没有法律规范进行调整。

同样是在2009年，十二届全国人大常委会第五次会议表决通过的新《消费者保护法》第四十五条第三款规定："社会团体或者其他组织、个人在关系消费者生命健康商品或者服务的虚假广告或者其他虚假宣传中向消费者推荐商品或者服务，造成消费者损害的，应当与提供该商品或者服务的经营者承担连带责任。"这一规定扩大了明星须承担责任的代言广告范围，凡是关系消费者生命健康的虚假广告或宣传，代言明星均需承担责任。

然而，面对虚假广告层出不穷、"明星代言"立法缺失等问题，原有的一些法律规定已无法适应广告业的发展。为了进一步规范广告经营活动，也为了给从广告经营到消费者经济行为（权利义务）提供更加清晰的规则指引，②2015年4月24日，中华人民共和国第十二届全国人民代表大会常务委员会第十四次会议表决通过了经修订的《中华人民共和国广告法》（以下简称"新《广告法》"），并于当年的9月1日起正式实施。

---

① 李绍章：《明星代言广告的法律规矩》，载法学在线，http://article.chinalawinfo.com/ArticleFullText. aspx?ArticleId=48186。

② 张茅：《关于〈中华人民共和国广告法（修订草案）〉的说明——2014年8月25日在第十二届全国人民代表大会常务委员会第十次会议上》，载《中华人民共和国全国人民代表大会常务委员会公报》2015年第3期。

对比旧版的、适用了二十余年的《广告法》(1995 年 2 月 1 日施行），新《广告法》修改幅度较大。现行新《广告法》全文总计 75 条，与旧法相比新增了 33 条、删除了 3 条、修改了 37 条，在细化广告内容准则、明确虚假广告的定义和典型、严控烟草广告发布、新增保护未成年人的相关规定等十个方面进行了修订。[①]

在上述修订中，关于引入"广告代言人"概念，将其纳入调整、监管的主体，是新《广告法》的亮点，也是备受公众关注的焦点——要知道，旧版《广告法》的调整主体只有广告主、广告经营者和广告发布者，而没有"广告代言人"一说。[②] 至此，明星广告代言不再游走于法律调整的边缘，而被正式纳入监管的体系之中。明星须依据法律承担相应义务，并在违反义务时承担相应法律责任。

新《广告法》第二条规定："本法所称广告代言人，是指广告主以外的，在广告中以自己的名义或者形象对商品、服务作推荐、证明的自然人、法人或者其他组织。"根据该定义，要符合"广告代言人"身份，须具备（注意）以下三个要素：

第一，须凭借自身的名义或形象，即利用代言人本身的身份、地位等特殊人格所产生的影响力进行推荐。如果仅在广告中出现、进行表演并且在相关公众中没有知名度或影响力，则不能认定为广告代言人。当然，并非只有名人才可被认定为广告代言人。广告代言人虽

---

① 其他还有新增关于电子广告的规定、强化大众传播媒介广告发布行为的监管力度、新增公益广告内容、明确工商行政管理部门对广告监督管理的职责、强化法律责任、新增广告代言人的义务和责任。相关简述可参见何军、唐琦惠《〈广告法〉修订要点简述》，载《汉坤专递》2015 年第 9 期，http://www.hankunlaw.com/downloadfile/newsAndInsights/7aaa20c160baf60c02a731bbb3095a19.pdf。亦可参见《君合专题研究报告》之"新《广告法》简评"，http://www.junhe.com/images/ourpublications/Research_Reports/Research_Reports_CN/20150520.pdf。

② 值得一提的是，在早前公布的新《广告法》修订草案中，用的是"广告荐证者"概念，在随后定稿版本中，又换成了更为普遍使用的"广告代言人"一词。两者除了名称上的差异外，正式稿更突出强调代言人"以自己的名义或者形象"做推荐或证明这一特征，这深刻揭示出了代言人及代言行为的核心判断标准——广告主之外的人以推荐为目的在商业广告中表达了自己的意见或主张。参见宋亚辉《广告代言人的认定及行为规范》，载智合东方，http://zhihedongfang.com/article-6552/。

然是中国民众更为熟悉的概念，但从其所指来看，所谓的广告代言人往往是指名人代言广告的情形，尤其是娱乐明星作为广告代言人的情况。然而，广告法上的"广告代言人"绝不限于娱乐明星等名人代言，它广泛涵盖各类自然人、法人或其他组织，例如以普通消费者身份、患者身份和学生身份所做的广告代言，甚至可能包括可识别出版权人的卡通形象，例如实践中曾出现过的唐老鸭、米老鼠、兔斯基所做的代言。①

第二，对商品或服务进行推荐、证明的行为。此等行为可以是明示的，如在广告中展示、说明商品、服务的优势；也可以是默示的，如明星在公众活动中使用某品牌的手机。

第三，是广告主以外的自然人、法人或其他组织。不仅包括自然人，也包括法人、其他组织。同时新《广告法》第三十八条的规定，对广告代言人从行为到主体资格作出了限定。首先，广告代言人在广告中对商品、服务作推荐、证明，应当依据事实，符合本法和有关法律、行政法规规定，并不得为其未使用过的商品或者未接受过的服务作推荐、证明；其次，未满十周岁的未成年人不能作为广告代言人。②另外，对在虚假广告中作推荐、证明受到行政处罚未满三年的

---

① 其他的认知误区还表现为把所有出现在商业广告中的人物形象都视为代言人。在广告代言人的认定上，还需要区分广告演员与广告代言人。广告演员不表达角色原型自己的见解，而"代言人"则是以自己的身份或名义表达个人见解。在此类广告中，认定广告代言人的关键有两点：一是普通消费者能否辨别出角色背后的个人或身份信息；二是扮演这个角色的个人是否带有推荐意图，表达了自己的见解。例如在广告片中，有很多群众演员只是在围观某个新上市的产品，这属于典型的广告演员。但若有群众演员突然跳出来，以消费者的身份表示，该产品不错，此人即便不知名，也属于广告代言人，因为从这则广告中能够辨别出广告主之外的个人及其身份信息，而且此人带有推荐的意图表达了个人消费经历和见解。还有一种是软广告中同样可识别出广告代言人。公众通常理解的广告代言人往往是指某人在广告中以语言、表情或动作等信息，直接或间接地表达其对某产品或服务的个人意见和推荐意图。但在以公关稿传播或以博主记事方式发布的软广告中，同样可能识别出广告代言人。

② 根据《中华人民共和国民法通则》的规定，不满十周岁的未成年人是无民事行为能力人，没有能力对商品或服务作出推荐、证明。但此等规定并不是禁止未满十周岁的未成年人做广告，如果未成年人仅仅在广告活动中进行表演，而并非凭借"自己的名义或者形象对商品、（转下页）

自然人、法人或者其他组织,不得利用其作为广告代言人。需要注意的是,由于新《广告法》并未规定推荐商品、服务行为的时间长短,若满足以上条件,即使此广告只播出一次,也可能被认定为广告代言人。

另外,新《广告法》对那些不得使用广告代言人的情形也作出了明确规定。这些产品包括医疗、药品、医疗器械和保健食品。而通过对广告代言人相关法律"问责"制度的设立,让明星艺人、经纪公司开始意识到,广告代言不仅是一项高收益的商业行为,也可能是一项高风险的法律行为。

事实上,自这部国内史上最严格的《广告法》施行以来,取得的成效还是显著的。正如某媒体报道的那样,根据新《广告法》第三十八条规定,不得利用不满十周岁的未成年人作为广告代言人。规定一出,部分曾经聘请了儿童代言人的企业已经悄悄撤下了违规广告。因《爸爸去哪儿》而知名度大增的天天是知名少儿英语培训机构英孚的代言人,印着他照片的大幅海报很长时间都挂在望京新世界的外墙上。后来,有记者从此处经过时发现,这幅海报已经被悄然撤下。而途牛旅游网的页面上,代言人只剩下了林志颖,其儿子 Kimi 的身影也已消失不见。还有,那些为自己没有用过的商品或服务做代言的明星得收敛了,像付笛声、任静两夫妻为"妇炎洁"代言,像罗志祥、林宥嘉、陈柏霖等男艺人竟为某品牌卫生巾代言。[1] 因为根据新《广告法》第五十六条、第六十二条等规定,如果广告代言人明知或者应知广告虚假仍推荐、证明的,应当与广告主承担连带责任,并将被没收违法所得并被处以罚款。在虚假广告中作出推荐、证明的,

---

(接上页)服务作推荐、证明",则不被认为构成广告代言人,这应该是允许的。如果小明星在广告活动中进行表演"没有体现出未成年人的身份特征"则不构成广告代言人,但小明星在儿童节目中的穿戴行为(展示品牌名称)则构成广告代言行为,应当禁止。至于如何认定"以自己的名义或者形象",如何认定是否系"明星",这些在实践操作中存在模糊地带,主管部门目前尚未对此发布官方正式解释。

[1] 肖丹:《新〈广告法〉正式实施 明星代言得"先用先试"》,载《北京日报》2015 年 9 月 1 日。

三年内不能再担任广告代言人。

新法实施后，势必对经纪公司提出更高的专业化要求，而不仅仅只是代明星揽活接单和当明星的生活助理。例如，在与商家就代言事宜签订协议时，应设计专门的保证条款，或是注明责任承担的分配：若商品进入市场后，商品因质量问题损害消费者的合法权益，明星不承担责任。然而，前提还是得谨慎选择品牌合作者，要求合作商家出具必要的证明，或者对合作商家进行简单的调查，才能为明星免责，保证明星的"安全代言"。

不过从商家的角度讲，在选择明星为其产品或服务代言时，也得有所防范，避免受到明星负面事件的牵连，进而损害品牌的社会美誉度。例如李代沫吸毒事件①，此事一经曝出，除了他本人和经纪公司欲哭无泪，蒙受巨大经济损失，应该就属那些签约李代沫代言产品的品牌商们了。这些产品包括联想 VIBE X、清华同方耀系列 U 49F 超极本、东风日产启辰 R 50X、苏宁易购。

明星代言对商家而言最大的风险在于，"明星背负负面新闻，社会形象受损，直接影响品牌形象"。为此，在明星代言合同中品牌商通常会设计"形象维护"条款，附条件解除合同。

在此条款中，除约定品牌商在广告拍摄和使用明星形象时不得损害明星形象外，主要规定了，明星代言人有义务维护自身健康的公众形象，不得损害个人形象，若明星代言人发生被证实有违社会公众道德的负面新闻或受到刑事处罚，品牌商有权解除合同并全额追回已支付的报酬。

所以若明星代言人出现了诸如吸毒、嫖娼、发表不当言论等恶劣情形，影响其社会形象时，品牌商就有权立刻行使解除权，并要求明

---

① 2014 年 3 月 18 日，传因选秀节目一夜成名的某光头歌手卷入吸毒事件，被警方带走调查，随后，北京警方官方微博"平安北京"发布声明通报情况，证实该明星确实为李代沫。5 月 27 日庭审时，李代沫对犯罪事实供认不讳，最终获刑 9 个月。关于此事件更多报道可参见凤凰娱乐专题"李代沫等 8 人聚众吸毒被带走"，http://ent.ifeng.com/idolnews/special/guangtouxidu/。

星代言人全额返还已支付的报酬,还要赔偿因此遭受的损失。

关于损失赔偿如何计算的问题。根据《合同法》相关规定,损失赔偿额相当于因违约造成的损失,包括合同履行后可以获得的利益,但是不超过违反合同一方订立合同时预见到或者应当预见到的因违反合同可能造成的损失。而明星代言给品牌带来的是宣传和推广效应,并不是品牌销售的唯一依赖因素,明星形象受损是否会影响到明星对该品牌消费者的号召力、该品牌在消费者心目中的定位,进而影响到品牌的运营及市场份额并不是一个必然、确定的概念,因此"商业损失"是很难评估的。因此,一些有经验的品牌商会直接约定违约金数额,这样就避免了因难以计算、难以确定而得不到损失的填补。同时,若该损失是直接的可估量的,那么品牌商当然可以主张明星代言人赔偿经济损失了。此时,品牌商只需要证明具体损失和损失与该明星行为、负面新闻之间的因果关系即可。

以李代沫事件为例,有网络消息称,原本计划在央视播出的李代沫代言东风日产 R50X 汽车的广告,因李代沫吸毒被捕而被品牌方迅速撤下,那么按照上文所说的,假如在广告代言合同中设计了"形象维护"条款,那么品牌方在法理上完全有权要求李代沫及其经纪公司承担因购买广告时段的花费及由此受到的其他损失。

这里还有一个问题,若在广告代言合同中,双方之间并没有就明星形象维护问题作出约定,合约生效后才爆出该代言人的负面新闻,品牌商又该怎么做呢?

应视不同情况而定。若该负面新闻性质恶劣,社会影响极大,引来众多关注,那么品牌商可以主张代言人根本违约,从而解除合同,并由其承担违约责任。其中,根本违约是指合同一方当事人违反合同的行为,致使该合同的目的不能实现。在明星代言合同中,品牌商聘请明星代言特定产品通常来说都是利用了该明星在广大受众中塑造的某种特质,且该特质恰好与该特定产品的市场定位相契合。因此,若明星代言人的负面新闻影响了该明星在受众中已塑造的特定形象,不符合该产品的市场定位，那么品牌商聘请其代言的目的也就失去了基础，可以主张根本违约。

若该负面新闻并未造成较大恶劣影响，由于代言合同通常都是分期支付酬金，因此品牌商多会以减少酬金或者干脆不支付酬金的方式解决。

除了广告代言，在影视娱乐业的广告合作中，还有一种较为常见的方式是"广告植入"（Product Placement），或称"植入式广告"。通常理解，该模式是指把产品及其服务具有代表性的视听品牌符号融入影视或其他娱乐作品中的一种营销策略。[①] 但结合已有的一些广告植入合同纠纷典型案例，如就电影《北京遇上西雅图之不二情书》，北京优道极致食品销售有限公司诉北京佳文映画文化传媒有限公司；就电影《变形金刚4：绝迹重生》，武隆景区起诉美国派拉蒙公司和北京一九零五公司；就电视剧《咱们结婚吧》，北京华录百纳影视股份有限公司诉威远县黄老五土特产食品有限公司等。主要问题表现为：广告商因对植入效果不满，拒付合同款或要求制片方赔款。

以《北京遇上西雅图之不二情书》所涉广告纠纷为例。双方约定，在该影片中植入五处广告，包括在拉斯维加斯赌场内姣爷大获全胜后喝苏打水等场景植入，并且约定苏打水作为互动道具由剧情中的人物来喝。"但是让我们震惊的是，这些品牌植入均未出现在公映的电影画面里，整部电影只有两处特别隐蔽的产品显示，我们的苏打水作为摆放物一扫而过"，广告商，即原告方北京优道极致食品销售有限公司副总裁石慧聪表示，早在公映前，公司相关人士在内部观映时就发现了这一问题，当即与相关人员进行了沟通，对方推说公映时会调整特写镜头。"然而，4月25日我们包场邀请了全国各地投资人、经销商、员工等近400人到北京进行观影，几乎没有人在影片中发现

---

① 查道存、胡鑫：《植入式广告：未来影视广告经营的新趋势》，载中国营销传播网，转引自搜狐财经，http://business.sohu.com/20100303/n270561363.shtml。

产品的身影",石慧聪表示,尽管合同附件中明确约定了植入的位置和方式,但是直到电影公映,合同条款也没有得到落实。然而,出品方之一的北京佳文映画文化传媒有限公司方面认为,对方不排除炒作的嫌疑,因为直到记者电话采访前,他们都不知道对方竟然不满意,也不知道对方为何要召开媒体发布会。①

既然"有言在先",为何还起纷争?深究其理,广告植入几乎贯穿了电影产业链中的全部环节,涉及多方主体的多方利益。导演对于艺术的诉求、制片方对于影片收益的考量、广告商对于品牌推广的需求以及不同广告商之间的竞争,这些因素使得广告植入的谈判和最终呈现体现了多方博弈的过程——各方如何作出妥协和让步,让步的分寸、如何保障广告植入效果、如何认定效果,就只能凭一纸合约来判定。但从"纸面上"的约定落实到"行动中"的执行,往往又由于理解的分歧、行为的偏差、效果的走样等原因产生纠纷。

为了影片的艺术效果,制片方势必千方百计避开对植入效果的详细规定。实际在片场拍摄时,临时创意地将产品植入影片产生的广告效果远远优于协议规定中的限制。虽然现场的创意的确可能会优于合同死板的规定,但广告商不能冒这样的风险,将效果完全依赖导演不稳定的"灵感迸发"。产品以什么方式植入、是情节植入还是道具植入、在镜头中出现多长时间、哪个角色有多少台词提及产品,这些问题都可以在合同中作出规定。在实际操作中,合同的条款是双方合作的底线和最低要求。②

为了保障植入效果和方便执行,在广告植入合作协议或被称之为"商务合作合同"中,双方都会详细规定品牌和产品在影片中的体现

① 胡笑红:《热播电影〈北西2〉广告植入惹纠纷》,载《京华时报》2016年5月10日;亦可参见徐雯:《影视植入广告合作又现纠纷 吴秀波代言饮品将起诉〈北西2〉》,载新浪财经,http://finance.sina.com.cn/chanjing/gsnews/2016-05-09/doc-ifxryhhi8556204.shtml。
② 周翔昊:《从〈变形金刚4〉盘古氏撕约事件看电影广告植入的法律问题》,载传送门,http://chuansong.me/n/2609941。张春杰:《影视公司签订广告植入合同的法律风险防范》,载影视传媒法律顾问网,http://www.lvshi125.com/news/?740.html。

方式，并写入多种供选择的植入方案。以场景植入为例，合同可以考虑到的问题包括产品、店铺、广告牌等出现的时长，时间长度是从进入镜头开始算还是从焦距清晰开始算，是否有特写镜头，在画面中的位置、角度、光线，怎样出现在哪个角色旁边，使用何种形式的品牌LOGO 等；而声音植入可以考虑到品牌的广告如何被提及，提及角色是谁，出现的次数，台词中必须出现的词语等。此外，还包括品类禁止条款，即如果出现某类茶饮类产品，广告商就一定会要求在合约中加入类似"不得出现与本产品存在竞争关系的同品类、同行业品牌"等内容。

不仅如此，还应该设置制片方对广告植入效果的监督义务，以及给予广告商审查权，这样的权利可以同各阶段的付款时间和条件绑定在一起——只有这样，才能让广告得到双方的认可，达成合作。比如，在影片拍摄之前，制片方有义务对电影拍摄脚本进行监督，确保脚本把合同规定的内容转化成了拍摄细节；不过，广告商很难在剧本或分镜阶段争取到审查权。而制片方在执行的时候，为了保障自身的利益，履行承诺，比如明星演员拍摄内容的广告，就应该尽量在拍摄期间审查，有关广告植入的内容也应该在大牌演员和导演的合约中有所体现，以防为达成标准还需补拍镜头，难以确定档期或者增加额外花费。在影片完成拍摄之后，后期剪辑工作之中，制片方也应该对完成片进行审查，检验合同内容是否在影片中得到完全的体现。无论细节有没有完全依照合同，都应该预留足够的修改时间。所以制片方需提前约定完片审核，将相关的片段发送给广告商验收，看广告商是否满意拍摄效果，若不满意在双方协商下依照合同规定进行补拍、重剪等。

2016 年 10 月 27 日，重庆市第三中级人民法院对武隆景区状告《变形金刚 4》片方一案进行了一审宣判。法院判定，被告派拉蒙影业公司、一九零五（北京）网络科技有限公司赔偿武隆景区经济损失及维权费用 200.9 万元，同时驳回一九零五（北京）网络科技有限公司的反诉请求。至此，这场持续两年的广告纠纷案件告一段落。[1]

另外，新《广告法》实施以来，全国广告市场秩序持续好转，广告市场环境稳中向好，互联网广告将成监管"重头戏"。[2] 这意味着，广告业开始告别"野蛮生长"年代，将更加规范化。

---

[1] 刘雪琴：《武隆状告〈变形金刚4〉赢了 法院判定对方赔偿200万元》，载华龙网，转引自时光网，http://news.mtime.com/2016/10/27/1562274.html。

[2] 佘颖：《新〈广告法〉实施一周年，一批广告乱象得到有效治理——重罚遏制违法广告》，载《经济日报》2016年9月11日；高敬：《新〈广告法〉实施一周年 互联网广告将成监管"重头戏"》，载新华网，转引自正义网，http://news.jcrb.com/jxsw/201608/t20160831_1645933.html。

第十六章

影视金融有毒吗？

　　谁也没想到,《叶问3》成为
2016 年中国春季档电影市场的热门话
题,不是因为它的品质和口碑,而是
由于它票房造假引发的轩然大波。①

---

① 曹峻:《〈叶问〉的造假风波》,载 FT 中文
网,http://m.ftchinese.com/story/001066667。

2016年3月4日,《叶问3》在大陆地区上映,仅仅半个多月,全国票房就达到7.9亿元。但随之而来的,是一系列涉嫌票房造假的质疑声。有许多来自不同省份的网友纷纷晒出购票截图,调侃其排片是"午夜幽灵场"与"冥币特惠价"。例如有观众反映,"同一个观影厅10分钟一场,票价高到203元,深夜一两点还场场爆满,我也是醉了。""《叶问3》郑重承诺:绝不偷票房,绝不造假。我们只是半夜的时候满座票价200而已,各路孤魂野鬼赏脸罢了。"①

叶问系列电影以中国近代民间武术家叶问为人物原型。叶问原名叶继问,祖籍广东南海罗村镇联星谭头村,出生于佛山。他是咏春拳的发扬人和集大成者。咏春拳是与太极拳、八卦掌、形意拳、鹰爪功等齐名的武术流派之一,拳路以讲求反应敏捷、注重技巧、强调运用肘底力著称。而叶问另一为人称道的地方在于他是已故国际武打巨星李小龙的师父。②自2008年由香港导演叶伟信执导、动作明星甄子丹等主演的《叶问》问世以来,获得了海内外华人观众的喜爱,此后一系列"叶问"的衍生作品也层出不穷,据不完全统计,截至2017年

---

① 张曦:《〈叶问3〉票房造假揭冰山一角 发行方买票房真相几何》,载中国新闻网,http://www.chinanews.com/yl/2016/03-22/7805987.shtml。

② 关于叶问和咏春拳更多的史料记载,可参见叶准、卢德安、彭耀钧《叶问》,国际文化出版公司2011年版。

上半年，各类电影、电视剧有八部之多。[①]

按理说，《叶问3》凭借其之前系列所积攒的人气、口碑，盈利压力并不大，但为何仍要突破监管，去"运作"票房呢？对此，有媒体调查发现，这其实已经是一场借电影外壳玩的资本游戏了。[②]

据报道，此次策划参与《叶问3》票房造假的系一家名为上海快鹿投资集团的公司。该公司通过在2014年前后推出的互联网金融平台，来募集资金转而投入影视项目，其创始人、董事长施建祥把这种模式称为"互联网+电影+金融"。结合他本人先前表示的进入中国电影投资的理由——"当中国电影票房达到10亿元的时候，我在发展企业；当票房达到100亿元的时候，我在关注；当票房达到200亿元的时候，我在观察；当票房达到300亿元的时候，我要出手了"，电影对施建祥而言只是一门生意。值得一提的是，2015年中国内地票房创纪录地定格在了440.69亿元，[③]2016年同比虽有涨幅，但产业拐点初显，未实现预期目标，全年总票房止步在457.12亿元。[④]

当电影成为施建祥眼里的资本运作的标的后，一整套眼花缭乱、错综复杂的操作就开始了。2013年7月，赛越投资公司网站贴出名为上海合禾影视投资有限公司文化产业的基金，称基金计划规模5000万元，资金将用于补充合禾影视经营性流动资金，担保方为东虹桥担保公司。合禾影视系快鹿集团的控股子公司。次年3月，一个名叫江川海的财富顾问在新浪博客上宣传出售同类基金，总融资额度为1.5

---

① 相关影视剧目介绍可详见豆瓣电影"叶问"词条，https://movie.douban.com/subject_search?search_text=%E5%8F%B6%E9%97%AE&cat=1002。

② 周纯、许文苗：《快鹿集团资本变形记：曾陷亿元民间借贷官司》，载腾讯财经，http://finance.qq.com/original/lenjing/kuailu.html。

③ 崔汀：《2015中国内地票房年终总结》，载时光网，http://news.mtime.com/2016/01/03/1550905-all.html。

④ 相关数据参见"中国电影票房排行榜"，http://www.boxofficecn.com/boxoffice2016；对于2016年电影票房"泡沫破裂论"的分析文章可参见羊羊、张梦依《2016中国内地暑期档总票房124亿 票房为何"原地踏步"泡沫正在破裂》，载时光网，http://news.mtime.com/2016/08/31/1559218-all.html。

亿元，期限为 12 个月。

根据工商资料，在 2013 年 10 月之前，合禾影视控股股东是上海金融文化联合会股份有限公司（以下简称"上海金文联"），控股比例曾高达 91.43%。而上海金文联的股东为快鹿集团和上海东虹桥金融控股集团有限公司（后者现已更名为上海中海投金融控股集团有限公司）。

2013 年 10 月，上海金文联转让合禾影视控股权，上海东虹桥金融控股集团有限公司成为合禾影视的控股股东。2015 年 10 月 16 日，合禾影视发生股权变更，股东由上海中海投金融控股集团有限公司（以下简称"上海中海投金控"）、李微变更为自然人江海洋和彭明达。

2016 年 2 月 23 日，快鹿集团控制的香港上市公司十方控股（1831.HK）以约 1.1 亿元人民币从合禾影视收购《叶问 3》中国大陆地区 55% 票房收益权。

2 月 24 日，快鹿集团控制的 A 股上市公司神开股份（002278.SZ）出资 4900 万元认购上海规高投资管理合伙企业有限合伙人（LP）份额，投资标的为《叶问 3》票房收益权投资基金。消息宣布当天，神开股份涨停。

公告显示，当《叶问 3》达到 10 亿元票房的时候，神开股份将获得 8% 的收益，票房越高收益越高。换言之，上海中海投金控为《叶问 3》提供 10 亿元的票房保底承诺。若基金收益小于或等于 0，则由上海中海投金控补足本金和预期收益，这意味着神开股份的这项投资没有任何风险。

做保底承诺的上海中海投金控，与快鹿集团关系密切。上海中海投金控与快鹿集团曾经控股过合禾影视。3 月 4 日，《叶问 3》在中国大陆上映当天，十方控股大涨 22.03%；而神开股份在当天上涨 6.53%。但在《叶问 3》涉嫌票房造假的风波出现后，两家公司的股价应声下跌。[①]

---

① 周纯、许文苗：《快鹿集团资本变形记：曾陷亿元民间借贷官司》，载腾讯财经，http://finance.qq.com/original/lenjing/kuailu.html。

在上述这套复杂的手法背后,其实有着一条相对清晰的运作思路。简言之,快鹿集团先以文化产业基金的名义募资用于电影筹拍,随后又通过自己旗下的上市公司,来购买自己投拍电影的票房收益权——这种"左手倒右手"的行为无疑已涉及关联交易、上市公司事务,又涉嫌重复融资、非法集资、虚假票房等法律和政策上的风险。对此,有业内人士可谓一语中的,他说:"不管是传统的做法,还是金融创新,所有的一切都是围绕着电影内容来做的,《叶问3》的出发点可能脱离了电影本体。在这个项目中,电影成了手段、圈钱工具。"[1]

但实际上,快鹿集团这种"影视金融化"的模式在电影圈内早有先例。2013年,华谊兄弟为周星驰执导的电影《西游·降魔篇》保底发行3亿元。所谓"保底"是指发行方(保底方)对于制片方的一个票房承诺——对于其看好的影片,发行方进行早期的市场预估,约定一个双方都可以接受的保底票房金额。根据双方之间的保底协议,保底方支付保底费用,如果影片票房最终低于保底票房金额,制片方也能提前锁定一笔高额收益,而发行方则在实际票房超出保底票房数额的部分,优先获得更高比例的分成收入。与普通发行相比,保底发行主要有两大特点:一是投资方在影片上映前就能回收原本在影片下映一年多后才能拿到的票房分账款;二是电影项目风险由投资方转嫁到发行方,因而要求保底发行参与者对影片票房有更精准的预期。[2]

在当时国内,这个高额的"保底发行"开一时之先河,然而即便如此,双方却最终因为分红不均、矛盾难调,走上了法庭。[3] 2015年

---

[1] 郑道森、高庆秀:《从〈心花路放〉预售到〈叶问3〉假票房,中国电影到底发生了什么》,原载娱乐资本论,转引自今日头条,http://www.toutiao.com/i6281030057469149698/。

[2] 夏海波、张智超:《保底发行:高票房背后的资本博弈》,载汉盛律师,http://www.hanshenglaw.cn/blog/726。但文中作者把"保底发行"又称为"票房对赌"是一种误解,两者是完全不同的概念。票房对赌,是指发行方和制片人就未来票房收益约定一个数额,如条件成就,则发行方给予制片人更多的收益(分账票房);反之,则少给乃至不给收益的一种合作机制。而保底发行则不同,其不论实际票房如何,发行方必须事先兑付票房收益。

[3] 双方争议焦点在于对超出保底额后的票房如何分配。周星驰方面声称就此曾签署过协议,而发行方的华谊兄弟则予以否认。详见何天骄《周星驰华谊兄弟"撕破脸"对簿公堂 保底发行惹祸?》,载《第一财经日报》2015年4月15日。

4 月 15 日，北京市第三中级人民法院开庭审理并作出判决，一审法院认定双方以电子邮件形式沟通的关于超额部分票房分红的《补充协议二》因双方均未签字、盖章，故协议不成立。所以判决驳回原告崴盈投资有限公司所有诉讼请求，即代表周星驰利益一方全面败诉。[①] 虽然该案的裁判要点不在"影视金融"是否有错，而在于合约没有签署、票房分红基数的计算，[②] 但这个"不好的开端"却丝毫没有影响后来者纷纷仿效的信心，相反，保底发行随后还日渐风靡。例如，2014 年博纳影业也为韩寒导演的电影《后会无期》保底 3.5 亿元，票房超出 3.5 亿元的部分博纳按 40% 分成；同年，中影集团与北京摩天轮公司向《心花路放》片方支付 1.25 亿元，保底 5 亿元发行，影片最终票房 11.7 亿元。此后，越来越多的影片开始采用这种发行方式。比如，乐视影业为吴宇森的两部《太平轮》保底 8 亿元，剧角映画为《栀子花开》保底 4.3 亿元。虽然也有像福建恒业 3 亿元保底《梦想合伙人》最终亏损 7000 万元左右的惨痛教训，[③] 但行业内对此仍热情不减，资本的逐利性使得大量热钱持续涌入，就在 2016 年 8 月 2 日，就有公司对外宣布为一部尚未开拍的电影集《战狼 2》保底 8 亿元票房，并开创了保底发行的新范式 —— 分期支付式。[④]

除此之外，为降低投资风险，保底方近来还探索出了其他新的保底

① 参见北京市第三中级人民法院〔2014〕三中民（知）初字第 13217 号民事判决书。

② 参见刘莐《周星驰跟华谊打官司，到底输在哪儿了？》，原载如是娱乐法，转引自虎嗅网，https://www.huxiu.com/article/113025/1.html；另可参见张汉澍《周星驰交锋华谊兄弟　索要 8610 万分红败诉》，载《21 世纪经济报道》2015 年 4 月 17 日。

③ 李婷：《福建恒业 3 亿保底〈梦想合伙人〉票房遇挫或亏 7000 万》，载《每日经济新闻》2016 年 5 月 11 日。

④ 根据保底方北京京西文化旅游股份有限公司（简称"北京文化"）对外公告，为了降低风险，保底金额一共通过 5 期打款：第一期在协议生效 15 个工作日内支付 4000 万元；第二期在影片关机前 7 个工作日内支付 3000 万元；第三期在首次看片后 15 个工作日内支付 3000 万元；第四期在提供放映许可证 7 个工作日内支付 4000 万元；第五期是保底票房收入即 7759 万元，在影片上映后 3 个月内支付。其中前四次保底金额均由北京文化支付，最后一次为影片的另一个保底方聚合影联支出，并且聚合影联还会支出 6000 万元的宣发费用。关于中国电影业保底发行典型案例梳理，亦可参见：浩哥、陈昌业：《保底发行进化论》，载 36 氪，http://36kr.com/p/5058735.html。

方式。根据国内自媒体号"娱乐资本论"整理的《电影金融创新的案例与边界》白皮书介绍，目前"保底新玩法"还有与二级市场连接、多个资本方基金保底、为保底发行增加资金杠杆、拍片前提前保底等方式。[1]

以保底发行为典型，金融工具正全面介入影视产业从制片、发行到放映各环节，且呈常态化存在。[2] 虽然有学者指出，"保底发行权"很大程度上解决了电影外部融资问题，[3] 但不可忽视的是，当影视金融化后，其存在着诸如完成风险、票房风险、兑付风险、政策风险等一系列潜藏危机。[4]

首先，缺乏完成产业链，收益不确定性较大。电影制作相当于商品的生产环节，但与物质商品生产的标准化流程不同的是，每一部电影的生产都是原创性的，其市场需求存在很大的不确定性。同时，与物质商品一次性销售不同，电影产品存在多次销售的机会。电影制片商可以通过电影在影院上映获得票房分成收入，也可以通过电视播映、网络放映、音像制品等渠道获得版权使用费。我国电影收入近80% 依靠单纯的国内票房。

---

[1] 相关案例分别为：第一种模式，2015 年，在《港囧》上映之前，香港上市公司 21 控股以 1.5 亿元买下了真乐道（《港囧》投资方）47.5% 的票房净收入（扣除发行成本）。这种买断票房收益权的做法，从本质上看也是保底发行的一个变种，相当于用 1.5 亿元为 47.5% 的收益权保底。第二种模式，和和影业为《美人鱼》提供了 16 亿元—18 亿元的票房保底，参与保底方还包括光线传媒等电影公司。此外，星辉及和和还找来联瑞作为执行发行方，麦特传媒作为宣传方。第三种模式，和和影业组局保底发行了《火锅英雄》。其背后制度为契约型基金，此基金为结构性产品。一部分为优先级，另一部分为劣后级，这使得劣后级的参与方有机会通过资金杠杆撬动更大的收益率。这相当于把整个发行环节切成了保底和执行发行两个部分。第四种模式，耀莱影视文化与华谊兄弟、摩天轮文化共同签订冯小刚新片《我不是潘金莲》的发行协议，如果票房低于 5 亿元，耀莱将支付 2 亿元票房净收益，票房 5 亿—8 亿元部分净收益由耀莱独享，票房超出 8 亿元部分，耀莱将获得票房净收益的 50%。更多请详见高庆秀《电影金融创新的案例与边界》，载娱乐资本论，转引自今日头条，http://www.toutiao.com/i6281026898873025026/。
[2] 覃红梅：《电影产业链金融化发展关键词举隅 —— 以"〈叶问 3〉金融事件"为例》，载《今传媒》2016 年第 7 期。
[3] 徐斌：《电影证券化的实践模式与法律框架 —— 以联合摄制为中心》，载《当代电影》2015 年第 11 期。
[4] 胡静：《中国电影资产证券化发展的风险问题浅析》，载《中国商论》2016 年第 22 期。

而美国电影的后产品收入已经远远超过了电影票房收入,占电影产业总产值的 2/3 以上。当然,这与我国知识产权保护状况不尽如人意有关。网络盗版这一系统风险已成为电影票房的头号杀手,每年至少蚕食我国国内 10 亿元电影票房。我国电影金融化起步较晚,相关资信评级机构尚不完善、资产评估体系尚不健全。

其次,缺乏统一标准,难以准确对影片估值。电影资产属于无形资产,无法像有形资产那样通过制造成本去评定,也无法通过在市场上流通的状况去确定市场价值。目前,我国还没有建立版权资产的变现、流通市场,影片估值缺乏权威、统一的标准。甚至对很有经验的制片人来说,影片的真正票房收入也较难事先估计。换言之,在对影片进行金融化融资时,如果定价过高,发起方可能对剩余资金使用不当,造成资金挪用;若定价过低,则电影无法按质量完工,未来收益的不确定性增大,投资者将承担一定的损失。

再次,缺乏有效的风险分担机制。电影业的风险,不仅表现在影视作品的创作本身,还体现在其对主要人员和环境条件的依赖方面。比如前面章节提到的《速度与激情7》在摄制过程中出现男主角保罗·沃克因交通事故意外身亡,要不是有"制作保险"制度(给电影制作上保险),该项目就中途搁浅了。但对比美国等电影业发达国家,目前国内的制作单位很少为项目安排保险,也缺乏有效的风险分担机制,所以容易出现一荣俱荣、一损俱损的局面。

最后,投资者缺乏对投资对象的了解,盲目追求高收益。在影视业,以保本保固定收益形式的民间借贷比较普遍。影视出品公司一般向出资人承诺15% — 25%(近些年因银行利率较低,一般固定收益率降至年化10%左右)的保本收益以获得资本,甚至有超过30%的收益承诺。但正如《叶问3》已揭开的冰山一角,快鹿集团究竟为《叶问3》的拍摄与发行募集了多少资金,以及各个小投资人的钱究竟投向了何处，外界无从得知，风险无法把控。[①]

另外，《叶问3》还涉及了影视金融化的另一种表现，即影视众筹。众筹的概念很简单，它翻译自 Crowd Funding 一词，即大众筹资或者群众筹资。形象地理解，就是"众人拾柴火焰高"，人人都可以是天使（投资人）。按照当前划分，众筹有四种类型，即回报型、债权型、股票型和募捐型。[②]其中，涉及影视众筹的通常采取债权众筹模式，随着大量 P2P 网络金融平台参与试水，因而其也被称为"影视 P2P"。

这一投资方式（产品）最早可追溯至阿里巴巴旗下推出的"娱乐宝"。娱乐宝是 2014 年 3 月 26 日由阿里巴巴数字娱乐事业群联合金融机构打造的增值服务平台，用户在该平台购买保险理财产品即有机会享有娱乐权益。网民出资 100 元即可投资热门影视剧作品，预期年化收益 7%，并有机会享受剧组探班、明星见面会等娱乐权益。娱乐宝在 2014 年累计投资 12 部大电影，其中包括《狼图腾》《小时代3》《小时代4》《老男孩之猛龙过江》等。总投资额达 1.65 亿多元，投资项目整体票房近 30 亿元，接近中国当年票房的 10%。[③]到了 2015 年 8 月，《大圣归来》及其 89 个众筹投资人的赚钱故事再次创造了"影视众筹"行业的神话，数据显示，截至 2015 年 8 月 23 日，《大圣归来》票房累计 9.32 亿元，创近 50 年来国产动画最高纪录。参与投资的 89 位众筹投资人，合计投入 780 万元，而预计可以获得本息约

① 周纯、许文苗：《快鹿集团资本变形记：曾陷亿元民间借贷官司》，载腾讯财经，http://finance. qq.com/original/lenjing/kuailu.html。

② 杨吉：《众筹在中国：心热身且行，蹒跚得学步》，载经济参考网，http://jjckb.xinhuanet.com/ dspd/2015-02/03/content_537100.htm。关于众筹模式的介绍，还可参阅盛佳、柯斌、杨倩《众筹：传统融资模式颠覆与创新》，机械工业出版社 2014 年版；[美] 斯蒂芬·德森纳《众筹：互联网融资权威指南》，中国人民大学出版社 2015 年版。

③ 王可心：《阿里巴巴推娱乐宝：保险的外衣 众筹的内核》，载腾讯财经，http://tech.qq.com/ a/20140328/005548.htm。其产品介绍可参见淘宝"娱乐宝"，https://www.taobao.com/go/act/kan/yu-le-bao-taobaol-buy.php?spm=608.566530.351794.1。

3000 万元，即每位投资人可以在此笔投资中净赚约 25 万元。[1] 如此高的收益率在各个投资领域都堪称"完胜"。或许这一成功案例让众多的投资人看到了"影视众筹"背后的商机，开始觊觎电影产业和金融创新模式之间的相互撬动作用。

众筹的快速崛起带来的既有机遇也不乏挑战，许多众筹平台并不规范，游走在法律的边缘，众筹平台的各方主体稍有不慎就可能触碰到法律的红线：非法吸收公众存款罪、诈骗罪、集资诈骗等。

根据《中国人民银行关于取缔非法金融机构和非法金融业务活动中有关问题的通知》，单位或者个人未依照法定程序经有关部门批准，不得以发行股票、债券、彩票、投资基金证券或者其他债权凭证的方式向社会公众筹集资金并承诺在一定期限内以货币、实物以及其他方式向出资人还本付息或给予回报，否则将构成非法集资。众筹模式在形式上似乎满足了"非法集资"的四个要素，即：未经审批、通过网站公开推荐、承诺一定的回报、向不特定对象吸收资金。

早在 2011 年 8 月，银监会下发的《关于人人贷有关风险提示的通知》中就明确规定，网贷中介服务行业门槛低，外部监管缺失，网贷公司有可能突破资金不进账户的底线，演变为吸收存款、发放贷款的非法金融机构，甚至变成非法集资。例如，某公司以 P2P 借贷的名义在实际经营中将债权包装成理财产品，通过网络和实体门店向社会公众销售，公众资金直接进入公司账户或法定代表人个人账户，这就涉嫌了非法集资和非法从事金融业务。因此，在进行众筹时，项目资金募集方与担保方以及 P2P 借贷平台之间相互独立至关重要，是使众筹避免涉及自融监管红线，从而免受非法集资争议的重要措施。[2]

---

[1] 姚以镜：《〈大圣归来〉：众筹传奇》，载《国际金融报》2015 年 7 月 27 日；李冰：《大圣归来 89 位投资人获益超 2200 万 微信圈众筹难以复制》，载《证券时报》2015 年 8 月 1 日。

[2] 自融，一般表现为有自己实体的企业老板来线上开一个网贷平台，从网上融到的资金主要用于给自己的企业或者关联企业"输血"。网贷平台应当独立行使其对平台的运营管理权，依法建立独立的会计核算财务制度，不得与股东、实际控制人的财务混同，否则极易被执法机关、司法机关认定为自融。可以说，自融的平台，已经偏离了 P2P 的概念，在法律上也踩了非法集资的红线，如果行为人"以非法占有为目的"则构成更严重的集资诈骗罪。

作为影视众筹的法律风险防范，要明确的是资本进入电影市场不但要遵循电影本身的规矩，比如不能做虚假票房，不能偷瞒票房，也要遵循资本市场的规矩。如在电影市场引进 P2P 也需要遵守银监会的规定，首先不能做资金池，不能把资金归集在一起再做投资。此外，也不能自担、自融。

2016 年 3 月 18 日，就在《叶问 3》上映后两周，经过广电总局电影局的排查，该片确实存在非正常时间虚假排场的现象，查实的虚假场次有 7600 余场、涉及票房 3200 万元。全国电影市场专项治理办公室决定，对经查实的 3200 万元的虚假票房不予认可，不计入全国电影票房统计数据。同时，该片总票房中含有部分自购票房，发行方认可的金额为 5600 万元。

此外，全国电影市场专项治理办公室经过研究决定，对该片相关责任方提出四项处理意见：①对该片发行方大银幕（北京）发行公司暂停新的电影发行业务 1 个月，责其进行整改。②对参与不实排场、情节较严重的 73 家影院提出严重警告，由所在地电影行政管理部门进行诫勉谈话，名单在中国电影发行放映协会网站曝光。③对 73 家影院所属 20 家院线公司通过中国电影发行放映协会网站进行通报批评。④对虚假场次出票相对集中的三家电商提出严重警告，由电影局诫勉谈话。[①] 与此同时，受处罚的还有分别于 2016 年 4 月、9 月上映的电影《夏有乔木 雅望天堂》《大轰炸》等。

国内电影市场"偷票房"现象于 2010 年前后出现，随后几年，呈愈演愈烈之势，逐渐产生了像手写票、团体票、捆绑销售、虚假数据等多种票房作假花样，严重干扰了市场秩序。为此，国家新闻出版广电总局电影局于 2014 年 1 月出台了《关于加强电影市场管理规范电影票务系统使用的通知》，掀起了行业风暴。该通知完善了影院票

---

① 郝杰梅：《全国电影市场专项治理办公室：对影片〈叶问 3〉部分票房存在不实问题形成处理意见》，原载《中国电影报》，转引自中国电影发行放映协会，http://www.chinafilm.org.cn/Item/Show.asp?m=1&d=8508。

务软件产品市场准入制度，加强了票务软件产品市场应用管理，严格规范了影院经营行为，加大了对偷票房行为的打击力度，此举堪称电影局近十年来最大、最全面的一次针对净化电影市场的"重拳出击"。但尽管如此，仍不时爆出影院违规偷漏瞒报票房被惩处的新闻，直至2016年《叶问3》因票房造假太过明目张胆被推上风口浪尖。不可否认，快速膨胀的中国电影市场和野蛮生长的金融创新助长了影视业的这一歪风邪气。

而据财新网的追踪报道，在快鹿集团兑付危机爆发后第六个月，上海警方终于介入。2016年9月13日晚，上海市长宁公安分局以涉嫌非法集资罪为由对快鹿旗下两家融资平台进行立案侦查，并对相关责任人依法采取了强制措施。①

---

① 葛明宁：《快鹿系两平台涉非法集资被立案》，载财新网，http://finance.caixin.com/2016-09-13/100988236.html。

第十七章

剧组是法律主体吗?

在北京门头沟区西部的山口要隘，分布着十七座长城敌台。这些敌台修造于明隆庆五年至万历三年（1571—1575年），以"×号×字沿"区分命名，继而构筑起明清两朝京城的侧翼防守阵地。如今其已是全国重点文物保护单位。

由于这些名胜古迹历史风貌保护较好，自然吸引了不少古装剧的剧组前来借景。但问题随之产生，不少剧组拍完收工一走了之，道具残留、满目狼藉，严重破坏了古迹风貌。2014 年 11 月，此事经媒体曝光后，之前剧组遗留下来的废弃道具才被拆除，古长城得以恢复原样。可惜好景不长，当记者一年后进行回访，愕然发现以沿字三号为例，就在这一年间，上个剧组留下的假图腾、文保牌上的胶条还未清理干净，新剧组便已到来，而且"行事风格"有过之而无不及，愈加变本加厉。对此，记者描述道："敌楼脚下的一块平地，被一座喧宾夺主的假城楼牢牢占据，城墙顶上还有二层阁楼。钻进城门洞发现，道具完全由木棍搭建支撑，外表包裹着薄薄的木皮，稍有风起便嘎吱嘎吱作响，让人不寒而栗。假城楼占地面积约 100 平方米，与敌台的大小相当……道具外表统一用蓝色塑料纸包裹。据专业人士分析，用蓝色就是为了后期用电脑做视频特效方便。但经过风吹雨打，大部分蓝纸已经脱落，成为垃圾散落在周围。固定用的铁钉随地可见，看上去极不安全。"[1]

---

[1] 崔毅飞：《北京古长城多次遭剧组搭景破坏》，原载视觉中国，转引自新华网，http://news.xinhuanet.com/politics/2015-10/14/c_128316527.htm。

据调查，剧组是当年 5 月进驻，拍了半个月就离开的。景区所在的村委会收了他们 7000 多元，算作同意拍摄的费用。但关键是，整个过程并未得到文物部门的批准，事发后也没有任何补救措施。[①] 这座遭人为破坏的敌台，就这样矗立在风中，既无人问津，也无人为此担责。

剧组因拍摄肆意破坏当地生态环境乃至文物古迹的现象在国内并不少见，且时有发生。如《楚留香传奇》剧组将我国目前保存最完整、最大的新疆唐代烽燧——大墩烽燧遗址损坏；《大旗英雄传》剧组破坏浙江省仙都风景区内摩崖石刻；《神雕侠侣》剧组被指破坏九寨沟自然景观等。[②] 而其中，又以《无极》剧组破坏云南迪庆自治州碧沽天池（香格里拉）生态环境事件舆情最为负面、影响最为恶劣。

其事情经过大致为：2006 年 5 月，为拍摄电影《无极》，摄制组在碧沽天池修建了长约 100 米、宽约 4 米的砂石路面和长约 20 米的铺有木条的道路，搭建了所谓"海棠精舍"的临时建筑物，这严重破坏了景区周围部分高山草甸和高山灌丛植被。此事经媒体曝光后，招致各方恶评，社会关注度极高。起先，剧组方面还企图息事宁人，发表声明声称"完全被冤枉"，但随着公共舆论进一步发酵、事态严重性升级，国家环保总局都介入了调查。最终，剧组被云南省环保局依据《建设项目环境保护管理条例》处以 9 万元罚款，香格里拉县分管副县长因负有领导责任被免职。[③]

---

① 崔毅飞：《北京古长城多次遭剧组搭景破坏》，原载视觉中国，转引自新华网，http://news.xinhuanet. com/politics/2015-10/14/c_128316527.htm。

② 详见新闻专题"影视剧组毁景大曝光"，载新浪网，http://news.sina.com.cn/z/juzuhjbg/。

③ 相关报道可参见宗珊《无极剧组对天池事件发表声明　陈红称完全被冤枉》，载《北京娱乐信报》2006 年 5 月 11 日；杨章怀：《国家环保总局赴天池实地调查〈无极〉毁景事件》，载《法制晚报》2006 年 5 月 12 日；简光洲：《无极剧组破坏香格里拉环境　报告上交建设部》，载《东方早报》2006 年 5 月 23 日；杜宇：《无极剧组破坏环境被罚 9 万　当地分管副县长免职》，载新华网，http://news.sina.com.cn/c/2006-08-11/19009725237s.shtml。

虽然因一纸处罚，让此前闹得满城风雨、沸沸扬扬的《无极》剧组毁景事件得以平息，但执法者很快发现，剧组在法律地位上的问题，将可能使得处理决定沦为"空头支票"。[①] 这里涉及影视剧组是否具有法律主体资格以及能否独立地承担法律责任。在此，可分为三种情形。情形一，《无极》剧组不具有法人资格，那么，就应当追究该剧组所属单位的责任。当然，如果其行为构成犯罪时，则应当实行"双罚制"，除了处罚剧组外，还要同时追责造成事故的主管人员和直接责任人员。情形二，《无极》剧组具有法人资格，且仍然存在，那么就可以直接处罚剧组。情形三，剧组具有法人主体资格，但已被注销或解散，那么责任应当由企业法人的投资者（开办者）或主管部门承担。[②]

此外，还可以再进一步追问：《无极》剧组在当初进入景区拍摄时，与当地政府签署的场地租用协议是否有效？如果有效，那么能否可适用违约条款来承担责任；如果无效，究竟是因为涉及公共利益处分、缺乏行政审批前置程序，还是由于剧组并不是一个独立的法人，不具有签署协议并使之生效的主体资格？[③]

针对剧组对外签约是否具有法律效力，已有相关案例。在杭州佳平影业有限公司与北京海润演艺经纪有限公司演出合同纠纷一案中，双方就延期劳务报酬的支付产生分歧，但在审理中，二审法院便是在认定摄制组为主体签订的合同合法有效的基础上，裁定"演员虽未实际参加拍摄，但其事实上仍处于履行合同状态，因合同对于此种情形下的报酬未予明确约定，故酌定此 20 天时间杭州佳平公司支付海润演艺公司劳务报酬 20 万元"。[④]

---

① 李克杰：《处罚〈无极〉会沦为"空头支票"？》，载《信息时报》2006 年 5 月 20 日。

② 陆开存：《试论企业法人被强制解散后民事责任的承担》，载中国法院网，http://www.chinacourt.org/article/detail/2004/03/id/107229.shtml。

③ 对此，国内有学者注意到了这个问题，但在具体分析中把重点放在了探讨政府在环境保护方面的角色定位以及有关环境案中的行政责任。参见谢荣昌《〈无极〉破坏香格里拉事件的几点法学思考》，载中国环境网，http://www.riel.whu.edu.cn/article.asp?id=28172。

④ 参见北京市第二中级人民法院（2014）二中民终字第 06005 号民事判决书。

再如，在吕小品与河北电视台、河北颐新文化影视投资有限公司劳务合同纠纷案中，原告吕小品以未及时支付导演薪酬为由，将河北电视台和河北颐新文化影视投资有限公司告上了法庭。两被告拒绝支付的答辩理由为，吕小品提供的导演合同书的签约主体为"摄制组"，影视公司和电视台并未作为合同主体签署该导演合同书，所以不应承担支付劳务报酬的义务。该案经二次审理后，当事人一方仍不服，依法申请启动再审程序。但再审法院河北省高级人民法院经审理认为，吕小品提交的《导演合同书》《演员合同书》中落款处加盖的为"摄制组"公章，且本案所涉电视剧的开机仪式背景字幕上标明河北电视台为该剧制作单位，河北电视台原法定代表人杨国钧台长也出席了该剧开机仪式，说明河北电视台对上述情况是知情并认可的。河北电视台主张其并非该剧的合作单位，未提交充分的证据。故原审判决河北电视台承担支付导演报酬的责任并无不当。①

由此及彼，从《无极》剧组到其他影视剧组，从破坏景观古迹到对外签署合同效力问题，以及可能引起后续的诉讼主体资格、责任承担与否等，一系列疑问都归结为对于剧组法律地位的定性。

按照一般理解，影视剧组是指为拍摄影视作品所临时组建起来的团队。它通常包括以下主创、工作人员。①制片组：以制片主任为首席，包括现场制片、外联制片、生活制片、场务、场工等。②导演组：以导演为首席，包括执行导演、副导演（国内的副导演一般负责管理演员、寻找群众演员等）、场记、统筹、导演助理等。③演员组：包括男女主角、普通演员、群众演员。④摄影灯光组：以摄影指导为首席，包括掌机、大助理、小助理、跟机员若干人。灯光组由摄影指导统一指挥，包括灯光师、大助理、小助理若干人。⑤美术道具组：以美术指导为首席，包括道具师、助理、场工等。⑥服装化妆组：以美术指导兼任服装化妆组的首席，包括服装师及其助理若干人；化妆

---

① 参见河北省高级人民法院（2014）冀民申字第164号民事判决书。

师及其助理若干人；发型师及其助理若干人，以及特效化妆师一人及其助理若干人。⑦录音组：声音指导及其助理、录音师等。⑧其他专业人员：现场剪辑、武替、文替。另要根据需要聘请武术指导、飞车指导、航拍指导等。⑨其他人员：司机、厨师、保安等。以上全部现场人员，接受导演（导演组首席）和制片主任（制片组首席）的双重领导。一般来讲，与艺术创作有关的问题以导演的命令为准，与艺术创作无关的问题以制片主任的命令为准。①

剧组代表投资方负责执行拍摄、聘任演职员、租赁设备场地等事宜，具有项目的针对性、存续的临时性以及人员的变动性等特点。根据前文提到的两个司法案例，其在法律上不是一个独立法人，不具备民事和诉讼主体资格。但鉴于行业惯例，在实践中一旦发生纠纷，通常法院会认定以剧组名义签订的合同有效，但合同的权利义务概由公章所体现的公司来承担；同时，诉讼程序中会以成立剧组的公司以及剧组的投资方作为诉讼主体参与。剧组拍摄片列明的所有的联合摄制单位，都可以作为共同被告。

从隶属关系看，虽然剧组接受投资方管理，并向投资方负责，但具体操作中，剧组有一定的自主性和灵活性，很多场合无须也不可能事无巨细地向投资方代表汇报工作。所以有些制片方会采取申领剧组公章的方法，以便相对自由、高效率地行事。

然而，任何公章均不能私自刻制，必须向公安部门进行审批、报备。以浙江经验为例，②根据《浙江省印章刻制治安管理办法》规定：

---

① 参见百度词条 "剧组"，http://baike.baidu.com/item/%E5%89%A7%E7%BB%84。相关文献可参见 [美] 伊芙·汉赛娜《完全制片手册》（第 4 版），蒲剑译，人民邮电出版社 2014 年版；高福安等编：《影视制片管理基础》，中国传媒大学出版社 2013 年版。需要补充的是，关于剧组与投资方、承制方的关系。通常投资方负责剧组的资金支持和管理；承制方负责剧组的筹建以及影视项目的制作。因此，通常剧组人员构成中既包含了投资方的代表，但更主要的是来自承制方以及其他有合作关系的演员、劳务等人员。

② 对于印章的刻制、管理，国内各省市都出台了各自的管理办法、办事指南，但从规定的内容看大同小异，因为都是依照 "上位法" ——公安部的《印章管理办法》制定实施的。

"需要刻制公章的单位或者机构，应当将单位或者机构设立的批准文件、登记证书和要求刻制公章的证明，以及载明公章的名称、形状、规格尺度、材质、使用的文字和字体、排列的方法及其顺序等内容的材料，报所在地县级以上人民政府公安部门，经公安部门对上述材料以及是否已刻公章等情况核实并将信息录入印章治安管理信息系统，由该单位或者机构委托的公章刻制经营单位刻制。需要跨省、市、县刻制公章的单位或者机构，须持单位或者机构所在地县级以上人民政府公安部门出具的证明和前款规定的有关材料，向刻制地县级以上人民政府公安部门办理刻制公章手续。"① 具体到影视摄制组要刻制公章的，申请人应提交拍摄单位营业执照副本原件和复印件、拍摄单位介绍信以及证明拍摄资料的相关材料。

公章一旦申领后，通常下一步便会设立剧组专用账户。通常做法是，剧组会在联合摄制协议中单独建立共管账户或者指定某一账户，后者往往是影视项目发起和主控方名下的公司账户。不论最终采用哪种账户管理办法，投资方约定账户的意义（目的）均在于，可以监督账户内拍摄资金的使用情况，以保证投资资金的安全和高效利用。此外，也能更清晰地体现剧组的财务状况。

剧组在公章使用过程中，最经常出现的问题是在与对外发生劳务关系时可能产生的纠纷。② 一般来讲，一个剧组会聘用大量

① 公章在公安部门备案之后，公安机关会有记录，同时也会发给企业相应的证明。如果不备案，公章是不受法律保护的。如果公章被他人恶意伪造，而剧组又不能够证明孰真孰假，后果将不堪设想。另外，如果日后发生诉讼，法院查不到公章的备案，就很可能对公章的真实性存疑。剧组则需要拿出大量的其他证据来证明合同的真实性，并且不一定会得到法院的支持。总之，公章备案，有备无患。

② 如何界定剧组与工作人员的法律关系，即究竟是劳务合同还是劳动合同，这是实务界经常遇到并时常难以区分的问题。所以首先需要明确这两种不同法律关系的区别。所谓劳动关系是指：企业、个体经济组织、民办非企业单位等组织，招聘公民个人为其提供较为长期的有偿劳动而建立的法律关系。须注意的是，国家机关、事业单位、社会团体与其工作人员的关系应是人事关系（也称人事行政关系），根据《劳动合同法》第二条第二款的规定，这种关系也受《劳动合同法》的调整。劳务关系是指：公民、法人因生活、工作需要，雇聘劳动者提供单项劳务而建立的短期有偿服务合同关系。常见的有，劳务服务公司、家政公司、搬运公司、婚庆公司、（转下页）

的人员，少则一百人，多则上千人。例如，像吴宇森执导的《赤壁》，整个剧组最多的时候有近 1000 人，仅剧组的马就有 200 匹。① 在聘用的人员当中，有的是相对稳定、长期的聘用关系，如导演、主演等；有的是临时的、不稳定的聘用关系，如服化道、替身等。那么剧组应该如何处理与聘用人员的关系呢？又该如何保护工作人员权利与规避潜在风险呢？

　　但凡有熟练经验的剧组在开拍前都会给大部分聘用人员（尤其是演员）购买商业保险。由于剧组与聘用人员签署劳务合同，后者一般都没有社会保险，且他们的工作又具有一定的人身危险性，再加上这些人员流动性大、劳务时间短、不确定性大，故剧组应根据聘用人员的实际情况，为其购买适合的商业保险。根据业内惯例，制片方为剧组人员买保险往往是"见人下菜碟"：不同演员投保种类和投保金额都会有差异，为了节省开支，在一些演员身上，特别是群众演员的安全保障上，从一开始就实行差别对待。就算剧组为演员统一购买了保险，但影视演员名气大小不同，保额和保费都相差甚远。当年袁立刚出道参拍某电视剧时不慎受伤，因为初出茅庐，投保不高，保险公司只肯赔偿 5000 元，袁立只能躺在积水潭医院感慨自己"生活在被遗忘的角落"。而如今，袁立贵为一线明星，保额早已以百万计。不少演员都由剧组为其购买了以千万计的保单。②

　　（接上页）民间乐鼓队等单位和有技艺的公民个人，向需求者提供劳务。两者在适用法律、主体资格、报酬待遇、与用人单位关系、双方地位、承担的法律责任、纠纷解决途径等几个方面均有不同。对此相关论述可参见杨敏德《论劳动关系与劳务关系》，载《河北法学》2005 年第 7 期。由于现实中绝大多数的剧组聘用协议建立在为完成某一特定电影项目的基础上，因而双方缺乏稳定的、持续性的劳动关系，也不兼具财产依附关系与人身隶属关系双重性质，因此性质上都属于劳务聘用合同（关系）。对此，可参见相关判决：北京市第二中级人民法院（2015）二中民终字第 12499 号民事判决书；北京市第一中级人民法院（2015）一中民终字第 7207 号民事判决书。由于这属于当前业内普遍共识，故不再于正文中予以赘述，如无特别声明，论述皆以劳务关系展开。

① 可参见腾讯娱乐整理的《那些剧组里你不知道的事》，载腾讯娱乐，http://ent.qq.com/a/20140522/002143.htm。

② 赵楠楠、张淑玲：《袁立讨社保 业内：演员都买高额商业保险》，载《新京报》2014 年 7 月 31 日；李静：《坠马的华仔腰值多少钱？本文告诉你明星怎么上保险》，原载娱乐资本论，转引自传送门，http://chuansong.me/n/1502086051023。

剧组为聘用人员购买商业保险，一方面能够保障聘用人员的权益，另一方面也能规避一定的风险。聘用人员如果发生意外，受伤或者死亡，通过工伤死亡赔偿金来主张赔偿是非常困难的，因为，工伤死亡赔偿金需要确定劳动关系的存在。这时，如果没有商业保险，聘用人员很可能会向剧组所属的制片公司或者投资方来主张人身损害赔偿，而且法院通常会倾向支持聘用人员合理的赔偿请求。所以，对于剧组以及投资和制片公司来说，无论是时间成本还是金钱成本都是非常高昂的。所以在好莱坞，制片方非常重视保险，以至于素有"不受保险公司待见的明星是没有前途的"和"只要风险可控，保费合理，没有什么是不可以保的"业内说法。[1]

作为制片方的摄制权的具体行使者，剧组在拍摄过程中的许多行为无疑构成了表见代理。它是指代理人虽无代理权，但善意第三人在客观上有充分理由相信代理人有代理权，并以此与代理人发生民事行为，且该项法律行为的效果直接归属于本人的制度。我国关于表见代理制度的规定主要体现在《民法通则》和《合同法》之中。其中《民法通则》第六十六条规定："本人知道他人以本人名义实施民事行为而不作否认表示的，视为同意。"该条成为我国法律中表见代理的初步规定。而表见代理在法律中的地位却是在 1999 年 10 月施行的《合同法》中正式确立的，其第四十九条规定："行为人没有代理权、超越代理权或者代理权终止后以被代理人名义订立合同，相对人有理由相信行为人有代理权的，该代理行为有效。"[2]

众所周知，鉴于剧组聘用人员多、杂、流动性大，管理的难度较大；且由于剧组与大部分聘用人员的关系并不是劳动关系，不能要求其遵守员工守则。因此，制片方为了降低风险（事实上难以彻底

---

[1] 彭侃：《好莱坞电影保险观察》，原载影视产业观察，转引自艺恩咨询，xhttp://www.entgroup.cn/news/markets/1920514.shtml。

[2] 相关学理论述可参见魏振瀛主编《民法》，北京大学出版社 2016 年版；尹田：《我国新合同法中表见代表制度评析》，载《现代法学》2000 年第 5 期。

杜绝,只能说防患于未然),一般剧组与聘用人员签订合同并不是有效规避风险的不二法门——无论是剧组的法律地位、责任承担规则,或是表见代理制度对制片方而言都如临"达摩克利斯(Damocles)之剑",所以建议三点:

第一,认真对待合同。美国娱乐法专家伯尔曾说"合同是电影行业的生命线"。[1] 因此合同从设计到起草到审查再到签署,均要体现出专业性、规范性。既要保证商业目的的实现,也要确保法律风险的可控。尤其像在临时性的劳务关系中,对作为提供劳务的一方,要对其权利义务、成果交付、酬金支付、时间要求等都尽可能明细、确定地体现在条款中。[2]

第二,制定岗位细则。可以借鉴企业管理,将剧组的相关管理规定作为附件,要求聘用人员签订《承诺函》,承诺遵守剧组管理规定,这种方式方便剧组对人员进行管理,也可一定程度上保障剧组权利,为剧组规避风险。剧组管理规定包括各种岗位(如制片人、制片主任、导演、副导演、演员、场记、摄像师、服化道等)的职责要求,以及剧组相关的行政、财务、安全等管理规定。

第三,具备证据意识。及时保存能够证明劳务关系存在的凭证,防患于未然。例如工作成果,工作中的通话记录、短信记录、工作邮件,工作中接触到的材料,照片、视频等。这些在诉讼中都可能作为证据使用,从而增强自己的事实主张说服力。

---

[1] Sherri Burr, *Entertainment Law: Cases and Materials in Established and Emerging Media*, West Academic Publishing, 2017.

[2] 关于合同设计、起草、审查、修改等系统理论阐述,又不失实务指南的,推荐阅读吴江水《完美的合同》《完美的防范》,北京大学出版社 2010 年版。

第十八章

电影产业被促进了吗?

据中新社消息,2016 年 11 月 7 日,第十二届全国人大常委会第二十四次会议以 146 票赞成、1 票反对、8 票弃权,表决通过了《电影产业促进法》,该法自 2017 年 3 月 1 日起正式实施。[①]

[①] 马海燕、马德林:《中国电影产业促进法通过 下放审查权规范市场秩序》,载中国新闻网,http://www.chinanews.com/gn/2016/11-07/8055691.shtml。

　　作为中国文化产业领域的第一部法律，《电影产业促进法》可谓"千呼万唤始出来"。从 2003 年开始起草，到最终颁布，这部法走过了长达 13 年的历程。[①] 至于业界和公众普遍期待的"电影分级制"，该法仍不予实行，且沿用"审查制"来代替，但平心而论，"（法律）只要能通过就是进步了"。[②]

　　援引国家新闻出版广电总局相关负责人的说法，制定出台《电影产业促进法》有着三方面的重要意义：一是该法将长期以来中国电影产业改革发展的成熟经验上升为法律制度，为未来电影产业持续健康繁荣发展提供了有力的法制保障，对电影产业的长远发展具有里程碑意义。二是《电影产业促进法》规定的如将电影产业纳入国民经济和社会发展规划，简政放权、激活市场活力，降低准入门槛，加大财政、税收、金融、用地政策扶持力度等五项主要措施将对中国电影产

---

① 20 世纪 80 年代，第三代导演代表人物谢铁骊从第六届人大会议到第九届人大会议，每年都提议电影立法，如果从这个时间点算起，那么这部法律差不多"迟到"了三十年之久。至于个中原委，有体制原因，有市场因素，相关阐述与梳理可参见何小沁《五问解读〈电影产业促进法〉》，载新浪娱乐，http://ent.sina.com.cn/original/youliao/117/。

② 分级制是在很多国家都成功运行的制度，明确的级别划分既能保护少年儿童的身心健康，又能保障成年观众的合理权益，也可以鼓励创作者进行更多样化、风格化、类型化的尝试，有益于电影文化的长远发展。但目前来看，分级制在我国的落地将遥遥无期。可参见李忻融《〈电影产业促进法〉等了 12 年，还是没等来分级制》，载界面，http://www.jiemian.com/article/372899.html。

业产生深远影响。三是法律将对整个文化产业的发展产生长期深远的影响,对目前国家正在抓紧进行的文化产业领域的立法工作,将产生积极的示范作用。[1]

鉴于《电影产业促进法》颁布之前,我国在规范、管理电影产业方面的法理依据主要为 2002 年 2 月 1 日实施的《电影管理条例》,以及一系列围绕它派生出来的《电影剧本(梗概)立项、电影片审查暂行规定》《中外合作摄制电影片管理规定》《电影制片、发行、放映经营资格准入暂行规定》《外商投资改造影院暂行规定》等。这意味着,自 2017 年 3 月 1 日《电影产业促进法》正式实施后,前述这些条例、规定、办法等都将依据效力更高一级的促进法来进一步修订完善,以保证适用统一。[2]

整部《电影产业促进法》分六章、六十条,分别从电影创作与摄制、发行与放映、产业支持和保障、法律责任等全方位进行了规范。除了沿用以往已经实施的一些管理条例外,法律最大限度地体现了"放管并举,鼓励创作"的立法总体思路。[3] 对电影从业者来说,最直

---

[1] 郝杰梅:《全国人大表决通过〈电影产业促进法〉,国家新闻出版广电总局政策法制司、电影局负责人作相关情况说明》,转引自澎湃新闻,http://www.thepaper.cn/newsDetail_forward_1556572。

[2] 《电影产业促进法》与《电影管理条例》(以下简称《条例》)的不同之处主要表现为四点。第一,二者定位不同。《电影产业促进法》是基础性的、纲领性的制度规范,它确定促进电影产业发展的基本制度、措施。《条例》是从《电影产业促进法》派生出来由国务院颁布的配套行政法规,是对法律制度的进一步细化。第二,《电影产业促进法》保留、完善了《条例》的一些制度。在保留了《条例》规定的电影片审查、发行、放映活动审批制等主要制度的基础上,进一步增加完善了产业扶持、市场规范等相关制度措施。第三,《电影产业促进法》取消了《条例》的一些制度。如取消了电影单片许可制等行政审批项目、下放了电影片审查等多项行政审批项目。第四,《电影产业促进法》还需要《条例》细化、补充。主要是在电影进出口管理方面和电影海外推广方面需要拾遗补阙;在电影审查程序、发行,放映企业审批、变更、终止的具体条件等方面需要细化。

[3] 国家新闻出版广电总局电影局负责人表示,制定《电影产业促进法》就是要促进电影产业的发展。通过立法,一是转变政府管理方式,坚持放管并举,该放的放开,该管的管住,寓管理于服务之中,为社会力量从事电影活动提供便利。二是充分发挥政府的引导、激励作用,加大对电影产业的扶持力度。采取财政、税收、金融、用地、人才等多种扶持措施,促进电影产业全面发展。三是既促进产业发展,又继承弘扬中华优秀传统文化。

接和直白的感受将会是：行政审批权下放，拍电影门槛下降。

准入条件的放宽在《电影产业促进法》中体现为一举取消了电影制片单位审批、《摄制电影片许可证（单片）》审批等，下放影片审查等多项行政审批项目，简化行政审批程序。对比过去制片企业要摄制电影的做法，即首先得通过国家新闻出版广电总局电影主管部门的审查，拿到《电影摄制许可证（单片）》，以及须完成两部以上公映影片，才可申请领取《电影摄制许可证》。[1] 在本法实施之后，任何企业、组织只要符合电影摄制所需的资金、人员等条件，就可以提出申请。省区市电影主管部门自受理之日起二十日内，作出批准或者不批准的决定，符合条件的发放《电影摄制许可证》，并予以公布。

降低电影市场的从业门槛，让更多企业都能参与到电影拍摄中，此举无疑有利于繁荣创作环境。从源头"开闸"，最直接的影响便是大量资本（其中势必不乏业余的）将涌入电影生产市场，然而，这并不代表今后市场将会无序、混杂。根据《电影产业促进法》第十七条、第二十条规定："法人、其他组织应当将其摄制完成的电影送国务院电影主管部门或者省、自治区、直辖市人民政府电影主管部门审查。国务院电影主管部门或者省、自治区、直辖市人民政府电影主管部门应当自受理申请之日起三十日内作出审查决定。对符合本法规定的，准予公映，颁发电影公映许可证，并予以公布；对不符合本法规定的，不准予公映，书面通知申请人并说明理由。""摄制电影的法人、其他组织应当将取得的电影公映许可证标识置于电影的片头

---

[1] 依照之前的规定，摄制完成过两部以上依法准予公映的电影的企业，可以申请领取《电影摄制许可证》，主要的流程为：地市级以上工商行政管理部门注册的各类影视文化单位向广播电影电视总局电影事业管理局报送申请需要的材料，受理机关在受理申请后20个工作内作出是否同意立项的决定。但电影剧本需另请专家或送有关部门评审时，立项时间延长。所以，在以前，我们通常看到没有拍摄许可证的投资方才会采取联合摄制的模式，一方面与其他人分担风险筹集资金，另一方面也是以这种方式通过其他投资方所拥有的拍摄许可证摄制电影。所以第一出品方具有拍摄许可证，就可以让很多无证公司的资金进入到电影项目中，参与电影投资和拍摄；除此之外，委托承制的方式也是绕行许可证的方式之一。

处；电影放映可能引起未成年人等观众身体或者心理不适的，应当予以提示。未取得电影公映许可证的电影，不得发行、放映，不得通过互联网、电信网、广播电视网等信息网络进行传播，不得制作为音像制品；但是，国家另有规定的，从其规定。"这实际上等于，将监管"关卡"放在了公映环节，即摄制企业拍摄完电影必须取得《电影公映许可证》才能发行、放映，公映是新法着力主抓的部分。对公映的事后监管一方面集中了主管部门的资源，有效安排行政资源，更好地进行监管；另一方面也约束了制片方按规定进行摄制，否则在未来获得公映许可难度加大的情况下无法如期公映，这对资方来讲无疑是血本无归的毁灭性一击。

当然，这仅是对国内制片企业而言的，对于外资进入又有什么新规定呢？梳理之前相关规定，我国对外资进入电影市场的监管涵盖了电影制作、摄制、发行、院线等各方面。例如在电影制作环节，2004年11月10日施行《电影企业经营资格准入暂行规定》，国家允许中方与外方合资、合作设立电影制片公司和电影技术公司，注册资本500万元以上，控股最高达49%，申请程序上与设立内资电影制作企业相似，只是需要外国投资管理司的行政审批。在电影摄制上，2004年8月10日施行的《中外合作摄制电影片管理规定》，许可依法取得《摄制电影许可证》或《摄制电影片许可证（单片）》的境内电影制片者与境外电影制片者在中国境内外联合摄制、协作摄制、委托摄制电影片。联合摄制，即由中外双方共同投资（含资金、劳务或实物）、共同摄制、共同分享利益及共同承担风险的摄制形式；协作摄制，即外方出资，在中国境内拍摄，中方有偿提供设备、器材、场地、劳务等予以协助的摄制形式；委托摄制，即外方委托中方在中国境内代为摄制的摄制形式。至于电影发行环节，我国虽然鼓励境内公司、企业和其他经济组织设立影片发行公司，经营影片的发行业务，但禁止外资进入电影发行领域。在投资建设电影院线方面，2004年1月1日施行《外商投资电影院暂行规定》，原则上批准外方新建、改造电影院，注册资本 600 万元以上，控股最高可达49%。但只能以中外合资、中外合作的方式设立，外商不得设立独资电影院，不得组建电影院线公司。

总之，之前对于外商开放度，我国总体持"禁限"立场。而再看《电影产业促进法》，态度多少有些转变，开始有条件、有保留地允许外资企业进入影视行业了。例如，该法第十四条规定："法人、其他组织经国务院电影主管部门批准，可以与境外组织合作摄制电影。但是，不得与从事损害我国国家尊严、荣誉和利益，危害社会稳定，伤害民族感情等活动的境外组织合作，也不得聘用有上述行为的个人参加电影摄制。合作摄制电影符合创作、出资、收益分配等方面比例要求的，该电影视同境内法人、其他组织摄制的电影。境外组织不得在境内独立从事电影摄制活动；境外个人不得在境内从事电影摄制活动。"

这样看来，促进法依旧不允许外资独立地进入中国电影市场，其立法目的根本上还是在于保护仍不强大的中国电影市场。[①] 早在 2012 年，中美双方曾签订《中美双方就解决 WTO 电影相关问题的谅解备忘录》，协议内容包括：中国每年将增加 14 部美国进口大片，以 IMAX 和 3D 电影为主，共 34 部"进口分账"影片（分账片）以及 30—40 部"进口买断"影片（批片）；美方票房分账比例从原来的 13% 升至 25%。"分账片"和"批片"的区别在于：前者为国际一线公司制作的北美新片，进口数量有限，国外片商要参与中国票房分成。而后者多为批量引进，其一年指标配额占进口配额近 50%，国内片商以固定价格把国际影片的放映权从国外片商处买断，国外片商不

---

① 当然从世界贸易竞争和战略考虑，《电影产业促进法》稍微放松了对外企进入中国电影市场与国内制片公司联合拍摄的限制，实际上是开放了制片这个市场让外企加入进来，以缓解美国对中国放映市场长期以来造成的压力。同时通过鼓励国内民营资本进入电影行业，让其夯实基础，通过内部抱团取暖、形成利益联盟的方式，与外部相抗衡。更多相关阐述可参见如是娱乐法《电影促进法背后：难道在下一盘大棋？》，载传送门，http://chuansong.me/n/2609810。

参与中国票房分成。①

为了能有效规避进口片配额的限制,以美国好莱坞为代表的外资一直千方百计想更畅通地进入中国电影市场。就在 2015 年 9 月,在中国国家主席习近平访美期间,中影集团和美国电影协会签署了《分账影片进口发行合作协议》,在该协议中中方作出了两项让步:第一项,允许国外第三方公司对中国飞速增长的票房进行审计;第二项,增加引进中国批片的数量。② 当然中国方面的态度也很明确,在不得不全面开放电影市场之前,全力发展国内电影市场,让其拥有与国外资本相抗衡的实力。

依照现在的规定,外资想要进入中国电影市场,绕开中国政府指定的进出口配额的限制,就必须要同中方合作,拿出资金、技术或者人才,进行中外联合拍摄。在适度开放的同时,着重保护国产电影。如《电影产业促进法》第二十九条明确规定了国产片的最低放映时间:"电影院应当合理安排由境内法人、其他组织所摄制电影的放映场次和时段,并且放映的时长不得低于年放映电影时长总和的三分之二。"

在"放管结合"的大原则之下,《电影产业促进法》也对一直为外界所诟病的电影"审查标准"作了公开规定。正如前面章节所提到的,此前《电影管理条例》和一些不成文的规定,把控着国内院线电影的审查标准,但标准往往是清晰难定、松紧不一的,不少未能过审的影片可能最终也无法得知"被毙"的具体原因。③ 诚然电影审查制度,在美国、英国、法国、韩国、中国台湾、中国香港等 12 个国家和地区,也无一不存在,且各有各的尺度与标准,甚至还存在像《一

① 相关报道可参见毕嘉琪、何凯韵《市场开放,国产片如何招架》,载《南方日报》2016 年 10 月 27 日;欧阳思:《进口片配额放宽背景下的中国电影发展之道》,载《传媒观察》2016 年第 9 期。
② 郑道森、吴立湘:《中美再签电影协议的背后:中方做出两大让步》,原载娱乐资本论,转引自界面,http://www.jiemian.com/article/400241.html;郑道森、吴立湘:《中美再签电影协议背后:"美方步步紧逼,我们必须赢得时间"》,原载娱乐资本论,转引自界面,http://www.jiemian.com/article/392139.html。
③ 武云溥:《大陆电影审查制度变革》,载《凤凰周刊》2014 年总第 504 期。

个国家的诞生》《蓝天使》《巴黎最后的探戈》等影史经典审查案例以及特殊审查时期。① 但公开标准，加以明确指引、规范，才符合世界普遍趋势。

此次《电影产业促进法》将多个审批事项首次下放给省、自治区、直辖市的新闻出版广电管理部门。《电影产业促进法》第十七条规定："国务院电影主管部门应当根据本法制定完善电影审查的具体标准和程序，并向社会公布。制定完善电影审查的具体标准应当向社会公开征求意见，并组织专家进行论证。"第十八条规定："进行电影审查应当组织不少于五名专家进行评审，由专家提出评审意见。法人、其他组织对专家评审意见有异议的，国务院电影主管部门或者省、自治区、直辖市人民政府电影主管部门可以另行组织专家再次评审。专家的评审意见应当作为作出审查决定的重要依据。"

第十八条第二款还进一步明确："前款规定的评审专家包括专家库中的专家和根据电影题材特别聘请的专家。专家遴选和评审的具体办法由国务院电影主管部门制定。"也就是说，今后电影审查的标准和程序除了被大众明确了解外，为了统一标准，还将制定审查标准和程序的细节，并及时向全社会公开。毫无疑问，此举会是我国电影审查制度走向透明化的重要一步。

整部《电影产业促进法》除了对国家引导形成统一开放、公平竞争的电影市场，对电影"创（作）摄（制）发（行）放（映）"等日常活动加强监督管理外，在整个行业规范自律以及破坏市场秩序等方面也做了明确规定。例如对于 2016 年爆发的、备受关注的电影《叶问3》虚假票房事件，② 《电影产业促进法》第三十四条规定："电影发

---

① 想了解更多世界电影审查历史和现状，可详见梅峰、李二仕、钟大丰《电影审查：你一直想知道却没处问的事儿》，北京联合出版公司 2016 年版。

② 前文有提及，不再赘述。详见丁舟洋《〈叶问 3〉票房造假背后：一场披着电影外壳的资本游戏》，载《每日经济新闻》2016 年 4 月 20 日；徐天晓：《〈叶问 3〉项目扯皮 票房造假牵出具争议性三重嵌套信托计划》，载《证券日报》2016 年 5 月 27 日。

行企业、电影院等应当如实统计电影销售收入,提供真实准确的统计数据,不得采取制造虚假交易、虚报瞒报销售收入等不正当手段,欺骗、误导观众,扰乱电影市场秩序。"第五十一条则给出了具体的惩戒措施:"电影发行企业、电影院等有制造虚假交易、虚报瞒报销售收入等行为,扰乱电影市场秩序的,由县级以上人民政府电影主管部门责令改正,没收违法所得,处五万元以上五十万元以下的罚款;违法所得五十万元以上的,处违法所得一倍以上五倍以下的罚款。情节严重的,责令停业整顿;情节特别严重的,由原发证机关吊销许可证。"

其实自 2009 年电影《阿童木》被曝出票房造假后,虚假票房现象屡禁不止,其手段主要有偷票房、买票房、返点、幽灵场、补贴等几种,[①] 对此,国家电影局数次重拳出击进行专项整治,虽然取得了不小的成果,但这些现象仍未被彻底革除。此次《电影产业促进法》以白纸黑字的法律条文,明确了对偷票房的惩戒措施。

尽管《电影产业促进法》包括对劣迹艺人限制、推动电影公益服务以及国产影片赴境外参展等均作了规定,[②] 但尚且无法囊括电影行业的所有问题,比如电影的进出口管理,电影海外推广,电影审查标准和程序,电影发行及放映企业的审批、变更、终止的具体条件等,都需要在这部法律或者相关条例中进行补充完善。而对于近些年崛起的

---

① 关于这些手段的一般做法,可参见丛易《票房造假,手段知多少》,载南周知道,http://www.infzm.com/content/115912。

② 如《电影产业促进法》第九条规定:"演员、导演等电影从业人员应当坚持德艺双馨,遵守法律法规,尊重社会公德,恪守职业道德,加强自律,树立良好社会形象。"第二十一条规定:"国家加大对农村电影放映的扶持力度,由政府出资建立完善农村电影公益放映服务网络,积极引导社会资金投资农村电影放映,不断改善农村地区观看电影条件,统筹保障农村地区群众观看电影需求。县级以上人民政府应当将农村电影公益放映纳入农村公共文化服务体系建设,按照国家有关规定对农村电影公益放映活动给予补贴。"第二十七条规定:"摄制完成的电影取得电影公映许可证,方可参加电影节(展)。拟参加境外电影节(展)的,送展法人、其他组织应当在该境外电影节(展)举办前,将相关材料报国务院电影主管部门或者省、自治区、直辖市人民政府电影主管部门备案。"

网络大电影，是否应当纳入本法的调整范围内，也亟待后续释法上的明确。①

2016 年 12 月 23 日，国家电影事业发展专项资金办（以下简称"国家电影专资办"）决定自 2017 年起将对奖励优秀国产影片出台新的政策。据了解，影片奖励分为三个档次，最高一档单部影片奖励金额不超过 600 万元。本次设立的优秀国产影片奖励政策，从 2017 年起每年评选一次。奖励结果会在国家新闻出版广电总局、电影资金办、中国电影制片人协会网站及《中国电影报》公布。获得奖励的影片出品单位按照《关于对优秀国产影片进行奖励的通知》（电专字〔2016〕1 号）要求办理。按照时任国家电影专资办主任姜涛的说法："本次奖励政策旨在鼓励广大电影工作者，创作更多思想性、艺术性、观赏性相统一的优秀电影；扶持更多传播中华优秀文化和弘扬社会主义核心价值观的优秀电影；引导电影出品单位创作出更多思想精深、艺术精湛、制作精良的电影作品，实现由电影大国向电影强国迈进，由高原向高峰的攀登，进一步推动和促进中国电影产业的创新和发展。"② 所以，作为纲领性法律的《电影产业促进法》会对中国的电影产业有所促进吗？答案不言自明。

---

① 从目前的相关文献来看，对于网络电影是否属于《电影产业促进法》调整的范围，学界和产业界的认识尚存在分歧。例如，朱宁宁：《网络电影无序发展法律应预留管理空间》，载《法制日报》2016 年 11 月 2 日；刘净：《网络电影是电影吗？——兼评〈电影产业促进法〉（草案）》，载腾讯研究院、tencentresearch.com/4690。

② 郝杰梅：《2017 年国家电影专项资金奖励国产片新政策出台》，载《中国电影报》2016 年 12 月 23 日。

附录

娱乐业常用法律文本 25 篇

战略合作框架协议

甲方：

法定代表人：

联系人：

地址：

乙方：

法定代表人：

联系人：

地址：

甲乙双方经友好协商，本着平等、互利、共赢的原则，就影视剧投拍、艺人经纪、文化演出等领域的合作关系达成共识，双方自愿结成战略合作伙伴，并一致同意就前述领域开展长期合作。

为明确双方权责和保障各方利益，经甲方和乙方友好协商，缔结以下合作条款，以兹遵守和执行。

一、合作纲领

1.1 合作宗旨

甲方与乙方的合作宗旨是通过双方的紧密合作，打造双赢、可持续发展的战略合作伙伴关系。

1.2 合作目标

双方相信，通过本次战略合作，能够帮助双方进一步提升整体运营效率、产出协同效应、实现双方未来在影视传媒市场扩张策略并获得市场份额，并且为双方合作创造更大的商业价值。

1.3 合作内容与范围

（1）双方拟在中国大陆范围内开展以网络大电影为主，网络剧

（或电视剧）与院线电影为辅，兼顾演艺经纪等项目领域的联合投资。

（2）由甲方策划、组织、拍摄、制作或者宣发前述相关项目，乙方拟在本协议生效之日起二年内在人民币 _____ 万元总额度内向甲方进行投资。双方特别确认，具体总额度由双方另行协商确定，并就单个投资项目采取"原则不超 _____ 万元，一事一议，逐项签约"的原则，就具体项目另行签署投资协议，且由该协议来具体明确投资额、占股比、固定投资或风险收益等合作细则。

（3）甲方同时向乙方承诺，对于甲方主控或主要参与的影视项目享有优先审阅权以及在同等条件下的优先投资权。同时，对于甲方公司拟发起的融资、上市等，甲方确保乙方有优先知情权，并在同等条件下有优先投资权。

二、项目执行

2.1 协议一方提供相关项目信息给对方，接受方应当在接到项目信息后，及时组织相关人员对项目开展评估、审核，并最终作出是否参与投资合作的决定，该决定应在合理期间内以不影响项目开发的进程为原则向对方进行告知。

2.2 若双方正式达成具体项目的合作意向，双方应另行签署《项目合作协议》或《项目投资协议》，该协议将具体明确项目费用及项目实施的具体内容等条款。

2.3 在项目沟通过程中，如有任何疑义，任何一方需及时以书面形式通过商业信函、传真、电子邮件等方式告知对方。甲乙双方应当本着认真务实、友好协商的原则妥善加以解决。

三、保密条款

3.1 保密的内容和范围

3.1.1 双方须承担保密义务的内容和范围指甲乙双方在合作过程中，由一方（"接受方"）从另一方（"披露方"）以书面或口头获悉的披露方开发、创造、发现的，或为披露方所知的，或转移至该披露方的，对该披露方业务有商业价值的非公开的、保密的有关披露方或与双方合作项目的信息和数据（以下称"保密信息"）。

3.1.2 本协议所称的保密信息包括但不限于有关商业秘密，电脑程序、信息数据、剧情内容、业务和产品开发计划，与该披露方业务有关的客户的信息及其他信息，或该披露方从第三方获悉的有关披露方的未公开的保密信息。

3.1.3 本协议所称"保密信息"不包括：

（1）接受方从第三方依法获得有关披露方或本合作项目的信息，而第三方提供该信息于接受方未有违反任何协议条款。

（2）已经公开的信息，但不是由接受方的泄露所造成。

（3）该信息已经由披露方或其代表授权批准公开。

（4）并非直接或间接利用披露方提供的"保密信息"而由接受方独立开发的信息。

（5）接受方在披露方披露之前已获得的信息。

3.2 双方的保密义务

3.2.1 双方承诺在本协议有效期内及终止后三年内在第 3.1 款规定的保密义务的内容和范围内相互为对方的保密信息承担保密义务。

3.2.2 除非根据法律要求，否则双方不得出于除执行本协议以外的任何目的，以任何形式向任何第三方提供保密信息。

3.2.3 双方同意采取所有合理的步骤，保证其员工或代理不对外披露或散布保密信息而违反本协议条款。

3.2.4 在本协议履行过程中一方需对外公布涉及对方权利义务的信息，应事先取得对方的书面同意。

四、声明与保证

4.1 甲方向乙方声明与保证

甲方是一家合法成立，且有效存在的组织机构；甲方经营的合作范围符合中国大陆境内有关法律法规和国家特定的经营资质。

4.2 乙方向甲方声明与保证

乙方是一家合法成立，且有效存在的组织机构；乙方经营的合作范围符合中国大陆境内有关法律法规和国家特定的经营资质。

五、知识产权的保护

5.1 合作双方在执行项目之前各自所拥有的知识产权及相应权益均归各自所有，不因执行本项目而改变。任何原有知识产权的应用，须与拥有方商讨，并签署有偿授权合同。

5.2 在技术系统研发过程中产生的各专利、技术及软件著作权由甲乙双方共同享有。

5.3 甲乙双方一旦达成合作协议，在协议有效期内参与该项目的各方及其工作人员不得就项目内容与第三方进行合作，在合作过程中产生的知识产权不得转让给第三方或让第三方知悉。

5.4 在项目研发、实施的过程中，任何一方不得有侵犯他人知识产权的行为，如因一方过错导致第三方指控有关的侵权事件，应由过错方负责，过错方应承担侵权赔偿责任。

六、联系方式

6.1 本协议内的所有通知及联系均应以商业信函、传真、电话及电子邮件的方式进行。

同时，甲方指定：

联系人：

电话：

电邮：

传真：

邮寄地址：

作为甲方与乙方联系的官方联系人。

乙方指定：

联系人：

电话：

电邮：

传真：

邮寄地址：

作为乙方与甲方联系的官方联系人。

6.2 在具体项目实施过程中的联系，由甲乙双方授权联系人分别以书面的形式（包括电子邮件）通知对方并出具项目联系单，项目联系单内与项目有关的任何联系均认为合法有效。在一方以书面通知另一方进行更改之前，以上联系方式一直有效。

七、合作期限

7.1 本合作协议自双方签字并盖章之日起生效，有效期 _____ 年，从 _____ 年 _____ 月 _____ 日到 _____ 年 _____ 月 _____ 日。

7.2 本协议期满后在双方同意下，可作修订或续期。如任何一方拟终止本协议，也可提前 3 个月以书面形式通知对方。在本协议终止前开展的计划不受终止的影响。

八、不可抗力

8.1 本协议履行期间，若发生战争、动乱、自然灾害、重大政治和经济的变更或由于国家法律、法规变更或市场发生重大不利等不可抗力，导致本协议难以继续履行时，甲乙双方应及时商讨应急措施，经双方协商，可以解除或变更本协议。

8.2 因不可抗力造成本协议难以履行的，双方互不负赔偿责任。

九、争议解决

9.1 本协议的有效性、解释、执行及履行和争议解决应适用中华人民共和国法律。

9.2 因履行本协议或与本协议有关的一切争议，双方应尽可能协商解决；不能协商解决的，任何一方可向原告所在地人民法院提起诉讼。

十、其他条款

10.1 本协议未涉及的项目及未尽操作性的事宜，可根据具体项目另行协商确定，并以签署的书面协议为准。

10.2 本协议在执行过程中如需变更，应经双方协商一致达成书面协议。除非有法定或约定解除本协议的情形，任何一方不得擅自变更或解除本协议。

10.3 本协议一式两份，双方各执一份为凭，具有同等法律效力。

10.4 本协议附件及任何补充文件、修改文件作为本协议的一部分，与本协议具有同等的法律效力．

（以下无正文，仅为签署页）

甲方（盖章）：　　　　　　　乙方（盖章）：

法定代表人（签字）：　　　　法定代表人（签字）：

日期：＿＿年＿月＿日　　　　日期：＿＿年＿月＿日

保密协议

甲方：

乙方：

为明确双方权责和保障各方利益，经甲方和乙方友好协商，达成以下战略合作协议，以兹遵守和执行。

1. 保密的内容和范围

1.1 双方须承担保密义务的内容和范围指甲乙双方在合作过程中，由一方（"接受方"）从另一方（"披露方"）以书面或口头获悉的披露方开发、创造、发现的，或为披露方所知的，或转移至该披露方的，对该披露方业务有商业价值的非公开的、保密的有关披露方或与双方合作项目的信息和数据（以下称"保密信息"）。

1.2 本协议所称的保密信息包括但不限于有关节目的商业秘密，信息数据、剧情内容、业务和产品（商业）开发计划，与该披露方业务有关的客户的信息及其他信息，或该披露方从第三方获悉的有关披露方的未公开的保密信息。

1.3 本协议所称"保密信息"不包括：

（1）接受方从第三方依法获得有关披露方或本合作项目的信息，而第三方提供该信息于接受方未有违反任何协议条款。

（2）已经公开的信息，但不是由接受方的泄露所造成。

（3）该信息已经由披露方或其代表授权批准公开。

（4）并非直接或间接利用披露方提供的"保密信息"而由接受方独立开发的信息。

（5）接受方在披露方披露之前已获得的信息。

2. 双方的权利与义务

2.1 双方承诺在本协议有效期内及终止后三年内在本协议第 1 条规定的保密义务的内容和范围内相互为对方的保密信息承担保密义务。

2.2 除非根据法律要求，否则双方不得出于除执行本协议以外的任何目的，以任何形式向任何第三方提供保密信息。

2.3 双方同意采取所有合理的步骤，保证其员工或代理不对外披露或散布保密信息而违反本协议条款。

2.4 在本协议履行过程中一方需对外公布涉及对方权利义务的信息，应事先取得对方的书面同意。

3. 争议的解决

由本协议产生的一切争议由双方友好协商解决。协商不成，双方约定向甲方所在地人民法院诉讼解决。

4. 生效及其他事项

4.1 本协议一式两份，甲乙双方各执一份为凭。

4.2 本协议自签订之日起生效，任何于协议签订前经双方协商但未记载于本协议之事项，对双方皆无约束力。

4.3 本协议未尽事宜由双方友好协商解决，以签署的补充协议为准。

甲方（盖章）：　　　　　　　乙方（签字）：

法人代表（签字）：

＿＿年＿＿月＿＿日　　　　　＿＿年＿＿月＿＿日

演艺经纪合同

甲方：

地址：

联系人：

电话：

乙方：

艺名或曾用名：

身份证号码：

现居住地址：

身份证地址：

手机：

依据《中华人民共和国合同法》及相关法律法规，经充分协商，甲、乙双方本着"诚实信用、平等互利、自愿公平"的原则，签订本合同。

1. 合同主要内容

1.1 乙方加盟甲方，成为甲方全范围艺员。

1.2 甲方同意在本合同有效期内接受乙方的委托，作为乙方演艺事业的全范围唯一、独家、全权代理经纪公司。

1.3 本合同所称的"演艺"是指一切有关形象、声音、舞蹈的活动［其中包括但不限于：舞台、电影、电视、广播、电视剧、网络、现场演出、录音、音像制品（DVD、VCD、CD、录像带、数码卡带、MP3等现有已知或将来发展延伸的未知的全部媒介物）及相应的广告制作、表演、剪彩及庆典、品牌推广及上述媒介活动的代理、拍摄、表演、主持、商业推广、出席嘉宾活动］等全部形式。

1.4 本合同所称的"全权代理经纪公司",是指:依据本合同规定,在全世界范围内,乙方从事全部"演艺"领域活动和娱乐事业发展、市场推广活动时,甲方作为乙方唯一、独家、全权经纪公司,负责和决定乙方的"联络、宣传、推广、洽商各类事务及相应的各类酬金和支付方法"及乙方其他全部演艺和相关事宜(具体每个项目合同须经乙方书面同意)。

2. 甲方代理、经纪业务的权限

2.1 在本合同第 1 条中约定的演艺经纪范围内,经乙方书面同意后,甲方以自己的名义为乙方安排演艺活动,代表乙方与第三方进行业务和报酬洽谈,签订和落实、履行有关演艺合同,对上述活动安排及合同,乙方必须遵照执行。

2.2 乙方授权甲方在本合同第 1 条中约定的演艺经纪范围内,可以乙方的名义与第三方洽商,签订有关演艺活动的合同。乙方遵照该等合同或协议执行,并按照甲方指示就该等合同或协议出具确认文件或亲自签署。

2.3 任何其他代理、经纪、演艺公司,有意聘用乙方从事各类"演艺"领域活动和娱乐事业发展、市场推广活动时,经乙方书面同意后,最终由甲方决定并安排。

2.4 本合同下甲方作为乙方演艺经纪的排他性和独家性不包括乙方原行政单位(如有)的管理和演出安排。本条所指的与乙方有管理或隶属关系的单位名称为: _____。

3. 合同有效期

3.1 本合同期限为一年整,从 _____ 年 ____ 月 ____ 日起至 _____ 年 ____ 月 ____ 日止。

3.2 在本条第 3.1 款的期限内,甲方依据本合同签订的与乙方有关的合同期限如超出本条第 3.1 款的约定期限,则超过的期限也将被视为本合同有效期，但超出本条第 3.1 款期限的乙方演艺收入归乙方所有。

3.3 在本条第 3.1、3.2 两款的期限内，由甲方依据本合同签订的与乙方有关的合同，在本条第 3.1、3.2 款以外的期限，又重复性的反复发生的时间段（例：产品代言合同续约），则该时间段也将被视为本合同有效期的一个部分。

3.4 若在本合同有效期内，甲方为乙方安排参演一部以上（包含本数）院线电影或电视连续剧或网络剧有关角色的，则本合同期限届满后，乙方必须与甲方续约，续约所涉经纪期限至少为三年。

3.5 本合同的其他条款中所涉及的"合同期"应包含以上四个层次。

4. 酬金及支付方式

4.1 甲、乙双方共同选择"演艺收入提成制"的方式，作为双方酬金分配方式（详见附表一）。

4.2 甲方将参照业内惯例和标准，结合公司实际情况及乙方"演技水平、才能、知名度的增减及市场认可程度和参考业内水平"等因素，经乙方认可，制订艺员的片酬和演艺薪酬标准，分配演艺总收入。

附表一：艺员酬金支付表

货币：人民币

演艺类别	演艺总收入提成比例		备注
	乙方	甲方	
单集片酬 30 万元以下时，电影、电视剧	%	%	
单集片酬 30 万元及以上、50 万元以下时，电影、电视剧	%	%	
单集片酬 50 万元及以上时，电影、电视剧	%	%	
广告、产品代言、推广、主持、剪彩以及一切商业活动	%	%	

4.3 乙方全部演艺活动所产生的收入即"总收入"，由甲方负责收取到账，按甲方实际到账金额进行分配，乙方所得全部收入为税后款，如第三方需甲方出具税收票据时，甲方需在乙方所得收入中扣除涉及的税款（此税款按甲方开具的税收票据的实际税率计算）。乙方如需向其所在单位支付费用，甲方不予承担，由乙方从其个人收入中进行支付。

甲方账户信息：

开户行：

开户名：

账号：

乙方账户信息：

开户行：

开户名：

账号：

备注：如甲、乙双方账户信息变更，需以书面方式及时通知其他方。

4.4 演艺收入计算周期，以甲、乙双方签约并开始工作起算："当甲方与乙方签约时间和开始工作时间不一致时，以后发生者为起算时间。"

4.5 甲方作为乙方唯一代表，收取乙方于"合同期"内于任何时间、任何地区从事"演艺事业"所获得的收入。若其他第三方直接支付任何属"总收入"内的酬金给乙方，则乙方应该将其立即交予甲方，由甲方统一入账及处理。若乙方未能或拒绝将收到的任何属"总收入"内的酬金转交给甲方，将视为违约，甲方除了有权将该款项视为"总收入"的一部分，计入分配外，并可按本合同第 6 条乙方的权利义务和第 8 条违约责任和赔偿的约定追究乙方的违约责任。

4.6 结算方式：在乙方完成每次影视剧拍摄 7 个工作日内甲方按

指定账户与乙方结算；代言及广告为每周期收到客户汇款时甲方于 7 个工作日内与乙方结算。

5. 甲方的权利和义务

5.1 乙方在本合同期内的全部演艺事宜及报酬，均由甲、乙双方协商后，由甲方负责洽谈、安排和决定。

5.2 甲方必须依照有关法律严格实施本协议，充分保证乙方的各项权益和收益的有效实现。

5.3 本合同有效期内，在乙方各项状况都正常的情况下，甲方将根据其个性特征、擅长及可能，每年安排乙方参加由甲方参与投资制作的不少于 60 集影视剧和 1 部电影的拍摄，及其他适当的影视栏目、演艺、音乐、广告、推广宣传等活动。在实施过程中，应充分尊重乙方意愿，友好协商，充分披露相关信息。

5.4 本合同有效期内，甲方有权根据自身的运营情况和乙方当时的市场认知度，决定是否聘用乙方参与由甲方或甲方全资子公司或甲方绝对控股子公司投资制作或参与投资制作的影视剧项目。若甲方聘用乙方出演该等影视剧，则乙方参演的片酬按乙方市场价格的七折计算；打折后的乙方酬金除甲方经纪团队考核奖外甲方不分成。

5.5 在本合同有效期内，甲方应积极努力为乙方创造条件开发市场、提高知名度，积极为乙方演艺事业的发展创造机会，全方位地给予使用和提供发展契机。

5.6 在乙方的演艺活动过程中，甲方将适时派出合理必要的经纪人或辅助人员，负责与客户沟通，协助乙方工作。

5.7 甲方有权派专人负责对乙方进行整体形象策划设计，对乙方不利于本协议实施整体目标的言行和习惯进行纠正和监督。

5.8 甲方有权了解与本协议有关的乙方心理和生理变化、目前状态、社会关系等，并提出各种建议和安排。

5.9 按本合同第 4 条规定，向乙方支付分成酬金。

5.10 甲方为乙方所安排的演艺活动，均不得有任何违法及违背公共道德的行为，否则乙方可解除本合同。

5.11 在本合同有效期内，所产生的与乙方相关的所有影像、声音、图片、作品或制品，包括但不限于"唱片、激光唱片、录音带、影碟、录影带、摄影、文字作品及网络产品"等目前已有及未来将要发明使用的任何媒介及其他演艺制品、产品，以及衍生的所有相关文字、图片、照片制品等，其世界范围内的著作权、邻接权及相关所有权利归甲方享有（乙方在与甲方签订本合同前与第三方签订并如实向甲方告知的合同除外）。

5.12 在本合同有效期内，甲方有权为实现商务合作或其他小合同目的，免费给第三方使用乙方的姓名（包括本名、曾用名、艺名）、肖像、简历、表演及有关资料的录音、录像、电影、照片、文稿等。

5.13 甲方结算全世界影视、音乐等作品版税予乙方时，每张专辑或作品保留五千卷 / 盘之销量作为退货准备，两年后再予结清。

5.14 在本合同有效期内，乙方所参与的任何影视剧、音乐、舞台剧、广告、各类演艺等作品，在各类比赛中获得奖项，该奖项荣誉由甲、乙双方共同分享；若获奖金，集体类奖项之奖金由甲方按相关演职人员的贡献大小酌情分配，乙方个人奖项之奖金全部归乙方所有。

5.15 在合同期内及期后，甲方依据本合同与第三方签订的有关合同若出现纠纷，经乙方特别授权，甲方可全权代表乙方解决该纠纷，包括但不限：有权终止该有关合同、提起诉讼、提出诉讼外的各项请求，及与利害关系人签订协议或达成和解。在此期间，乙方须全力配合甲方，并提供相应的支持与协助，在未征得甲方同意的情况下，不得就此类纠纷和事件对公众媒体和任何第三方发表任何意见。

5.16 本合同有效期届满后，在同等条件下甲方享有优先续约权。

5.17 甲方有义务为乙方开展相关演艺经纪业务，因洽谈业务所发生的邮电费、交通费、公关费用皆由甲方承担。

6. 乙方的权利义务

6.1 乙方有权向甲方收取本合同内所约定的演艺报酬；乙方有权指定经纪人，甲方如需为乙方更换经纪人需经乙方本人同意。

6.2 乙方保证在签订本合同时，没有与任何第三方签订任何同类或相关合同，不存在任何阻碍乙方履行本合同的事由。若因乙方存在上述阻碍事由而与第三方产生纠纷的，乙方应自行处理该纠纷并保证甲方不受任何牵连或影响。若因乙方存在上述阻碍事由致使甲方被第三方追讨、诉讼或声誉受到影响、损毁，乙方须承担一切责任，并赔偿甲方一切损失（包括但不限于赔偿费、诉讼费、仲裁费、律师费等所有费用）。

6.3 乙方为未成年人的，应保证本合同内容已获乙方法定代理人的认同，并由其法定代理人在本合同上签字。

6.4 乙方同意成为甲方的独家专属全范围合同艺员，合同有效期内，乙方不得另行委托或许可任何第三方（经甲方同意的"甲方关联成员"除外），作为其"演艺事业"或其中任何分项的经纪人或代理人，也不得自行提出、答应、承诺、签署、修改或终止任何聘用、代理、演艺等或其他类似、相关的协议；未经甲方书面允许，亦不得出席或参加任何有偿或无偿的、商业性或非商业性的演艺或广告、宣传类等各项演艺活动。

6.5 本合同有效期内，如有任何第三方邀请或乙方提议参加各类演艺、广告、宣传活动，乙方均应提前通报甲方并征得甲方允许，并由甲方指定人员跟进联络和安排。乙方所取得的无论来自公司内部或公司外部演艺等收入，均须由甲方负责收取，并按本合同第4条约定进行分配。本条款对合同期内乙方的全部工作和全部收入（无论甲方是否知情或是否由甲方安排、签约）均有约束力。

6.6 经乙方书面同意后，乙方应服从甲方为乙方安排和决定的演艺活动，履行自己应尽的义务，执行各项相关工作程序，签署相关文件。

6.7 乙方除应完成甲方安排的演艺任务外，还应根据甲方的要求，积极参加甲方组织的宣传、发行以及其他相关活动，为甲方树立良好的公司形象，甲方无须向乙方支付额外费用。

6.8 在本合同有效期内，乙方应持续保持负责的工作态度、饱满的精神状态、优异的敬业精神、良好的公众形象、最佳的从艺状态、认真的履约和积极配合的合作态度，以及在影视表演和多元化发展专业道路上刻苦追求、不断进取、勤奋向上的高昂的精神面貌。

6.9 乙方应遵纪守法，严格自律，保证无吸毒、酗酒等严重不良嗜好和品行，遵守职业道德，注意自我形象，提高品德修养，维持及建立良好的社会公众形象、舞台形象和公共关系。不得违反国家法律法规及甲方各项规章。

6.10 在本合同有效期内，乙方应随时与甲方保持联络，甲方有权知道乙方每天的行踪；乙方如出境旅游，应征得甲方同意。

6.11 乙方保证在签署本合同时健康状况正常，未在任何国家和地区有刑事案底记录，保证没有对邪教等的迷信。

6.12 乙方如需整容，改变自己的肤色、形象、形体、发型、发色、五官（包括：上额、眼睛、眉毛、鼻子、嘴唇、脸颊、下额等），均需通知甲方。

6.13 乙方如单方面提前终止本合同，须经甲方书面同意，并应以不影响甲方依据本合同签订的与乙方有关的各项演艺合同为前提，同时乙方应按本合同第 8 条规定承担违约责任。

6.14 乙方不得发表任何损害甲方作为职业演艺经纪公司的声誉言论。

6.15 乙方不得将本合同文本及内容泄露给甲、乙双方以外的第三方。

6.16 乙方参加演出活动时，所发生的化妆、发型、服装、交通、餐饮等费用均由甲方承担。

6.17 如为拓展业务需要，在甲方的要求下，乙方每年可拍一至二次宣传照片，因拍摄宣传照片而发生的摄影、化妆、造型等费用，由甲方承担。除此之外如需再拍摄宣传照所发生的费用，则由乙方自行承担。

7. 共同责任条款

在本合同期间，甲、乙双方都必须维护和捍卫自己和对方的荣誉，不得有任何有损于任一方名誉的言行。当甲、乙双方任何一方的名誉受到侵害时，应共同维护各方名誉，尽全力相互协助。

8. 违约责任和赔偿

8.1 因乙方有违约行为，甲方有权根据其情节轻重、后果大小，随时对乙方进行批评和主张违约责任，包括：警告、暂缓结算其酬金直至完成因其违约对甲方造成损失的评估和赔偿、停职检查直至单方面中止和解除本合同，并可追究乙方的违约责任；同时，乙方应赔偿因此给甲方造成的其他损失。

8.2 在本合同期满以前，乙方如提出提前解约，或因乙方过错甲方提出终止合同的，乙方应向甲方支付违约金（违约金支付详见附表二），如违约金不足以弥补甲方损失的，乙方还应赔偿因此给甲方造成的全部损失。损失金的计算："除按合同期限内，甲方实际为乙方支付'培养、塑造、推广、宣传'等各项投资及费用合计外，加上甲方已代乙方签订的影视、演艺、音乐、广告等未履行合同的总额及违约金赔偿额。"

附表二：违约金支付表

货币：人民币

提出解约时，乙方为甲方工作的年限	乙方应向甲方支付的违约金数额
工作未满 1 年	万元
工作 1 年以上未满 3 年	万元
工作 3 年以上未满 5 年	万元

注：工作年限计算：以本合同生效日起，按公历年度计算周期。

8.3 乙方擅自行动，触犯国家法律，或不服从甲方或与甲方有演出合同关系的第三方的合理安排指示参加演出、宣传、社交等活动的，严重违反工作上的专业要求或三次以上被使用单位正式书面批评，则视为乙方违约，甲方有权单方解约，并按本合同第 8 条的规定向乙方追缴违约金和损失赔偿金。

8.4 乙方违反本合同之规定，未经甲方同意擅自参与第三方组织的演艺等活动的，乙方因此取得的收入应全部归甲方所有，由此造成甲方工作延误或其他损失的，乙方应予以赔偿。

8.5 如乙方不服从、不履行以甲方或乙方名义与第三方签订的合同，执行各项相关工作程序并签署相关文件，视为乙方违约，乙方应赔偿因此给甲方造成的全部损失。

8.6 乙方违反本合同之规定，不向甲方上缴从任何第三方获取的演艺收入，甲方有权从乙方应得的酬金中扣除该项收入的款项。

8.7 乙方单方擅自中止执行本合同，对甲方没有约束力，不影响甲方在本合同有效期范围内行使和享受约定的权利、履行约定的义务，同时甲方有权按照本合同关于"违约责任和赔偿"的规定，追究乙方违约责任。

8.8 甲方逾期不向乙方支付酬金，除应向乙方立即支付应付款项，还应按逾期期间的银行同期活期存款两倍利息加付滞纳金。

8.9 如乙方因主观原因罢演或辞演甲方为其安排的影视剧、广告等演艺活动，因此造成的一切损失由乙方自行承担，并赔偿因此为甲方造成的所有损失。甲方若严重违反本合同第 5.2 条并造成乙方的重大经济损失，乙方有权单方面解除本合同并不用支付违约金。

8.10 除不可抗力导致中止和解除本合同外，甲方依据本合同与任何第三方签订的与乙方有关的合同仍将有效，擅自不履行方将承担全部责任。

8.11 凡出现政策、战争、自然灾害（地震、台风、火灾）等不可抗力造成的甲、乙双方不能履行合同的，双方均不承担违约责任。

9. 甲、乙双方的联络方式

以本合同记载邮寄地址和联系电话为准，如有变动，变动方应事前以挂号信函或其他适当的方式，及时通知对方。

10. 乙方的福利保险

10.1 乙方在不影响甲方工作安排的前提下，每年可有 1 个月的休假期。在休假期内若遇特殊情况，甲方有权要求乙方中止休假以完成甲方安排工作。如因工作原因致使乙方假期无法在当年度使用完毕，未用完的假期可以累计使用。乙方的休假申请，应提前 3 个月提交甲方，以便甲方安排乙方的工作日程；经甲、乙双方协商，甲方同意后乙方方可休假。乙方在休假期应与甲方保持联络。

10.2 在本合同有效期内，乙方如果确有特殊情况，可以暂停出演。停演期间，仍等同合同有效期，乙方应严格履行本合同各条款的规定和义务，不得参加或出席任何第三方组织的演艺、广告、宣传活动。停演结束后，乙方应立即恢复演出或参加甲方安排的工作。同时，本合同的有效期按照停演时间顺延。

10.3 乙方任何休假的开始和实施，均以确保甲方经乙方书面同意后代乙方所签订各类演艺合同、协议、合同能充分履行为前提。

11. 适用法律

本合同的订立、生效、履行、变更、终止、解除均适用《中华人民共和国合同法》及中华人民共和国相关法律法规。

12. 补充协议

本合同未尽事宜，双方另行协商，并签订补充协议。如补充协议有与本合同不一致处，以补充协议为准。

13. 争议的解决

本合同在<u>××省××市</u>签订，合同履行过程中如发生争议，双方应通过友好协商解决，协商不成的，任何一方均可向甲方所在地人民法院提起诉讼。

14. 其他

本合同一式两份，甲、乙双方各执一份为凭，甲、乙双方签字或盖章后生效。

附表三

乙方身份证复印件	

甲方（盖章）：　　　　　　　　　　乙方（盖章）：

代表（签字）：　　　　　　　　　　本人（签字）：

签约日期：＿＿＿＿年＿＿月＿＿日

附件：

《演艺经纪合同》
补充协议

甲方：
地址：
邮编：
电话：
传真：

乙方：
艺名或曾用名：
身份证号码：
现居住地址：
邮编：
身份证地址：
电话：
手机：

鉴于：甲、乙双方于 ＿＿ 年 ＿＿ 月 ＿＿ 日签订《演艺经纪合同》（以下简称"主合同"），双方明确：乙方加盟甲方，成为甲方全范围艺员。在约定的演艺经纪范围内，经乙方书面同意后，甲方以自己的名义为乙方安排演艺活动，代表乙方与第三方进行业务和报酬洽谈，签订和落实、履行有关演艺合同。

为了甲方和乙方更加方便地履行该主合同，双方经过友好协商，就合同履行的具体方式达成如下补充协议：

一、双方协商一致，决定：由甲方出资设立个人工作室，工作室注册地点由甲方提出建议，由甲、乙双方协商确定。工作室设立过程中，甲、乙双方全力配合。

二、工作室的运营管理由甲方负责，乙方配合。工作室的人事任免、财务管理等须经甲、乙双方协商一致，如 3 次协商不成，则以甲方意见为准；工作室运营成本，经甲、乙双方共同确认后由工作室承担，工作室财务月、季、年报分别于次月 10 日、次季首月 10 日、次年首月 15 日前提交给甲、乙双方。

三、甲方作为经纪公司与第三方签订任何有关乙方提供演艺服务的具体项目合同时，乙方或工作室可作为该合同的主体之一，由第三方直接将乙方依据主合同应获提成支付至工作室账户。工作室应在收到该笔款项后 7 个工作日内将乙方应得收入支付至乙方账户。乙方账户收到此项收入后，视为甲方在该具体项目上的主合同义务履行完毕。

四、在主合同有效期内，工作室对外签订的任何有关乙方提供演艺服务的合同，均需获得甲方的书面同意并由甲方作为一方主体参与签订。

五、在主合同有效期内，在没有获得甲方书面同意的前提下，工作室获得的任何有关乙方提供演艺服务的合同收益或其他有关乙方提供演艺服务的收益，均应当纳入主合同约定的"演艺总收入"，均应依据主合同的相关约定由甲方双方按照比例分配。

六、甲、乙双方如有争议，应友好协商解决，协商不成，可向甲方所在地人民法院提起诉讼。

七、本协议自甲方代表签字并加盖公章以及乙方签字之日起生效。本协议一式两份，甲、乙双方各执一份，具有同等法律效力。

甲方（盖章）：　　　　　　　　乙方（盖章）：

代表（签字）：　　　　　　　　本人（签字）：

电话：　　　　　　　　　　　　电话：

签约日期：＿＿＿＿年＿＿月＿＿日

联合出资摄制协议书

甲方：

地址：

联系人：

电话：

乙方：

地址：

联系人：

电话：

甲、乙双方决定共同出资制作、拍摄、宣传、发行本片《＿＿》（暂定名，名称变更不影响本协议效力，以下简称"本片"）。双方同意按照本协议的约定共享利益、共担风险。双方本着公平、平等、自愿、诚实信用的原则，在友好协商的基础上，就联合出资、制作、宣传及发行本片的有关事宜签订本协议，以兹共同遵守。

本协议的各项条款均遵守《中华人民共和国合同法》《中华人民共和国著作权法》《中华人民共和国著作权法实施条例》《电影管理条例》及中华人民共和国国家新闻出版广电总局（以下简称"主管机关"）的有关规定。

第一条　电影基本情况

1.1 片名：《＿＿》（暂定名称，最终以公映许可证中的名称为准）。

1.2 片长：＿＿＿＿

1.3 编剧：＿＿＿＿

1.4 监制：＿＿＿＿

244

1.5 导演：_____

1.6 主要演员：_____

1.7 制片人：_____

1.8 声音制式：_____

1.9 制作周期：_____

1.10 拍摄地：_____

1.11 上映日期：_____

第二条　影视剧本

2.1 乙方确认并承诺：本片的剧本由_____独立创作，乙方已从_____处取得剧本的全部著作权并独家享有该剧本（含其中人物形象、特色物品等元素）的完整著作权，包括但不限于将剧本改编、拍摄成影视项目的著作权。

2.2 乙方同意自本协议生效之日起，将本片剧本在全世界范围内的著作权永久转让给甲方，收益由甲乙双方共同按投资比例享有。

2.3 甲乙双方任意一方未经对方书面同意，不得将本片剧本的著作权转让给第三方或许可第三方使用本片剧本，本协议另有约定除外。

2.4 乙方确认并承诺，剧本著作权不存在任何权属瑕疵，不涉及任何权利纠纷问题，不会侵犯任何第三方的合法权益。否则，由此引起的一切争议或纠纷，以及给甲方造成的经济、名誉等损失及相应的法律责任，均由乙方负责解决并承担。

第三条　电影出资

3.1 本片制作费用

3.1.1 本片制作费用预算为人民币 _____ 元整（含税，小写：¥_____，下称"制作费预算"），制作费预算由乙方制定后书面交给甲方确认，并由乙方在充分尊重甲方意见基础上最终协商确定。

上述制作费预算包括但不限于完成影视立项、拍摄、制作、送审报批税金等直至取得《公映许可证》所需的所有成本和费用（不含宣发费用）。

3.1.2 乙方应在本片取得《公映许可证》之日起 15 个工作日内完成制作费结算并向甲方提交《影视项目出资决算表》（内容与格式以甲乙方双方共同书面确认的为准，以下简称"决算表"），并将有关合同原件扫描件提交甲方。

3.1.3 甲、乙双方充分理解，乙方作为本片的承制方，应按照本片制作费预算明细严格管理、控制本片制作费用的使用，尽量避免超支情形的发生（不可抗力除外）。但双方同时知晓并理解，在本协议的有效期限内，本片制作实际所需的资金总金额可能会与本片制作费预算有差异。

（1）如果超支是因不可抗力因素造成确实需要超支的，追加款项额度不能超过（含）本片制作费用总预算的 10%，由甲、乙双方就追加投资款项事宜充分协商；如双方同意追加的，则经双方书面同意后 20 个工作日内，双方应按照投资比例进行追加并支付至本片共管账户。若一方未在上述约定的时间内实际追加的，则经双方同意，双方在本片中的投资比例及收益分配比例将按照双方实际投入款项的比例（即实际投资比例）作出相应的调整。

（2）如因本片制作拍摄需要的原因（包括但不限于本片剧本的修改、主创人员的调整、拍摄制作场景变化、后期制作需要增加相关费用等）确实需要超支，则甲乙双方经书面确认后，可以按照各自的投资比例追加，但追加总额不超过本片制作费用总预算的 10% 的应急制作费用（以下简称"应急制作费用"）。

（3）若双方追加的应急制作费用使用完毕后，仍不足以支付本片制作部分所需费用时，则由乙方自行承担超出部分的全部费用支出直至本片顺利制作完成时止。乙方补足的自有资金不计入制作成本费用，不得在双方分成之前扣除，该超支也不得影响双方收益分配比例。

（4）如果超支是因为乙方未按照本片制作费用预算明细执行造成本片制作需要增加相关费用的，则由乙方自行承担超出部分的全部费用支出直至本片顺利制作完成时止。乙方补足的自有资金不计入摄制成本费用，不得在双方分成之前扣除，该超支也不得影响双方收益分配比例。

（5）经双方协商一致确属需要超支的，甲、乙双方同意于 20 个工作日内将应追加制作费用支付至本片共管账户，并完成本片的顺利制作。

（6）如超支是因一方违约、不履行或不及时履行本合同义务或错漏造成，由违约方全部承担，与另一方无关，此等超支部分不得计入违约方的投资总额，也不得影响甲、乙双方的投资比例及收益分配比例，乙方在上述情形下应依据双方确定的剧本摄制本片、保证本片的制作品质并应于本协议约定日期完成拍摄并上映。

3.1.4 若本片实际支出的制作费低于第 3.1.1 条所确定的制作费预算的，甲乙双方按照投资比例回收剩余制作费。

3.2 投资款支付

3.2.1 总投资额暂定为人民币 _____ 万元整（以甲乙双方认可的实际支出为准）。甲方出资额为人民币 _____ 万元整，即甲方出资比例为总出资额的 _____%；乙方出资额为人民币 _____ 万元整，即乙方出资比例为总出资额的 _____%。本片的制作费用超出总出资额的，按本协议第 3.1.2 条约定处理。

3.2.2 任何一方均有权在其出资额度内引入其他出资人，即任何一方有权将其在本协议项下出资额与其他出资人共同分担和享有，并就相关事宜签署协议，但不得减少、损害另一方在本协议项下享有的权益，任何一方依据本条引入其他出资人的应事先书面通知另一方。任何一方引入其他出资人的，应从该方按照本协议第 7.2 条约定的分配顺序从本片总收入中取得的收益中向其他出资人分配收益。

3.2.3 甲、乙双方同意采用共管账户管理制度，共管账户由乙方建立，由甲、乙双方共同管理。除本合同另有规定或双方另行签订合同补充规定外，合作期内所有关于本片得到的投资款、赞助费、商业收益以及全部支出均由共管账户统一收支，不得另作他用。甲方有权定期要求乙方出具共管账户支出与收入明细表，乙方应予以配合。甲方应按如下进度分期支付出资款：

第一期：本协议签署生效后，乙方提供制作费预算明细，甲方书面审核通过之日起 7 个工作日内，甲方向共管账户支付甲方出资款的 _____%，即 _____ 万元整。

第二期：开机前的 15 个工作日内（以乙方书面通知的时间为准），甲方向共管账户支付甲方出资款的 _____%，即人民币 _____ 万元整。

第三期：拍摄周期过半前的 7 个工作日内（以乙方书面通知的时间为准），甲方向共管账户支付甲方出资款的 _____%，即人民币 _____ 万元整。

第四期：完成拍摄前 7 个工作日内（以乙方书面通知的时间为准），甲方向共管账户支付甲方出资款的 _____%，即人民币 _____ 万元整。

3.2.4 甲方将出资款支付至共管账户之日起 5 个工作日内，乙方须按支付进度向甲方开具出资款项同等额度的专用收据作为凭证。

甲方支付第一笔投资款前，乙方须协助甲方办理相关手续以达到对乙方提供的共管账户共管的目的，方式包括在开户银行增加甲方人员预留印鉴、增加网银支付审核级等所有需双方共同操作方可支付的手段。如在甲方付款日，乙方未协助办理完毕上述共管手续，不视为甲方违约。

3.2.5 乙方应按如下进度分期向共管账户支付出资款：

第一期：乙方应在甲方支付甲方第二期出资款前 5 日内向共管账户支付乙方出资款的 _____%，即人民币 _____ 万元整。

第二期：拍摄周期过半前的 7 个工作日内（以乙方书面通知的时间为准），向共管账户支付乙方出资款的 _____%，即人民币 _____ 万元整。

第三期：完成拍摄前 7 个工作日内（以乙方书面通知的时间为准），向共管账户支付乙方出资款的 _____%，即人民币 _____ 万元整。

第四期：取得《公映许可证》之日起 7 个工作日内，向共管账户支付乙方出资款的 _____%，即人民币 _____ 万元整。

3.2.6 如乙方于本协议第 3.2.5 条约定的乙方付款期限前先行支付乙方出资款用于本片的实际拍摄制作的，则乙方应向甲方提交相应的出资款使用报表供甲方确认，甲方书面确认无误后，视为乙方已履行完毕相应的出资款的付款义务。

3.3 未经甲、乙双方一致书面同意，任何一方均不得单方对本片及与本片相关的权利设置抵押、质押或其他形式的担保，不得以任何方式取消、阻止本片的制作、发行。

第四条　电影制作

4.1 双方确认：乙方及乙方委派团队负责本片的全部承制工作，本片的全部前期筹备、拍摄、制作和后期制作工作均由乙方负责完成。乙方承诺于 _____ 年 ___ 月 ___ 日前完成本片的全部拍摄及制作。

4.2 乙方应负责成立本片摄制组，所有与本片拍摄、制作相关合同均由乙方或本片剧组负责签署并由乙方负责支付全部费用，包括但不限于与音乐词曲作者和演唱者、创作人员、分包公司、导演、演员及其他工作人员等签署的与本片拍摄、制作、后期有关的全部合同、授权书或权利证明等。上述合同、授权书及权利证明签署后乙方应向甲方提供该等文件的原件扫描件。

4.3 甲方有权按照本协议约定监督本片拍摄、制作工作，即甲方有权指派代表（以下简称"甲方代表"）监督本片拍摄、制作工作，对于甲方代表的监督意见，乙方应充分听取并予以考虑。自本协议签署后，乙方应每两周一次向甲方提供制作费预算使用情况对比报表，供甲方知晓备案。

4.4 双方同意，本协议第 3.1 条约定的本片的制作费用包括但不限于：

（1）聘用所有演员、导演、创作人员、摄制组工作人员等的费用；

（2）采购或租赁包括材料、设施以及所有其他拍摄、制作本片所需的要素费用；

（3）进行本片的后期制作工作以完成本片最终制片工作的费用等。

本片制作预算及管理，本片摄制期间发生的一切经济往来，债权、债务，结算等问题均由乙方进行管理并自行解决。乙方的全部本片拍摄及制作工作均应符合拍摄地及制作地的法律、法规及政策。乙方因执行本片拍摄与制作工作与第三方（包括但不限于演职人员及其他服务方、其他第三方等）产生的任何纠纷（包括但不限于合同纠纷、侵权纠纷等），或违反法规政策所引致的任何处置，由乙方负责解决并承担相应法律及经济责任；乙方应保障甲方免于承担因上述纠纷或乙方违反法律法规的行为而导致的任何责任、索赔和诉讼，否则乙方应负责赔偿由此给甲方造成的一切损失。如因有证据证明的甲方原因引起或本协议另有约定的除外。

4.5 制作费预算表由双方共同书面确认无误，制作周期表以乙方制作并提交的为准。乙方应严格按照上述制作费表及制作周期表完成本片制作工作，但乙方有权在本协议第 3.1.1 条约定的制作费预算内调整线下制作费预算明细，以及在本协议完成摄制片时间要约前调整附件三的制作周期表。为保证顺利完成本片的宣传及发行工作，乙方承诺应按《交付物料清单以及时间表》的内容和日期不迟于本片在中国大陆地区上映前 30 日向甲方交付本片有关物料，上述物料的制作费用甲乙双方确认共计为人民币 ____ 万元，计入本片制作费用预算。

4.6 乙方负责以"第一出品单位"的名义向中国大陆地区本片主管机构申请办理在中国大陆地区与本片相关的（包括但不限于出资、摄制、发行等）一切申报审批事宜，包括但不限于剧本审批 / 备案、拍摄许可、公映许可等。乙方办理上述手续支出的全部费用应计入本片制作费。乙方办理上述手续过程中甲方应予以积极配合和协助。乙方承诺应在取得《摄制电影片许可证（单片）》及甲方相关材料的基础上，于本片正式关机前向主管机关提交材料完成第一出品方的变更，即确保将甲方变更为本片的第一出品方，乙方作为主要出品方。甲方同时承诺，在成为本片第一出品方后，应在获得本片成片后的二个月内负责办理，并取得本片的公映许可证。

4.7 双方应本着实现本片达成最佳的艺术效果及品质的原则，共同确定本片的最终完成版本，如双方的意见存在分歧，应进行充分的友好协商，仍有分歧的，甲方享有本片的终剪权。如主管机关要求修改本片，甲方对主管机关的意见有最终解释权，乙方应负责严格按照主管机关的要求以及甲方的解释修改本片，直到本片审查通过，由此产生的费用计入本片制作费。

4.8 乙方承诺，无论本片、剧本或本片采用的任何其他文学、音乐或戏剧元素，其取得著作权方面均不存在任何不符合本协议约定之处、不存在权利瑕疵或侵犯第三方合法权利之风险，且不存在可能对双方的任何权利造成不利影响的因素。否则，由此引起的一切争议或纠纷，以及给甲方造成的经济、名誉等损失及相应的法律责任，均由乙方负责解决并承担。

4.9 如本片主创人员（包括但不限于导演、编剧、监制、演员等）触犯刑法、治安管理处罚条例或其他法律、法规、政策或相关行政主管机关通知、决定及命令等，或因任何劣迹行为而给双方造成损失的（包括但不限于更换主创人员、造成拍摄超支超期、影响本片商务植入或宣传发行、导致本片无法上映或上映后停映），乙方应保证可以根据其与主创人员签署的相关聘用协议，要求相关主创人员赔偿给双方造成的上述经济、名誉等损失，并不得怠于向相关主创人员进行追偿。

第五条　宣传、发行

5.1 甲方负责本片在全世界范围内的宣传及发行工作，并负责拟定及签署与宣传、发行相关的合约。甲方应根据本协议的约定垫付发行费用（定义见本协议第5.1条第（1）项）和宣传费用（定义见本协议第5.1条第（2）项），其垫付的发行费用和宣传费用应按照本协议第7.2条第（2）项的约定在本片总收入中进行回收，宣发方案及预算确定后执行过程中的细化及调整由甲方根据实际状况决定，但宣发费用超出预算的，经各投资方书面确认后方可计入宣发成本。

本片宣发费用包括：

（1）发行费用：包括但不限于胶片拷贝洗印费、数字版制作费、拷贝运输费等。

（2）宣传费用：包括但不限于新闻发布会、媒体费、公关活动、试映等相关活动费；本片主创人员参加本片在发行地区上映时的所有宣传活动而产生之机票、各地的交通接送、住宿、膳食费；宣传品设计与制作费、宣传品投递费；广告投放费；片花剪辑制作费、影院播放预告片的制作费；发行差旅、院线和各影院等发行放映单位的公关费、市场监察费及其他宣传发行费用等。但甲乙双方的非本片直接工作人员或其他行政人员若因故参加本片的宣发活动，则其食宿、交通等费用由甲乙双方各自承担，不计入宣传推广费用。

5.1.1 本片的宣发费用暂定为人民币____万元（¥____），宣发方案及宣发费用预算由甲方制定后书面交给乙方确认，并由甲方在充分尊重乙方意见及基础上最终协商确定。甲方应按确定的宣发方案及宣发费用预算执行本片的宣传发行事宜，并先行垫付宣发费用。

5.1.2 就甲方执行宣发方案所对外与第三方签署的全部合同、协议、授权书等法律文件，甲方在宣发过程中需要乙方提供相关授权或文件时，乙方应予以积极配合和协助。

5.2 未经乙方事先书面同意，就甲方实际支出的超过宣发费用预算的其他费用，甲方不得根据本协议第 7.2 条第（2）项的约定优先回收该等超预算费用。

如双方首次结算时本片总收入不足回收本协议第 5.1 条及第 5.2 条所述甲方实际垫付的发行及宣传费用（含双方共同书面同意的超支发行及宣传费用），则双方应按各自投资比例承担未回收的宣发费用，乙方应在首次结算时将其应承担的宣发费用支付给甲方。

5.3 宣传

5.3.1 双方同意：对于宣传营销公司的选择，甲方应在充分尊重乙方及导演意见的基础上确定，若几方意见无法统一时，甲方享有最终决定权；宣传方案执行过程中就宣传、海报及视频物料的确认事宜，甲方亦应在充分尊重乙方及导演意见的基础上确定，若几方意见无法统一时，甲方享有最终决定权。

5.3.2 乙方承诺协调本片至少四位主要演职员参加甲方安排的不少于 ____ 个城市的路演活动，其中几场路演活动本片的主要演职员均应参加。

5.4 发行

5.4.1 甲、乙双方一致同意由甲方在本片法定版权保护期限内（自本片取得《公映许可证》之日起至其后第 50 年的 12 月 31 日）全世界范围内行使本片发行权（含转授权的权利）。甲方有权与第三方洽谈、签署发行相关合同并先行与第三方结算相应收入。甲方有权共同或委托其他公司共同行使上述发行权。

5.4.2 甲方有权收取其行使前述发行权利在中国大陆地区（不含香港、澳门及台湾地区）所取得的发行收入及在海外地区取得的发行收入的 _____% 作为其发行代理费。

5.4.3 上述"发行权"是指通过发行、复制、展示、播放或其他任何方式向公众提供本片和／或将上述权利许可／转让给第三方行使以换取收入的权利，包括但不限于如下播放和传播方式：影院公映、录像制品制售（包括但不限于录像带、DVD、VCD、蓝光碟、激光、光学等一切载体形式的影碟）、电视等播映渠道（主要是指广播权，包括但不限于以无线或有线方式直接公开广播或者传播本片，接收终端包括但不限于付费有线电视、普通有线电视、卫星电视、免费电视）、VOD 随选视讯系统（包括但不限于视频点播、点播联合）、影院外载体（包括但不限于飞机、轮船、油田、医院、学校、军队等）、互联网（又称万维网，含各类局域网、网吧、城域网）在线（包括但不限于互联网的网络广播、视频流）、其他新媒体（包括但不限于无线、手机等），现在及将来一切新形式、新媒体、新载体的发行权利。

其中，院线发行权是上述"发行权"的一部分，包括但不限于院线发行放映权（包括 35mm、16mm 的影院、剧场、数字影剧院放映）及其他公开放映权、城市社区、总政、武警部队、二级市场和农村地区数字放映等商业性发行等。

5.4.4 就甲方行使本片发行权所对外与第三方签署的全部合同、协议、授权书等法律文件，甲方应该在本片首次结算前向乙方提供该等法律文件之全部原件的扫描件供乙方备案。

5.5 乙方应当根据甲方的要求在甲方指定时间内提供乙方及乙方引入的其他出资人的授权书及权利证明（每一方出具的授权书或权利证明不少于 5 份原件），并形成符合法律法规及司法实践要求（包括但不限于进行公证、转递公证等形式）的对甲方完整授权的授权链。上述事宜相关费用由乙方自行承担。

第六条　知识产权及其他相关权利

6.1 知识产权

甲乙双方在履行相应义务的前提下，在拍摄完成后，甲乙双方按照本协议约定的出资比例共同永久享有本片（包括但不限于剧本、音乐、片段、图像、人物形象、相关素材等材料或素材）在全世界范围内的版权、其他知识产权、与知识产权相关的财产权益等相关权益。

6.2 商务开发

6.2.1 甲、乙双方共同享有本片商务开发（包括但不限于商业冠名、商品促销、商务合作、植入广告等）权利。乙方负责统筹安排本片商务开发事宜，但双方均可行使上述权利，从事该等权利的许可使用及开发相关事宜，双方均有权与第三方签署相应合同并负责合同履行、结算收入等工作。

6.2.2 就任何一方负责招揽和接洽的商务开发收入，该负责招揽和接洽一方有权自该等第三方实际支付的商务开发收入（未扣除税款、摄制成本和宣发费用）中收取____% 作为商务开发代理费，剩余____% 计入本片总收入。双方招揽和接洽的商务开发客户有冲突的，则以收取费用较高的一方为准，收取费用相同的以签订合同在先的一方为准。如任何一方就该等客户的招揽和接洽之证明已首先书面通知另一方的，该等客户视为该首先履行通知义务的一方所招揽和接洽的客户。

6.2.3 就任何一方同第三方签署与商务开发有关的全部法律文件，应在本片在中国大陆地区上映后 30 日内向另一方提供该等法律文件的原件扫描件供另一方备案。

6.2.4 双方应根据第 6.2.2 条的约定分配商务开发收入，商务开发收入计入本片总收入统一进行结算。各方因收取商务开发代理费和所应承担的税负均由收款方自行承担。

6.2.5 任何一方应就上述事宜向另一方提供相应协助（包括但不限于出具相关授权书、权利证明等）。

6.3 改编作品、衍生产品及其他权利

6.3.1 双方永久共同享有根据本片剧本和 / 或本片改编创作新作品的权利，包括但不限于本片重拍或摄制续集、前传、动画本片、真人或动画版电视剧、真人或动画版网络剧或将本片改编为其他形式的作品的权利。任何一方行使该权利中的任何一项权利前应当书面通知另一方，被通知方同意的，双方共同行使该权利，并另行签署书面协议落实投资比例及约定双方具体的权利及义务；被通知方在收到通知方书面通知后 15 个工作日未予以回复的，即视为被通知方放弃共同行使该权利，通知方有权自行或与第三方合作行使。

6.3.2 双方永久共同享有根据本片剧本和 / 或本片设计、制作和销售衍生产品等本协议未列明的任何其他权利。就任何一方负责招揽和接洽的衍生品制作及销售收入，该负责招揽和接洽一方有权自该等第三方实际支付的相应收入（扣除衍生产品的开发、制作成本，未扣除税款、摄制成本和宣发费用）中收取____% 作为商务开发代理费，剩余____% 计入本片总收入。任何一方可以行使该权利自行招揽和接洽衍生产品开发事宜，但应首先书面通知另一方。双方招揽和接洽的衍生产品设计、制作和销售方有冲突的，则以收取费用较高的一方为准，收取费用相同的以洽谈并书面通知在先的一方为准。

6.3.3 双方同意：乙方独家享有将剧本及本片改编为文字作品的权利，并有权独家根据剧本及本片的主要情节及人物创作前传、续集（仅限文字作品，下称"续作"），上述文字作品（含续作），仅限文字作品的纸介质出版、数字或网络环境下行使信息网络传播权，如乙方或乙方拟授权第三方以其他形式使用上述文字作品（包括但不限于根据上述文字作品改编为其他形式的作品或摄制为影视剧、网络剧等视听作品），应经过双方的事先书面同意方可使用。乙方享有将上述权利转让给本片导演的权利，无需经过甲方事先同意，但应书面通知甲方，但本片导演或导演拟授权第三方以其他形式使用上述文字作品（包括但不限于根据上述文字作品改编为其他形式的作品或摄制为影视剧、网络剧等视听作品），应经过甲方的事先书面同意方可使用。

6.3.4 双方同意：商标专用权归属甲乙双方共同共有，甲方可以以自己名义申请注册本片相关商标（包括但不限于本片名称、素材等），但该等商标的使用应经过双方共同书面同意，因商标许可使用而产生的收入由双方按照各自的出资比例分配。甲乙双方就商标使用应另行签署协议约定。

6.4 双方同意：双方均有权进行全球范围内报送本片参赛参展及为本片申请政府奖励、补贴等事宜，相关收入列入本片总收入。

6.5 双方互相承诺：如任何一方整体或部分转让其在本协议项下拥有的权利，则本协议另一方在同等条件下享有优先购买权。本协议另有约定的除外。

6.6 双方同意如下署名安排

6.6.1 双方均享有本片片头字幕及宣传材料中出品方及出品人的署名，其中，甲方排名第一位，乙方排名第二位，如有其他出资方，应署名为联合出品方或协商决定。

6.6.2 甲乙双方指定人员享有本片片头字幕及宣传材料中制片人的署名，其中合同中约定制片人排名第一；除制片人以外其他策划、监制等人员，甲乙双方各指定一名，甲方享有指定两名人员署名监制的权利。除制片人以外，双方指定的其余人员署名顺序与出品单位署名顺序相同。甲乙双方同意，由甲方指定的人员署名为总监制。

6.6.3 甲方有权指定本片排名前两位的发行方的署名。

6.6.4 本片片头应按顺序优先播放甲方、乙方的动态 LOGO，以及协商好的其他主要出品方的动态 LOGO。

6.6.5 除上述第 6.6.1 至第 6.6.4 约定外，其他署名的具体内容及形式按照本片行业惯例由双方协商一致后确定。

第七条　总收入及分配

7.1 本片总收入包括

7.1.1 本片发行收入：是指甲方依据本协议在全世界范围内，通过院线发行、其他版权销售（包括但不限于信息网络传播权、电视播映权、音像制品发行等）任何方式（包括现有的和未来可能出现的）行使本协议第 5.4 条约定的本片发行权而取得的全部发行收入。

双方确认：基于中国大陆地区院线放映本片所取得的"院线发行收入"计入本片发行总收入，计算公式为：

院线发行收入＝净票房收入－院线／影院分成－中数／华夏代理费

净票房收入＝总票房收入－发行代理费－国家本片专项基金－增值税及附加

总票房收入＝本片在影院放映所产生的总票房收入（具体数据以中数／华夏出具的报表为准）

国家本片专项基金＝总票房收入 × 5%

增值税及附加＝总票房收入 × 6.72%（以中国大陆地区相关税收政策据实计算，但不得超过 6.72%）

院线／影院分成＝院线／影院应得的票房分成（按净票房计算，分成比率按相关院线放映合同的约定计算）

中数／华夏代理费＝中影数字发展（北京）有限公司（简称"中数"）或华夏发行有限责任公司（简称"华夏"）应得代理费（以甲方实际与中数／华夏签署的发行合同中明确约定的代理费标准为准）未经乙方事先书面确认，甲方不得在本片总收入中扣除本协议中未明确列明的任何税费或其他费用。

甲、乙双方确认：由甲方作为本片总收入（本片商务开发及衍生品开发收入除外）的结算方，统一收取除本片商务开发及衍生品开发收入之外的全部本片总收入，并由甲方统一进行分配。

7.1.2 本片商务开发及衍生品开发收入按照本协议第 6.2 条和第 6.3 条的约定计入本片总收入。

7.1.3 报送本片参赛参展（包括国内及海外）的获奖收入：获得"华表奖""金鸡奖""百花奖"及中宣部"五个一工程奖"等每项获奖收入，扣除参加该等奖项的实际成本（以实际支出的成本结算单及付款凭证为依据）后的余额，为报送本片参赛参展的获奖收入并计入本片总收入。本片获奖荣誉由各出资方共享，奖杯证书原件由乙方保存，奖杯证书复制后交由甲方留存复制件。个人奖奖金归获奖个人所有，不计入本片总收入。

7.1.4 政府奖励收入：因本片申请政府奖励、补贴或获得返税等所取得的每项收入（包括针对本片本身的奖励、补贴，以及针对出资摄制本片之公司的奖励、补贴），该等收入净额为政府奖励收入，并应计入本片总收入。

7.2 甲乙双方应按如下分配顺序及方式分配本片总收入：

（1）在各收入渠道中扣除的各类税费成本（含国家电影事业发展专项资金）。

（2）甲方回收其按本协议第 5.4 条有权收取的发行代理费，以及甲方实际垫付的宣发费用。

（3）本片总收入扣除上述本条款第（1）至（2）项后的余额，用于甲、乙双方按出资比例回收各自的出资款（包括双方根据第 3.1.3 条由双方共同承担的超支费用，其中额外超支部分在甲、乙双方在书面认可并收回成本后可回收）。

（4）本片总收入扣除上述本条款第（1）至（3）项后的余额，为本片净利润，由甲、乙双方按各自出资比例分配。其中，甲方对乙方委派制作团队进行分红奖励，本片实际收益达到投资回报 110%，即甲、乙方收益等于或超过 10% 之后，乙方委派的制作团队分得税后各方纯收益的 10% 作为分红。

其中本片的实际收入包括但不限于本片全球票房、全球版权销售、新媒体版权销售、营销植入、衍生产品及衍生的游戏、书籍等。

第八条 总收入结算

8.1 自影片在中国大陆地区公映日起第一年内，甲方须每三个月向乙方提交一次销售报告。从第二年开始，甲方须每年向乙方提交一次销售报告。

8.2 自本协议签署生效之日起两年内，双方应每满三个月进行一次结算（本片发行收入首次结算时间为本片首次商业公映后的三个月期满之日，首次结算后，本片发行收入应按上述结算期限每三个月进行一次结算），此后每年 12 月 1 日前结算一次。双方应于每个结算周期届满后的 20 日内向另一方提供收入分配报表供本协议其他方审核，另一方应在收到收入分配报表后 5 个工作日内书面答复是否确认报表，如在上述期限内未提出书面异议的，视为确认报表；双方应按照每个结算期内实际情况在抵销双方之间的应付款（如有）后，确定相应的付款方及收款方，付款方应在收到收款方提供的等额合法发票后 7 个工作日内，向收款方支付该结算期内收款方应取得的新增本片总收入。

双方确认：双方根据本协议第 8.2 条进行首次结算时，甲方应向乙方支付该阶段中甲方已收到的院线发行收入及网络发行收入中乙方应得的可分配收益。

乙方指定收款账户信息：

开户行：

户名：

账号：

如双方中任何一方指定收款账户发生变更，应提前 5 个工作日书面通知本协议其他方，方视为有效，否则由此产生的责任及后果由该方自行承担。

8.3 甲乙双方各自承担己方应负担的税费，未经本协议明确约定或另一方事先书面同意，任何一方不得自行向对方支付的款项中扣除任何税费成本。

第九条　保密

9.1 双方保证对在讨论、签订、执行本协议过程中所获悉的属于对方的且无法自公开渠道获得的文件及资料（包括商业秘密、公司计划、运营活动、财务信息、技术信息、经营信息等）予以保密。未经本协议其他方事先书面同意，任何一方不得向任何第三方泄露。若一方违反本条所规定的保密义务的，应赔偿由此给本协议其他方造成的一切损失。

9.2 本片上映前，双方应对与本片相关的信息，包括但不限于本片剧本、大纲、演员、人物形象、道具、场景、制作进度、出资预算、经费支出等，承担保密义务。基于本片宣传方案框架内的本片信息不在保密信息之列。

第十条　第三方侵权的对策

与本片相关的维权行动由甲、乙双方或甲、乙双方指定的第三方实施。应一方要求，另一方应尽最大努力协助该一方或指定的第三方采取打击侵权的活动，并应向该一方或指定的第三方提供所有与此相关的文件。该文件应在商业上证明该一方打击侵权的行为是正当的。维权所获得的赔偿在回收实际发生的维权成本后，由双方按照出资比例共有并计入本片总收入。

第十一条　保证与承诺

本协议的各方向本协议其他方做出如下保证和承诺，在本协议签订之日及履行过程中：

11.1 该方是根据其组建或注册成立地的法律正式组建、有效存续并具有良好信誉的一个独立法人。

11.2 该方拥有签订本协议所需的一切必要权力、授权和批准。

11.3 该方的董事会已采取授权该方签订本协议所必需的一切行动，并且该方的本协议签字代表已获完全授权签订本协议。

11.4 自本协议签订生效之日起，该方在法律上应受本协议约束。

11.5 没有任何针对该方的，有关本协议标的的，或在任何方面会影响该方签订或履行本协议能力的待决的诉讼、仲裁或法律、行政或其他程序或政府调查，并且尽该方所知，该方也没有受到此种威胁。

11.6 该方签订本协议或履行本协议项下义务不会与该方的《章

程》、营业执照、规章制度或其他类似的公司组织文件，或任何法律、条例、法规、任何政府机关或组织的授权或批准、任何该方作为一方或受其约束的合同或协议的任何规定相抵触，亦不会违反该等规定或构成违约。

11.7 乙方确认并承诺：乙方拍摄、制作本片不会进行任何抄袭、篡改他人作品等任何侵犯第三方合法权利（包括但不限于知识产权等）的行为，否则，由此引起的一切争议或纠纷，以及给甲方造成的经济、名誉等损失及相应的法律责任，均由乙方负责解决并承担。

第十二条　不可抗力

12.1 在本协议签署后，如发生双方于签署本协议时不能预见、不能避免、其后果无法克服的客观事件（包括但不限于发生地震、台风、水灾、火灾等重大自然事件，以及战争、动乱、政府管制等社会事件），且该等客观事件的发生使得双方不能履行、不能全部履行或不能按期履行本协议时，则遭受不可抗力影响的一方可书面通知本协议其他方并说明原因，暂时中止本协议的履行。待该等不可抗力事件消除之日起，本协议继续履行。

12.2 如果不可抗力事件影响自其发生之日起持续 30 日仍未消除，则任何一方均有权以书面形式通知对方，终止或者解除本协议，而无须承担违约责任。

12.3 乙方承诺将为本片的拍摄和制作购买保险，如发生不可抗力事件且因此导致的损失无法自保险赔偿金中弥补的，该等损失由双方按照出资比例共同承担。

12.4 非因双方原因而发生演员生病或发生意外，或因法律变更或政府机关命令，使得双方不能履行、不能全部履行或不能按期履行本协议时，甲乙双方另行协商处理。

第十三条 违约责任

13.1 双方均应严格按照本协议的约定履行各自义务。任何一方违反本协议约定、承诺、陈述及义务，应在另一方通知后 15 日内纠正违约行为并消除违约行为的影响。如违约方的行为足以导致本协议无法继续履行的，守约方有权解除本协议，届时，违约方应按本片总出资额的 10% 向守约方支付违约金，违约金不足以弥补守约方的实际损失的，违约方还应赔偿守约方的实际损失。

13.2 如任何一方未能按照本协议约定的进度按时足额向另一方分配本片总收入的，每逾期一日，应按应付未付款项总额的万分之五向另一方支付违约金。

13.3 如乙方未能在本协议约定的日期完成本片拍摄并交付物料或上映的，则每逾期一日，应按照本片总出资额的万分之五向甲方支付违约金，逾期超过 30 日的，甲方有权解除本协议，届时，乙方应返还甲方已支付的全部投资款及宣传和发行费用，并应按照本片总出资额的 10% 向甲方支付违约金。甲方亦有权选择继续履行本协议，甲方选择继续履行本协议的，自第 31 日起，乙方应按照本片总出资额的万分之八向甲方支付违约金，并赔偿甲方的损失。

13.4 任何一方未按照本协议约定缴付投资款的，每逾期一日，应按照未缴付款项的万分之五向守约方支付违约金，逾期超过 15 日的，守约方有权解除本协议，届时，违约方应按照其出资总额的 10% 向守约方支付违约金，并赔偿守约方因此而遭受的全部损失。如因乙方未按本协议约定缴付出资款甲方解除本协议的，乙方还应归还甲方已支付的全部出资款及宣传和发行费用。

13.5 如因本协议一方违反其在本协议项下的任何承诺、陈述及义务，由此引起的一切争议或纠纷以及给守约方造成的经济、名誉等损失及相应的法律责任，均由违约方负责解决并承担；如因此导致本协议无法继续履行或守约方在本协议项下的权利及利益等无法实现的，守约方有权解除本协议，违约方应赔偿因此给守约方造成的全部损失。

第十四条　适用法律和争议解决

14.1 本协议的签订、履行及争议解决适用中华人民共和国大陆地区有关法律法规。

14.2 本协议若发生争议，双方应友好协商解决。协商不成，可向原告方所在地人民法院提起诉讼。

第十五条　通信

双方一切通知及联络应以中文书面方式通过传真、专人派送（包括快递）或挂号信件方式进行，联系地址如下：

甲方：

地址：

邮箱：

电话：

传真：

收件人：

乙方：

地址：

邮箱：

电话：

传真：

收件人：

上述项目如有变更，变更方应于变更后 3 个工作日内通知其他方。否则，相关通知义务在按照本合同确认的地址或号码通知后视为履行通知义务。

通知及通信应依下列规定被认为是送达：

以传真方式发送者，以传真记录所载时间为准，如传真件下午

5 时之后发送，则收件日期应为接收地时间之下一个营业日；以专人派送（包括速递）方式发送者，收件日期以收件"一方"签收时间为准；以挂号邮件递送时，按邮局出具收据之日起第七日为准。

第十六条　其他

16.1 如乙方新设立关联公司，经甲方同意后，乙方可将本协议项下的权利义务全部转让给新设公司。

16.2 本协议任何条款的无效或不可执行不影响其他条款。本协议的终止或解除不影响本协议第九条、第十三条、第十四条、第十五条的效力。

16.3 任何一方对本协议项下的任一违约行为放弃追究不得被视为对今后同样或类似性质违约行为的放弃追究。一方未能或迟延行使本协议项下的任何权利，不得视为对该等权利的放弃，且任何一方单一或部分行使任何权利不得排除其今后行使该等权利或其他任何权利。

16.4 本协议经双方盖章后生效，本合同的附件为本合同不可分割的组成部分，与合同正文具有同等法律效力。

16.5 本协议一式四份，甲方执三份，乙方执一份，每份具有同等法律效力。

（以下无正文，仅为签署页）

甲方（盖章）：　　　　　　　　乙方（盖章）：

授权代表（签字）：　　　　　　授权代表（签字）：

签订时间：＿＿年＿月＿日　　　签订时间：＿＿年＿月＿日

电视连续剧联合投资摄制协议

甲方：
地址：
电话：   传真：

乙方：
地址：
电话：   传真：

鉴于甲、乙双方愿意共同投资摄制电视连续剧《＿＿》（暂名，以下简称"本剧"）并享有由此带来的权益，为此，双方经友好协商，本着平等、互利、公平的原则，根据《中华人民共和国协议法》和《中华人民共和国著作权法》的规定，签署以下协议，以兹共同遵守。

一、共同投资拍摄

甲、乙双方愿意按照本协议的约定共同投资摄制本剧，并按照本协议的约定承担各项义务，享有各项权利。甲、乙双方有关本剧的具体投资等事宜以本协议的约定为准，此前双方就本剧投资所进行的洽谈、协商的内容均已经体现在本协议中。

二、剧本与演员

1.双方确定，投资摄制本剧的原著和剧本由乙方负责取得并提供给剧组使用，最终定稿拍摄本由甲、乙方共同确认。

2.剧本的著作权按照本协议约定的比例由双方共同享有。

3.由剧本版权引起的任何纠纷及法律问题由乙方负责，概与甲方无关。因此对甲方造成损失的，甲方有权要求乙方赔偿。

4.饰演该剧男一号（ ）的演员为＿＿。如果该演员无法出演本剧，则甲方有权选择终止本协议，且不支付任何投资款项或任何形式的预付金。

三、审批手续

1. 本剧的名称暂定为《___》，本剧的主要承制方为__方。

2. 甲方承诺最后成片每集正片实际长度不少于 <u>41</u> 分钟，含片头片尾字幕片长为 <u>45</u> 至 <u>47</u> 分钟。最终剧名、集数等内容以国家或省级广电局颁发的发行许可证记载内容为准。

3. 因乙方已将本剧在广电局备案立项，双方同意将该项目的立项单位更改为甲方，乙方须配合甲方出具所需的一切文件和材料。甲方负责办理本剧的制作许可证、发行许可证。

四、投资和预决算

1. 甲乙双方确认本剧投资预算总额为人民币____万元整（以双方审核确认的投资预算表为准）。其中甲方投资人民币____万元整，占总投资的___%；乙方投资人民币____万元整，占总投资的___%。

本剧具体投资预算方案经甲乙双方书面同意后，并形成投资预算表，作为本协议的附件之一。在拍摄制作过程中，承制方按预算方案执行。如有超出预算费用，由甲、乙双方按原投资比例共同承担。

2. 上述投资款项双方同意打入甲方账户。甲方指定账户如下：

开户名：

开户行：

账号：

双方同意按照项目进度以及用款计划分期支付投资款项：

第一期：男一号演员（____）签约后三个工作日内，乙方应付投资款之 20%，即人民币____元。乙方前期为取得剧本版权而发生的费用经甲方认可后，可在此次应付款内抵扣。实际乙方本次应付甲方款项为人民币____元。

第二期：在该剧开机之日前三个工作日内（具体开机时间以甲方

书面或邮件通知为准），乙方将应付投资款的40%汇到甲方指定账户。即人民币＿＿元。

第三期：在该剧拍摄进度过半（具体时间以甲方书面通知或邮件通知为准）后三个工作日内，乙方将应付投资款的20%汇到甲方指定账户。即人民币＿＿元。

第四期：在该剧关机（具体时间以甲方书面或邮件通知为准）前三个工作日内，乙方将应付投资款的20%汇到甲方指定账户。即人民币＿＿元。

五、财务管理

1. 投资款项需专款专用，该款项只能用于本剧的各项工作。

2. 双方同意，乙方有权向甲方查询本剧资金使用状况。

六、招商工作

1. 如本剧在摄制过程中，适合诸如品牌广告植入等情形的，双方一致同意通过招商的方式予以引进。

2. 以该剧剧组名义得到的（非出让该剧版权及衍生产品开发收益取得的）赞助及各种非成本收入，引入的赞助款项及实物中，30%（含佣金）先归引入方所有，其余70%归各投资方按投资比例共有，并直接抵扣各方投资款。

七、摄制管理

1. 本剧计划于＿＿年＿月＿日开机，拍摄期＿天，后期制作＿天，共计＿天。具体摄制计划由承制方提出，经双方确认后予以实施。

2. 本剧由甲方承制。

3. 除非对方书面同意，任何一方不得将自己在本协议内享有的权利和义务转让给第三方。

八、本剧署名

双方同意按照以下内容确定本剧的字幕署名：

1. 片头署名：［出品人］甲方代表、乙方代表

2. 片尾署名：［联合出品］

　　　　　　［联合摄制］

3. 其他字幕署名如总监制、总策划、制片人、监制等按联合摄制单位代表依次署名。同时署名应当符合双方或者剧组对外签署的协议约定。

九、本剧著作权

1. 除本协议另有约定外，本剧完整的著作权由甲、乙双方按投资比例享有。

2. 对于本剧的衍生产品，双方均可以进行开发，但应当事先通知对方。衍生产品的收益原则上在扣除开发费用后，按双方投资比例分配。

十、发行销售

1. 甲、乙双方按投资比例共同享有本剧的发行收益权以及其他因本剧而获得的各项收益。

2. 双方将共同确定发行计划，并按照发行计划的内容予以执行。

3. 为充分发挥各自优势，双方确认，本剧的发行工作以甲方为主。并确定甲方为发行协议签署方及收款方。乙方若有发行优势的平台或区域，可由乙方发行，具体事宜由双方另行商议决定。

4. 发行成本：

（1）发行成本是指发行过程中的费用开支。发行成本包括支付税费、宣传费、发行劳务费等费用。

（2）甲、乙双方同意发行成本为本剧发行总收入的 15%，由甲方包干使用。若有超出，超出部分由甲方承担，与乙方无关。

十一、收益分配

1. 甲乙双方按投资比例进行收益分配。本剧收益是指发行总收入扣除本协议第十条第 4 项约定的发行成本后剩余的部分。

2. 甲乙双方每季度分配一次，每季度的第一个月 10 日前发行方汇总上季度的发行情况，并提交已经实现的发行收入的清单。双方确认该发行收入后，甲方将乙方应得款项汇入乙方指定账户：

开户名：

开户行：

账号：

3. 除本协议另有约定外，本剧如果有其他收益，在扣除必要的成本后也按照投资比例予以分配。收入一方应当在收到该款项后 15 日内将另一方应得款项支付给对方指定账户。

4. 自该剧取得发行许可证之日起_____年内，完成首轮发行及收益分配后，如经核算本剧最终亏损，则双方同样以投资比例分担亏损。

十二、宣传评奖

1. 本剧宣传事宜由甲方负责，无论双方之间在合作过程中是否存在意见不一致的地方，双方在对外宣传时应当统一口径。

2. 双方均可以本剧的名义参加各类评选或者申报各类政府或者民间机构的资助，但是应当事先通知对方。本剧参加各类评奖或者资助所产生的费用由申报方各自承担，本剧因此获得的荣誉由甲乙双方共享，奖金或者资助款项按照投资比例进行分配，但申报方可先扣除30% 作为包干使用的申报费用。

十三、税负

1. 甲乙双方同意，双方在履行本协议项下义务的过程中所产生的税项由各方自行负担。若任何一方因税务问题而导致一切之法律诉讼及纠纷，由该方自行负责，与对方无关。

2.但是本剧在拍摄、发行等过程中，为了避免双重纳税的行为，双方可以互相配合，合法减少纳税环节。具体内容双方可以在实际履行过程中予以协商确定。

十四、不可抗力

1."不可抗力"是指不可预见、不能避免并且不能克服的客观情况。该等客观情况包括但不限于地震、风暴、严重水灾或其他自然灾害、瘟疫、战争、暴乱、敌对行动、公共骚乱、公共敌人的行为等情况。

2.遭受不可抗力的一方应在得悉不可抗力发生后立即电话通知另一方，并在电话通知后七个工作日内以书面方式通知另一方，并在该不可抗力发生后15日内以特快专递或挂号信向另一方提供关于此种不可抗力及其持续时间的适当证据。因不可抗力导致其对本协议的履行全部或部分不能或迟延的一方，有责任尽一切合理的努力消除或减轻此等不可抗力的影响。

3.任何一方由于受不可抗力的影响，部分或全部不能履行或延迟履行本协议项下之义务，将不构成违约。如因不可抗力导致无法履行协议长达三个月以上的，双方可以协商解除协议，因此所产生的损失由双方协商解决。

十五、保密信息

1.甲乙双方一致同意本协议以及甲乙双方因本协议履行而交换或获悉的有关对方的任何资料或信息均属商业秘密，甲乙双方将确保所有该等资料绝对保密，除非得到对方的事先书面同意或依本协议约定，不会向任何第三方披露也不会因本协议目的之外而自行使用。

2.本协议终止后，本条款对双方当事人仍具有法律约束力直至披露信息的一方主动向公众披露该等信息。

十六、违约责任

1.任何一方因违反本协议之任何条款而导致、引致、关联或发生致使本协议其他方遭受任何损失、索偿、损害（包括亏损、关联损失、利息、违约金、罚款和金钱惩罚）而引致之一切费用及责任，由违约方负责弥补及赔偿其他方之一切损失。

2.除本协议另有约定外，一方违约，另一方可以书面通知对方要求违约方在15日内纠正其违约行为，违约方在接到通知后未在约定的期限内纠正的，另一方可以解除协议。协议解除后，违约方应当赔偿另一方全部的损失。

十七、适用法律及争议解决

1.本协议的订立、效力、履行和解释均适用中华人民共和国现行有效的法律法规。

2.因本协议的订立、效力、解释和执行所发生的一切争议，双方应在相互谅解、友好协商的基础上解决。如协商不成，任何一方均有权选择原告方所在地人民法院提起诉讼。

十八、生效及其他

本协议一式两份，甲、乙双方各执一份，自双方签署之日起生效。本协议未尽事宜，双方可以另行协商达成补充协议，补充协议与本协议具有同等效力。

甲方（盖章）：　　　　　　　　　乙方（盖章）：

代表（签字）：　　　　　　　　　代表（签字）：

签约日期：＿＿＿年＿＿月＿＿日　签约日期：＿＿＿年＿＿月＿＿日

演员聘用服务合同

甲方：

联系地址：

法定代表人：

乙方：

乙方一：

联系地址：

法定代表人：

乙方二：

联系地址：

电话：

（上述乙方一和乙方二以下合称为"乙方"，单独时称为"乙方一"或"乙方二"）

本合同各方经平等友好协商一致，就乙方为甲方提供服务的相关事宜签订本合同，以兹共同遵守。

一、服务内容

乙方受甲方委托，为甲方拍摄制作的电视剧／电影《＿＿》提供影视策划及拍摄相关服务（以下简称"受托工作"），乙方同意接受甲方委托。

二、服务费用及支付方式

1.服务费用总额：本合同项下甲方应向乙方支付的服务费总额共计含税人民币＿＿元整（¥＿＿）。其中，甲方应向乙方一支付服务费人民币＿元整（￥＿），甲方应向乙方二支付服务费＿元整（￥＿）。

2. 该款项支付至乙方指定账户，汇款手续费（如有）由甲方负担。

3. 乙方一和乙方二于应收到每期款项之日起七日内各自向甲方开具相应金额的增值税专用发票。

4. 支付方式：

（1）本合同签订生效之日起＿＿日内，甲方支付＿＿％服务费，即人民币＿元整（￥＿），其中支付给乙方一服务费人民币＿元整（￥＿），支付给乙方二服务费人民币＿元整（￥＿）。

（2）乙方开始提供服务当日起＿＿日内，甲方支付＿＿％服务费，即人民币＿＿元整（￥＿＿），其中支付给乙方一服务费人民币＿＿元整（￥＿），支付给乙方二服务费人民币＿＿元整（￥＿）。

（3）乙方提供服务过半或＿年＿月＿日，以较早日期为准，甲方支付＿＿％服务费，即人民币＿元整（￥＿），其中支付给乙方一服务费人民币＿元整（￥＿），支付给乙方二服务费人民币＿元整（￥＿）。

（4）乙方提供服务完成前＿＿日或＿年＿月＿日，以较早日期为准，甲方支付＿＿％服务费，即人民币＿元整（￥＿），其中支付给乙方一服务费人民币＿＿元整（￥＿），支付给乙方二服务费人民币＿元整（￥＿）。

5. 乙方的账户信息如下：

（1）乙方一账户信息：

户名：　　　　　　　　　账号：

开户行：　　　　　　　　联行号：

（2）乙方二账户信息：

户名：

开户行：

账号：

三、若甲方未能按本协议约定时间向乙方支付服务费，则乙方有权拒绝履行受托工作，并且有权随时单方面书面通知甲方解除本合同，本合同终止后，乙方已收到的款项（如有）不予退还。若乙方因此遭受损失的，甲方还应赔偿乙方的损失。

四、本合同有效期届满前，如因甲方原因，乙方未完成受托工作的，视为乙方已履行完毕本合同项下全部义务。甲方无权再要求乙方提供其他工作配合，同时仍应按本合同约定支付全部费用。如因乙方自身原因，导致其无法完成甲方受托工作，则乙方须向甲方退还已收取的费用。

五、如因本合同发生任何争议，应友好协商解决；协商不成的，任何一方有权向原告方所在地人民法院提起诉讼解决。

六、本合同一式三份，甲、乙方一、乙方二各执一份，各份具有同等法律效力。

七、本合同自甲、乙方一、乙方二各方签署盖章之日起生效。

（以下无正文，为签署页）

甲方：　　　　　　　　　乙方一：
日期：　　　　　　　　　授权代表：
授权代表：　　　　　　　日期：

乙方二：
授权代表：
日期：

演员聘用服务合同补充协议

甲方：

联系地址：

法定代表人：

乙方：

乙方一：

联系地址：

法定代表人：

乙方二：

联系地址：

电话：

（上述乙方一和乙方二以下合称为"乙方"，单独时称为"乙方一"或"乙方二"）

鉴于：

1. 甲乙各方于____年____月____日就乙方为甲方拍摄制作的电视剧／电影《____》提供影视策划与拍摄及相关服务签订了《合同书》（以下简称"合同书"）。

2. 甲方是依法注册成立的企业法人，计划拍摄制作电视剧／电影《____》（暂定名，以发行许可证为准）。

3. 乙方一是依法注册成立的经纪公司，____是乙方一的签约艺人（以下简称"乙方艺人"），乙方二是依法注册成立的公司，已取得乙方艺人授权，有权签署此合约。

4. 甲方拟邀请乙方艺人在电视剧／电影《____》中进行演出，乙方同意安排乙方艺人参加电视剧／电影《____》的演出，并签署本协议。

为明确各方的权利义务，经各方友好协商一致，在合同书基础上特签订此补充协议如下：

一、电视剧 / 电影基本情况

1. 片名：《＿＿》（暂定名，以发行许可证上所载片名为准，以下简称"该剧"，如剧名更改，甲、乙各方在本协议中权利与义务不受影响，持续有效）。

2. 主创人员：该剧的导演为：＿＿，女主角为＿＿，其他主演有＿＿等。

3. 拍摄地（暂定）：＿＿＿（拍摄地的增设、减少，并不影响本协议其他条款的效力）。

二、乙方的服务内容、要求及服务期限

1. 甲方聘请乙方艺人在该剧中担任第＿＿男／女角色，扮演"＿＿"角色（角色名称变更不影响本协议项下甲、乙各方的权利义务，但角色名称变更应事先通知乙方）。乙方同意安排乙方艺人按照甲方及制片人、导演的要求提供演艺服务。

甲方保证，乙方艺人在该剧中第一男／女主角的位置不会改变，且乙方艺人的总戏份不低于同剧其他（男／女）演员。否则，甲方构成违约，乙方有权解除本协议，且已收取款项不予退还。

2. 该剧共＿＿集，有乙方艺人形象出现的集数不少于＿＿集。

3. 服务期限：

（1）甲方聘请乙方艺人出演的工作周期为自＿＿年＿＿月＿＿日至＿＿年＿＿月＿＿日，共计＿＿日以下简称"服务期限"，其中实际拍摄日共计＿＿日（以下简称"合约期"），假期共计＿＿日。服务期限内，如乙方艺人根据其签署的其他合约，需要在服务期限内离开该剧剧组，须事先与甲方协商并征得甲方同意，往返交通费用由乙方负担。如乙方艺人请假天数超过合同约定假期（6 日），导致挤占实际拍摄天数的，乙方艺人应向剧组补齐被挤占的拍摄日。

（2）甲方保证服务期限内乙方艺人每日工作时间不得超过＿小时（从乙方艺人当天开始化妆起至乙方艺人结束当日拍摄工作时止），甲方保障乙方艺人每日有连续＿小时休息时间。如在拍摄过程中遇有天气变化、场地限制、军事调动等特殊情况导致超时，乙方需配合甲方进行拍摄。如因乙方原因导致迟到、延误，乙方须向甲方补足相应的工作时间，且不得额外收取任何费用。

（3）甲方聘请乙方艺人出演剧中角色的服务期限中含拍摄、转景及赴外景地往返路程等全部时间。如服务期限内因甲方原因安排乙方艺人休息，则休息时间仍计入乙方艺人的工作天数，服务期限不变。

（4）出于制作精良考虑，若在服务期限的合约期内未完成乙方艺人之全部拍摄内容，甲方需要延长乙方艺人的服务期限的，应事先书面通知乙方，与乙方进行协商，在乙方艺人档期允许的情况下，甲方应按照每日含税人民币＿万元的标准向乙方支付服务费，不足一日的按一日计算，并于乙方艺人每日开始工作前支付给乙方。如乙方艺人已有其他安排或身体原因，有权拒绝甲方之延期要求。

甲方如减少乙方艺人工作时间或戏份，仍应按照合同约定向乙方支付全部费用。

4. 乙方艺人收到该剧剧本后，应认真研究剧中的人物角色，为拍摄做好各项准备工作。乙方艺人对该剧及剧本享有建议权，甲方应与导演、制片等主创人员沟通协调，听取乙方艺人的修改意见，但甲方有对剧本最终决定权。同时，若甲方需要乙方艺人在本协议服务期限起始之前，参加拍摄筹备会、试装、试拍等拍摄筹工作，甲方须提前15日将具体计划告知乙方，经乙方同意后，乙方安排乙方艺人参加，因此产生的交通、食宿费用等由甲方承担，具体标准同本条第5款之约定。

服务期限结束之后，如甲方需要乙方艺人参加配音工作，甲方须提前15日将具体计划告知乙方，经乙方同意后，乙方按照甲方要求安排乙方艺人参加配音工作，由此产生的交通及食宿费用由甲方承担，具体标准同本条第 5 款之约定，配音工作每日累计不超过 8 小时。如果授权他人为乙方艺人配音，乙方有权推荐配音演员。

5. 工作条件和费用负担。

甲方负担乙方艺人及其随行人员（＿人）因工作需要的交通、食宿等并承担相关费用，具体如下：

（1）甲方应承担乙方艺人及其随行人员往返剧组的交通费用，标准为：乙方艺人为头等舱机票＿＿套（倘所乘坐航班未设定头等舱，则以商务舱为准），随行人员为经济舱机票＿＿套。

（2）甲方负担乙方艺人及其随行人员在拍摄、制作及宣传期间的食、宿费用。住宿标准为：乙方艺人为五星级酒店（或拍摄地最高级酒店）套房一套（酒店须具备健身房），随行人员中除房车司机以外为乙方艺人同酒店标准间＿＿间；用餐标准为：乙方艺人与导演同级别，随行人员为与剧组其他工作人员同级别。

（3）乙方艺人受聘期间自带保姆车和房车，甲方承担由此产生的路桥费、油费、停车费等一切相关费用，另外甲方须支付乙方保姆车＿＿元 / 天，房车＿＿元 / 天的车补费用。

（4）甲方提供乙方艺人经纪人、宣传（＿＿人）来剧组探班＿＿次的往返机票（经济舱）＿＿套，并承担交通费及食宿费用，住宿及餐饮标准同本条第（2）款。

该剧筹备、拍摄、后期制作期间，除本协议约定费用外，乙方艺人须自行负担其本人之一切个人开支，包括乙方艺人电话费、洗衣费等，以及乙方艺人生活助理的酬劳等费用。

三、各方的权利义务

1. 如遇乙方艺人生病，向甲方出示当地医院证明，甲方同意乙方艺人请假。但因请假挤占了实际的工作拍摄日的，乙方应在康复后及时向甲方予以补齐。

2. 本协议签订后，甲方应向乙方艺人提供该剧确定的全部或部分拍摄剧本以及乙方艺人出演该角色所需的全部相关资料。拍摄中，甲方有权修改剧本。如乙方艺人出演角色的拍摄内容与拍摄剧本发生根本性改变（包括但不限于乙方艺人饰演的第一男／女主角的位置等），乙方有权单方解除本协议，停止工作，并无须退还已收取之款项。

3. 甲方向乙方承诺，乙方艺人所饰演角色不会包含、涉及、映射任何色情、暴力、宗教、政治或任何使乙方艺人受公众轻蔑或嘲弄等影响乙方艺人形象的内容，且不得寻找替身演员从事包含前述内容的表演。如因剧情需要，在乙方艺人同意出演情欲戏等敏感内容的前提下，甲方须承诺在拍摄此类戏份时清场，只允许导演、摄影或相关演员在场。

甲方不得安排乙方艺人从事各种高度危及乙方艺人人身安全和体力不及之动作，包括但不限于冲进、冲出火海，浑身带火冲出房屋，从山坡上滚下，高难度骑马等危险动作以及乙方艺人确实无法完成的其他危险动作。如根据剧情需要，甲方应另外聘请专业替身完成上述工作。

甲方须与乙方艺人之替身演员签署保密合同，严禁替身演员以乙方艺人替身之名义进行任何炒作。甲方有义务管理并监督替身演员不能以任何方式对乙方艺人造成精神或名誉上的损害。否则，乙方有权要求甲方及该替身演员承担连带责任。

甲方违反前述承诺的，乙方有权单方面终止本协议，且不退还合同书项下已收取之服务费。

4. 鉴于在该剧拍摄期间，乙方艺人通常不能常规享有休息、休假制，甲方按照合同书约定所支付的服务费已包含了乙方艺人加班加点及休假日工作所应得之酬金，甲方不再向乙方支付乙方艺人加班费等费用或酬金。

5. 乙方同意，在该剧的拍摄过程及后期制作中，如需安排乙方艺人根据甲方的要求进行后期配音工作，甲方须于配音工作前15日向乙方提供具体配音工作时间安排及要求，若前述配音工作时间安排与乙方艺人档期冲突，甲方同意与乙方协商调整配音时间。

6. 甲方应向乙方提供准确的工作时间表，以便于乙方安排乙方艺人档期。如因不可抗力或拍摄需要导致计划发生变动的，甲方应通知乙方，在取得乙方同意的情况下，甲方再根据变更后的计划，安排乙方艺人按变更后的计划约定时间到达甲方指定的地点。

7. 乙方艺人应遵守甲方及该剧剧组的各项规章制度，服从甲方制片人及其指定代理人员（包括但不限于导演）的工作安排，执行该剧的剧本和生产拍摄计划。乙方艺人保证以其专业技能，尽其一切能力，履行与该剧有关之一切服务，并积极与其他工作人员配合。

8. 乙方艺人在该剧中的造型应当经过甲乙各方认可。造型确定后乙方不得随意更改以免影响拍摄。

9. 在甲方正常履约的前提下，乙方艺人应遵守甲方拍摄时间安排，无正当理由不得有迟到、罢演等有损于甲方拍摄工作的行为。

10. 甲方有责任提供乙方艺人出演角色的服装、造型、化妆及道具等。

11. 本合同签订后，乙方艺人需提供代言之产品名单给甲方。该剧拍摄过程中，如与乙方艺人在同一画面或使用之拍摄道具或台词中出现的植入广告与乙方艺人代言名单之产品有冲突，乙方艺人有权拒绝拍摄该植入广告等拍摄内容涉及的片段。甲方不得将有乙方艺人形象的剧照或影像用于与该剧无关的其他任何商业行为。否则，乙方及乙方艺人有权追究甲方的违约责任。

12. 除非乙方同意，甲方不得于乙方艺人工作期间安排媒体访问或其他人士到访。在外景场地拍摄时，甲方应提供保安人员保护乙方艺人的人身及财物安全。如该剧涉及在公共场合拍摄的，甲方应采取必要措施避免出现群众围观、拍照等影响拍摄事宜。

13. 甲方所做的任何宣传均应保证乙方艺人形象美好健康，在任何情况下，甲方不得(亦不得诱使第三者)作出损害乙方的言行，不得制造任何虚假资料或消息，或为乙方艺人制造绯闻、制造与其他演员或工作人员冲突等负面新闻用作该剧宣传。甲方仅可将乙方艺人的名字、剧照、配音、造型、动作用于该剧的宣传与推广。

甲方承诺该剧所有与乙方艺人有关之剧照、宣传资料不得以乙方艺人之私生活、私密社交活动、个人心理或精神状况、私人商业机密、经纪公司内部管理运营机密等为内容。前述内容如确实可为乙方艺人带来正面社会效益而适合发布的，须事先经过乙方及乙方艺人的书面确认。甲方或任何第三方倘因草率或疏忽未能控制该剧之媒体宣传，以致对乙方及乙方艺人造成包括名誉权在内任何侵害的，即构成甲方或该第三方侵权，乙方有权追诉甲方或该第三方对给乙方及乙方艺人造成的相关损失承担连带责任。

甲方保证该剧脚本及该剧的制作、放映、发行、销售等皆不会违反任何法律法规、不会侵害任何第三者的知识产权、不会侵犯任何人的名誉或隐私权。如甲方违反上述约定而给乙方及乙方艺人造成损失（包括声誉损失），甲方须完全承担一切责任并赔偿乙方及乙方艺人因此遭受的损失。

本合同生效后，乙方及乙方艺人不得发表对本剧、出品方、合作方及其他演职人员等不利的言论。乙方及乙方艺人违反前述约定的，甲方有权要求乙方赔偿损失并有权解除本合同。

本合同生效后，因乙方艺人受到法律制裁，或受道德谴责，使自身形象受到贬损，不宜继续履行本合同；或给本剧的制作、宣传、发行、评奖带来负面影响或遭有关主管部门禁止的，乙方应赔偿因此给甲方造成的损失，且甲方有权删除乙方艺人已经拍摄完毕的内容，并不再为乙方及乙方艺人署名，同时甲方有权解除本合同，且乙方须退还已收取的所有款项。

因乙方艺人违反法律被限制人身自由，影响本合同的履行，乙方应赔偿因此给甲方造成的损失，且甲方有权删除乙方艺人已经拍摄完毕的内容，并不再为乙方及乙方艺人署名，同时甲方有权解除本合同，且乙方须退还已收取的所有款项。

四、著作权及相关约定

1. 甲乙各方同意并确认：

（1）乙方艺人就其本协议下专项劳务享有署名权，包括但不限于在该剧完成片、宣传片、海报、宣传画册等宣传材料中享有的署名权。甲方保证，乙方艺人署名形式为：［领衔主演］，署名顺序为第＿＿＿位。甲方保证在该剧所有宣传物料中乙方艺人形象须处于显著位置，乙方艺人形象的大小、比例、清晰程度、所占画面重要程度以及乙方艺人署名的字体大小、清晰度均应高于/大于该剧其他演员。

甲方违反本条款约定的，构成根本违约。乙方有权解除本协议，协议解除后，甲方不得在该剧、该剧的宣传和该剧相关材料中以任何方式使用载有乙方艺人形象的内容，并应向乙方支付合同书总款项的50% 作为违约金。

（2）该剧为甲方之作品，除本条第 1 款第（1）项乙方艺人享有的署名权外，该剧的著作权、邻接权、商品化权、收益权等权利及与该剧有关的一切权益均归甲方所有，但甲方行使上述权利时不得侵犯乙方艺人的肖像权、隐私权、名誉权等人格权。

甲方承诺聘用乙方艺人仅限为该剧提供演员服务，不得利用乙方艺人以有偿或无偿的方式担任或兼任与该剧拍摄和发行无直接关系之工作。未经乙方事先书面同意，甲方不得将乙方艺人的肖像用于该剧制作、宣传、发行、销售以外的其他用途。甲方违反此约定的，乙方有权追究甲方的违约责任，且甲方因此获得的一切收益均归乙方所有。

2. 甲方同意向乙方提供该剧中所有有乙方艺人形象的彩色剧照（电子版），用于乙方艺人留存资料，甲方同意乙方将上述剧照用于乙方艺人个人简介、专辑及个人网页的宣传中。如该剧发行 DVD 或 VCD 时，甲方同意免费提供给乙方＿＿＿套，作为资料保存，运费由甲方承担。

3. 乙方同意，甲方为该剧拍摄、宣传目的有权使用乙方艺人的姓名、剧照、肖像，剧中形象、声音、视频等并无须另行向乙方支付费用，但甲方使用上述资料时不得侵犯乙方艺人的合法权益。

4.除用于该剧宣传目的外，甲方需确保不会将含有乙方艺人肖像、声音的剧照、片断等素材作为第三方品牌的宣传素材使用或作出任何容易引起乙方艺人为第三方品牌形象代言误解的宣传。同时，甲方保证不会安排乙方艺人参与与其代言或宣传品牌相关之产品或服务品牌的宣传活动。

五、宣传活动及费用负担

1.乙方根据乙方艺人个人档期等情况来确定参加该剧开机、媒体探班及上星开播发布会的宣传活动。甲方应于宣传活动前15日向乙方提供具体宣传方案（包括但不限于宣传活动时间、地点、流程等），以便乙方协调确定能否参加。如实际宣传活动与乙方已确认的宣传方案不一致的，乙方艺人有权拒绝参加，且不视为违约。

2.乙方艺人参加甲方宣传活动的，甲方负担乙方艺人及其经纪人、助理（以下合称"随行人员"，共___名）由当时所在地至宣传地之往返交通费及宣传活动期间的食宿费用，具体交通及食宿费用标准如下：

（1）交通费标准及相关：

①甲方应提供乙方艺人及其随行人员自出发地至宣传活动城市的往返机票___套，其中，乙方艺人与经纪人为头等舱（倘所乘坐航班未设定头等舱，则以商务舱为准），其他随行人员为经济舱。

②甲方应承担乙方艺人及随行人员地面交通费用，由甲方按照地面交通费用金额在宣传活动开始前支付给乙方。

甲方负责乙方艺人及其随行人员在参加宣传活动期间交通及安全，包括但不限于专车机场、活动场地的接送，乙方艺人及随行人员的行李、设备从机场至酒店的往返运输等。

③甲方负责提供乙方艺人及其随行人员在宣传活动城市当地活动

期间<u>七座商务车</u>一辆供宣传活动当地交通往返使用。

（2）住宿标准及相关：

甲方负责安排乙方艺人及其随行人员在参加宣传活动期间的住宿，住宿标准为__星级酒店，其中，乙方艺人为豪华商务套房__间，其他随行人员为标准间__间。

（3）膳食及相关：

甲方负责提供乙方艺人及其随行人员宣传活动期间的全部膳食，甲方应尽量安排乙方艺人及随行人员在酒店内用餐或点餐。

（4）甲方支付乙方艺人妆发费及服装费，其中在北京的活动化妆费为税后人民币__元／次，服装费为税后人民币__元／次；在北京地区以外的活动化妆费为税后人民币__元／次，服装费为税后人民币__元／次；倘在中国大陆地区以外之地方宣传，化妆费为税后人民币__元／次，服装费为税后人民币__元／次作为宣传补贴，该等费用应于乙方艺人到达每次宣传地前支付至乙方指定账户。

六、伤病纠纷的处理及保险

1. 若乙方艺人因身体原因染病或慢性疾病复发，甲方应根据实际情况安排合理救助和医治并先行垫付相关费用。乙方艺人治疗期间发生的医疗费或药费，待责任明确后，由责任方承担。因乙方艺人遭受事故或疾病影响到本协议履行的，不视为乙方违约。

2. 拍摄期间若乙方艺人因该剧场景安排需要长时间在雨、水、雪、日晒、狂风等特殊天气情况中工作或因其他工作原因导致乙方艺人患病，使拍摄工作无法顺利进行的，甲方负责安排乙方艺人医治，所需医疗费用、康复费用等全部费用由甲方承担，乙方艺人因治疗影响到该剧拍摄进程的，不视为乙方违约，甲方仍应按照约定向乙方支付酬金。若乙方艺人因上述原因患病以致不能继续担任本职工作的，乙方按照合同书约定已收取的服务费不予退还，甲方可安排其他演员替换乙方艺人。

3. 甲方负责为乙方艺人购买在该剧拍摄期间的人身意外伤害保险，并于开机前三日将保单交付给乙方。乙方艺人保额为人民币___元整。该剧拍摄期间出现人身意外伤害事故，甲方应先行垫付全部医疗、交通、误工、看护、特别膳食等费用。待责任明确后，按保险公司有关规定赔偿，如有超出保额部分费用由甲方负担。

4. 甲方保证乙方按本协议规定提供服务期间所有设备、设施（包括交通工具、道具、服装等）和安全保障措施等均安全合格。任何与设备、设施或其他任何物品有关的损失和／或责任由甲方承担；任何因设备、设施（包括交通工具、道具、服装等）和安全保障措施出现故障或隐患，造成乙方成员人身安全或财产遭受损失的责任由甲方承担；如工作期间乙方成员因履行本协议给任何第三人造成损伤和／或导致乙方应向任何第三人承担责任的，甲方应负责全面解决问题并向该第三人承担全部赔偿责任。

七、违约责任

1. 如甲方未按合同书及本协议的约定向乙方支付服务费和其他费用，每延误一天，甲方应向乙方支付应付而未付款项部分的千分之一（0.1%）作为违约金，同时乙方有权拒绝继续拍摄等工作，直至甲方按照合同书及本协议约定向乙方支付服务费、其他费用及违约金，并且本协议项下乙方艺人之服务期限的天数不变。若因甲方逾期付款导致乙方艺人在本协议约定的服务期限内无法完成本协议项下该剧的拍摄工作，则不视为乙方违约，甲方应自行承担因此产生的一切责任。

2. 乙方艺人无正当理由拒不执行甲方或制片人的工作安排、乙方未按期到达甲方指定地点、中途罢演、未经甲方事先许可擅自离开剧组或组织参加其他商业拍摄或演出的，导致该剧拍摄工作无法正常进行的，属乙方违约。甲方有权要求乙方立即纠正其违约行为。若由此给甲方造成损失的，乙方除赔偿甲方因此遭受的一切损失外，同时须退还已收取的所有款项。

3. 如非乙方及乙方艺人的原因，该剧不能按时开机或终止拍摄、乙方艺人不能按时拍摄或须更换乙方艺人的，乙方有权解除本协议，已收取款项不予退还。

甲方若擅自解除本协议，视为违约。乙方按照合同书约定已收取的服务费不再返还，甲方未付部分服务费，甲方仍应按照合同书约定支付给乙方，并且甲方应赔偿乙方因此遭受的全部损失。

4. 除本协议条款另有约定外，本协议任何一方拒绝履行或未履行或不全面履行或迟延履行本协议项下的义务，应承担违约责任。违约方应赔偿守约方因此遭受的全部损失。

八、合同变更、终止

1. 本协议经各方协商一致后方可变更，并经各方盖章签字确认。

2. 鉴于该剧摄制周期具有不确定性，甲方可以对本协议约定的服务期限进行调整，但是甲方应将调整服务期限的事宜事先书面通知乙方并取得乙方同意，经乙方同意，调整后的服务期限才可对乙方发生法律效力。

3. 如遇任何不可抗力（包括但不限于自然灾害、时疫或其他天灾人祸、外景气候不宜而短期停机、赶赴外景点交通原因、政府主管部门原因等）而影响该剧拍摄进度，甲方应及时通知乙方。乙方艺人有权暂停工作离开拍摄地，而不视为违约。由各方另行协商解决方案。

九、保密条款

合同各方对签订及履行本协议所获知的一切未公开信息（包括但不限于相对方商业秘密、酬劳数额或人员隐私）均负有保密义务，除根据法律、法规及监管部门的规定和要求需要向第三方披露，或任何一方向其律师、会计师进行咨询以外，任何一方未经相对方书面许可，不得以任何方式向第三方披露或泄露相关内容，否则构成违约，违约方应赔偿守约方因此受到的全部损失。该等保密义务不因本协议的终止而终止。

十、其他

1.本协议为合同书的重要补充，与合同书具有同等法律效力，本协议与合同书的约定不一致的，以本协议约定为准，本协议未约定的，按照合同书的约定执行。无论合同书因何种原因终止，本协议的法律效力亦同时终止。无论本协议因何种原因终止，合同书的法律效力亦同时终止。

2.本协议的订立、效力、解释、履行和争议的解决均适用中华人民共和国法律。本协议在执行过程中如有未尽事宜，甲、乙各方应本着友好、平等协商的原则解决，各方为此而形成的补充协议，将与本协议具有相等的法律效力。

3.因本协议引起的或与本协议有关的任何争议，各方应友好协商解决；协商不成的，任何一方有权向原告方所在地人民法院提起诉讼解决。

4.本协议自甲、乙各方签字盖章后生效。

5.本协议一式三份，甲方执一份，乙方执两份，具有同等法律效力。

（以下无正文，仅为签署页）

甲方（盖章）：   乙方：

授权代表：   乙方一（盖章）：

日期：   授权代表：

日期：

乙方二（盖章）：

日期：

文学作品著作权许可使用协议

签署日期:___年___月___日
签署地:

甲方:
作者署名:
地址:
邮编:

乙方:
法人代表:
地址:
邮编:

序言:

A. 本协议序言及正文中所述甲方授权乙方行使部分著作权的"授权作品"系本协议第一条第 1 款中所述的文学作品。本协议序言及正文中所述的"影视作品和游戏作品",系乙方依据本协议的授权参与策划、开发、改编制作的影视和游戏作品,根据授权内容不同,其表现形式可能为院线电影、电视剧、网络电影、网络电视剧、动画电影、动画电视剧、动画网络剧、手机游戏、网络游戏、网页游戏等。

B. 甲方拥有向乙方授予授权作品本协议项下授权内容的权利,法律规定或另有约定的除外。

C. 乙方有意从甲方处有偿获得授权作品的相关著作权授权,并根据本协议的约定使用,因此,双方签署本协议。

因此：

协议双方同意就授权作品的相关著作权授权的有关事宜，本着公平自愿、平等互利、诚实信用的精神，经友好商谈，达成如下协议，并同意一经签署，将严格遵守本协议下各有关条件和条款。

一、协议标的

1.1 本协议的标的是名为《＿＿＿》系列文学作品，包括已经出版的《＿＿＿》和即将出版的《＿＿＿》等所有系列作品（以下简称"授权作品"）。

1.2 署名情况：

1.3 作品类型：

1.4 出版机构：

二、授权内容及授权费

2.1 在本协议授权期限内，甲方将授权作品在全球范围内游戏改编权及影视剧改编权（以下可简称"改编权"）独家许可给乙方。

2.2 甲方许可乙方行使的游戏及影视剧改编权包括且仅包括以下权利：

（1）将作品改编成游戏并进行发行和运营，该游戏是可以在包括但不限于手机、平板电脑、PSP 等各类手持硬件设备上运行的游戏类应用程序，其需要具备一定硬件环境和一定系统级程序作为运行基础，包括但不限于常见的智能手机系统：MTK（Nucleus OS）、WindowsPhone、安卓、iOS、塞班系统等。

（2）将作品改编成影视剧剧本并进行摄制、制作成影视剧作品，发行、放映、播放制作完成的影视剧作品；或直接将作品通过摄制等方式改编成影视剧作品，发行、放映、播放制作完成的影视剧作品。

2.3 乙方按照保底加游戏分成的方式向甲方支付版权使用费。乙方先行一次性向甲方支付授权作品的许可使用费计人民币＿＿＿元整

（税后）；乙方自本协议生效日起＿＿＿＿个工作日内向甲方支付前述授权费。

2.4 甲方应在收款之日起＿＿＿＿个工作日内向乙方提供等额的增值税发票。甲方的账户信息：

开户行：

户名：

账号：

2.5 本条约定的授权金（收益分成）是甲方本次授权的总代价，之后乙方无须再向甲方支付因授权作品产生的任何报酬和费用，但超出授权范围的除外。另，关于游戏分成的比例，双方另行协商确定，但提成比例原则上不得超过乙方由此实际获得收益部分的＿＿＿＿%。

三、授权期限

3.1 本协议项下的授权期限为自本协议生效日起＿＿＿＿年（"授权期限"），即自＿＿＿年＿＿＿月＿＿＿日起至＿＿＿年＿＿＿月＿＿＿日止。

3.2 根据授权作品改编摄制的影视作品需在授权期限内全部拍摄完成并正式发行，否则视为乙方违约。授权期限届满后，乙方应立即停止行使本协议项下的全部各项授权。若乙方希望继续行使本协议中甲方授权乙方行使的权利的，在同等条件下有权优先就授权作品与甲方另行签订新协议，但乙方行使优先权必须在授权期限届满前 6 个月以前提出。

四、甲方保证和乙方声明

4.1 甲方保证其为授权作品的合法著作权人，对作品拥有第二条授予乙方的权利，该权利足以支持本协议合作内容且不存在任何瑕疵，不会给乙方带来任何争议及纠纷，因上述权利的行使侵犯他人著作权的，甲方应承担全部责任而乙方不承担连带责任。

4.2 甲方乙方不得将授予乙方的专有使用权权利再授予任何第

三方。

4.3 甲方保证其授权作品不含有侵犯他人著作权、名誉权、肖像权、姓名权等人身权内容，若因前述纠纷导致乙方无法继续行使本协议所涉改编权利的，乙方有权终止本协议，甲方应将已经收取的版权使用费全额退还给甲方，同时赔偿乙方因此所受全部经济损失，包括乙方有证据证明已经发生的相关费用、诉讼/仲裁费、律师费、调查取证费等间接费用损失。

4.4 乙方承诺在其制作完成的游戏和影视剧作品的片头及相关衍生产品、宣传品中的显著位置为原著作者署名。署名内容是"由作品《_____》改编"或"原著:_____"。

五、双方的权利义务

5.1 乙方依法在授权范围及授权期限内行使授权作品的游戏及影视剧改编权。

5.2 甲方同意乙方根据改编的需要，在尊重该作品基本表达（包括人物、情节、线索等）及主题宗旨的基础上，对作品内容在法律规定的范围内进行适当修改，但修改过程中不得对授权作品进行歪曲、篡改，不得损害作者声誉。

5.3 乙方对根据授权作品改编的游戏作品及改编、摄制的影视剧作品享有完整的著作权权益，但在权利行使过程中不得损害甲方的合法权益。

5.4 乙方基于改编后的游戏脚本或影视剧剧本许可/转让他人或自行进行出版、复制、发行、表演、录音录像、通过信息网络向公众传播或针对改编后剧本进行除拍摄本协议所指游戏、影视剧之外的商业开发行为，需征得甲方同意，并另行签署书面协议。

5.5 甲方有权无偿使用改编后影视剧作品的剧照或海报，以及改编后游戏的图片和人物形象等，仅用于对甲方在影视和游戏及相关行内形象及品牌的宣传，无须向乙方支付任何报酬。

5.6 甲方有权依本协议约定获得版权许可使用费用。在授权期限内，如乙方未将该作品改编成游戏或者影视剧作品，乙方已支付的版权使用费不予返回。

5.7 为了确保乙方能有效行使其于本协议下取得的各项权利，在必要的情况下甲方提供著作权证明文件，使乙方能有效证明其著作权来源及有效使用其权利，而乙方无须为此支付任何额外费用或酬劳。

六、商业秘密

双方承诺对在合作过程中知悉的对方的商业机密（包括但不限于属于对方及其母公司、子公司、分公司及参股企业所有的管理、技术、财务、商业或其他任何方面的信息）、本协议的条款、影视或游戏作品以及双方的任何资料数据（包括财务数据等），不得向第三者泄露，所有知悉的涉及商业秘密的内容仅为执行本协议之目的使用。

七、违约责任

7.1 任何一方违反本协议的约定，守约方有权要求违约方承担停止违约行为、赔偿因违约行为所遭受的一切直接损失和间接损失（包括诉讼／仲裁费、律师费、调查取证等费用）等全部违约责任。

7.2 如乙方迟延支付本协议所规定的版权使用费，每逾期一日，乙方应向甲方支付逾期费用的 1% 作为滞纳金。超出 15 日仍未支付的，甲方有权单方面终止本协议，同时终止作品的所有授权，自甲方通知（包括传真、电子邮件、特快专递等方式）发出之日起，本协议自动终止。

7.3 本协议一经双方签署生效即具有法律约束力；除本协议另有约定外，未经对方书面同意，任何一方不得擅自变更、撤销、解除本协议。

7.4 对于授权作品，乙方仅享有上述条款规定的甲方所授予的权利，乙方不得超越本协议规定内容使用授权作品。如乙方违反此约定，甲方有权单方面终止本协议，并要求乙方赔偿因此对甲方所造成的全部损失。

八、通知

8.1 双方之间的任何通知或书面函件必须以中文写成，以传真、专人送达（包括特快专递）、挂号邮件或电子邮件之形式发送，除非事先以书面通知更改，所有通知及函件均应发往首页或协议内载明的恰当之通信地址。

8.2 通知及函件之送达为传真形式，则应以传真传送记录所显示之确切时间为准，除非发出该传真之时间为该日下午五时之后，或收件一方所在地之时间并非工作日，则收件日期应为收件一方所在地时间之下一个工作日；若为电子邮件形式，则邮件进入收件方指定之电子邮件系统的时间即视为已送达；若为专人派送时（包括特快专递），按收件一方签收之日期为准；若以挂号邮件发送时，以邮局所出具之收据为凭，自寄发日起计五个工作日为准。

九、不可抗力

如遇法律、法规规定的不可抗力因素发生（如自然灾害、战争及社会重大变化）而阻碍任何一方履行协议的，受影响一方可暂缓执行本协议，并不属于违约，双方的责任亦顺延。受影响一方应及时向另一方提供发生不可抗力因素的证明，未提供证明的视为不可抗力因素未发生。如该不可抗力事故属永久无法还原或其效果无法消除的，另一方有权解约，本协议因此被解除的，双方均不构成违约。

十、其他条款

10.1 本协议的订立、解释和履行适用中华人民共和国法律。本协议任何条款的无效不影响本协议其他条款的效力。双方因对协议的解释或履行产生分歧，由双方协商解决；协商不成时，任何一方均可向协议签订地人民法院起诉解决。

10.2 本协议的变更、续签及其他未尽事宜，由双方协商确定并签署书面协议；本协议的提前终止不应影响双方于本协议提前终止日之前根据本协议已产生的权利和义务。

10.3 本协议自双方签字盖章之日起生效，有效期同协议作品授权期限。

10.4 本协议未约定的事宜适用中国现行法律规定。本协议的条文如存在矛盾或缺陷，协议的有效性不受影响，双方应按照协议所使用的词句、协议的有关条款、协议的目的、交易习惯以及诚实信用原则来确定协议条款的含义。

10.5 本协议一式四份，甲方保留一份，乙方保留三份，双方以各自协议为凭，具有同等法律效力。

（以下无正文，仅为签署页）

甲方（盖章）：   乙方（盖章）：

授权代表（签字）：   授权代表（签字）：

剧本委托创作协议

甲方（委托方）：

地址：

法人代表：

联络人：

乙方（受托方）：

地址：

联络人：

根据《中华人民共和国合同法》《中华人民共和国著作权法》等有关法律的规定，甲乙双方在自愿、平等、互利的基础上，经双方协商一致，签订本协议，达成以下条款，以兹共同遵守。

一、项目内容

1.1 甲方委托乙方为甲方投资拍摄的影视剧《＿＿＿》（暂定名，以下简称"本片"）担任编剧工作，负责本片的故事创意、剧本开发、剧情梗概、分场景撰写、细节润色等工作。

1.2 经前期双方沟通，本片类型为校园青春／喜剧／犯罪／动作等类型，标准长度为 120 分钟左右（含片头、片尾）。成片的剧名、长度的变更不影响本协议的有效性。

1.3 本片为系列作品，甲方保留系列作品的项目创意、角色造型、前传或续集开发的权利等，未经甲方同意，乙方不得擅自开发、参与或与第三方合作该系列影视作品。

1.4 剧本创作时间从本协议签约之日起至＿＿＿年＿＿月＿＿日前，创作时间原则上不得超过＿＿个月。

二、剧本合法

2.1 乙方保证所创作的剧本不存在任何权利瑕疵，且内容不与国家现行法律、法规、政策有抵触。如因其创作行为引起包括著作权等纠纷、侵犯他人合法权益的，相关责任与甲方无涉，概由乙方承担。

2.2 甲方保证在本协议存续期间内不签署任何与本协议乙方权益相冲突的合同，但乙方违约或乙方提交的剧本不符合甲方要求的例外。

三、创作进度与费用支付

3.1 本片剧本定稿日即为本协议终止日。

3.2 交稿安排。

3.2.1 初稿时间：

3.2.2 二稿时间：

3.2.3 定稿时间：

3.3 支付进度及相关工作。

3.3.1 本协议生效之日起____个工作日内支付人民币____万元作为启动资金；对等的，乙方会在一周内给出本片所有角色设定，以及不少于 1500 字的故事大纲。

3.3.2 本片完整剧本初稿、分场景提交至甲方后，甲方须在____个工作日内向乙方支付人民币____万元。甲方在收到前述剧本后，在____个工作日内提出书面修改意见，乙方应在收到修改意见后____个工作日内完成修改直至甲方满意。

3.3.3 在乙方提交本片完整剧本二稿后，甲方向乙方支付人民币____万元。甲方须在____个工作日内提出书面审稿或修改意见，乙方在收到意见后应及时完成修改工作直至甲方满意。

3.3.4 乙方完成修改稿经甲方认可后，甲方一次性支付余款人民币____万元。

3.4 乙方接收甲方酬金的账户信息如下：

开户行：

开户名：

账号：

3.5 上述款项，双方确认，所涉税款由甲方代为缴纳，前述委托创作费总计税后人民币＿＿＿万元。

3.6 在本片拍摄期间，乙方有义务按照甲方要求进行剧本调整工作，并不得再向甲方收取任何报酬。

3.7 甲方指定的工作联络人员和邮箱为＿＿＿＿＿＿＿＿

四、著作权归属

4.1 本片剧本相关的拍摄权、著作权归甲方所有。且甲方特别保留本片的故事创意、角色设定、人物造型等权利，非经甲方同意，乙方不得另行参与策划、发起或与第三方合作与本协议项目相同或相近似的包括但不限于影视作品（续集、前传、番外篇）、同人小说等。

4.2 甲方根据本片著作权使用，有权利决定以下行为：剧本解释权、修改权、终审权、使用权、转让权归甲方所有，甲方有权对本片剧本进行任何符合甲方操作需要的修改、变动。

4.3 乙方享有在本片中以"编剧"身份署名的权利。甲方承诺乙方的署名权露出为独立编剧，字体露出确定为"编剧：＿＿＿＿＿"。

4.4 在本协议的履行过程中或终止后，甲方有权继续创作本片的延续性剧本作品，包括但不限于前传或后传等剧本作品，此时乙方不再享有在前述延续性剧本作品的署名权，除非乙方仍然接受甲方委托参与到延续性剧本作品的创作中。同时，乙方不能凭借在该剧本作品创作中所获的创作思路、相关资源和信息优势，单方面或授意第三方创作与该剧本相关的延续性作品（包括但不限于文字作品、摄影作品等《著作权法》第三条所规定的作品形式）。

4.5 甲方同意乙方组建团队进行创作，但由乙方本人向甲方承担创作责任。若乙方为团队创作，编剧署名以乙方向甲方出具书面或电子邮件为准，并由甲方确认。如乙方创作团队出现署名及其他纠纷和矛盾，概由乙方负责协调解决。

五、协议终止及违约责任

5.1 因不可抗力，无法继续履行本协议的或继续履约已违背当初缔约背景和目的的，协议可自行解除。

5.2 一方严重违约，守约方可以单方面解除本协议。协议终止后，相应责任方应按本协议和法律规定承担责任。

5.3 乙方无法在约定时间内交付剧本，经甲方催告后 15 个自然日内仍无法履行的，则甲方可单方解约，并要求乙方退还所收取的所有款项。

5.4 乙方交付的剧本故事大纲、人物小传、分场景（或分集梗概）等内容，经反复修改（即按甲方书面要求进行修改 5 次）仍达不到甲方要求的，甲方可以解除本协议，乙方应一次性退还给甲方已收取款项的 50%，且甲方无须支付其余任何款项。

5.5 甲方行使上述解约权时，可以电子邮件的方式作出。

5.6 若甲方未能及时支付报酬，乙方可单方面解约，已收取的款项不作退还，且本片剧本著作权归乙方所有。

六、法律适用与争议解决

6.1 本协议适用中华人民共和国大陆地区（不包含港澳台地区）现行法律。

6.2 在协议履行过程中，若发生争议的，双方应协商解决，协商不成的，双方可以起诉至甲方所在地具有管辖权的人民法院进行裁决。

七、生效及其他

7.1 本协议未尽事宜，双方另行签订补充协议明确。

7.2 本协议自双方签署盖章之日起生效。

7.3 本协议一式两份，双方可执一份为凭。

（以下无正文，仅为签署页）

甲方（盖章）：　　　　　　　　乙方（盖章）：

授权代表（签字）：　　　　　　授权代表（签字）：

___年___月___日　　　　　　　___年___月___日

委托制片合同

甲方：
地址：
法定代表人：

乙方：
电话：

鉴于：

1. 甲方是依法注册成立并取得合法从事影视投资资格的法人单位，甲方计划摄制影视剧《＿＿＿》（暂定名，以下简称"本剧"）；乙方作为专业的制片人，曾在影视作品中担任策划、制片等工作，具有相当丰富的经验。

2. 甲方决定聘用乙方作为其计划摄制的本剧的制片人，乙方同意接受甲方聘用。

双方本着自愿、平等、互惠互利、诚实信用的原则，经充分友好协商，订立如下合同条款，以兹共同恪守履行。

第一条　工作岗位

甲方委托乙方担任本剧的制片人，负责本剧筹备、拍摄、制作，宣发活动过程中的组织、管理和执行工作。

第二条　工作期限

乙方已于 2016 年 10 月 15 日正式开展工作，并以确保本剧在国内全网或指定的版权合作的视频网站上线放映之日作为工作完成的时间节点。

第三条　工作内容

乙方工作包括：

1. 框定本剧项目的制作成本，评估网剧版权市场，评估本剧受众人群，确立本剧类型，评估网络播放收益率，为甲方等参与投资方提供专业、客观的评估意见。

2. 乙方需努力作出本剧未来收益皆具利益考量的重大决策。作为本剧的出品方和主控方，甲方可对本剧投资额进行再分配。

3. 统筹指挥本剧的筹备工作，组织进行编剧、导演、执行导演、主要演员、次要演员、制片主任、美术师、摄影师等主创人员的聘用工作。

4. 有权审阅导演阐述、分镜头故事本的创作等，并给出有效改进建议。

5. 负责本剧的拍摄进程和政治思想内容，同时负责本剧的艺术品质。

6. 制定本剧预算，并监督项目组各部门严格执行。

7. 制定并实施本剧推广发行计划，考量风险意识，组织利用自身资源，按投资计划保质保量地与网络视频放映平台签订合同，保证顺利上线放映。在此基础上，积极促成在电视台（包括但不限于卫视平台、各省市县级地面电视频道）渠道上的播映。

8. 本合同未详尽覆盖但行业要求通常由制片人完成的其他任务。

第四条　工作要求

1. 乙方应当保持和甲方的沟通、联系，但甲方不得干预乙方的正当权限。

2. 本剧摄制计划和摄制预算一旦经甲方认可并确定，乙方应严格履行，未经甲方同意，乙方不得擅自更改。

3. 乙方应当确保本剧按照合同约定保质保量地完成拍摄制作，并最终要完成电影在全网或指定的版权合作的视频网站上线放映。

第五条　定金

1. 甲方应于本合同签署之后向乙方支付定金人民币＿＿＿万元整。本合同得以实际履行之日即乙方工作开始之日，此定金自动转为甲方向乙方预先支付的酬金。

2. 若因甲方原因导致本合同未得以实际履行，或甲方未能按约定及时支付定金，乙方有权利根据实际工作情况向甲方追要实际产生的酬金；若因乙方原因导致本合同未得以实际履行，乙方应返还定金，并且按照定金罚则，额外向甲方赔付与定金同等数额的人民币款项。

第六条　报酬及支付

1. 乙方酬金按基本薪酬加分红方式收取。基本薪酬计人民币＿＿＿万元整。

2. 具体支付进度：除本合同第五条第 1 款预先支付的款项外，甲方在本剧开机前 10 日内向乙方支付税后酬金人民币＿＿＿万元整。

3. 若本剧实际净收益达到投资回报＿＿＿% 以上（包含本数），即甲方净收益超过＿＿＿% 之后，乙方可分得税后本剧盈利收入的＿＿＿% 作为分红；若本剧实际净收益达到投资回报＿＿＿% 以上（包含本数），即甲方净收益超过＿＿＿% 之后，乙方可分得税后本剧盈利收入的＿＿＿% 作为分红；若本剧实际净收益达到投资回报＿＿＿% 以上（包含本数），即甲方净收益超过＿＿＿% 之后，乙方可分得税后本剧盈利收入的＿＿＿% 作为分红。

4. 其中该剧的实际收入包括但不限于全球版权、新媒体版权、营销植入、话剧演出、衍生产品及衍生游戏、漫画等。

5. 甲方以银行转账之形式向乙方支付报酬。

乙方指定的银行账户如下：

开户行：

开户名：

账号：

第七条 食宿、交通

从乙方工作正式开始之日起至乙方工作结束之日止，甲方应负责安排乙方在筹备期或片场所在地或其他工作地点的住宿、饮食和交通，费用由甲方或剧组承担。若甲方要求乙方到国内外其他外联、拍摄场地工作，甲方应承担往返交通费用。

第八条 著作权、署名及姓名、肖像

1. 甲方依照签署的编剧合同和投资合同依法享有本剧的著作权。

2. 若本剧得以拍摄并公开发行且乙方履行了本协议下的全部义务，乙方依法享有在本剧及相关衍生产品中的署名权。在最终完成的影片中，乙方以"制片人"或"执行制片人"署名需在本剧片头以单幅形式出现，字体不小于片头其他主创人员。具体署名位置、顺序、大小由双方协商按行业署名规则确定。

3. 甲方有权无偿使用或许可播放者、发行者在本剧、本剧的衍生产品、本剧的宣传片或预告片中使用乙方的姓名。但仅限于推广、宣传之目的。

第九条 参加宣传、奖项活动

1. 甲方有权要求乙方参加本剧的开机仪式、首映式以及其他宣传活动，无须就此向乙方支付酬金。乙方应当积极参加并配合甲方的有关宣传活动，甲方有义务协调乙方时间邀请对方参加各类宣传或奖项活动。

2. 甲方要求乙方参加电影的宣传或奖项活动，应承担乙方的食宿及往返交通费用。

第十条 双方保证

甲方：

1. 保证其是经依法注册和合法存续的影视作品制片单位。

2. 保证已就计划拍摄的本剧取得相关资质。

3. 保证本剧不会包含任何侵害乙方合法权益或者违反国家法律禁止性规定的内容。

4. 甲方为签署本合同所需的内部授权程序均已完成，本合同的签署人是甲方法定代表人或授权代表人。本合同生效后即对合同双方具有法律约束力。

乙方：

1. 乙方有权自行签署本合同并有能力履行本合同下的所有义务。

2. 乙方履行本合同下的所有义务，皆不存在任何法律上的障碍。

3. 保证在本合同签署之前，不存在任何针对本片的权利纠纷、索赔或者诉讼。

第十一条　合同的解除

发生下列情形之一，甲乙双方可以通过书面形式解除本合同：

1. 乙方因自身原因不能履行本合同规定的义务，累计或连续超过20 天。

2. 甲乙双方违反其在本合同中所做保证或所做保证不真实。

3. 乙方部分或完全丧失民事行为能力致使其不能继续履行本合同。

4. 甲方拖欠乙方酬金累计达到乙方全部应得酬金的 30%，经乙方催告后，仍不履行支付义务的。

第十二条　合同的终止

本合同在下列情形下终止：

1. 合同期限届满，甲乙双方不再续签本合同。

2. 甲乙双方通过书面协议解除本合同。

3. 因不可抗力致使合同目的不能实现的。

4. 在委托期限届满之前，当事人一方明确表示或以自己的行为表明不履行合同主要义务的。

5. 当事人一方迟延履行合同主要义务，经催告后在合理期限内仍未履行。

6. 当事人有其他违约或违法行为致使合同目的不能实现的。

第十三条　保密

1. 未经甲方同意，乙方不得在本剧播出之前向任何第三方泄露剧情、演员、拍摄进度等与电影相关的一切信息。若本协议未生效，乙方不得泄露在签约过程中知悉的甲方的商业秘密。

2. 乙方保证对其在讨论、签订、执行本协议过程中所获悉的属于甲方的且无法自公开渠道获得的文件及资料（包括商业秘密、公司计划、运营活动、财务信息、技术信息、经营信息及其他商业秘密）予以保密。未经甲方书面同意，乙方不得向任何第三方泄露该商业秘密的全部或部分内容。但法律、法规另有规定或双方另有约定的除外。保密期限为 1 年。

3. 乙方若违反上述保密义务，乙方应赔偿甲方因此而遭受的经济损失。

第十四条　通知

1. 根据本合同需要一方向另一方发出的全部通知以及双方的文件往来及与本合同有关的通知和要求等，可采用书信、传真、电子邮件、微信交流等方式传递。

2. 一方变更通知或通信地址，应自变更之日起 7 日内，以书面形式通知对方；否则，由未通知方承担由此而引起的相关责任。

第十五条　合同的转让

除合同中另有规定外或经双方协商同意外，本合同所规定双方的任何权利和义务，任何一方在未经征得另一方书面同意之前，不得转让给第三者。任何转让，未经另一方书面明确同意，均属无效。

第十六条　争议的处理

1. 本合同受中华人民共和国法律管辖并按其进行解释。

2. 本合同在履行过程中发生的争议，由双方当事人协商解决，也可由有关部门调解；协商或调解不成的，任何一方可向甲方所在地人民法院提起诉讼。

第十七条　不可抗力与意外事件

1. 如果本合同任何一方因受不可抗力事件影响而未能履行其在本合同下的全部或部分义务，该义务的履行在不可抗力事件妨碍其履行期间应予以中止。

2. 声称受到不可抗力事件影响的一方应尽可能在最短的时间内通过书面形式将不可抗力事件的发生通知另一方。声称不可抗力事件导致其对本合同的履行在客观上成为不可能或不实际的一方，有责任尽一切合理的努力消除或减轻此等不可抗力事件的影响。

3. 不可抗力事件发生时，双方应立即通过友好协商决定如何执行本合同。不可抗力事件或其影响终止或消除后，双方须立即恢复履行各自在本合同项下的各项义务。如不可抗力及其影响无法终止或消除而致使合同任何一方丧失继续履行合同的能力，则双方可协商解除合同或暂时延迟合同的履行，且遭遇不可抗力一方无须为此承担责任。当事人迟延履行后发生不可抗力的，不能免除责任。

4. 本合同所称不可抗力是指不能合理控制的，无法预料或即使可预料到也不可避免且无法克服，并于本合同签订日之后出现的，使该方对本合同全部或部分的履行在客观上成为不可能或不实际的任何事件。此等事件包括但不限于自然灾害如水灾、火灾、旱灾、台风、地震，以及社会事件如战争（不论曾否宣战）、动乱、罢工，政府行为或法律规定等。

意外事件：

1. 非因双方当事人过错，出现本条第一款规定的不可抗力事件以外的甲乙双方不能控制的情况，包括但不限于天气反常以及导演或其他主要演员生病、受到意外伤害或死亡等，致使拍摄迟延，双方应立即采取补救措施，因此而未能按原拍摄计划完成本剧拍摄，乙方无须承担违约责任。

2. 若本条规定的情况致使本剧的拍摄迟延超过 10 天，任何一方皆可通过书面形式通知对方协商解决。

第十八条　其他条款

1. 本合同未尽事宜，依照有关法律、法规执行，法律、法规未作规定的，甲乙双方可以达成书面补充合同。

2. 本合同自双方签章之日起生效。本合同一式四份，双方各执两份为凭，具有同等法律效力。

甲方（盖章）：　　　　　　　　乙方（签字）：
授权代表（签字）：
_____ 年 ___ 月 _____ 日　　　 _____ 年 ___ 月 _____ 日

导演聘用合同

甲方：

地址：

法定代表人：

电话：

乙方：

电话：

证件号：

兹因拍摄影视剧《＿＿＿》（暂定名）一事，根据《中华人民共和国合同法》等国家有关法律规定，本着平等、自愿的原则，经友好协商，甲、乙双方同意订立条款如下：

一、剧目说明

1.1 电视连续剧《＿＿＿》（暂定名，以实际上线播出名为准，以下简称"该剧"），今后如更改所拍摄该剧的名称，不影响本合同的存续和有效性。

1.2 该剧剧本长度暂定为＿＿＿＿。

1.3 该剧由甲方法定代表人＿＿＿担任制片人，指派＿＿＿担任执行制片人。

二、聘约及聘期

2.1 甲方聘用乙方为该剧担任导演工作，乙方同意接受甲方聘用。受聘日期：起始日为本合同签订日，终止日为该剧制作完成并通过相关审查机构或播出平台的审查通过日。

2.2 拍摄档期初步计划为＿＿＿年＿＿月＿＿日至＿＿＿年＿＿月

____日，拍摄周期为____天左右，后期制作周期为____天。如非因乙方原因造成制作时间延误，乙方不承担任何违约责任。

三、双方的权利和义务

3.1 甲方为该剧设立摄制组。甲方指定执行制片人代表投资方在摄制组行使人事权及管理权。乙方需服从甲方管理。

3.2 乙方负责完成导演的全部工作，包括以下四个阶段：拍摄筹备期、拍摄期、后期制作及审片后修改。

3.2.1 乙方拍摄筹备期的工作包括：选择确定拍摄场景，提出剧本修改意见，组建导演组、摄影组工作班子，确定摄影、美术风格及其设备，审定置景、化妆、服装、道具等部门的设计和制作结果。

3.2.2 乙方拍摄期的工作：根据拍摄计划和工作进度表进行该剧的拍摄，确保拍摄质量和拍摄进度，避免超期和超支现象。

3.2.3 乙方后期制作的工作：乙方负责后期剪辑与后期全部工作，制作达到该剧的制作播出标准的完整母带，乙方对后期工作全程把控及其担负导演职责；乙方保证全剧拍摄素材能满足后期制作成片达到全剧故事结构合理完整和叙事清晰的需要。

3.2.4 审片修改工作：对相关电视剧审片机构提出的修改意见进行逐条修改完善以达到审片要求和播出要求。

3.3 若乙方同意，则甲方可以采取现场巡视、单独调看回放、剧组评议、个别了解等方式对乙方的工作进行全程监督。

3.4 甲方拥有该剧一切版权权益，包括电影版权、电视版权、音像版权、互联网版权、多媒体应用等未来诉诸传媒的所有版权、一切在本片中涉及的美术设计、人物造型、对白、剧照及文字材料的所有版权和相关衍生产品的所有版权，同时甲方拥有该剧的最终剪辑权。

3.5 若该剧得以拍摄并发行且乙方履行了本合同的全部义务，则乙方依法享有该剧的署名权。

3.6 甲方有全权决定处理与该剧有关的一切署名权益。

3.6.1 甲方有全权决定乙方在该剧及相关广告、宣传品中的排名次序、大小及措辞等。

3.6.2 甲方为宣传、推广该剧之目的，有权无偿使用或许可播放者、发行者使用乙方的姓名和肖像，并及于相关衍生产品或服务。

3.6.3 甲方有权要求乙方参加该剧的开机仪式、首播仪式以及至少三次的宣传活动。甲方无须就此向乙方支付酬金。宣传期间乙方的交通及食宿等费用由甲方承担。

3.7 甲乙双方如因创作或摄制问题发生矛盾时，应认真研讨，互相尊重；无法解决时，以甲方的意见为最终方案。

3.8 如在工作中乙方对甲方的处置和决定等存有异议或有意见时，可采取口头商议、书面反映、法律仲裁等方式解决。不得采取公开矛盾、散布不满、消极怠工等不正当方式。当该剧演员在表演上无法达到乙方基本合理的要求时，以及美术、道具、服装等专业人员在专业技术上无法达到乙方基本合理的要求时，在征得甲方制片负责人同意后，可暂时停止该场次的拍摄，直至再次安排该场次达到拍摄要求时再进行拍摄（但应以不耽误拍摄进度及演员档期为前提）。

3.9 由乙方单方面授权或承诺的有关该剧的任何一项费用，必须先得到甲方批准。在合约期内，乙方应自行负担属于个人的一切开支，不得借甲方或该剧名义作任何借贷及经营。

3.10 乙方在受聘期间应遵守甲方的工作、生活和财务制度，服从甲方管理和作息安排。甲方保证不让乙方在危险条件下工作，以免乙方受到人身伤害。

3.11 未经甲方同意，乙方不得在该剧首播之前向任何第三方泄露剧情、演员、拍摄进度等与该剧相关的一切信息。若本合同未生效，乙方不得泄露在签约过程中知悉的甲方的商业秘密。甲乙双方应严格保守本协议内容（包括乙方之薪酬），并不得以任何方式向外界透露或告知，不论是在本协议到期终止之前还是之后都不会将本协议涉及的合约内容透露给任何人或公司，但甲方向律师、审计师、税务师、资产或信誉评估机构、上市保荐机构以及法院、检察院等司法行政机关披露的除外。

四、酬金及付款方式

4.1 经双方协商确认,甲方同意付给乙方导演总酬金为(税后净额)人民币___万元。以上酬金包括前期筹备阶段、拍摄阶段、后期制作阶段和审片后修改完成的工作(含平日和节假日的加班费),本合同乙方所得税由甲方代扣代缴,有关本合同在中国大陆引起的各项税金,一切与乙方无关。

4.2 付款方式:

4.2.1 在合同签订时,甲方应该向乙方支付全部酬金的_____%作为定金,即人民币____万元整。

4.2.2 开机前15个工作日,甲方支付全部酬金的_____%,即人民币___万元整。

4.2.3 该剧的前期拍摄工作完毕当日,甲方支付乙方全部酬金的___%,即人民币____万元整。

4.2.4 后期制作完后的一周内,甲方支付乙方全部酬金的____%,即人民币____万元整。

4.3 以上为双方协定合约付款期,如甲方不能在约定日按时付款,乙方可停止、拒绝接受通告,甲方仍有义务按照上述时间段支付乙方剩余酬金,且责任由甲方承担。

4.4 甲方同意以现金汇款方式支付乙方酬金,并汇入以下乙方指定账户:

开户名:

账号:

开户行:

五、合同的解除、变更和终止

5.1 鉴于制片生产周期不稳定的特点，允许本合同起始日推迟和终止日的提前或合理延期。但变动时间超出一个月的，甲乙双方可重新协商一次开拍时间，如甲方仍无法按时开机，乙方有权提出解约，乙方已收酬金不予返还，甲方尚未支付的酬金无须继续支付。该剧因拍摄需要超出合约集数或延长合约期限，双方另行商议，并同意不对外泄露本合约的酬金内容。

5.2 有下列情形之一的，甲方可以单方解除本合同：

5.2.1 乙方严重违反劳动纪律或剧组规章制度的。

5.2.2 乙方严重失职、营私舞弊、贪污腐化，对甲方利益造成重大损失的。

5.2.3 本合同生效后，乙方不得发表对该剧、出品方、合作方及其他演职人员等不利的言论。乙方违反前述约定的，甲方有权要求乙方赔偿损失并有权解除本合同。

5.2.4 本合同生效后，因乙方受到法律制裁，或受道德谴责，使自身形象受到贬损，不宜继续履行本合同；或给该剧的制作、宣传、发行、评奖带来负面影响，乙方应赔偿因此给甲方造成的损失，且甲方有权不再为乙方署名，同时甲方有权解除本合同。

5.2.5 本合同生效后，因乙方受到法律制裁，或受道德谴责，使自身形象受到贬损，导致该剧制作、发行、宣传、评奖遭到有关主管部门的禁止的，乙方应赔偿因此给甲方造成的损失，且甲方有权不再为乙方署名，同时甲方有权解除本合同。

5.2.6 因乙方违反法律被限制人身自由，影响本合同的履行，乙方应赔偿因此给甲方造成的损失，且甲方有权不再为乙方署名，同时甲方有权解除本合同。

六、不可抗力及其他

6.1 若在本合同履行期间发生不可抗力事件，受到不可抗力影响一方的义务在不可抗力事件持续的期限内自动中止，其履行期限自动延长，该方无须为此承担任何责任。提出受不可抗力影响的一方应及时以书面形式通知另一方，并在发出通知后的20日内向另一方提供不可抗力发生以及持续期间的充分证据。双方应就不可抗力立即进行协商，寻求一项双方认可的解决方案，尽力将不可抗力造成的影响降至最低。本合同中"不可抗力"是指不能预见、不能避免或不能克服，使得本合同一方部分或完全不能履行本合同的客观情况，包括但不限于地震、台风、洪水、火灾、战争、罢工、暴动、政府行为、法律规定或其适用的变化等。

6.2 非因双方当事人的过错，出现本合同规定的不可抗力事件以外的双方当事人不能控制的情况，包括但不限于天气反常以及该剧主要演职员生病、受到意外伤害或死亡等，致使该剧的拍摄迟延，甲乙双方应立即采取补救措施，并协商确定拍摄计划顺延的时间，如发生分歧则以甲方意见为准；因此而未能按原拍摄计划完成该剧的拍摄，甲乙双方均无须承担违约责任。如甲方决定终止拍摄，乙方已收取之定金及酬金不予退还。

七、合同解除

7.1 发生下列情形之一，甲方可以通过书面形式通知乙方解除本合同：

7.1.1 乙方因自身原因不能履行本合同规定的义务，累计或连续超过____天。

7.1.2 乙方部分或完全丧失民事行为能力致使其不能继续履行本合同。

7.2 发生下列情形之一，乙方可以通过书面形式通知甲方而解除本合同：

7.2.1 甲方拖欠乙方酬金超过七个工作日。

7.2.2 甲方破产、解散或被依法吊销企业法人营业执照。

7.3 甲乙双方因严重分歧而无法合作，甲方保留解除本合同的权利。

7.4 合同的解除、变更或终止事项，均应及时通知对方，并以甲方个别通知（同意）或出示有关书面通知或在全剧组公开宣布或双方另签协议之日起生效。

八、违约责任

8.1 由于乙方工作过失使剧组财物受损或致使拍摄场景公共财物损坏等给甲方造成经济损失时，甲方有充分的证据能证明属乙方的工作过失时，甲方有权从乙方酬金中扣除，如不足以弥补甲方损失则乙方还应承担赔偿责任。

8.2 追究本合同违约责任，甲方有权酌情予以规劝、申斥、警告、辞退。甲方也可以采取扣除乙方酬金的办法，同时对造成重大损失的，甲方还有权向乙方追究违约金。

8.3 在拍摄期内，如因不可抗力或意外事件，致使整个剧集的拍摄工作中止或者终止拍摄，不视为甲方违约，甲方按乙方实际的拍摄时间长短结算酬金。在该剧关机前，如由于不可抗原因致使整个剧集在拍摄期内的拍摄工作暂停或者终止拍摄，不视为甲方违约。如由于甲方原因终止拍摄，本合同自动终止且乙方已收取之定金及酬金不予退还。

九、特别约定

9.1 甲方聘请乙方作为该剧的导演，其报酬已体现在本合同第四条约定中，故乙方不再享有本片额外的收益分红权。

9.2 甲方特别委托乙方负责该剧在＿＿＿＿地区的发行事宜，由乙方具体联络当地播出机构，或隶属当地的网络视频服务运营商。如经乙方工作，使得该剧最终在＿＿＿＿等其他地区播出，其因此所获得的版权收入在扣除相应发行费用后的净利润的＿＿＿＿%归乙方所有，以作为奖励。

十、争议解决及其他

10.1 本协议的签订、履行、解释、效力和争议解决均适用中华人民共和国（为本协议目的，不含港澳台地区）法律。若甲乙双方因本协议发生争议或发生与本协议有关的争议，应友好协商解决，或任何一方均可向原告方所在地的人民法院提起诉讼。

10.2 本协议自甲乙双方盖章之日起生效。本协议一式两份，甲乙双方各执一壹份，每份具有同等法律效力。

（以下无正文，仅为签署页）

甲方（盖章）：　　　　　　乙方（签字）：

代表（签字）：

签约日期：___年__月__日　　签约日期：___年__月__日

网络电影委托承制合同

甲方：

地址：

法定代表人：

乙方：

地址：

法定代表人：

鉴于：

甲方是依法注册成立并取得合法从事影视制作资格的法人单位，乙方具有在摄制组工作的相关经验。

甲方为拍摄网络电影《＿＿》（暂定名，以下简称"作品"），聘请乙方承制该片，并有义务负责参与该片的宣传、发行等工作，乙方同意接受甲方聘用。

甲乙双方经友好协商，本着平等互利的原则，现达成如下合同条款，以兹共同遵守。

一、作品提供

1. 在合作期间，由甲方提供详细的作品策划说明，乙方应按甲方的策划说明和具体要求制作、提交相关作品。

2. 乙方应当根据甲方要求提供作品，并应将作品以电子文件或甲方同意的其他形式提供给甲方。

3. 本合同中的作品以甲方验收通过的为准。双方确定委托创作的总金额为人民币＿＿＿元（含税）。

作品的明细如下：

（1）作品名称：《＿＿＿＿＿》（暂定名，以实际播出为准）。

（2）内容大纲：

（3）作品要求：每部不低于＿＿分钟。

（4）提交格式：网络大电影、高清 1080P、4K、MP4。

（5）拍摄时间：＿＿＿年＿＿月＿＿日。

（6）拍摄地点：

（7）特别约定：

4. 交付时间：本合同约定的作品需在＿＿＿年＿＿月＿＿日之前提供（含成片、样片、花絮等全部作品及素材）。

5. 验收：甲方可在乙方提供作品之日起三个工作日内进行验收。甲乙双方确认验收标准为甲方满意，乙方承诺如甲方不满意，须无条件按照甲方要求修改，直至甲方满意为止。验收不合格，甲方有权要求乙方修改或重做，乙方应完全配合修改并在＿＿日内重新交付作品。甲方验收合格的作品的知识产权属甲方所有，乙方不得超出本协议目的擅自使用亦不能转让给任何第三方。

二、付款

1. 本合同双方采取分阶段付款方式：合同费用合计人民币 ＿＿＿元（税后），甲方支付费用为含税款，乙方不得以任何税务上的名义要求甲方承担更多的税金，甲方分五笔以转账的方式向乙方支付。

（1）第一笔预付款人民币＿＿＿元，乙方于合同签订之日起＿＿＿个工作日内支付，用于前期项目筹备等。

（2）第二笔预付款人民币＿＿＿＿元，乙方于项目正式立项之日起＿＿＿＿个工作日内支付，用于前期拍摄筹备等。

（3）第三笔预付款人民币＿＿＿＿元，乙方于开机日前＿＿＿＿日支付，用于拍摄劳务和后期制作。

（4）第四笔合同款项人民币＿＿＿＿元，乙方完成本作品的拍摄、剪辑、完成正片后，并将全部作品和相关制作素材交由甲方验收合格确认后予以支付。

（5）第五笔余款人民币＿＿＿元，在乙方确定完成第三方网络发行义务且经甲方验收合格后＿＿＿＿个工作日内支付剩余款项。

2. 双方确认，除本合同明确约定的合同费用外，甲方无须向乙方支付任何其他费用。除非双方另有明确书面约定，乙方无权擅自变更本合同第二条所述的合同费用，亦无权以任何理由要求甲方支付上述价款以外的其他任何款项。

3. 乙方指定的收款账户为：

开户行：

账号：

开户名：

三、乙方权利义务

1. 乙方保证：

（1）应以双方约定的价格向甲方提供所需作品并应将作品以电子文件或甲方同意的其他形式提供给甲方。

（2）乙方应根据甲方所要求的格式、内容等来创作委托作品。

（3）乙方应根据双方协商的进度进行拍摄制作，如因乙方原因未能按时提交作品而造成甲方损失的，甲方有权向乙方主张相应的赔偿，每延期一天，甲方有权要求乙方支付相当于本合同约定的委托创作总金额 1‰的违约金，延期超过 7 天的，甲方有权解除合同，并要求乙方承担赔付甲方的经济损失。

（4）如果甲方对乙方所创作的作品有修改意见的，乙方应予以积极响应并按甲方要求修改，直到通过验收为止。

（5）乙方保证具备签订并履行本合同的全部资质及授权（包括已获得摄影师及模特的授权，并有权分授权、转授权予甲方），以便确保甲方有权依照本合同约定完整享有作品的著作权并可予以自由使用。乙方保证本合同签订前没有，本合同服务期限内也不会与其他任何法律实体订立任何会与本合同相冲突，或影响甲方利益的合同或有类似的任何安排或承诺（不论是以书面记录还是口头承诺）。乙方在签订本合同时，向甲方声明，本合同生效前不存在与第三方的任何前述安排或承诺。

（6）除本合同约定的内容外，乙方或乙方人员（包括模特）不得以甲方的名义从事与项目无关的任何行为。若因此对甲方造成名誉或经济损失的，乙方应承担赔偿责任。

（7）乙方不得直接或间接参与、实施任何与本合同有抵触的行为；不得直接或间接参与、实施任何影响甲方及甲方关联公司（关联公司为不时直接或间接控制该方，受该方控制，或与该方同受控制的法律实体；控制指直接或间接享有20%以上的管理或决策权利，不论是通过表决权、合同或其他方式；下同）声誉、形象、商誉或其他利益的行为或言论。

2. 乙方保证，其向甲方提供的作品是乙方独立创作的原创作品，该作品不违反有关法律法规的规定，未侵犯任何第三方合法权益；任何第三方均无权对作品的全部或部分提出任何权利请求。在第三方对作品主张权利，或乙方违反本保证条款的情形下，乙方应为甲方提供抗辩，使甲方不受损害。若有损害，甲方有权就下列方式择优要求乙方解决并要求乙方负担相应费用：

（1）取得他人授权，使甲方合法享有依本合同所取得的权利。

（2）在不减损作品功能或性能的情况下修改侵权部分，使该作品不再侵害他人之权利，并符合本合同的规定。

（3）以其他合法以及符合本合同规定的作品替代，或接受退还之侵权作品，取消侵权的服务。

3. 乙方保证在未经甲方同意的情况下，不向任何第三人交付或许可任何第三人使用其为履行本合同约定而创作的作品。

4. 乙方应在本合同签订后2日内，开始着手安排相关的工作。其中包含：人员安排、创意沟通、布景搭建等前期准备工作。乙方应授权并出具证明_____作为乙方全权代表的文件，处理并有权决定与本合同履行有关的一切事宜。同时乙方须确保指派＿＿＿＿＿为作品执行制片人，全程参与作品的摄制，如有挂名或转委托第三人参与制片，并无实质性介入工作的，则视为乙方违约。

5. 乙方应在拍摄开始前 15 日向甲方提供乙方工作人员名单。如甲方对乙方工作人员提出质疑的，乙方应及时按照甲方要求更换工作人员并向甲方提供更换的工作人员名单和人员介绍；并确保双方在拍摄开始前就工作人员安排达成一致。

6. 乙方保证在拍摄开始前已经完成布景搭建等一切准备工作，并保证拍摄当天的乙方工作人员有秩序到位，按要求完全执行甲方安排指定的工作内容。

7. 乙方仅能按照本合同约定的目的使用甲方提供的资料。无论本合同因何原因终止，未经甲方书面同意，乙方均不得将甲方交付给乙方的任何资料转让给第三人或许可第三人使用。乙方有权使用或转让甲方拒绝接受的作品，但不得侵犯甲方的在先权利，如甲方拒绝接受的作品中包含有甲方提供的任何资料、素材的，乙方必须从作品中删除甲方提供的资料或素材，并不得以任何可能引人误解此作品与甲方有关的方式和内容进行作品宣传或使用。

8. 乙方应在甲方每次付款前向甲方提供等额合法有效的税务发票。乙方提供发票后，甲方方能够完成支付。如果乙方不能够及时提供发票，甲方付款期限的起算可以顺延到乙方提供符合约定的发票之日，因此导致的迟延支付不构成任何违约。

9. 未经甲方事先书面许可，乙方不得将本合同项下的义务的全部或部分转包或分包给任何第三方，一经发现，甲方有权终止本合同，并要求乙方退还之前已收取的款项，同时还保留向乙方请求承担违约责任的权利。本款不包括乙方为进行拍摄所需要的辅助性、保障性工作。

10. 乙方在此次拍摄过程中，须为甲方提供与之一切相关的便利条件及协助。

11. 在拍摄过程中，如因乙方原因（包括但不限于其工作人员更换）影响此次拍摄进度及效果的，乙方应赔偿甲方因此遭受的全部损失。

12. 乙方有责任在本合同规定时间完成并交付拍摄作品。

13. 如乙方工作人员出现更换的，乙方需提前一个工作日通知甲方，并立即采取补救措施，经甲方同意后更换同等条件的工作人员。若未能提供工作人员或提供的替代工作人员未能保证拍摄质量，乙方应赔偿甲方因此遭受的全部损失，并进行重新拍摄。

14. 在拍摄前乙方按照双方所达成的拍摄方案进行，如果因乙方原因使得拍摄周期拖延，甲方有权拒绝支付任何超过本合同约定的服务费用的费用，且乙方必须按照合同要求保质保量地完成拍摄计划。

15. 乙方承诺，如若作品中涉其或第三方肖像的使用，乙方给予甲方就该肖像法律许可范围内的一切授权（如涉及第三方肖像，乙方应确保获得该权利人的一切必要许可，并有权分许可、转许可予甲方），以便确保甲方有权依照本合同约定自由使用作品。

16. 如遇到天气等非人力因素而造成的制作延期，甲乙双方将协商解决。

四、甲方权利义务

1. 甲方应及时向乙方提供乙方所创作作品的修改意见或建议，作为创作的参考和依据。

2. 就乙方提供的作品，甲方按照约定进度向乙方支付费用，如因甲方原因未能按本合同约定按时、足额支付费用，甲方每延迟支付一日应按延迟支付金额的 1‰ 支付违约金，但因乙方原因或不可抗力造成的除外。

3. 自作品完成之日，甲方就作品单独享有著作权，包括：署名权、发表权、修改权、保护作品完整权、复制权、发行权、出租权、展览权、表演权、放映权、广播权、信息网络传播权、摄制权、改编权、翻译权、汇编权及应当由著作权人享有的其他权利。甲方有权自行决定上述作品的使用。乙方不得以任何方式自己使用拍摄作品，亦不得将此等拍摄作品以任何形式交予第三方做任何用途（无论是否给乙方带来任何经济利益，但乙方为宣传推广该影片的转授权或许可除外）。乙方保证乙方提供的模特及摄影师均知悉并同意前述约定，如模特或摄影师向甲方主张任何权利，乙方应为甲方提供抗辩，并赔偿甲方因此而遭受的一切损失。本条款不受合同有效期的限制。

4. 在拍摄期间，甲方指派_____作为甲方的现场代表，在拍摄现场负责监督，负责与乙方工作人员协调配合工作，并有权决定除费用外本协议履行有关之一切事宜。

5. 如甲方决定延期拍摄的应提前 15 个工作日内告知乙方，乙方应予以配合，甲方无须因此等延期而支付任何其他费用，但乙方制作周期顺延，且不构成违约。

五、商业秘密

1. 任何一方对于因签署或履行本合同而了解或接触到的对方的商业秘密及其他机密资料和信息（以下简称"保密信息"）均应保守秘密；非经对方书面同意，任何一方不得向第三方泄露、给予或转让该等保密信息。

2. 在本合同终止之后，各方仍需遵守本合同之保密条款，履行其所承诺的保密义务，直到其他方同意其解除此项义务，或事实上不会因违反本合同的保密条款而给其他方造成任何形式的损害时为止。

六、违约责任

1. 甲乙双方应正当行使权利，履行义务，保证本合同的顺利履行。

2. 任何一方违反本合同项下的任何规定，均应当承担违约责任；给对方造成损失的，除应按照合同支付相应的违约金外，还应赔偿对方由此所遭受的一切损失。

3. 违约方的损失赔偿额应当相当于因违约所造成的损失，包括合同履行后可以获得的利益。

4. 除上述约定外，若因乙方违约导致甲方解除本合同的，甲方亦有权要求乙方一次性支付相当于本合同约定的委托创作总金额 10% 的违约金。同时，就甲方已经支付的费用，甲方亦有权要求乙方全额退还，但按照本合同第二条第 1 款约定甲方选择接受已经验收合格作品的，按照第二条第 1 款约定执行。

七、合同终止

1. 任何一方可在另一方发生违约行为并在该违约方收到守约方关于违约行为已发生并存在的通知之日起七日之内仍未能对违约行为更正完毕之时，通过向另一方发出一份通知的方式立即终止本合同。

2. 本合同的提前终止不应影响双方于本合同提前终止日之前根据本合同已产生的权利和义务。

八、争议解决

如双方就本合同内容或其执行发生任何争议，双方应进行友好协商；协商不成时，任何一方均可向甲方所在地人民法院提起诉讼。

九、其他条款

1. 本合同的任何一方未能及时行使本合同项下的权利不应被视为放弃该权利，也不影响该方在将来行使该权利。

2. 如果本合同中的任何条款无论因何种原因完全或部分无效或不具有执行力，或违反任何适用的法律，则该条款被视为删除。但本合同的其余条款仍应有效并且有约束力。

3.本合同自甲乙双方签字盖章之日起生效，至合同项下全部义务履行完毕之日止。

4.本合同一式四份，双方各执两份，具有同等法律效力。

甲方（盖章）：   乙方（盖章）：

授权代表（签字）：   授权代表（签字）：

签署日期：   签署日期：

招商中介服务协议

甲方：

法定代表人：

地址：

乙方：

法定代表人：

地址：

鉴于：

1. 甲方作为院线电影《＿＿》（以下简称"电影"）的出品方和主控方，有权签署及执行本协议所述各事项。

2. 乙方为一家具备良好资质和信誉的中介代理机构，具备相当的经济实力和提供优质中介服务的能力。

3. 为进一步做大市场和产业链，甲方有意与乙方更深度、紧密地合作。现乙方受甲方委托，就电影的赞助合作事宜进行沟通。

双方在诚实信用、平等自愿的基础上，本着互惠互利的原则，依照相关法律、法规的规定，达成如下合作条款，以兹遵守和执行。

第一条　合作地位及基本原则

1. 甲方为电影的版权所有方之一与项目主控方，享有电影在全球的宣传、发行权；乙方为电影的全国独家招商主体，有权代表电影与第三方达成各种形式、有利于甲乙双方利益的商务合作，且保证未经甲方同意，不得将乙方在电影中的权益部分或全部转让给任何第三方。

2. 甲方如与其他合作方签署与电影有关的合作协议，相关协议之约定不应影响乙方在本协议中应享有的权益（含权利、义务，下同），本协议另有明确约定的除外。

3. 双方确认：乙方已于 ＿＿＿ 年 ＿＿＿ 月 ＿＿＿ 日前，向甲方指定账户汇款人民币 ＿＿＿ 元，以作为电影招商和履行本协议的保证资金。

4. 双方确认：前述条款所涉乙方支付的资金合计人民币 ＿＿＿ 元不作为乙方对电影的任何形式的投资。如乙方追加货币投资的，在经甲方书面确认并同意后，可另行协商确定乙方占电影项目的投资股权。

5. 甲方保证在电影有收益的情况下，保障乙方的投资方利益。在同等条件下，乙方拥有对电影续集及甲方其他研发或制作的影视项目的优先合作权。

第二条　相关概念定义

除非在本协议中首次出现时另有其他定义，以下用语在本协议中的含义如下：

1. 电影：本协议中电影特指院线电影《＿＿＿》。甲方为该电影主控和版权拥有者。

2. 赞助企业：指乙方根据甲方在委托促成与甲方签署赞助协议，并通过赞助电影获得甲方授予的称谓及相关权益的企业。

3. 电影知识产权：指前述赞助协议中甲方授权赞助企业使用的权益，包括但不仅限于电影称号和内容。

4. 佣金：指甲方以现金方式向乙方支付的作为乙方中介服务的报酬。

5. 协议期限：指本协议签订生效之日起至 ＿＿＿ 年 ＿＿＿ 月 ＿＿＿ 日。

6. 区域：指全球范围。

7. 隐性市场：指由个人、组织、企业等所进行的，可能明示或暗示其与电影之间，或者与上述机构组织或参加的任何活动之间具有事实上并不存在的商业性关联的，或虽具有商业性关联但未经甲方授权的广告、宣传、商业识别或其他活动。

第三条　收益回报与指定账户

1. 甲方承诺在电影整体盈利条件下，给予乙方项目部分的收益作为回报。

2. 电影收益分配周期：甲方承诺收益扣除成本后，每当收益率达到 ____%（包含本数）以上，甲方就收益部分与乙方进行分配，当该项目已无收益进账时，甲乙双方就剩余收益进行分配。

3. 甲方账户资料如下：

开户行：

开户名：

账号：

4. 乙方账户资料如下：

开户行：

开户名：

账号：

如账户信息变更的，双方可以在付款 ___ 日前以书面形式通知对方。

5. 乙方在收到甲方支付的款项后，应向甲方提供相应数额的发票以便甲方用于冲账核销用途（扣除风险投资后相应数额）。

6. 甲乙双方应按国家及地方相关税收政策规定各自缴纳本方应缴税费。同时，对于对方合理合法的避税要求应当予以积极配合。

第四条　双方权利与义务

（一）甲方的权利义务

1. 就乙方提供的赞助企业名单进行资质审查。

2. 与赞助企业进行直接商谈、签订赞助协议、收取赞助资金及实物等。

3. 按本协议第三条的约定向乙方支付佣金。

4. 甲方应确保在电影结束时显示乙方的 LOGO 及公司名，但字幕署名方式应按照国家新闻出版广电总局有关规定执行。

5. 若因电影制作、宣传、发行等行为产生的任何纠纷包括来自第三方的投诉、诉讼、仲裁等，应由甲方出面解决并承担因此产生的全部损失，非因乙方原因的，乙方不承担任何连带责任，如因甲方原因造成乙方损失，甲方应赔偿乙方因此所遭受的全部损失。

（二）乙方的权利义务

1. 积极主动地敦促和推动赞助企业履行赞助协议，将赞助资金和实物足额、按时支付或交付给甲方；对甲方和赞助企业在就赞助协议的有关实施事宜，必要时乙方应竭力协助。

2. 在自身业务的开展过程中，应及时制止隐性市场行为，并自觉遵守市场规则。

3. 如赞助企业违反赞助协议中关于知识产权等的约定，乙方在先于甲方得知或者得到甲方通知后，有义务通知或协助甲方，或协助甲方指定的第三方与赞助企业交涉保护甲方拥有的知识产权不受非法侵犯。必要时，应协助甲方进行相关调解、仲裁或诉讼活动。

4. 乙方根据市场反馈，对于项目的进展包括但不限于商务合作、艺人挑选等，都有提出建议的权利，最终结果须征得甲方的意见。同时由甲方来统一行使电影的版权。

5. 乙方承诺积极为电影履行广告招商义务，保底招商广告或投资额度不得低于 ____ 万元，否则甲方有权以乙方支付的履约保证金进行抵扣，直至保证金用尽，甲方还有权终止本协议。

第五条　保密条款

1. 甲乙双方郑重承诺，对本协议中的所有不宜公布的材料以及为洽谈和履行本协议、赞助协议所接触并了解的对方及赞助企业的具有保密性质的信息予以保密，仅能用于履行本协议及赞助协议之需要。未经另一方事先书面同意，不得以任何方式向任何第三方披露。

2. 乙方郑重承诺，在促成赞助协议的过程及履行本协议中，接触并了解到电影，甲方和赞助企业的具有保密性质的信息以及赞助协议所涉及具有保密性质的内容（包括但不限于信息、文件、资料及影、像、图等制品）时，在未得到甲方事先书面许可的情况下，不得以任何方式透露给第三方（双方聘请的律师、会计师除外），直至该保密信息等成为社会公共信息时止。

第六条　违约责任

1. 如果乙方未履行本协议项下的义务，并且在甲方发出书面违约通知起 10 日内未做出继续履行义务或其他补救措施的实质性活动，甲方有权不再支付剩余佣金，并有权单方面解除协议和要求乙方赔偿相应的损失。

2. 如果甲方未按本协议约定支付佣金，每延期支付一个月，按当期应支付金额的 1% 向乙方支付违约金（总数不超过 100 万元），但违约金的支付不影响双方义务的继续履行和乙方对本协议所拥有的其他权利。

3. 在本协议有效期内，若乙方未能遵守本协议约定，甲方有权暂停或终止委托关系，解除授权协议，并保留追究法律责任的权利，由此引起的一切经济损失和法律责任均由乙方承担。

4. 如果一方未能履行本协议项下约定的其他义务或事项，守约方可以书面形式通知违约方的违约行为，并有权要求违约方赔偿损失（包括直接、间接损失）。

第七条　不可抗力

1. 不可抗力是指在双方签订本协议时不能预见到、不可避免，也不能克服的自然现象及其他事件。就本协议而言，不可抗力包括但不仅限于地震、水灾、台风、海上事故等自然现象以及流行病、严重的火灾、战争（包括宣战或实际处于战争状态）、蓄意性破坏和政府行为。

2. 如因上述不可抗力因素致使电影不能制作，赞助企业如减免赞

助实物 / 服务或要求甲方退还部分赞助实物 / 服务的，甲方有权根据实际情况与乙方另行协商减免佣金或要求乙方退还部分佣金。

第八条　协议的整体性

1. 本协议包含了甲、乙双方对协议的全部理解，并取代以前所有有关口头、书面的谅解、许诺及协议。

2. 本协议若附属于甲方与赞助企业签署的赞助协议，如该赞助协议被撤销或认定无效，则本协议也将随之撤销或无效，乙方因本协议取得的财产，应当予以原数返还。

3. 本协议任何条款的无效不影响本协议其他条款的效力。

第九条　争议解决

1. 本协议的订立、效力、解释、履行及争议的解决均适用中华人民共和国法律。

2. 在本协议履行过程中发生的争议，由双方当事人协商解决。协商不成的，任何一方均有权向甲方所在地人民法院提起诉讼。

第十条　其他事宜

1. 本协议经甲乙双方法定代表人签名并加盖各自公章或合同专用章后生效。

2. 本协议如有未尽事宜，双方协商解决，并可另行签署补充协议，补充协议与本协议具有同等法律效力。

3. 本协议正本一式两份，双方各执一份为凭。

（以下无正文，仅为签署页）

甲方（盖章）：　　　　　　　乙方（盖章）：

代表（签字）：　　　　　　　代表（签字）：

签约日期：＿＿年＿月＿日　　签约日期：＿＿年＿月＿日

广告植入协议

本协议由下述双方于 _____ 年 _____ 月于 _____ 市签署

甲方：

地址：

联系人：

乙方：

地址：

联系人：

根据《中华人民共和国合同法》《中华人民共和国广告法》及国家有关法律、法规的规定，甲、乙双方在平等自愿基础上，经友好协商，就乙方为甲方客户品牌及产品提供影视剧广告植入服务事宜达成如下条款：

第一条　合作影片基本信息

1. 项目名称：

2. 导演 / 故事：

3. 制片人：

4. 开机时间：

5. 计划上线播出时间：

6. 播出卫视 / 网络平台：

第二条　甲方权益

1. 本合同中，剧中植入广告指将甲方运营的品牌的视觉符号或概念设定策略性、艺术性地融入该片中，塑造甲方品牌良好形象。

2. 甲方及甲方客户的《权益回报表》经双方协商确定，以书面落实。

第三条 费用及付款方式

1. 本协议费用总额为人民币 ____ 元。

2. 甲方分三期向乙方支付合同款项：

第一期：协议签署生效后的 ____ 个工作日内，甲方向乙方支付本合同总价款的 ____%，即人民币 ____ 元，乙方在收到第一期款项后根据脚本安排植入执行。

第二期：该片开机前 10 个工作日，向乙方支付本合同总价款的 ____%，即人民币 ____ 元。

第三期：该片拍摄完成后，乙方向甲方提供该片含有甲方品牌内容情节光碟一张或硬盘一个，确定播出平台后，乙方向甲方提供甲方品牌植入的监播素材，经甲方确认收到后 10 个工作日内，甲方向乙方支付本合同总价款剩余的 ____%，即人民币 ____ 元。

3. 甲方向乙方付款前，乙方需向甲方提供符合税法要求的等额的内容为"制作费"的增值税专用发票；乙方指定银行账户：

开户名：

开户行：

账号：

4. 双方确认，该片实际播出时，该片第一季每集至少出现一次甲方品牌的 LOGO 或相关概念设定（包括但不限于情节植入、口播、道具展示等）。

5. 若该片无法在拍摄制作完毕后 2 年内在相关视频平台播出，甲方有权以书面通知的方式解除本协议，乙方应在本协议终止后 10 个工作日内向甲方退还甲方已经支付的全部费用的一半。

6. 乙方未遵守竞品禁止约定，在该片中出现与甲方品牌存在直接竞争关系的同行业或同类产品的广告内容，则乙方须退还甲方已支付的全部款项。

7. 其他权益：如甲方客户的其他任何一项权益的实现不符合本协议约定时，乙方应按合作费用总额的 ____% 向甲方支付违约金。

第四条　陈述与保证

1. 乙方保证该片版权与播映权无任何法律问题，不存在因该片或剧本引起的著作权或其他名誉权、隐私权等权利纠纷，且不存在侵犯第三人合法权益的情形或行为。

2. 乙方可以保证甲方品牌在所有行业享有独家植入广告的权利，且保证其提供的植入广告内容符合国家相关法律规定，不会侵犯第三人的合法权益。

3. 双方分别向对方声明及保证：其签署及履行本协议符合其应遵守的全部法律、法规及规定，并已取得所有必须的批准、同意、许可、授权，以签署及履行本协议。

第五条　甲方权利与义务

1. 甲方保证其提出的素材、资料、信息的合法性及真实性；甲方负责提供该片所需要使用的有关甲方品牌植入方面的素材或相关实物模型，包括但不限于企业 LOGO 及标准色、标准字、商标注册证明、专利证书、品牌宣传资料、宣传图片、招贴画等相关文件资料及实物产品。

2. 甲方同意，甲方需使用的该片的任何宣传材料（包括但不限于视频、海报、剧照等）由乙方提供，并在乙方书面同意后方可在宣传中使用，甲方及甲方客户不得对乙方提供的该片的任何宣传材料（包括但不限于视频、海报、剧照等）做大幅度的修改和调整，亦不可向第三方直接或以任何暗示的方式表明剧中主要演员系该产品代言人或系本剧唯一指定用品等信息。

3. 甲方有权参与脚本设计并提出修订意见，但影视作品属于艺术创作，甲方承诺尊重该剧基本风格的统一性和艺术性，尊重乙方的专业判断，剧本的修改意见以乙方意见为准。

4. 甲方应按时足额向乙方支付本合同当期约定的价款。

第六条　乙方权利与义务

1. 乙方确保拍摄现场的协调、组织和执行，包括场地设置、情景安排、道具物料制作、拍摄团队和现场保障等内容运营工作，把控甲方品牌在该剧中的内容展现，乙方应协调剧组和主创人员等尽最大努力实现甲方的权益。

2. 乙方应确保该片每集片尾鸣谢出现甲方及甲方企业名称、LOGO 元素，但具体出现的方式，在遵从国家新闻出版广电总局的有关规定前提下，乙方享有最终的决定权。

3. 乙方承诺正面、健康、积极地展示甲方品牌及产品形象，剧中不出现或不提及甲方竞争企业及其产品，并保证该片没有任何有损或诋毁甲方客户品牌声誉或产品形象的负面镜头或画面。

4. 乙方允许甲方使用该片官方的视频、剧照和海报以及与甲方在该片中品牌内容相关的视频、剧照、海报等进行宣传，授权期限为 12 个月，自该片首轮在网络视频平台上线播放之日起计算。

第七条　知识产权

该片及剧本的版权由乙方享有，与甲方无关。乙方保证其为甲方提供的服务全部符合法律、行政法规和规章的规定，且不会侵犯任何第三方的任何权益。

第八条　保密条款

1. 在本协议订立前、履行中、终止后未经合同其他方书面同意，任何一方对本协议和各方相互提供的资料、信息（包括但不限于商业秘密、技术资料、图纸、数据以及与业务有关的客户的信息及其他信息等）负保密责任。

2. 本保密条款具有独立性，不受本合同的终止或解除的影响。

第九条　违约责任

1. 任何一方违反本协议约定，则应赔偿守约方因此遭受的全部损失，以及守约方为保护其合法权益而支付的合理费用（包括但不限于经济损失、律师费和诉讼费等费用）。

2. 甲方如未按时支付协议款项或未按乙方要求提供在广告执行中所需物料和实物产品，造成的网剧成本增加由甲方负责。乙方须提前5个工作日通知甲方准备执行中所需要的广告物料，以给甲方必要的筹备时间，否则造成的延迟，甲方不需承担相关责任。

第十条　不可抗力

1. 由于不能预见、不能避免和不能克服的自然原因或社会原因，致使本合同不能履行或者不能完全履行时，遇到上述不可抗力事件的一方，应立即书面通知合同其他方，并应在不可抗力事件发生后15日内，向合同其他方提供经不可抗力事件发生地区公证机构出具的证明合同不能履行或需要延期履行、部分履行的有效证明文件，由合同各方按事件对履行合同影响的程度协商决定是否解除合同，或者部分或全部免除履行合同的责任，或者延期履行合同。

2. 遭受不可抗力的一方未履行上述义务的，不能免除其违约责任。

第十一条　联络与通知

1. 甲乙双方因履行本协议而相互发出或者提供的所有通知、文件、资料等，均应按照本协议首部所列明的通信地址送达；如上述信息发生变更，变更方需于3日内书面通知对方，否则发至该联系方式的通知、文件、资料均视为有效送达，因此造成的任何不便及实际损失，由变更方自行承担。

2. 一切通知皆以亲身送递方式送递对方提供的地址当日（并具有送递证明），或以邮递方式寄出三日后，或以电子邮件发送已投递到对方服务器，或以传真发至正确传真号码发出当日（并具有文件证明）视为已将通知与文件、资料适当地送达。

第十二条 法律适用与争议解决

1. 本协议的签订、履行、解释、效力及争议的解决均适用中华人民共和国（大陆地区）的法律法规。

2. 如双方在协议的履行过程中发生争议的，应由双方友好协商解决，协商不成，任何一方均有权将争议提交原告方所在地人民法院进行裁决。

第十三条 其他

1. 本协议如有未约定或约定不明之处，双方将友好协商并另行签署补充协议予以明确。本协议部分条款无效的，不影响其他条款的效力。

2. 本协议的附件是本协议不可分割的组成部分，与本协议具有同等法律效力。

3. 本协议经乙方、甲方签字并盖章后生效，一式两份，甲乙双方各持一份为凭，具有同等法律效力。

甲方（盖章）：   乙方（盖章）：
授权代表（签字）：   授权代表（签字）：

剧组接待业务委托合同

委托方（以下简称"甲方"）：

住所地：

法定代表人：

受托方（以下简称"乙方"）：

住所地：

法定代表人：

甲、乙双方根据中华人民共和国法律、法规，在平等、自愿、友好协商一致的基础上，建立合作关系，就甲方委托乙方接待剧组事宜，明确双方的权利与义务，特订立本合同，以兹双方共同遵守和执行。

一、委托事项

1. 甲方同意将电影（电视剧）剧组委托交由乙方接待，乙方同意按照甲方所提出的接待标准和拍摄行程安排，为剧组提供全程接待服务。

2. 本合同是针对甲乙双方就委托事项的原则性规定，不是就委托个案的具体约定，但适用于本合同规定的委托个案。委托个案的具体约定以甲乙双方就接待事项的往来书面传真、电子邮件，或双方约定的其他确认形式认定的内容为准。

二、委托通知及确认

1. 甲方应在电影（电视剧）剧组进入乙方所在地5日前，根据甲乙双方相互约定的日期以书面传真或电子邮件向乙方预报委托接待的剧组信息；乙方应当在接到甲方预报2日内以书面传真或电子邮件予以确认。

2. 甲方应当在电影（电视剧）剧组进入乙方所在地 5 日前，以本合同约定的形式向乙方提供下列接待计划：

（1）接待标准；

（2）拍摄安排；

（3）剧组人员名单（含姓名、性别、出生年月、职业、国籍、证件名称、号码）；

（4）所需酒店标准及房间数；

（5）航班或车次；

（6）餐饮标准及要求；

（7）车辆要求等；

（8）群众演员的招募；

（9）其他。

3. 在确认接受甲方要求后，乙方应在收到甲方接待计划后 2 日内以本合同约定的形式确认并列明以下内容：

（1）确认接受甲方的接待要求和标准。

（2）需要对甲方接待计划提出修改的，提出具体的书面修改建议。

（3）地接负责人姓名和联系方式。

（4）剧组入住酒店的名称、地址、电话。

（5）全程接待报价。

三、合同期限

1. 合同期限自双方授权代表签字盖章之日起生效（如乙方没有公章的，以签字、按手印为准），具体为___年___月___日至电影（电视剧）杀青。

2. 合同到期后，如双方仍有合作意向的，应重新签订委托合同。如有一方要求提前解除合同，应当至少提前 30 天以书面形式向对方提出解除合同的要求。

四、付款

甲方于剧组进入乙方所在地之日后 60 日内，用电汇方式把剧组的 50% 接待费用汇入乙方账户，接待费用以人民币支付；剩余 50% 接待费用在乙方完成全部接待服务后汇入乙方账户。

乙方开户行：

开户行地址：

账号：

账户名称：

地址：

五、甲方的权利和义务

1. 甲方有权要求乙方严格按照双方确定的具体拍摄行程安排和标准来接待剧组，并对服务内容和剧组安全进行监督。

2. 甲方有权对因乙方接待要求和标准等问题而带来的剧组投诉或损失，从乙方接待费用中扣款。

3. 按照合同约定及时支付接待费用。

4. 群众演员及跟组演员的酬金支付：跟组演员所扮演的戏份全部完成后，核算结账；群众演员每次拍摄完成时由导演组指定人核定群众演员人数并签字后满月一结。

六、乙方的权利和义务

1. 乙方有权要求甲方及时支付接待费用。

2. 按照本合同及具体个案委托合同约定的标准、要求和拍摄行程安排完成甲方委托乙方剧组接待服务。

3. 乙方须协助甲方剧组提供拍摄过程中所需的群众以及跟组演员，全力配合甲方的拍摄工作。

4. 剧组在搭乘飞机、轮船、汽车或在饭店、餐厅等场所中受到伤害或财产损失时，乙方必须立即向甲方反馈信息，同时应立即采取施救、避险等补救措施。如有费用发生，由乙方先行垫付。

5. 乙方应积极协助配合甲方处理在拍摄过程中发生的突发事件。

七、违约责任

1. 除人力不可抗拒的因素外，如乙方未按约定的接待标准、要求和拍摄行程安排向剧组提供服务，应当将低于服务标准的费用差额退还甲方并赔偿由此给甲方或剧组造成的损失。剧组要求提供其他赔偿并得到法院判决支持的，由此造成的甲方损失由乙方承担。

2. 除人力不可抗拒的因素外，如因乙方的原因变更拍摄日程、交通工具、食宿标准及乙方承诺的其他条件等，应当得到剧组全体成员的书面同意。由此增加的费用由乙方承担，由此给剧组或甲方造成的损失由乙方予以赔偿。

3. 甲方应及时向乙方支付接待费用，逾期支付的，每逾期一日，应向乙方支付接待费用___‰的违约金。

4. 乙方两次发生接待质量不达标或发生两次（含）以上投诉事件的，甲方有权提前解除本合同，取消乙方的接待资格。

5. 乙方违反本合同约定，给甲方造成损失时，甲方有权在乙方的接待费用中予以扣除，以弥补甲方的损失。

6. 甲乙双方要保守剧组信息、价格等商业秘密。未经双方同意，不得将剧组信息、价格、拍摄行程安排等信息透露给第三方。如有一方违反保密义务，应当赔偿另一方的损失，同时向另一方支付接待费用 10% 的违约金。

7. 如发生本合同第六条第 4 款约定的情况，若属乙方责任，乙方应赔偿剧组或甲方因此造成的损失并承担救助责任；如不属乙方责任，乙方应积极协助处理并先行垫付相关费用。如上述损害是因第三方责任造成时，乙方应当全力帮助剧组向责任方索赔。

八、争议解决

1.本合同的订立、变更、解除、解释、履行和争议解决均受中华人民共和国法律管辖。

2.甲乙双方因履行本合同或个案委托合同引起的纠纷，双方应当通过友好协商解决。协商解决不成时，任何一方均有权向甲方住所地有管辖权的人民法院起诉解决。

九、其他

1.甲乙双方在本合同项下的各个委托单项个案的往来函件、邮件所确认的内容为本合同不可分割的部分，是本合同的附件，与本合同具有同等法律效力。

2.本合同一式两份，甲乙双方各持一份。

甲方：　　　　　　　　　　乙方：

甲方代表（签字）：　　　　乙方代表（签字）：

（公章）　　　　　　　　　（公章）

签订地点：　　　　　　　　签订地点：

签订时间：＿＿年＿月＿日　签订时间：＿＿年＿月＿日

翻译聘用合同书

甲方：
地址：

乙方：
身份证号码：
地址：
电话：

甲方作为《＿＿＿》（暂定名，以下简称"项目"）的制片方，聘请乙方参加本片的翻译工作，依据中华人民共和国相关法律法规，双方签订聘用合同如下：

一、聘任条款

1. 甲方聘请乙方在项目中担任 ＿＿＿ 翻译工作。聘用时间自 ＿＿＿ 年 ＿＿＿ 月 ＿＿＿ 日至 ＿＿＿ 年 ＿＿＿ 月 ＿＿＿ 日。如合同期满甲方仍需继续聘用乙方的，若乙方同意则本合同自动顺延。根据本合同约定的酬金标准，甲方向乙方支付合约延续期间的报酬，不再支付其他任何费用。

2. 若乙方在本合同有效期内，因个人原因耽误工作的，由乙方负责赔偿因此给甲方造成的经济损失，并承担相应的法律责任。

3. 乙方按照甲方的需求，以不影响工作质量及进度为标准，安排具体翻译的进程及工作。

4. 合同有效期内，乙方需全天候待命为甲方工作，负责对项目进行翻译工作。同时，在甲方的要求下，提供就项目相关的商务沟通、联络的翻译工作。

二、版权条款

乙方同意为项目所提供的一切与服务相关的所有版权及知识产权权益，均为甲方永久拥有。

三、薪酬条款

1. 乙方按照本合约规定提供其服务及全部履行本合约中之所有责任，甲方按下列方式向乙方支付酬金。甲方提供乙方在履约期间的住宿，乙方在工作期间发生的交通费用，采取实报实销。外地采景、预拍、实拍阶段所产生的住宿、餐饮、交通等相关费用由甲方安排。乙方工作期间，甲方需额外向乙方提供餐费，标准为每人每日人民币 ＿＿ 元。本酬金为乙方在项目工作期间的全部劳务酬金。

2. 甲方采取一次性总价薪酬的方式向乙方支付劳务报酬（乙方需提供相应翻译资质，并提供相应的等额的发票），报酬总额为：人民币（含税）＿＿ 万元整。

四、服务条款

1. 乙方应服从甲方安排，认真完成本职工作，严格遵守甲方制定的各项管理制度（双方如有特殊约定，另行签订补充合同）。

2. 乙方应严格遵守国家法律法规及治安条例，在本合同执行期间，乙方自行承担因违法或违规而产生的全部刑事及民事责任，并赔偿因此给甲方造成的损失。

3. 在本合同履行期间，甲方为乙方购买人身意外伤害保险，乙方应遵守保险公司及补偿条例，并严格遵守一切工作安全制度和措施，决无异议。在此期间，乙方出现人身意外伤害或伤亡事故，均按保险公司有关规定赔偿。但如因乙方违反演出场地规定和摄制组管理规章制度而造成事故，一切费用及责任由乙方承担。其他因一般突发性常规病、慢性病引起的一切医疗费用均由乙方自理。

4. 如非不可抗力原因而造成项目临时停止拍摄的，甲方应书面通知乙方另行工作的时间，甲乙双方约定的聘任期限则自动变更或相应顺延至甲方通知时间。乙方同意在本合同任何期间，甲方有权决定本项目是否继续推进。如甲方决定停止本项目制作时，乙方同意对该决定绝对服从及不提出异议，甲方得终止乙方在项目中的翻译服务，乙方除可收取按项目进度应得之酬劳外，不得向甲方索取酬金损失及其他任何赔偿。

5. 若因乙方原因需解除本合同，乙方需至少提前 10 日向甲方提出书面申请，获得甲方许可后，需协助甲方确定替代人选并完成工作交接，否则甲方可以要求乙方返还已获酬金，本合同就此终止，乙方负责赔偿甲方因此造成的经济损失。

6. 乙方保证签署与履行本合同不需要任何第三方的同意或批准。

7. 在本合同期内，乙方发生任何未经甲方授权或超过授权的行为而产生的一切纠纷，其全部后果由乙方自行承担。

五、保密条款

1. 项目的相关信息，如经营计划、数据信息、人事安排等，乙方应严格保密，未经甲方同意不应向任何第三方公布。

2. 乙方不得通过微博、短信、微信等任何方式，对外发布项目的布景、演员造型、演员的照片、现场照片、拍摄花絮、影片视频等任何资料，否则视为乙方违约。乙方行为造成甲方重大损失的，乙方应赔偿甲方损失，并承担法律责任。

3. 甲方应对乙方翻译的薪酬进行保密。

六、违约条款

双方均应严格遵守本合同约定之内容，如有违约，违约方应赔偿守约方一切损失，并承担相应法律责任。

七、其他条款

1. 本合同生效后，取代双方此前就项目达成的所有口头和书面合同、合作意向等。

2. 本合同如有未尽事宜，双方协商解决，并可另行签订补充合同，补充合同与本合同具有同等效力。如有诉讼纠纷，任何一方可向甲方所在地人民法院提起诉讼。

3. 本合同一式三份，甲方执两份，乙方执一份，具有同等效力。

4. 本合同自甲方盖章、乙方签字之日起生效。

（以下无正文，仅为签署页）

甲方（盖章）：　　　　　　　乙方（签字）：

＿＿年＿月＿日　　　　　　＿＿年＿月＿日

节目合作协议

甲方1：
地址：

甲方2：
地址：

乙方：
地址：

甲方1与甲方2合称为甲方，甲方2接受甲方1委托，代理甲方1经营本合同项下广告招商业务。

甲乙双方经友好协商，本着平等诚信、互利共赢的原则，就 ____ 年第 ____ 季度计划 ____ 期的《 ____ 》（暂定名，以最终播出版本为准，以下简称"本节目"）节目合作制作及播出事宜，签订本协议。

一、合作内容

（一）节目制作

1. 按照制播分离的原则，乙方负责拍摄、制作《 ____ 》第 ____ 季共 ____ 期节目，每期节目时长不少于 ____ 分钟。

2. 上述 ____ 期节目制作费总预算人民币 ____ 万元（包括但不限于因策划、拍摄、制作、宣传推广、制作宣传片、嘉宾劳务及授权而发生的全部费用），由乙方全部出资运营。

3. 甲方1有权知悉每期节目的制作经费明细内容，乙方不得以商业秘密加以拒绝。乙方应在 ____ 年 ____ 月 ____ 日前将制作费支出计划对甲方1进行报备。实际制作费用超出 ____ 万元的部分由乙方自行承担。甲方 1 有权将乙方所有签署的合同、费用支出的相关凭证及财务报表在审看原始文件的情况下复制备案。

（二）播出时间及播出频道

1. 该节目首播时间暂定于 ＿＿＿ 年 ＿＿＿ 月 ＿＿＿ 日播出，首播时间为周 ＿＿＿ 晚 21：20 在 ＿＿＿ 卫视播出，每周播一期，每周一次首播和一次重播（重播含所有赞助商权益及所有硬广）。具体播出时间需以国家新闻出版广电总局批准及 ＿＿＿ 卫视播出编排和乙方节目制作进度为准。

2. 第一期节目正式录制启动之前且不晚于 ＿＿＿ 年 ＿＿＿ 月 ＿＿＿ 日，乙方须向甲方 1 提供详细的节目制作方案（包括所请明星嘉宾、核心制作团队、具体节目流程等），方案通过甲方 1 报 ＿＿＿ 广播电视台相关领导审核同意后，再开始正式录制和制作。甲方 1 及 ＿＿＿ 广播电视台对节目录制方案的审核，应考虑乙方制作节目的实际情况与合理要求。经审核通过后的节目方案将同时作为本合同的有效附件，是本合同的重要组成部分，乙方应按照该节目方案策划、执行，如有重大调整应经甲方 1 书面同意。甲方 1 则应在收到乙方调整通知的 ＿＿＿ 个工作日内完成审核并予以答复，否则视为同意。

二、合作期限

双方初定合作 ＿＿＿ 季节目，每季 ＿＿＿ 期左右，每期不少于 ＿＿＿ 分钟（以实际播出为准）。第一季节目合作期限：＿＿＿ 年 ＿＿＿ 月 ＿＿＿ 日至 ＿＿＿ 年 ＿＿＿ 月 ＿＿＿ 日。如 ＿＿＿ 年合作的第一季共 ＿＿＿ 期节目全国 35 城市平均收视率（以索福瑞媒介研究 4 岁以上收视人群数据为准）不低于＿＿＿%（不含本数），则双方对于是否继续合作下一季再行协商。在双方终止本季合作之前，双方均不得就本协议合作内容与其他第三方建立合作关系，否则构成违约，违约方应当按照本合同第七条第 3 款向守约方承担违约责任。如甲乙双方同意就第二季及第三季节目继续合作，则双方应另行协商重新签订合作协议，在提出继续合作的一个月之内，双方应达成合作协议，否则，乙方有权就本节目第二季及第三季与第三方另行合作。

三、合同金额及付款方式

甲乙双方同意，本项目所有运营和制作成本由乙方投资承担。甲方不在制作前出资投资该项目，但甲方 2 接受甲方 1 委托，代理甲方 1 经营本合同项下广告招商业务。

1. 乙方同意缴纳人民币 ____ 万元，作为甲方播出平台（____ 卫视频道）播出该节目的占频收视保证金，乙方应当自本协议签订后 7 日内将占频收视保证金支付至甲方 1 指定账户。该笔占频收视保证金在结算时按照第五条第 2 款的规定，在本节目的平均收视率达到相应收视标准的情况下，作为收视奖励逐级返还给乙方。若因乙方原因导致该节目最终未录制或者未能播出一集的，乙方缴纳的占频收视保证金不予返还。如并非由于乙方原因造成该节目最终未录制或者未在甲方播出平台中播出（如新闻出版广电总局政策限制、甲方等其他方原因），则甲方 1 仍需向乙方返还乙方已缴纳的上述占频收视保证金。

2. 甲乙双方就甲方播出平台共同招商的电视广告收入、新媒体及互联网版权收益合并计入总收入中，扣减掉广告代理费及相关税费以及乙方总投资 8000 万元成本后，将参照第一季 12 期节目平均收视率情况进行最终结算［收视考核以索福瑞媒介研究 35 城测量仪首播重播合计收视数据（4 岁以上收视人群）为标准］。如 12 期节目平均收视率达到 0.8 以上（不含 0.8），则按照甲方 1 享有 20%，乙方享有 80% 的比例分配利润。如 12 期节目平均收视达到 0.8 及以下，则按照甲方 1 享有 30%，乙方享有 70% 的比例分配利润。利润部分的相关结算支付应在本节目播出完毕后的 10 日内完成。

3. 甲乙双方整理统一资源包及对外报价进行洽谈，甲乙双方提供资源价值应按市场需求进行协调，并符合客户市场对甲方平台的一贯认知；甲乙双方均有权就节目广告资源进行独立售卖，广告招商收入的支付，由甲方1、甲方2及乙方三方在本协议的基础上另行签订补充协议《广告资源及招商协议》（略），具体以该补充协议内容执行。

4.任何一方如需对方付款，收款方应提前为付款方开具相应的增值税专用发票。

四、双方权利与义务

（一）甲方的权利与义务

1.甲方1按照本协议第一条第（二）款的规定播出节目。具体播出时间需以国家新闻出版广电总局批准及 ____ 卫视播出编排和乙方节目制作进度为准。

2.甲方1在合作期内全面推广该节目，利用 ____ 电视台相关资源，对该栏目展开宣传。

3.甲方1及 ____ 电视台对该节目（包括节目及广告）有播出审查权、终审权，并且在该节目审查合格后，保证在约定时段内对乙方提供的每期节目（含广告）进行完整播出。

4.甲方以提供节目植入广告位置及广告时间等资源形式作为对第一季节目的投入，保障第一季节目顺利完成广告招商，甲方2代理甲方1经营本合同项下广告招商业务，甲方2将广告招商收入支付给甲方1（扣除代理费及相关税费），甲方1应在甲方2将代理招商的广告收入支付给甲方1前，为甲方2开具相应金额的项目为广告发布费的增值税专用发票。

5.甲方1收到的甲方2代理招商的广告收入将作为甲方对第一季节目的节目制作费投入，由甲方1向乙方支付（扣除相关税费），乙方应当在甲方1支付每笔款项前，为甲方1开具相应金额的项目为节目制作费的增值税专用发票，否则甲方1有权拒绝向乙方付款，且不视为甲方1违约。

6.甲方的每笔广告收入（扣除相关税费）于甲方收到后15日内以制作费的形式向乙方支付。

7. 甲方 1 和乙方共同享有本节目"联合出品"等形式上、名义的署名权，但本节目所有版权归乙方所有，甲方 1 有义务向乙方出具版权归乙方所有的权利声明书。

（二）乙方的权利与义务

1. 乙方以现金形式作为对第一季节目的投入，保证第一季节目按进度完成全部录制。

2. 乙方应保证具有履行本协议的资质和能力。乙方负责制作该节目，其中包括但不限于节目的策划、组织、制作、剪辑栏目及宣传片（时长 30 秒）、预告片的拍摄、制作等。非经甲方同意，乙方不得将本合同项下的权利义务转让给任何第三方。

3. 乙方配合甲方履行邀请境外演员参加节目录制的报批手续。乙方应履行选秀节目相关义务（包括但不限于与选手签订合同、承诺书、安全保证协议，购买保险等）。

4. 乙方负责合作期内该节目在非甲方名下及有关联合作关系的互联网等其他媒体的宣传。

5. 乙方制作完成的节目（包括宣传片）应符合我国法律、法规、政策的规定，不违背公序良俗，符合甲方上级主管部门以及甲方的要求，不侵犯第三方的合法权益（包括但不限于著作权、肖像权、名誉权），否则，由此产生的一切问题均由乙方自行解决并承担责任，为此支付的任何费用均由乙方承担。如给甲方造成直接损失的，乙方还应当向甲方赔偿全部的损失（包括甲方向第三方承担的赔偿金、诉讼费、律师费、调查费、保全费、执行费、鉴定费、罚金等）。

6. 乙方应于甲方 1 每期节目播出前 7 日向甲方 1 提供节目，若节目播出带出现技术质量问题或根据法规政策不适宜播出的内容，乙方应负责进行修改、编辑、调换或者由甲方直接进行编辑、修改。

7. 乙方有权就本节目甲方广告资源进行独立售卖，乙方与广告客户签署的所有广告合同、相关财务凭证及财务报表应当交由甲方在审看原始文件的情况下复制备案。

8. 乙方独立售卖的本节目甲方广告资源，该广告招商收入进入三方指定的银行共管账户用于乙方节目制作，该银行共管账户由三方共同监管，并确保资金在 5 日内顺利汇入乙方账户，以保证节目制作的顺利进行。

五、栏目质量的保障体系

1. 乙方设置的该项目制作团队以及根据节目环节设计需要确定的明星、主持人的人选须事先与甲方 1 进行协商报备并征得甲方同意。

2. 为支持乙方投资运营该节目收视表现，甲方 1 留存的 ____ 万元占频收视保证金，将根据本节目的平均收视率，作为收视奖励支付给乙方。收视考核以索福瑞媒介研究 35 城测量仪首播重播合计收视数据（4 岁以上收视人群）为标准。收视考核标准如下：

（1）0.6（包括 0.6）—0.7 单期，单期奖 ____ 万元；

（2）0.7（包括 0.7）—0.8 单期，单期奖 ____ 万元；

（3）0.8（包括 0.8）以上单期，单期奖 ____ 万元。

上述单期奖金，在每 4 期节目的收视率公布后的五个工作日内，由甲方 1 支付给乙方。奖励总额不超过 ____ 万元占频收视保证金，如 12 期节目收视平均超过 ____，甲方 1 全额返还乙方 ____ 万元占频收视保证金，甲方 1 则在最终结算时向乙方补足收视奖励不够 ____ 万元人民币的部分。

六、知识产权以及该栏目的经营

1. 节目版权。

合作节目由乙方单独出资制作，甲方提供播出平台、广告资源。合作节目的版权由甲乙双方共同享有，甲方 1 享有 30% 版权，乙方享有 70% 版权，甲方 1 享有在甲方 1 播出平台 ____ 卫视频道的永久免费播出权。其中甲乙双方共同招商的甲方平台播出电视广告的收益、新媒体及互联网版权收益，由甲乙双方在扣除代理费成本、相关税费及乙方扣除 8000 万元的总投资成本后，按本合同第三条第 2 款约定的比例共享。具体结算方式由双方另行签订补充协议。

2. 版权责任。

（1）乙方承诺该节目模式、品牌、节目制作方案、节目内容均为原创，归乙方所有或者获得相应授权，不得侵犯任何第三人的著作权或其他知识产权，否则，由此引发的一切争议和责任由乙方自行解决和承担，为此支付的任何费用均由乙方承担。由此给甲方造成损失的，乙方还应当赔偿甲方全部的损失（包括甲方向第三方承担的违约金、赔偿金、诉讼费、律师费、调查费、保全费、执行费、鉴定费、罚金等）。

（2）乙方确保节目中使用的全部元素包括但不限于肖像、文字、图片、音乐、歌曲等已得到其权利人的同意并已支付全部费用，由此引发的一切争议和责任由乙方自行解决和承担，为此支付的任何费用均由乙方承担。否则，由此给甲方造成损失的，乙方还应当赔偿甲方全部的损失（包括但不限于违约金、赔偿金、诉讼费、律师费、调查费、保全费、执行费、鉴定费、罚金等）。

3. 广告招商收入。

广告招商收入由甲乙双方在本协议的基础上另行签订《广告资源及招商协议》，具体以该补充协议内容执行。

4. 税。

（1）甲、乙双方同意，双方在履行本协议项下义务的过程中所产生的税项由各方自行负担。

（2）甲、乙双方各自负责因该剧所得利益所产生之一切税务，即按照税项条例自行缴税。倘若任何一方因税务问题而导致一切之法律诉讼及纠纷，由该方自行负责，与对方无关。

七、违约责任

1. 对于违反协议约定的，守约一方有权选择要求对方继续履行协议并要求赔偿损失。

2. 甲乙任何一方未按照协议约定的日期支付款项，应向守约的一方支付违约金，每迟延一日应支付当期款项千分之一的违约金，延期不得超过 30 日。超过 30 日的，守约方有权解除本协议，但必须提前一星期书面通知对方。

3. 除本协议另有约定外，在本协议合作期限内，双方应严格按照本协议约定履行，共同完成第一季节目，任何一方不得未经对方允许提前解除协议（本协议第十条第 4、第 5 款规定的情形除外），或就本协议合作内容再与其他电视播出平台或者制作公司合作，如有违反视为重大违约，违约方应支付节目实际制作费 10% 的违约金。

八、不可抗力

本协议的履行过程中若发生不可抗力事件，根据不可抗力的影响，甲乙双方可部分或全部免除责任。本协议中的不可抗力事件是指不能预见、不能避免并不能克服的客观情况。既包括自然灾害如地震、台风、洪水、火山爆发、太阳黑子变化等，也包括某些社会现象，如政治活动或上级有关部门的指示、国家有关政策的变化、战争、暴乱、罢工等。当发生不可抗力事件时应及时通知对方，并在具备条件下 15 日内向对方出具有效的证明。

九、保密条款

双方保证对在讨论、签订、执行本协议过程中获悉的属于对方的且无法自公开渠道获得的文件及资料（包括商业秘密、公司计划、运营活动、财务信息、技术信息、经营信息及其他商业秘密）予以保密。未经该资料和文件的原提供方同意，另一方不得向第三方泄露该商业秘密的全部或部分内容，但法律、法规和甲方上级单位另有规定或双方另有约定的除外。本条约定不因本协议的终止、解除而失效。

十、合同变更、终止、解除条件

1. 合同期满即自行终止。

2. 经双方协商一致可提前解除。

3. 任何一方未能按本协议规定的方式和时间履行其义务和职责，经守约方书面催告后 30 日内仍未完全履行的守约方有权单方解除，违约方须承担相应的违约责任。

4. 非因甲乙双方的客观原因，如国家新闻出版广电总局政策限制，所造成节目无法在 ＿＿＿ 卫视播出，双方均有权解除本协议而不承担违约责任。

5. 本协议履行期间，若任何一方提出变更、修改、补充本协议任何条款时，均须双方同意，并达成书面补充协议。补充协议与本协议具有同等法律效力。

十一、通知与送达

本合同首页的地址及电邮为各方的送达地址，有关文件送达上述地址，即视为送达各方。如联系方式变更需及时书面通知对方，否则有关文件送达上述地址即视为已经送达。根据本协议需要发出的全部通知，均需采用书面形式，按本协议首部列明的信息，以专人递送、特快专递、传真、挂号信件、电子邮件方式发出。特快专递或挂号信件的交寄日以邮戳为准。双方将按如下规定确定通知被视为正式送达日期：①以专人递送的，签收之日视为送达。②以传真方式发出的，以发件方发送后打印出的发送确认单所显示时间视为送达。③以特快专递形式发出的，发出日后第三日视为送达。④以挂号信件方式发出的，发出后第五日视为送达。⑤以电子邮件递送的，电子邮件进入对方服务器视为送达。

十二、争议解决

因履行本协议发生的争议，双方应协商解决，协商不成的，提交原告方所在地有管辖权的人民法院裁决。

十三、附则

1.除本协议或附件明确约定支付的费用外，甲乙双方不再以任何名义向对方收取任何费用。本协议附件与本协议具有同等法律效力。

2.本协议一式三份，各方各执壹一份，各方法定代表人或授权代表签字并盖章后成立。本协议的合同书经任何一方首先签字、盖章并送达对方后，应由对方于收到后五日内签字、盖章，并按照合同首部地址寄回送达，否则本合同书自动失效，逾期送达的，除非接收方未在收到后的五日内提出异议，本合同方为成立。

（以下无正文，仅为签署页）

甲方1（盖章）：   乙方（盖章）：
法定代表人（或授权代表）   法定代表人（或授权代表）
（签字）：   （签字）：
＿＿＿年＿月＿日   ＿＿＿年＿月＿日
甲方2（盖章）：
法定代表人（或授权代表）（签字）：
＿＿＿年＿月＿日

信息网络传播权独占专有许可使用协议

本协议由以下各方于＿＿＿年＿月＿日在＿＿＿＿签署

甲方（领权方）：

地址：

法定代表人：

联系方式：

乙方（授权方）：

地址：

法定代表人：

联系方式：

鉴于：

甲、乙双方本着互惠互利、诚实守信的原则，根据《中华人民共和国合同法》《中华人民共和国著作权法》及相关法规的规定，就乙方向甲方授权影视节目的信息网络传播权事项，使甲方能够在约定的时间内获得符合约定卫视平台、档期的影视节目进行使用和／或转授权，同时满足甲方维权、打击盗版之需要等目的，经双方协商一致达成如下协议：

第1条 定义

影视节目：指乙方原始所有或经权利人合法授权取得信息网络传播权并有权转授权的节目内容，按照本协议规定，由乙方许可甲方向用户播出或以任何方式转授权给第三方的视听作品。这些视听作品包括并不限于完整的影视作品，从该视听作品转录取得的影像制品、音频作品等。

信息网络传播权：指以有线或者无线方式向公众提供作品，通过各种传输技术和传输网络进行传输，在不同地理场所，以计算机、电视机、手持移动设备、机顶盒、播放器等为接收终端或显示终端，为公众提供包括但不限于以网络点播、直播、轮播、广播、下载、互联网电视、IPTV、数字电视（不包括传统电视频道播映权）的方式进行传播的权利和与之相关的复制权、销售权、发行权、放映权及相应增值业务等权利。

影视节目介质：符合广播级技术要求的节目载体，正式出版发行DVD 光盘两套、从 HDCOM 带或数字 beta 带转录出的高清晰的（如为电视剧，单集单碟）DVD 光盘（或其他介质）两套、一套 1080P 规格的高清介质。如为电视剧集数须与首轮省级以上电视台卫星频道（以下简称"卫视"）实际播出集数一致。字幕为简体中文字幕和繁体中文字幕各一版。

第 2 条　陈述和保证

双方互相向对方声明、陈述和保证如下：

2.1 其是合法设立并有效存续的独立法人或合法主体。

2.2 其有资格从事本协议项下之合作，其具有签署、执行和交付本协议并履行本协议拟定的交易的全部权利和授权，而且该合作符合其经营及授权范围之规定；其签署和交付本协议以及其履行本协议拟定的交易以及其全部必要的公司行为或其他行为而获正式批准授权。

2.3 其授权代表已获得充分授权可代表其签署本协议。

2.4 其签署、交付和履行本协议以及完成本协议拟定的交易不会违反其的组织或公司治理文件的任何规定；已取得其公司成立或组建的所在国政府部门或任何其他人的同意、批准或行动，或向其公司成立或组建的所在国政府部门或任何其他人备案，或向其发出任何通知，但其已正式取得的同意、批准、行动或已正式办理的备案除外；或不会抵触对其有约束力的任何法律、法规、合同或判决。

2.5 如本协议任何一方发生企业分立、合并或其他企业变更事项，则此方的权利义务由变更后的主体承受，且此方应在发生变更事项后三日内向另一方提供工商变更证明（原件）。如影视节目权属文件中主体发生变更，则乙方应督促此主体在发生变更事项后的三日内向甲方出具工商变更证明（原件）。

2.6 任何一方违反了第 2.1 至 2.5 条的陈述与保证即被视为违反了本协议的约定，应按本协议的规定承担违约责任。

第 3 条　节目授权

3.1 授权影视节目信息：

节目名称：

外片母语片名：

导演：

主要演员：

电视剧发行许可证号（或电影公映许可证号）：

院线公映日：

集数：

片长：

3.2 权利内容：乙方向甲方授权本协议 3.1 条项下影视节目之独占专有信息网络传播权，在本协议授权范围内以领权方的名义独立追究盗版者侵权责任的权利，就上述权利向后续各层次第三方进行转授权之权利。

3.3 授权性质：独占专有使用并具有转授权即甲方有权许可第三方使用，有权对第三方进行授权（包括独占授权），有权许可并认可后续各层次第三方再行授权，有权授权第三方及后续各权利方以其名义独立追究侵权者的法律责任。

3.4 授权期限。

起始日期：自影视节目创作完成之日起。

终止日期：授权影视节目在国内首家卫视首集首播之日起的五年

期满日（电视剧）或授权影视节目在国内首映院线公映第 ____ 日起的 ____ 年期满日（电影）。

首播卫视首集首播前三个工作日之前，乙方需就首播卫视首集首播日期向甲方出具确认书。

乙方同意在授权有效期限到期后给予甲方 30 个工作日的授权缓冲期。

独占专有维权的权利期限：自授权影视节目创作完成之日起至授权期限结束止。

3.5 授权地域：中国大陆境内（不含港澳台）。

第 4 条　有关影视节目的约定

4.1 影视节目交付

4.1.1 乙方提供本协议第一条定义的影视节目介质，并委托具有资质和信誉的运输公司向甲方交付。为保证甲方在收到节目介质后有合理的时间进行节目后期编辑、审片、节目数字压缩等工作，乙方应自本协议签署之日起 5 个工作日内［最迟不晚于首播卫视首集首播之日前 10 个工作日之前；涉及网络平台先于卫视平台播出或者仅仅网络首轮播出的，最晚不晚于网络首播平台首集首播之日前 10 个工作日前（网络首播平台首集首播日由甲方书面或邮件通知，乙方在收到通知后 1 个工作日内未提出异议的，视为乙方确认日期）］向甲方交付上述节目介质。

4.1.2 若甲方有证据表明乙方交付的节目带不符合节目播出技术要求的，乙方应自甲方向乙方提出更换要求后的 5 个工作日内重新提供符合要求的节目带。

4.2 影视节目内容要求

4.2.1 乙方应当确保影视节目内容符合中华人民共和国法律、法规、规章制度和政策。

4.2.2 乙方所提供的影视节目介质，配音语言为普通话，字幕为简体中文及繁体中文各一版。

4.2.3 乙方应当确保影视节目不含任何其他播放机构的台标或者标记并确保影视节目中不包含广告和带有任何广告性质的内容（植入广告及片尾字幕中的鸣谢、赞助等性质的广告除外）。

4.2.4 甲方获得的影视节目之独占专有信息网络传播权范围包括但不限于影视节目的下列版本或形态：

A. 影视节目的电影公映许可证版、电视剧发行许可证版、电视台播出版、院线公映版或者基于同一拍摄活动产生的其他版本。

B. 对该影视节目进行编辑整理后形成的系列版本，例如导演剪辑版、未删节版、导演评论版、各种语言版、各种字幕版、各种加长版、删减版、精华版、预览版、抢先版、怀旧版等。

C. 对该影视节目进行技术处理后形成的系列版本，例如数字化版、3D 版、蓝光版等。

4.3 影视节目审查

4.3.1 甲方拥有对影视节目审查的权利，甲方应在收到节目带后 10 个工作日内完成对影视节目的审查。如甲方在以上审查期限内未提出异议，视为影视节目审查合格。

4.3.2 乙方若违反第 4 条约定延迟交付节目带，视为乙方违约（乙方的此违约行为会导致甲方错过影视节目的热播期从而给甲方带来无法弥补的损害，并会导致甲方对其下游分销方承担高额的违约责任），甲方有权要求乙方继续履行并且每延迟一日减少 10% 的版权使用费或甲方有权单方面解除本协议并要求乙方承担由此造成的一切损失。

4.3.3 甲方在不侵犯影视节目的内容及署名的情况下，有权对影视节目进行适当编辑和修改，播放环节中可以有甲方明确标识。

4.4 乙方应保证授权影视节目的热度。如为电视剧，则保证在本协议签署之日起 1 年内首轮在下列省级以上电视台卫星频道黄金时段连续、完整播出完毕，且播出过程须保证每自然周（周一至周日 7

天）至少连续 5 个自然日播出，首轮播出的卫视平台共 1 家，为 ____ 卫视。（黄金时段为 19：30—22：00 档时段）甲方会员提前卫视播出 4 集，非会员滞后卫视播出 2 小时，非会员播出进度不能超过卫视当天的首播进度。

乙方必须保证此剧全球首播平台为中国大陆境内电视台卫星频道，乙方不得授权中国大陆境内各地方电视台非卫星频道先于中国大陆境内电视台卫星频道播出，不得授权中国大陆境外（含港澳台地区）各种媒体（包括不限于电视台、网络平台等）先于中国大陆境内电视台卫星频道播出，且乙方应保证授权节目音像制品的中国大陆境内外正式出版发行应在首播卫视平台播出完毕之后，否则，甲方有权与全球最先播出平台或媒体同步进行首播，并且本协议的授权使用费减少 50%。乙方最晚须在首播卫视首集首播之日前三个工作日并至少在每集播放日的前一个工作日，将首播卫视的播出计划书面通知甲方。甲方不得在国内首播卫视首集首播之日之前将授权影视节目上线播出，甲方可将授权影视节目在国内首播卫视首集首播之日滞后卫视上线播出。若遇首播卫视播出计划临时调整，乙方须提前一个工作日通知甲方，若非因甲方原因导致甲方或第三方网络上线提前或延迟，则由此造成的责任及损失由乙方全部承担。如果是电影，则至少在本协议签署之日起一年内在中国大陆地区院线公开播映（公映院线至少应包含北京、上海、深圳地区的院线）。

第 5 条　版权文件提供

乙方应当向甲方提供以下材料：

5.1 乙方企业法人营业执照，乙方有义务对本材料进行复印，且复印件由乙方加盖公章确认同原件一致，连同本协议项下影视节目故事（剧情）梗概以及故事（剧情）大纲，一并作为本协议附件一。

5.2 乙方拥有本协议 3.1 条项下影视节目版权或相关权利的证明文件，包括影片公映许可证或电视剧发行许可证、影视节目片尾字幕截图、影视节目原始版权人（原始版权人指影视公映许可证或电视剧发行许可证上的署名单位，及影视节目字幕中出品方、联合出品方、摄制方、联合摄制方、协助拍摄方、制作方或者具有版权标识的主体）授权给乙方的中间授权链条的权利证明文件，以上权利证明文件须符合涉及本协议权利之法律规定及司法实践要求，乙方有义务配合甲方完成文书公证并对前述相关权利文件进行复印，且复印件由乙方加盖公章确认同原件一致，并作为本协议附件二。

5.3 乙方就本协议 3.1 条项下影视节目相关权利的授权给甲方出具的授权书原件，作为本协议附件三，乙方同意在本协议签署同时向甲方提供授权书之复印件供甲方维权使用。

5.4 本协议 3.1 条项下影视节目的制作成本、发行平台、票房收入等信息，必要时出示相关文件原件供甲方维权之用。

5.5 本协议 3.1 条项下影视节目的海报、剧照以及相关视频宣传片、片花、导演／演员访谈资料等影视文件，详见附件四。

5.6 在本协议生效后三个工作日内，乙方应向甲方提供已知的原始版权方对乙方的就本协议授权的授权文件；之后新加入原始版权人（同 5.2 条定义）的，乙方应及时通知甲方，并在新的原始版权人加入后五个工作日内提供新加入的原始版权人就本协议授权的授权文件。否则，乙方应向甲方承担违约责任，违约金为本协议授权使用费的 10%。

乙方最晚须在本协议约定影视剧首播卫视首集首播前十个工作日前向甲方提供以上 5.1 至 5.5 条中所约定的所有物料〔涉及网络平台先于卫视平台播出或者仅仅网络首轮播出的，最晚不晚于网络首播平台首集首播之日前十个工作日前（网络首播平台首集首播日由甲方书面或邮件通知，乙方在收到通知后一个工作日内未提异议的，视为乙方确认日期）〕，且足够满足甲方使用和转授权给第三方使用。否则视为乙方违约，甲方有权要求乙方继续履行并且每延迟一日减少 10% 的版权使用费或甲方有权单方面解除本协议并要求乙方承担由此造成的一切损失。

　　［为免疑义，乙方应保证提交甲方审查的权利文件所依据的影视节目片尾字幕（截图）与该授权节目的电视台播出版本／院线公映版本／公开刊印的音像制品版本中片尾字幕（截图）以及乙方提供给甲方的介质版本片尾字幕（截图）三者均保持一致，否则乙方须向甲方承担本协议授权使用费 20% 的违约金。］

　　第 6 条　费用和支付

　　6.1 授权使用费合计为人民币_____元。

　　最终授权使用费按该影视节目首轮卫视实际播出的集数计算。并按多退少补的原则支付。

　　最终授权使用费按该影视节目发行许可证的集数计算，并按多退少补的原则支付。但如果发行许可证上增加的集数超出本条第一款所示集数 10% 的，超出 10% 之外部分的集数甲方无须另行支付授权使用费但享有本协议赋予的所有权利；如果首轮卫视实际播出集数多于发行许可证上的集数，多出的集数甲方无须支付费用且享有本协议赋予的所有权利（此款适用于以发行许可证上的集数计算最终授权使用费的情况）。

　　6.2 费用支付

　　6.2.1 本协议签订后，乙方向甲方提供第一条定义的影视节目介质及 5.5 至 5.5 条所约定的所有物料（第 5.3 条甲方出具授权书原件除外），经由甲方确认有效及满足甲方使用后，且甲方收到乙方人民币___% 的授权使用费发票后十五个工作日内，甲方向乙方支付____% 的授权使用费，即人民币___元。

　　6.2.2 乙方在收到____% 的授权使用费之日起五个工作日内，向甲方提供剩余____% 的版权费发票及授权书原件。甲方在乙方协助下做完所有权利证明文件的文书公证工作且授权影视节目满足本协议 4.4 条约定之日起十五个工作日内，向乙方支付剩余____% 的授权使用费，即人民币 ___ 元。

6.3 乙方指定账户信息：

账户名称：

银行名称：

银行账号：

如乙方账号变更或发生不可用等情况时，应及时书面通知甲方，否则，由此造成的一切损失由乙方自行承担。

第 7 条　甲乙双方的权利义务

7.1 乙方的权利义务。

7.1.1 上线保证条款：

7.1.1.1 乙方有权按本协议约定获取授权费用，但如本协议所涉影视节目在本协议签署之日起一年内未获得公映许可证 / 发行许可证或被取消行政许可或未按照本协议第 4.4 条在约定的时间或档期或平台播出或公映本协议授权影视节目的，则甲方有权选择解除协议，乙方须在收到甲方解除协议的书面通知十个工作日内将该部影视节目项下已支付的授权使用费退回并向甲方支付已支付授权使用费 15% 的费用作为违约金，并承担由此给甲方造成的损失；或者甲方有权选择继续履行本协议，此种情形下乙方应自收到甲方书面通知之日起十个工作日内支付甲方本协议授权使用费总额 15% 的违约金；或者甲方有权要求乙方以经甲方认可的同等质量的剧目替换；或者甲方有权行使价格变动权（即：甲方有权将授权使用费下调 50%）。

7.1.1.2 如果本协议项下授权节目在授权期限内被中国大陆主管机构（如国家新闻出版广电总局等）禁止播出的，则甲方有权要求乙方在十五个工作日内以经甲方认可的同等质量的节目替换（替换节目的授权期限不少于本协议授权节目的剩余期限）；或者甲方有权解除协议，乙方应在收到甲方书面通知之日起五个工作日内将甲方已支付的授权使用费，扣除已使用期间的费用后（按照已使用期间占整个授权期限的比例计算）向甲方退还。

7.1.2 乙方承诺其提供的全部信息真实、准确、合法，授权的节目不会产生任何纠纷，乙方承诺乙方及上游所有权利人对所授权节目拥有版权或其他合法权利且具有向甲方授权的完整权利，并承诺甲方及其关联公司在行使本协议项下权利时不会因此导致任何第三方向甲方主张权利。若因影视节目本身及内容产生的知识产权纠纷或其他纠纷，由乙方承担全部责任，在本协议履行过程中发生上述情况，甲方有权暂停支付授权费用或解除本协议。

乙方应对节目的制作质量和艺术质量承担责任。乙方在拍摄及后期制作过程中需遵守中国法律、法规和中国影视主管部门、广告主管部门及其他有关部门的有关规定，尊重中国各民族的风俗习惯。因该剧内容及版权问题导致甲方或甲方关联公司被主管部门行政追责的，甲方有权向乙方追偿并要求乙方须承担授权使用费15%的违约金；或者甲方可以解除本协议，并要求乙方承担授权使用费15%的违约金；或者甲方可以要求乙方在甲方规定时间内对节目进行整改，经甲方书面认可后，且乙方在承担授权使用费15%的违约金后，继续履行本协议。

7.1.3 乙方保证在本协议签订之前没有和第三方签署此类合同或已终止此类合作，乙方保证本协议签订后不自行行使本协议中所授权的权利，亦不得另行许可第三人行使本协议中所授权的权利，在本协议履行过程中发生上述情况，甲方有权暂停支付授权费用或解除本协议。

7.1.4 乙方应配合甲方针对本协议第5条中约定之本节目所有权利证明文件做文书公证。随着行业的不断发展，如日后有关机关（包括但不限于司法机关）对版权权属文件有更为严格的定义或者要求，乙方有义务及时配合甲方完成授权影片权利文件的完善及公证。如由于乙方不积极配合，而甲方因该权利文件不完善导致败诉或其他损失，甲方有权要求乙方就该损失予以赔偿。

7.1.5 乙方须在本协议3.1条项下影视节目正规出版发行的所有批次的音像制品（VCD、D5和D9）包装背面以及光盘表面注明"本作品网络版权归 ____ 公司所有"，并在所有院线或电视台播出版和光盘内容中（片头或片尾）加入一段时间不短于5秒的有关权利表述的字幕："本作品网络版权归属单位：____ 公司"。若乙方违反本约定造成甲方的全部损失，由乙方承担，且要对甲方承担违约责任，违约金数额为本协议总额的一倍。

7.1.6 乙方须在本协议3.1条项下影视节目正规出版发行的音像制品的包装背面、所有在本协议签订以后签约的电视台播出版光盘内容（片头或片尾）及宣传物料中，诸如海报、宣传册以及片尾字幕中标明："视频网站独占播映单位"。具体署名位置如下：

A. 在签约后提供宣传物料（包括但不限于海报、宣传册、发布会背板、易拉宝等）中的署名内容，乙方需事先提交JPG格式的电子版本由甲方确认，乙方保证署名内容展现在宣传资料的显著位置，在"合作媒体单位"之前，但若有出品方、联合出品方，则可在出品单位之后。

B. 如授权作品为电影，乙方保证署名内容在该电影片尾正片结束之后，第一位次，并在演员表滚动字幕之前标注，使其成为影视节目不可分割的部分。

C. 如授权作品为电视剧，乙方保证署名内容在该电视剧片尾紧邻"出品单位"署名的前一位次，使其成为影视节目不可分割的部分。

7.1.7 本协议授权期限内，为宣传本协议授权影视节目之需要，甲方有权修改或在某些场合及产品上使用乙方提供的第5.5条约定之授权影视节目的剧照、片名、设计素材、宣传彩页及画册。甲方有权对授权节目进行剪辑，亦可将授权节目剪辑的片段、素材等用于制作片花、宣传物料、综艺节目或推广类节目等衍生节目，进行节目推广。

7.1.8 乙方应尽量配合其主创（包括但不仅限于导演、编剧、男女主演、主要配角）配合播出的视频网进行如下的宣传活动：第一，出席并参与甲方举办的关于授权影视节目的新闻发布会或其他大型宣传活动；第二，接受甲方名下网的专访；第三，乙方有义务要求主创人员的博客、微博发布宣传活动的相关信息。

7.2 甲方的权利义务。

7.2.1 甲方有权许可第三方使用，有权对第三方进行转授权，有权许可第三方再行授权，不受乙方其他约束。

7.2.2 甲方应在乙方无违约行为的前提下按时付款，如甲方未按本协议 6.2.1 约定按时支付款项，乙方按每日本合约全款的万分之一收取违约金。

7.2.3 甲方有权在本协议授权范围内以自己的名义独立追究盗版者的侵权责任。乙方有义务出具一系列证明文件支持甲方及甲方授权的第三方的维权行为。

7.2.4 甲方不得侵犯影视节目著作权人的相关权利。

7.2.5 甲方有义务利用自身网站资源积极为影视节目建立本协议 3.1 条项下影视节目的独占官方视频网站，乙方须积极支持配合甲方，及时提供相关资料。

7.2.6 为扩大本协议项下的影视节目和乙方影响力的宣传推广，甲方有义务根据乙方提供的网址或授权甲方新设网址为乙方建立专属的视频网站及提供相关技术服务，并将该视频网站与甲方网站建立链接，与乙方分享甲方强大的用户资源，乙方应积极配合，提供相关资料。

7.2.7 如因本协议项下影视节目宣传发行之需要，乙方需要甲方同意授权影视节目在某些平台的网络播出豁免权（非独家、不可转授权），则甲方每同意一个豁免平台，本协议项下的授权使用费即减少 20%〔一个豁免平台指：一个主域名明确的网站（如有）＋一个接受或显示终端（包括但不限于计算机、电视机、手持移动设备、机顶盒、播放器等）＋一种传播方式（包括但不限于网络点播、直播、轮播、广播、下载等）〕。

乙方应保证授权影视节目在豁免平台的上线时间不得早于授权节目在甲方平台的上线时间，否则甲方有权自行提前上线时间，且乙方要对甲方承担违约责任，违约金为本协议授权使用费的一倍。

未经甲方书面许可，乙方应确保豁免平台不得通过任何方式，包括但不限于转许可、超级链接、深层链接、播放器嵌套、高清播放器内置频道、机顶盒内置频道、互联网电视机内置频道、共同设立合作频道等，以使得豁免平台以外的第三方得以直接或间接地使用本协议项下影视节目。同时乙方应确保豁免平台应采取措施防止在豁免平台上使用的本协议项下的授权作品被豁免平台以外第三方通过任何方式得以直接或间接地使用。非经甲方特别书面许可，不得与电信、网通、铁通、移动、联通、广电及其他运营商网络平台进行任何形式的CP 或 SP 形式的合作。违反上述约定，乙方要对甲方承担违约责任，违约金为本协议授权使用费的一倍，同时甲方有权选择解除本合同并要求乙方承担上述违约责任。

具体事宜与甲乙双方另行签订的补充协议不一致的以补充协议为准。

第 8 条　违约责任

8.1 除本协议另有约定外，任何一方违反本协议约定的，守约方有权要求违约方按约定履行本协议并向守约方支付因违约造成的损失。

8.2 鉴于目前甲方至少有 10 位客户之分销合同需要等待本协议实际履约后才能实际执行，鉴于分销合同之总价值、预期利益和实际损失远远超过本协议约定之违约金比例，鉴于协议双方共同了解上述情况，并鉴于上述情况之法律文件涉及商业机密不再方便在之后的法律处理方式中公开，双方对上述情形充分了解并已出示相关证据。

8.3 若乙方违反 7.1.2 条或 7.1.3 条之约定，导致影视节目产生争议或纠纷（包括但不限于受到第三方投诉、举报、起诉、受到行政处罚等），视为根本性违约，根据本协议8.2条双方对相关实际经济损失、预期利益的计算，乙方要对甲方承担违约责任，违约金数额为本协议总额的三倍。甲方遭受的损失（包括但不限于甲方因遭受第三方投诉、提起民事诉讼而向第三方支付的赔偿费、诉讼费、行政处罚费、律师代理费等）超过违约金的，乙方还应当赔偿这部分损失。

8.4 本协议签订后，未经双方协商一致，无正当理由，任何一方不得单方部分或全部解除或终止本协议，否则，违约方应根据本协议8.2条双方对相关实际经济损失、预期利益的计算，赔偿守约方的所有直接及间接损失（包括但不限于守约方因违反与其他方签署的合同或协议或对其他方的授权而产生的所有损失）。如违约方有明确解除或终止协议之行为，则其应自守约方向其发送通告之日起的五个工作日内纠正该行为，否则违约方须向守约方支付授权使用费三倍金额的违约金。

8.5 本协议中的违约金或损失赔偿款，甲方有权从应支付给乙方的费用中直接予以扣除，但应书面通知乙方。

8.6 乙方如确定或变更影视节目之名称、编剧、导演或主要演员，均须书面告知甲方，甲方同时有权行使价格变动权（即：甲方有权将授权使用费下调50%）；如乙方变更影视节目之名称、编剧、导演或主要演员未事先书面告知甲方，则甲方有权行使价格变动权（即：甲方有权将授权使用费下调70%）或单方解除权。如甲方行使价格变动权，则价格变更自甲方正式的价格变动函到达乙方之日起生效；如甲方行使单方解除权，则乙方应自收到甲方正式解除协议函之日起7个工作日内将甲方已付授权使用费退还给甲方，同时乙方应承担本协议授权使用费三倍的违约金及赔偿由此给甲方造成的所有的直接和间接损失。

第9条 知识产权及保密

9.1 未经乙方同意，甲方不得擅自在合作项目以外的地方使用属于乙方知识产权的产品。

9.2 乙方保证对甲方授权的影视节目拥有合法的权利，不会产生任何纠纷，否则，甲方有权解除合同。

9.3 如果因乙方原因造成甲方或甲方授权的第三方对权利主张方合法权利的侵犯，则乙方应自行直接向权利主张方承担所有法律责任。

9.4 如任何一方因违反本条有关知识产权的约定而使对方遭受损失的（包括但不限于诉讼费和律师费），应向对方承担赔偿责任。

9.5 双方在本协议有效期间获知的对方的商业秘密、技术秘密等需双方保密的事项，在本协议期间及本协议终止后两年内，在未事先取得另一方书面同意的情况下不得向第三方披露或公开。

9.6 任何一方在下列任一情形下披露商业秘密不视为违反本协议：

A. 该信息在披露时已为公众所知悉。

B. 该信息根据另一方事先书面同意而披露。

C. 一方按照对其有管辖权的政府司法等部门依据我国法律、法规执行公务时的要求而披露，前提为披露之前一方先以书面形式将披露的商业秘密的确切性质通知另一方。

D. 因处理与本协议有关的纠纷，需向相关行政、司法部门等披露本协议相关内容的。

9.7 以上条款并不因本协议的解除、终止、撤销而失效。

第 10 条　不可抗力

10.1 不可抗力是指非双方过失或故意导致的，不能预见、不能避免并且不能克服或即使能预见亦不能避免、不能克服的客观情况，包括但不限于水灾、旱灾、台风和地震等自然灾害，及战争、暴乱、骚乱和流行性疫病、黑客袭击等情况。

10.2 本协议履行期限内，如因不可抗力事件导致任何一方部分或全部不能履行本协议项下的义务，将不构成违约，该义务的履行在不可抗力事件期间应予中止。但声称遭受不可抗力事件的一方应在该事件发生之日起 3 日内通知对方，并在 15 日内向对方提供权威机构出具的有效证明文件，并有责任尽全部合理的努力消除或减轻此等不可抗力事件的影响。

10.3 不可抗力事件或其影响终止或消除后，双方须立即恢复履行各自在本协议项下的各项义务。如不可抗力事件及其影响持续 30 日以上并且致使本协议任何一方丧失继续履行本协议的能力，则任何一方有权以书面通知方式解除本协议。

10.4 任何一方迟延履行本协议项下义务后始发生不可抗力的，不能免除责任。声称遭受不可抗力事件影响的一方对因延迟通知对方而扩大的损失，不能免除责任。

第 11 条　反商业贿赂条款

在本协议签订以及履行过程中，乙方：

11.1 不得向与其有实际或潜在业务关系的甲方或甲方关联公司的员工和 / 或家属提供任何酬金、礼物或其他有形或无形的利益。

11.2 不得为甲方或甲方关联公司的员工和 / 或家属安排可能影响本协议公正签订和 / 或履行的任何活动。

11.3 给予甲方的折扣均应在本协议或补充协议中明示，不得以任何形式在本协议或补充协议之外，向甲方或甲方关联公司的员工和 / 或家属返回折扣、劳务费或信息费等。

11.4 利益冲突：包括但不限于：①乙方不得向甲方员工及其关联人员（即甲方员工的直系亲属、合伙人或其他对甲方员工经济利益有影响的人员，下同）提供任何形式的借款；②乙方的股东、监事、经理、高级管理人员、合作项目负责人及项目成员系甲方员工或其关联人员的，应在合作前以书面方式如实、全面告知甲方；③合作过程中，乙方不得允许甲方员工及其配偶持有或经由第三方代持有乙方股权。乙方如有聘用甲方员工配偶及其他关联人员任职于乙方的，应在聘用之日起三日内以书面方式如实、全面告知甲方。

11.5 上述行为或类似行为一经发现，即可被视为已经对甲方造成实质性损害，甲方可解除本协议，停止所有向乙方的付款，还可要求乙方三倍返还其根据相关合同已经获得的合作费用。如因此给甲方或甲方关联公司造成损失，乙方还应继续负责赔偿。对于乙方，无论是主动还是被动向甲方员工及其关联人员提供商业贿赂的，如果主动向甲方提供有效信息，甲方将会给予继续合作的机会及免于上述责任。

11.6 乙方在本协议签订和履行过程中，如有知悉 / 怀疑甲方员工有违反上述规定的，应及时向甲方监察部投诉。甲方将对所有信息提供者及所提供的全部资料严格保密。

第 12 条 通知

12.1 一方需要向另一方发出的所有通知、请求、要求、同意及其他通讯信，都应以中文书写，按以下地址或传真号码，以专人递送、邮寄或传真的方式送达给另一方。如果一方通信信息发生变更，则应在变更当日以书面形式通知另一方，否则，视为未变更。

甲方的联系方式：

地址：　　　　　　　　　邮政编码：

收件人：　　　　　　　　电子邮箱：

电话：　　　　　　　　　手机：

传真：　　　　　　　　　QQ/MSN：

乙方的联系方式：

地址：　　　　　　　　　邮政编码：

收件人：　　　　　　　　电子邮箱：

电话：　　　　　　　　　手机：

传真：　　　　　　　　　QQ/MSN：

12.2 任何通知在以下情况下应视为已送达：

A. 以专人递送或经速递（快递）公司递送的通知，在实际交付日视为送达。

B. 经邮资付讫的挂号信寄送的通知，在寄出后的第五个工作日视为已送达。

C. 经邮资付讫的航空信寄送的通知，在寄出后第十四个工作日视为已送达。

D. 经传真或电子邮件发出的通知，在传送日视为已送达。

第 13 条　争议的解决

本协议如发生争议，双方首先协商解决；协商不成的，任何一方可向本协议签署地人民法院提起诉讼。

第 14 条　其他

14.1 本协议自双方盖章后于文首记载之日起生效。

14.2 本协议一式四份，甲乙双方各执两份，各份均具有同等法律效力。

14.3 本协议未尽事宜，由双方另行签订补充协议；补充协议与本协议不一致的，以补充协议之约定为准，其他仍以本协议之约定为准。

（以下无正文，仅为签署页）

甲方：　　　　　　　　　　乙方：

签订日期：＿＿年＿＿月＿＿日　　签订日期：＿＿年＿＿月＿＿日

授权书

本公司合法拥有影视节目《_____》（导演：_____ 演员：_____）的信息网络传播权，现将该节目的信息网络传播权以独占专有的形式授予 _____ 有限公司，具体授权情况如下：

授权方：

领权方：

授权性质：独占专有的信息网络传播权。

授权作品：领权方获得的影视节目之独占专有信息网络传播权范围包括但不限于该影视节目的下列版本或形态：

A. 电视剧发行许可证版、电视台播出版、院线公映版或者基于同一拍摄活动产生的其他版本。

B. 对该影视节目进行编辑整理后形成的系列版本，例如导演剪辑版、未删节版、导演评论版、多语言版、加长版、删减版、精华版、预览版、抢先版、怀旧版等。

C. 对该影视节目进行技术处理后形成的系列版本，例如数字化版、3D 版、蓝光版等。

授权范围：

1. 信息网络传播权，指以有线或者无线方式向公众提供作品，通过各种传输技术和传输网络进行传输，在不同地理场所，以计算机、电视机、手持移动设备、机顶盒、播放器等为接收终端或显示终端，为公众提供包括但不限于以网络点播、直播、轮播、广播、下载、互联网电视、IPTV、数字电视（不包括传统电视频道播映权）的方式进行传播的权利以及与之相关的复制权、销售权、发行权、放映权及相应增值业务等权利。

2. 制止侵权的权利，领权方有权独立以自己的名义或授权第三方以第三方的名义在上述授权环境下追究非法使用授权节目侵权者的法律责任，并获得全部赔偿的权利。包括但不限于申请证据保全、财产保全、行政投诉、提起民事诉讼、上诉、申请执行、达成和解、获得赔偿金等，授权期限届满不影响领权方已经采取上述法律措施，就本条权利转授权之权利。

3. 转授权的权利，就上述 1、2 条权利领权方有权许可第三方拥有，有权对第三方进行转授权（包括独占授权），有权许可并认可后续各层次第三方再行转授权。

授权期限：

起始日期：自授权影视节目创作完成之日。

终止日期：授权影视节目在国内首家卫视首轮首播之日起的 ＿＿＿＿ 年期满日（电视剧）。

独占专有维权的权利期限：自授权影视节目创作完成之日起至授权期限结束止。

授权方同意在授权有效期限到期后给予领权方 30 个工作日的授权缓冲期。

授权地域：中国大陆地区（不含港、澳、台）。

授权方特别声明：本公司有权做出上述授权，并为此承担一切法律责任。

本授权书在中华人民共和国 ＿＿＿＿＿＿ 市签署。

授权方：

日期：＿＿＿＿年＿＿月＿＿日

第三方授权书

授权人：

被授权人：

授权人 ＿＿＿ 作为《＿＿＿＿》的原始著作权人，依法拥有其在全球合法的知识产权及转授权。现授予被授权人在如下范围内使用授权作品：

1. 授权作品名称及基本信息：

类型	片名	导演	主演	集数	出品年份	授权期限

2. 授权使用期限：如本授权书第 1 条表格所示。

3. 授权权利性质：授予被授权人在授权范围内行使独占专有信息网络传播权，包括独占专有使用权、独占专有许可权、独占专有广告经营权收益权、独占专有进行法律维权行动的权利以及上述所有权利的转授权。

3.1 本授权书所称"信息网络传播权"：是指以有线或者无线方式向公众提供作品、表演或者录音录像制品，使公众可以在其个人选定的时间和地点获得作品、表演或者录音录像制品的权利。使用方式包括且不限于点播、直播、P2P、下载等；终端包括且不限于 PC、手机及 PAD 等移动终端、互联网电视及机顶盒、可穿戴设备、投影设备、IPTV、数字电视、车载播放器、航空器播放器等；传播网络包括且不限于互联网、3G/4G/5G 等通信网络、局域网等。本权利还包括移动增值业务、与通信运营商（包括但不限于电信、联通、移动等）合作的移动终端视频业务独占专有权利（即基于手机等移动视频终端的节目点播的独占专有权利）、以 PC 为终端与基础电信运营商（包括但不限于电信、联通、移动等）合作建立合作频道的独占专有权利，被授权人与第三方建立的合作平台的独占专有权利。

3.2 广播权：指以无线方式公开广播或者传播作品，以有线传播或者转播的方式向公众传播广播作品，以及通过扩音器或者其他传送符号、声音、图像的类似工具向公众传播广播的作品的权利。广播或传播平台包括且不限于广播电台、电视台等。

3.3 公开放映权：指被授权方有权自行或许可或禁止他人通过放映机、幻灯机等技术设备公开再现授权作品的权利（仅限于被授权方运营的影吧）。

3.4 转授权：被授权方有权在授权使用期限内对第三方进行上述权利的转授权，有权许可并认可后续各层次第三方再行转授权（包括独占专有授权）。

4. 授权使用区域：全球。

5. 特别说明：自授权作品在网络平台首轮首播之日起，被授权人基于本授权书取得的权利受到侵犯的，被授权人有权以自己名义单独进行行政投诉、提起诉讼、索赔等维权权利并获得赔偿。被授权人的上述维权权利期限至所涉纠纷全部解决完毕并可授权第三人行使，授权人不得再行使或授权第三人行使。

授权人特别声明：以上的信息真实、有效、完整，授权人享有此授权书所列作品在全球完整、独立的著作权或独占专有信息网络传播权及其转授权权利，有权利按照本授权书的规定对被授权人做出授权。如有他人就此权利向被授权人、被授权人转授的第三方主张权利，全部责任由授权人自行承担，并出面解决一切问题，被授权人、被授权人转授的第三方不承担任何责任。如因本授权书内容不实引起的任何法律责任，由授权人承担。

超出本授权区域、时间、范围或方式，该使用行为无效。

授权人（公章）：

_____ 年 ___ 月 ___ 日

影视剧游戏授权许可合同

本合同由以下各方于＿＿＿年＿＿＿月＿＿＿日在＿＿＿＿＿签署

甲方：（"授权方"）

住所：

法定代表人：

联系人：

乙方：（"领权方"）

住所：

法定代表人：

联系人：

鉴于：

甲方是影视剧集《＿＿＿》的唯一版权方及著作权权利人，拥有授权第三方对影视剧集进行开发改编为游戏等衍生作品的合法及完整权利。

乙方是一家面向全球范围发行游戏的专业公司，可以通过自身及关联公司从事移动端游戏开发、营销、发行、运营等业务。

甲方拟将其拥有合法及完整权利的影视剧集及其名称独占且排他性地授权乙方改编为同名移动端游戏，从事游戏的发行、营销、运营的许可，以拓展各自在人力、技术、资源和信息方面的优势。

现甲乙双方依据《中华人民共和国著作权法》《中华人民共和国合同法》等相关法律法规，就影视剧集《＿＿＿》之游戏改编权授权事宜，达成如下条款，以兹共同信守。

一、定义

游戏改编权（或"改编"）：指由乙方或乙方授权第三方研发方

开发完成的移动端游戏中文简体版软件（包括但不限于服务器端、最终用户端及其全部文档等），包括其后续任何更新、升级、缺陷补救、杀毒或更名后的版本。

游戏软件（或"游戏""改编游戏"）：如非特别说明，本合同所指游戏软件包括初始发布的游戏软件，以及通过软件更新程序（包括补丁包下载等）更新后的版本，应用任何操作系统的移动端游戏、任何虚拟平台的游戏软件版本。

"关联公司"：是指由一方直接或间接控制，或直接或间接控制一方，或与一方受同一家公司直接或间接控制的机构。这里的"机构"是指任何人、公司、企业或其他法律实体。"控制"是指直接或间接地持有所提及公司 30% 以上股权或拥有所提及公司管理的能力，无论是通过所有权、有投票权的股份、协议还是其他方式。

"移动端"：是指分配给最终用户，安装在个人电脑、平板电脑、移动设备或其他设备中，旨在使最终用户通过互联网远程访问以及与服务器软件相互作用，或其他使用，或进入游戏的游戏软件部分。

"文件"：是指印刷材料或电子信息材料 (包括任何修改、译本或任何一方所产生的衍生物)，包括用户手册和规范。

"知识产权"：是指全球范围内、不论是授权区域还是其他州、国家或司法机构的法律法规产生的一切所有权和知识产权，包括以下各个方面：(i) 实用新型专利、专利设计、工业注册、工业设计、专利信息披露和发明；(ii) 版权、可以取得版权的作品、作者作品、设计、掩膜作品、道德权利、角色的权利、特殊保护、出版权、隐私权、社交媒体账号权；(iii) 商标、服务商标、商业包装、商业名称、品牌名称、公司名称、假名、标识、域名以及上述相关的商誉；(iv) 任何类型的软件；(v) 商业秘密和其他机密信息；(vi) 任何应用程序、注册、续签、延期、分割、续集、衍生品、再版物以及上述的任何衍生品。

终端用户：指合同有效期间，在授权区域内使用游戏的注册用户。

用户数据：指终端用户与游戏相关的数据，包括但不限于游戏内人物角色的外貌 (脸形 / 身体等) 和特征 (级别 / 经验值 / 技能等)，物品箱以及其他任何与终端用户相关的数据。

"运营"：是指为终端用户提供游戏使用服务，包括但不限于安装、操作和使用游戏服务器软件；授权用户安装、操作和使用游戏软件；为用户提供客户服务和技术支持；分发和销售游戏相关产品。

"服务器软件"：是游戏的一部分，它旨在使多个终端用户安装了客户端软件或在个人电脑、手机或其他设备通过互联网相互作用。

"工作日"：是指在当地银行正常营业日 (不包括周六或周日)；"天"（或"日"）则指一个自然天（或自然日）。

"境外"：是指中国大陆地区以外的其他地区；"中国大陆地区"是指除港澳台地区外，中华人民共和国所管辖的其他区域。

渠道测试金：为游戏推广需要所消耗的充值付费获得的游戏内代币对应流水收入部分称为"渠道测试金"，渠道测试金不计入游戏的运营收入。

二、授权内容

授权作品：影视剧集《_____》(暂定名，以甲方书面提供的发行许可证核准后名称为准，简称"该剧") 及影视剧集中包含的各项元素，以下合称："授权作品"；影视剧集中包含的各项元素具体指：包括但不限于影视剧集名称、剧情、详细剧本全本、故事、角色、人物造型、人物姓名、仅用作宣传使用的演职人员肖像、场景、形象、台词、剧照、海报、预告片、拍摄花絮、音乐、配音、音效等，乙方不将授权作品中的演员肖像单独作为游戏素材或其他目的。

游戏名称：即甲方授权乙方有权以授权作品名称命名游戏，游戏名称以甲方书面提供的发行许可证核准后的名称为准；游戏名称原则上应与授权作品名称相同，但如因特殊情况或宣传需要，乙方也可将游戏命名为其他名称或与授权作品名称相似的名称命名游戏，可包含正版、手游、官方、新版等字样，游戏软件著作权的软件产品名称及著作权归乙方单独享有。

授权权利：甲方独占且排他性地授权乙方将影视剧集《＿＿＿》改编、开发、发行、推广、运营为适用于手机、平板电脑或其他设备的移动端游戏（包括安卓、iOS、WindowsPhone 和 HTML 5 版本）以及适用于 Web 端网页游戏的权利。任何第三方（包括甲方及其关联公司）均不得擅自在授权区域内发行或运营游戏或相似游戏，乙方拥有改编游戏在授权区域和期限的全部决定权，未经乙方书面同意，甲方不得私自或授意授权第三方以任何方法贩卖授权游戏虚拟道具资源、开设游戏的充值渠道和充值方式，以及其他衍生物销售品。甲方授予乙方在授权区域独占且排他性地行使游戏的相关权利，包括但不限于：

利用乙方网站和推广渠道等各项资源发行、宣传、推广、运营改编游戏及其相关资料。

复制、再版、使用、操作、维护改编游戏的游戏程序、客户端软件、服务器软件和游戏内容。

使用游戏及甲方提供的相关资料开发和制作相关衍生品（包括但不限于玩具、服装、饰品、音像、视频、日用品等），以向游戏玩家展示、赠送或者销售，销售所产生的收入，须与甲方进行分成，分成比例按具体情况另行约定。

为促进游戏版本发行运营的其他合理权利，包括但不限于使用改编游戏及其相关资料在线上、线下进行运营；授权第三方在媒体渠道上推广、直播终端用户的游戏录像及界面。

授权期限：自影视剧集《＿＿＿》在卫视平台首播之日起 5 年，影视剧集《＿＿＿》首次播放时间不早于 ＿＿＿ 年 ＿＿＿ 月 ＿＿＿ 日。合同双方中任一方如未向另一方提出终止授权的书面通知，则授权期限自动延续一年。授权期限届满后，乙方有权在同等条件下与甲方优先进行合作。合同自双方签字盖章后于本合同文首所示日期生效至游戏正式商业化运营结束后终止。游戏的代理运营有效期限为自游戏 iOS、Android 版同时正式商业化运营之日起 3 年，如两个版本不同时上线，则代理运营有效期限以后一个版本正式商业化运营之日起算，两个版本正式商业化运营的时间间隔不应超过 3 个月。合同期限届满前 30 天内，合同双方中任一方如未向另一方提出终止合同的书面通知，则本合同到期自动延续一年。合同期限届满后，乙方有权在同等条件下与甲方优先进行合作。

授权区域：全球授权。

乙方有权公开展示、使用和复制游戏所涉商标，并在发行运营游戏的相关活动中使用甲方及其关联企业的商标。

甲方同意乙方有权根据需要对游戏相关资料进行适当修改或者调整，以更好地实现游戏营销、推广、发行及运营。乙方有权在游戏的推广运营中，在游戏界面或宣传资料内加入乙方的公司名称、商标图案等更多游戏相关信息。

甲方同意乙方可以将本合同规定的权利或义务转授权、分许可或者委托给任何第三方，包括但不限于为乙方提供服务的渠道商、服务商、经销商、代理商，或乙方的关联公司。

三、合同履行

双方均应严格履行本合同条款的约定，不得损害另一方或者其他第三方的权利。

甲方职责，包括但不限于：

本合同签署之日起十个工作日内，甲方应及时完整地向乙方一次性披露授权作品的有关素材、宣传资料、权利证明文件。授权作品素材包括但不限于影视剧集名称、剧情、详细剧本全本、故事、角色、人物形象、人物姓名、仅用作宣传使用的演职人员剧中肖像、场景、形象、台词、剧照、海报、预告片、拍摄花絮、音乐、配音、音效等。

甲方保证提供给乙方的图片素材为照片原图。

甲方应及时向乙方提供在网站、电视、出版物、印刷品及广告板等宣传推广及促进营销发布的宣传资料，包括授权作品的节目片段、音乐及歌词、宣传海报、节目简介、台词对白、相关画面或节目片断等。

甲方应及时向乙方提供全部授权作品的版权等权利证明文件〔包括但不限于从全部原始权利人开始直至甲方的连续完整的转授权证明文件及相关的授权合同等文件以及《电视剧发行许可证》（复印件加盖公章）（或《电影片公映许可证》）等〕，如乙方要求甲方安排提供的其他特别公证文件，如相关文件是在中华人民共和国境外（含中国香港、澳门及台湾地区）形成的，则甲方应负责完成相关公证及转递手续。甲方应保证向乙方提供的全部授权作品的版权证明文件真实、合法、有效。

甲方应提供甲方营业执照副本复印件（加盖甲方公章）一份，以及其他权利人的营业执照副本复印件或工商注册信息。

如果存在必要甲方参与的宣传、发行、推广工作，甲方应在接到乙方书面通知之日起3日内与乙方确定好相关工作内容，并提供诸如产品信息、权利证明、公司/员工个人简历等信息，并积极支持乙方在游戏方面的宣传、发行、推广及运营工作。

协助处理市场上侵犯改编游戏的盗版现象，积极与乙方协商解决方案。若乙方需甲方出具授权文件等法律文件时，甲方争取在收到乙方要求之日起3个工作日内提供。

乙方职责，包括但不限于：

在合同签署后，结合甲方提供资料的情况及时做好游戏上线运营的相关准备。尽快实现游戏发行运营的其他工作。

乙方负责为游戏申请国家新闻出版广电总局出具的游戏出版许可（即游戏版号），并负责办理文化部备案等相关政府许可审批。同时乙方应具备相关游戏运营资质。

根据游戏的发行运营需要，投入合理资源进行相关宣传、推广工作。

及时按照合同约定提供游戏的结算数据，并与甲方友好协商确认。

按时支付约定的预付款及收益分成。

四、游戏收入分成及预付款

游戏收益分成款（预付保底）。考虑甲方在本合同中所授予的许可及其进一步义务，双方应按约定比例享有发行运营改编游戏期间形成的收入。

国内 iOS/ 安卓渠道甲方的收益分成 = 充值流水金额 × 6%

国内 HTML 5 版本甲方的收益分成 = 充值流水金额 × 3%

国内 Web 端页游甲方的收益分成 = 充值流水金额 × 3%

海外发行甲方的收益分成 = 充值流水金额 × 3%

充值流水金额：终端用户在发行运营游戏产品期间的充值收入扣除渠道测试金、坏账成本后的金额。上述坏账成本包括但不限于用户退款、活动折扣等乙方未能收回的金额，以游戏运营过程中实际产生的为准。

游戏收益分成预付款。乙方应支付甲方金额为含税 [＿＿＿] 万元人民币的预付款，预付款将用于抵扣甲方后续应收的收益分成。

游戏收益分成预付款时间节点：

第一次付款：乙方在本合同及授权书盖章生效，且乙方收取甲方提供的素材与等额合法的增值税专用发票后 15 个工作日内支付游戏收益分成预付款的 [50%]。

第二次付款：《＿＿＿》改编游戏的 [商业运营] 版本上线正常运营且乙方收到甲方提供等额合法的增值税专用发票后 15 个工作日内，乙方支付游戏收益分成预付款的 [50%]。

在改编游戏正式上线运营后，甲乙双方对具体收益分成进行结算支付，具体方式如下：

数据收集。甲乙双方均应对充值收入进行监控，并须为对方提供平台统计权限，以便双方都可以实时监控后台数据。如双方数据误差在正负 3%（以乙方数据为对比基数）以下，以乙方数据为准；如双方数据误差在正负 3%（以乙方数据为对比基数）以上，则双方先就无异议部分进行结算，余下异议部分可进行明细对账，具体细节由双方协商决定。

数据结算。以 N+3 个自然月为结算周期。乙方在 N+3 月的 15 日前将第 N 月数据的结算单提供给甲方，例如 1 月份数据在 4 月 15 日前提供。甲方在收到结算单据［5］个工作日内应对结算数额进行确认盖章并开具发票，并将发票及盖章后的结算单寄回乙方，如有异议须在［5］个工作日内向乙方提出；否则视为同意确认该结算单内容。

乙方在收到甲方开具的发票后，直接将已支付的预付款抵扣甲方应收的收益分成；预付款全部抵扣完后，则在收到发票后的［15］个工作日内根据双方确认的结算单给甲方付款。

发票项目明细：游戏服务费。

甲方指定的账户信息如下：

户名：

开户行：

账号：

甲方开票信息：

企业名称：

纳税人识别号：

企业注册地址：

如果甲方账户资料变更，请提前 30 个工作日内以书面形式向乙方提交变更后的账户资料（需盖公章），否则因此造成的损失由甲方承担。

五、知识产权

甲方承诺，甲方对本合同项下授予甲方的权利享有本合同所需之合法及完整的知识产权等合法权利及 / 或业已取得相关权利人的授权许可，包括但不限于从全部原始权利人开始直至甲方的连续完整的转授权，不得存在任何妨碍本合同履行的瑕疵，亦不会侵犯任何人的著作权、商标权、姓名权等合法权利。乙方不承担审查义务，无论乙方是否审查甲方提供的相关证明文件，均不减免或转移甲方所应承担的任何义务和责任。

甲方保证其在本合同下向乙方所授权的权利在本合同约定的范围及期限内，未曾将此权利设定抵押、赠与、保证、留置等存在可能影响本合同履行的法律行为。

乙方（包括经乙方授权的第三方，本条以下相同）因行使本合同项下授权权利而侵犯任何第三方权利（包括但不限于著作权、商标权及姓名权等）或导致权力机关进行审查或质询的行为，收到乙方通知后，由甲方直接与该第三方协商解决，并承担包含各方赔偿在内的所有可能费用，与乙方无涉。如第三方已提起诉讼、仲裁，或权力机关进行审查或质询，则甲方应以甲方名义积极应对，并承担所有费用（包括但不限于诉讼费、律师费、赔偿款、行政罚款或罚金等）。如乙方与第三方就权利争议事项达成和解或向权力机关缴纳罚金，甲方应负担乙方因和解或处罚支出的全部费用（包括但不限于差旅费、邮寄费用，律师费、取证费用等合理的法律费用以及向第三方支付的赔偿费用及罚金等）。如乙方因行使本合同项下授权权利侵犯任何第三方的权利（包括著作权、肖像权、商标权及姓名权等）而导致被法院判决向该第三方赔偿，甲方应根据判决结果直接向该第三方进行全面赔偿。同时，甲方还应负担乙方因应诉而支出的全部费用（包括但不限于差旅费、邮寄费用，律师费、诉讼费、取证费用等合理的法律费用以及向任何第三方支付的赔偿费用）。

甲方同意乙方独自享有"改编游戏"的全部知识产权。同时游戏软件著作权的软件产品名称及著作权归乙方单独享有，甲方不得干涉乙方以任何方式使用"改编游戏"。

六、陈述保证

甲乙双方均保证其自身为合法设立并合法存续的法人，不存在影响公司存续的重大债务或重大诉讼，取得并将持续拥有履行本合同义务的合法运营资质及相应批准、许可。

甲乙双方均保证其自身已获得签署本合同所需的所有权利，及其签署及履行本合同不会订立或作出任何会干扰相关权利授予或相关条款和规定执行的其他合同或承诺；亦未遭受任何无资格、限制或禁止约束；更无须任何与本合同无关的人员来履行相关义务，或享受本合同涉及的利益。在合同期限内，不会因本合同的签署与执行而违反或干扰与其有关的任何其他合同。

甲方保证授权作品的内容符合中华人民共和国的法律法规及相关规定且不会违反任何关于内容健康性、安全性和合法性等规定，并可以公开发行及公映。如因前述内容被禁止公开发行、公映或导致甲方遭致任何投诉、控告、诉讼、侵权索赔、行政制裁等，概由甲方承担全部法律后果，与乙方无关，且乙方有权终止本合同，甲方应返还乙方已支付的全部费用。如因此造成乙方损失，甲方应承担全部赔偿责任。

甲方保证：不会再自行或授权第三方行使本合同项下授予乙方的权利，包括但不限于在本合同期限内甲方自行或授权给任何第三方基于本合同项下的授权作品进行游戏的知识产权申请、研发、发行、运营、推广等工作，不得侵犯本合同项下乙方享有的任何一项权利，否则甲方应双倍返还乙方支付的费用作为违约金，同时承担乙方全部损失及乙方需要支付给服务商、渠道商、经销商、代理商的赔偿金（包括但不限于游戏研发费、推广费、运营费、渠道费、市场宣发费等）。

甲方进一步声明与保证：甲方具备从事本合同中所规定之合作的

合法资格，并已获得全部权利人的合法、有效及完整授权，有权签订本合同并授予乙方行使本合同项下的各项权利。基于本合同，乙方已获得授权作品的充分、完整、合法及有效的授权，乙方行使授权权利无须再征得任何第三方（包括但不限于授权作品出品方、摄制方、演职人员、原作者、剧本作者、商标持有人等）的授权，也无须再向任何第三方支付任何费用。乙方及乙方授权的第三方基于本合同约定使用甲方提供的授权作品和行使通过授权作品改编的游戏的知识产权等权利不会造成对其他任何第三方权利（包括但不限于著作权、肖像权、商标权及姓名权等）的侵犯。

甲方承诺其拥有或经授权拥有以授权作品名称给全部游戏命名的全部充分、完整、合法及有效权利（甚至是商标权），保证有权许可乙方使用授权作品名称对全部游戏进行命名、运营及宣传等，且不会侵犯任何第三方的合法权利（包括但不限于商标权、著作权、姓名权及肖像权等）。

甲方确保提供给乙方在游戏上线及推广过程中所需要的包括但不限于游戏一切合法凭证及资质，以确保乙方可正常上线运营游戏，并保证乙方合法推广游戏。同时，甲方保证授权作品的任何部分或者授予乙方的相关权利均不会侵犯任何个人或组织的权利。甲方应向乙方提供上述证书的复印件证明并作为本合同附件（复印件上加盖甲方公章），否则，乙方有权提前 5 日书面通知甲方后单方终止本合同并有权要求甲方赔偿乙方由此所遭受的所有经济损失。

为保证改编游戏研发质量，甲方承诺《＿＿》影视剧集不会早于 ＿＿ 年 ＿＿ 月 ＿＿ 日在任何网络平台或电视频道放映，若《＿＿》剧集于 ＿＿ 年 ＿＿ 月 ＿＿ 日前在任何平台播出，则甲方须在游戏收益分成预付款及游戏收益分成比例上给予乙方一定补偿。

乙方保证发行运营授权游戏时符合国家广告发布的有关法律法规的要求，不存在非法广告或宣传的行为，亦不存在违反授权区域法律法规的其他情形。

反商业贿赂条款。在双方商业合作期间（包括但不限于本次合作），双方应坚决拒绝商业索贿、行贿、受贿或其他不正当的商业竞争行为；如任一方或其员工有任何根据适用法律法规可以认定为商业贿赂情形的行为，知情方应立即通报对方或根据具体情形选择向主管部门举报、追究具体责任人员刑事责任等措施。

无论任何原因导致合同终止的，甲乙双方均应：自合同终止之日起，设定不少于 60 天（两个自然月）为产品终止合作过渡期，以保证甲方、乙方、终端用户的权益不受侵害。终止合作过渡期内，甲乙双方仍需积极互相配合，做好游戏终止运营时款项结算及终端用户权益安排等后续工作。若过渡期内尚未完成上述后续工作，甲乙双方仍需友好协商适当延长过渡期，但一方故意拖延后续工作除外。

七、保密条款

双方在合作中发生分歧或需要有相关的重大信息披露时，应首先积极争取双方沟通协商一致，相关重大信息的披露、采用、表述应获得双方的书面许可。

未经对方书面许可，任何一方不得向第三方（有关法律、法规或政府部门要求除外）泄露本合同的条款的任何内容、本合同的签订履行情况以及通过签订和履行本合同而获知的对方的任何信息（包括但不限于用户数据信息、业务数据、推广计划、商业秘密、技术信息、产品信息等）。

本保密条款的有效期为本合同生效之日起至双方业务合作终止后二年。

如果一方违反保密合同的约定，向任意第三方披露基于本合同而获得的对方信息，违反方需承担违约赔偿责任，违反方需向守约方赔偿给守约方带来的全部损失。

八、违约责任

如果一方直接或间接违反本合同的任何规定，或未能充分并及时履行相关的义务，将被视为违反本合同。在此情况下，守约方有权迟延或者拒绝继续履行其在本合同项下的义务，要求赔偿守约方的损失（包括直接损失和间接损失），并有权通知违约方尽快履行合同和采取补救措施。如果违约方未能在收到上述通知后的 30 个工作日内采取适当措施，并对守约方做出合理解释，则违约方视为重大违约。

甲方应按照本合同约定及时向乙方提供授权作品有关素材及宣传资料、权利证明文件、授权书等文件资料。若甲方不能按本合同约定及时向乙方提供授权作品有关素材及宣传资料、权利证明文件及授权书等文件资料，授权作品提供每延迟一日，按预付分成款的万分之一 / 日向乙方支付违约金。如甲方逾期 20 日仍不能向乙方完整提供全部授权作品有关素材及宣传资料、权利证明文件、授权书等文件资料且拒绝补充提交的，乙方有权选择提前终止本合同，甲方应在收到乙方书面通知后 3 个工作日内返还乙方本合同项下的预付分成款。

如甲方违反本合同项下之约定或擅自解除本合同的，甲方应双倍退还乙方游戏收益预付分成款，以及甲方应赔偿给乙方造成的直接或间接损失（包括但不限于游戏研发成本、运营成本、渠道成本、广告成本、对第三方违约金、律师费、诉讼费、赔偿金、罚金等），同时乙方有权选择是否解除本合同，如乙方选择解除本合同，无须提前通知甲方，且甲方应在 5 个工作日内向乙方支付上述款项；如乙方选择不解除本合同，则甲方除应继续履行本合同外还应按乙方已支付的预付分成款的 10% 向乙方支付违约金。

若合同因不可抗力终止或解除，则甲方应在合同终止后 10 天内退还已收取的游戏收益预付分成。

九、不可抗力

本合同所称不可抗力事件是指本合同任何一方不能合理控制的、无法预料或即使可预料到也不可避免且无法克服，并于本合同签署之日后出现的，使该方对本合同全部或部分的履行在客观上成为不可能或不实际的任何事件。该等事件包括但不限于水灾、火灾、旱灾、地震及其他自然灾害以及政府的作为及不作为、黑客袭击等。

声称受到不可抗力事件影响的一方应尽可能在最短的时间内通过书面形式将不可抗力事件的发生通知另一方，并在该不可抗力事件发生后 15 日内以快递或挂号信方式向另一方提供关于此种不可抗力事件及其持续时间的适当证据。声称不可抗力事件导致其对本合同的履行在客观上成为不可能或不实际的一方，有责任尽一切合理的努力消除或减轻此等不可抗力事件的影响。

任何一方由于受到本合同规定的不可抗力事件的影响，部分或全部不能履行本合同项下的义务，将不构成违约，该义务的履行在不可抗力事件妨碍其履行期间应予中止。不可抗力事件或其影响终止或消除后，甲乙双方须立即恢复履行各自在本合同项下的各项义务。

十、合同变更、解除与终止

非因法定或约定事由，任何一方不得单方解除本合同，否则应赔偿给对方造成的损失。

经甲乙双方达成书面一致，可就本合同事项进行变更。

合同双方中任一方如未向另一方提出终止授权的书面通知，则授权期限自动延续一年。授权期限届满后，乙方有权在同等条件下与甲方优先进行合作。合同期限届满后，若双方未就续约事宜达成一致，则本合同即终止。

甲方擅自解除本合同的，应承担本合同项下的违约责任，并就乙方直接或间接损失履行赔偿义务。

十一、法律适用及纠纷解决

本合同的签署、效力、解释、执行以及争议之解决均适用中华人民共和国法律。

本合同的订立、效力、解释、履行和争议的解决均适用中华人民共和国法律。因本合同所产生的以及因履行本合同而产生的任何争议，双方均应本着友好协商的原则加以解决。协商解决未果，任何一方有权向原告方所在地人民法院提请审理。

十二、其他

转让。除本合同另有约定外，在未获得另一方的事先书面同意之前（该方不得无理拒绝），任何一方都无权转让本合同或其中的任何权利或义务。

通知。所有一方发送给另一方的通知和其他项目可采取适当方式按下列地址进行发送：

甲方：

联系人：

电话：

邮箱：

传真：

乙方：

联系人：

电话：

邮箱：

通知自送达时生效。任一方可随时提前 10 天书面通知另一方指定不同的通知地址。

本合同中列出的声明、保证、补偿、终止和保密义务在任何一方无论出于何种原因终止本合同后仍然有效。

除非由本合同各方签署书面合同，本合同的任何补充、修订、修正、放弃、终止或履行都不具有约束力。

本合同及其附件包含本合同双方间完整合同和磋商，取代以前所有与本合同标的有关的合同和磋商。

不可抗力。对于任何一方无法合理控制事件引起的延误或未履行合同，各方将无须负责，此类事件包括天灾、战争、电源故障、洪水、地震和其他自然灾害。

本合同一式两份，双方各执一份，具有同等法律效力。

可分割性。如果本合同中的任何规定被判定为无效或不可执行，可通过限制及减少解释使其可执行或将其删除，但不得使本合同剩余规定无效。

（以下无正文，仅为签署页）

甲方：   乙方：
法定代表 / 授权代表   法定代表 / 授权代表
（签字）：   （签字）：

版权声明书

关于影视节目《＿＿》（导演：＿＿主演：＿＿）片头联合出品方＿＿，只享有署名权，其他著作权归＿＿所有，本单位对于＿＿对该片的版权已经或者将要做出之转让、任何授权行为，均表示授权，同意并确认。

特此声明！

声明单位（公章）：

日期：＿＿年＿月＿日

整合营销授权书

授权方：

地址：

联系人：

领权方：

地址：

联系人：

鉴于授权方与领权方共同合作《＿＿》（以下简称"该剧"），为提高该剧品牌和市场影响力，就该剧之整合营销及推广事宜，特授权领权方及其关联公司使用授权方之授权内容：

授权内容：

授权方授权领权方及其关联公司（以下统称"领权方"，为避免异议，本授权中领权方关联公司除＿＿集团旗下企业外还包括＿＿公司等为达成合作领权方指定或者合作的设计、生产、宣传推广主体，但上述主体的权限不超出本授权书范围）基于该剧合作，在其生产销售的＿＿品牌＿＿型号的定制化＿＿产品上使用以下各项内容（以下称"该项目"）：

1. 该剧相关元素（包括但不限于片名 LOGO、文字说明、海报、剧照、肖像、花絮、音视频等已知或未来新生样态的标识性内容）。

2. 主创人员＿＿相关元素（包括不限于＿＿的肖像、声音、签名等）。

3. 授权方设计制作或录制的文字、图片、音视频等，授权内容以授权方提供的为准。

授权使用方式：

包括但不限于用于在定制化产品的包装、外观、预置内容；系统及 EUI（包括但不限于桌面图标、开机画面、主题商店、日历、信纸、表情、贴纸、壁纸、闹钟等）等已知或未来新产生的场景项下使用上述授权内容；以及在微博/微信分享小尾巴等传播渠道进行使用，以及为达成上述商务目的辅助性使用。[前述使用包括对授权内容的使用及改编、演绎、汇编性使用]具体使用方式、使用内容等，由领权方基于使用需要整体规划、筛选、确认。

授权地域：中国大陆地区（不含港、澳、台地区）。

授权期限：

授权方授权领权方生产销售定制化产品的首次授权年限为 ＿＿ 年，自本授权书出具之日起生效并起算。如授权期限届满，除双方另有约定外，则领权方在期限届满日后将不再生产定制化产品，但授权方同意，领权方及领权方指定第三方对授权期内所生产的产品，仍然有权进行包括但不限于销售、许诺销售、进口等行为。定制化产品生产过程中产生的设计、生产成果所涉权利归属领权方所有，不因授权期限届满而失效。

授权性质：

独家授权（含独家维权权利），即授权方仅授权领权方在该项目合作及授权地域内独家生产销售推广带有授权方授权内容的定制化产品，授权方承诺在授权期限内不会自行或授权第三方开展该项目合作范围内与本授权相同或类似的定制产品的生产、销售和推广。

如第三方在其产品上使用该项目合作范围内的上述授权内容（包括授权方该剧主创人员＿＿的姓名、肖像、声音及本授权范围内的＿＿本人相关元素及其改编/演绎形态），则授权方同意授权领权方以自身名义打击该等侵权行为（如依据法律规定，领权方无法以自身名义独立维权，则授权方及主创人员需保证实际维权活动由领权方代理执行，维权团队由领权方遴选、组建），同时授权方给予领权方必要的协助和配合。领权方自行承担打击侵权行为所需成本并享有所得收益。独家维权权利自本授权出具之日起生效。对上述侵权纠纷，授权方主创人员本人不直接出庭参与诉讼或仲裁（根据法律规定或司法机关指定必须出庭的除外），但应依照届时司法机关的实务要求向领权方或者领权方指定的律师直接出具授权委托书及身份证明材料。

相关推广：

授权方授权领权方及其委托的第三方在所有推广渠道使用上述授权内容进行该剧及定制化产品的推广，领权方及其委托的第三方有权对上述授权元素进行适当的剪辑、修改以适应宣传和营销之需要。

授权方特别声明：

授权方保证是授权内容的权利拥有者，就授权内容所使用他人作品已经获得原著作权人和相关权利人的许可并支付费用，有权代表授权剧目中的主创人员进行该等授权，根据本授权书向领权方提供的作品及物料是真实、合法有效，没有权属争议的。因授权方权利瑕疵导致领权方遭受第三方主张的包括但不限于遭受第三方投诉、举报、起诉、受到行政处罚等，由授权方进行解决；同时应赔偿领权方因此遭受的所有损失（包括但不限于向第三方支付的赔偿费、诉讼费、行政处罚费、律师费、公证费等）。

如遇司法实践及维权需要，授权方将协助领权方完成授权内容相关公证事宜。

授权方（盖章）：

____年__月__日

项目宣发合作协议书

甲方：

地址：

联系人：

联系电话：

乙方：

地址：

联系人：

联系电话：

鉴于：

甲乙双方本着互惠互利、诚实守信的原则，就甲方向乙方授权影视节目的新媒体播放渠道之独占专有信息网络传播权等事项，达成如下合同：

第一条　双方陈述与保证

1.1 甲方是依法设立并合法存续的独立法人，甲方保证依法享有本合同项下影视节目的著作权及邻接权。

1.2 乙方是合法设立并有效存续的独立法人，乙方保证是网络平台的内容合作伙伴。

1.3 双方拥有完全的权利或授权签署和履行本合同。

1.4 双方授权代表已获得充分授权可代表签署本合同。

1.5 双方对本合同的签署和履行未侵害任何第三方的合法权益。

1.6 任何一方均应尊重对方拥有的知识产权权益。

1.7 本合约项下的节目内容包括新媒体电影 ＿＿＿ 等，以授权书为准。

第二条　定义与解释

2.1 影视节目：指甲方原始所有或经权利人合法授权取得信息网络传播权的节目内容。

2.2 信息网络传播权：指以有线或者无线方式向公众提供作品，通过各种传输技术和传输网络进行传输，在不同地理场所（包括但不限于家庭、办公区域、航空器、公共交通工具、铁路运输工具等。双方另有约定，甲方另行单独授权的渠道除外）以计算机、手持移动设备为接收终端或显示终端，为公众提供包括但不限于以网络点播、直播、轮播、广播、下载、互联网电视等方式进行传播的权利和双方另行口头、书面、邮件等方式约定的权利。

所涉及的播出平台以甲方向乙方的授权范围为准。乙方有权以自己的名义或授权国内 KTV 设备服务提供商为用户提供点播时而进行的复制和放映的权利。

2.3 影视节目介质：符合广播级技术要求的节目载体，一套 1080P 规格的高清介质（具体参数详见附件：节目质量参数要求）。

2.4 授权期间：自 ＿＿＿ 年 ＿＿＿ 月 ＿＿＿ 日起至 ＿＿＿ 年 ＿＿＿ 月 ＿＿＿ 日止。

第三条　影视节目与节目传播

3.1 乙方有权将授权节目上传至授权传播平台、载体进行传播、推广。本合同下影视节目授权使用的范围为国内外互联网、互联网电视，包括但不限于优酷土豆、爱奇艺 pps、腾讯视频、乐视网、风行网、Youtube 等新媒体发行平台。

3.2 乙方就授权作品在国内外新媒体平台上为甲方进行免费推广，由甲方提供相应的素材，包括但不限于预告片、片花、主创访谈实录等。

第四条　节目介质与版权文件

4.1 甲方提供本合同授权影视节目介质，并委托具有资质和信誉的运输公司向乙方交付。为保证乙方在收到节目带后有合理的时间进行节目后期编辑、审片、节目数字压缩、音像出版等工作，甲方应自本合同签署之日起 7 个工作日内向乙方交付上述节目介质。

4.2 若乙方有证据表明甲方交付的节目带不符合节目播出技术要求的，甲方应根据乙方的要求在乙方向甲方提出更换要求后的 5 个工作日内重新提供符合要求的节目带，若因节目介质质量问题导致乙方无法在双方约定的授权时间内正常上线使用时，乙方有权按照延误天数相应延长节目的使用时间。

4.3 甲方拥有本合同授权影视节目版权或相关权利的证明（包括影片字幕中出品方、联合出品方、摄制方、联合摄制方、协助拍摄方、制作方或者版权标识后非为授权方的其他方有关该影片版权的相关声明），以上版权或相关权利证明文件须符合涉及本合同权利之法律规定及司法实践要求，甲方有义务提供上述材料的原件或者复印件与原件相符的公证件。

4.4 甲方就本合同授权影视节目相关权利的授权给乙方出具的授权书原件。

4.5 甲方版权如果为继受取得，须出具原始版权所有人的涉及本合同相关权利授权书，该授权书须符合法律规定及司法实践要求并由乙方认可，甲方有义务提供上述授权书的原件或者复印件与原件相符的公证件，但本合同下之授予乙方的版权授权书需要甲方亲自签署。

上述相关权利证明文件如是在中华人民共和国领域外形成的，该权利证明文件应当经所在国公证机关公证，并经中华人民共和国驻该国使领馆予以认证，或者履行中华人民共和国与该所在国或地区订立的有关条约中规定的证明手续。相应的权利文件如是在香港、澳门、台湾地区形成的，应当履行相关的认证或转递手续。

第五条　结算周期

5.1 若本合同授权影视节目在国内外互联网传播平台产生收益收

入，甲乙双方按照以下方式对该影片新媒体发行总收益进行分成：按甲方 ＿＿＿%，乙方 ＿＿＿% 的比例进行收益分成，除此之外，乙方无须向甲方支付许可费等其他费用。

5.2 结算依据：传播平台、载体提供的收益报表及相关有效凭证，包括传播平台、载体向乙方出具的原始对账单、往来发票复印件、合同复印件。

5.3 结算时间：经双方商议，乙方每次自合作单位取得实际收入之日起，次月中旬财务对账后，向甲方提供应得收益结算单，甲方提供税率为 6% 合法等额的增值税专用发票并经乙方确认有效后 15 个工作日内向甲方指定账户支付相应款项，发票项目为版权费。

5.4 税费承担：因收入产生的税费甲乙双方依法各自承担。

5.5 甲方账户信息如下：

开户行：

账户名：

账号：

如甲方账号变更或发生不可用等情况时，应及时书面通知乙方，否则，由此造成的一切损失由甲方自行承担。

5.6 如因传播载体、平台迟延结算的原因致使无法按时提供收益报表的，收益结算期限相应顺延，乙方根据其与播放平台等合作方的合同约定协商沟通，并书面通知甲方具体顺延周期。

第六条 甲方的权利义务

6.1 甲方应当向乙方及时提供推广所需的图片、产品文案及花絮视频等物料。

6.2 甲方授权乙方可在网络发行和推广的 ＿＿＿ 等视频物料工作人员列表中增加乙方相关工作人员人名字样，片头片尾添加"＿＿发行"LOGO，甲方所拍摄的影像视频作品的著作权以及其他相关知识产权均归甲方享有，乙方仅享有信息网络传播权的独占专有授权，有权发行及推广，且可在合同期限内转授权。乙方所有涉及的转授权，均需告知甲方。甲方确保授权的影视节目无权利瑕疵，否则，如导致乙方遭受损失，甲方应当予以赔偿，包括但不限于给乙方造成的直接和间接经济损失及因追究甲方法律责任和乙方参与关联诉讼或仲裁发生的律师代理费、诉讼费、交通费及其他相关费用。

6.3 甲方应当负责取得演员的肖像使用权许可并授权乙方使用，乙方需保证合法使用演员的肖像使用权，如发生演员肖像权纠纷，则乙方因此产生的法律责任均由甲方承担（包括直接和间接经济损失及乙方可能卷入诉讼所发生的诉讼费、律师代理费、交通费及相关费用）。

第七条　乙方的权利义务

7.1 乙方应依合同约定的权限、期限、区域行使独占专有信息网络传播权，并负责该区域内合作节目盗版的清理和维权（该节目盗版的清理和维权指信息网络传播权），维权所产生的费用由双方另行协商，维权所得赔偿款等扣除维权所产生的费用后，甲乙双方按本合同第五条约定的比例进行分配。

7.2 在视频发布或公开播出之前，乙方有义务对视频拍摄的所有内容承担严格保密义务，如因乙方原因发生泄密，乙方将承担因泄密所产生的全部法律责任，并赔偿甲方因此所受到的全部经济损失，包括但不限于直接经济损失、间接经济损失及甲方追究乙方违约责任所发生的律师代理费、诉讼费、交通费及其他相关费用。

7.3 在授权期限内，如发生以下情形，乙方有权对授权作品做下线处理，该授权作品的授权期限自下线之日自动终止，如以下情形发生超过三次以上（含三次），乙方有权终止本协议，解除与甲方的合作：①本协议下甲方授权作品无权授权或者超越自身权限授权的；②甲方提供的授权作品的著作权证明文件在约定时间内无法补正的；③ 授权作品违反国家相关法律法规或者政策的规定；④授权作品侵犯第三方的合法权利；⑤相关部门的要求（如：授权作品属于国家广电部门发布的自律片单中的影片）。如上述情形未给乙方造成损失的，则乙方应按本协议约定的比例向甲方支付该授权作品在下线日之前已经产生的收益；如给乙方造成损失的，就授权作品在下线＿＿日之前已经产生的收益，乙方有权扣除甲方应得部分，如甲方应得部分收益不足补偿乙方损失的，甲方应予以补足。

第八条　违约责任

8.1 甲方不得无故单方解除本合同，否则乙方有权要求甲方赔偿因此而造成的经济损失，包括已经进行的网络推广的相关费用。

8.2 本合同签署后，乙方不得无故单方解除本合同，否则甲方有权要求乙方赔偿因此而造成的经济损失。

8.3 甲方不得在本协议有效期内自行委托任何第三方行使该协议下的任何权利，如在签订该协议前已委托过其他发行方或已自行与平台方对接，应如实并及时告知平台方对该影视节目给出的相关建议，否则乙方有权要求甲方赔偿因此造成的损失并有权单方面解除合同。

8.4 如乙方在签署合约起两个月内，未能对甲方影片进行付费点播及发行推广，经双方协商仍未得到解决，甲方有权单方解除合约，对影片自行处理。

第九条　免责事由

9.1 如因法律规定的不可抗力事由造成乙方不能按期进行项目发行推广或分成付款时间，则乙方的交付期限得以顺延，直至不可抗力因素消除之日止，且任何一方均不承担违约责任。同时，合约授权期同步顺延。

9.2 因不可抗力事件导致一方无法全部或部分履行合同义务的一方，应当于不可抗力事实发生之日起三日内书面通知对方，并附相关机构出具的不可抗力事件的发生证明。

第十条　争议解决方式

在合同执行过程中，双方如发生争议，应首先协商解决，协商不成，则任何一方均有权向原告方所在地人民法院提起诉讼。

第十一条　其他

11.1 本合同自双方盖章之日起生效。

11.2 本合同履行完毕即终止。

11.3 本合同一式两份，由甲乙双方各执一份。

甲方：　　　　　　　　　　　乙方：

代表人：　　　　　　　　　　代表人：

日期：___年___月___日　　日期：___年___月___日

网络影视宣传物料要求

一、图片物料

1.海报：提供主题海报原图不少于一套，要求 PSD 格式的分层文件，海报横版竖版各一版，即主体人物与背景分离，海报尺寸：480×360，1800×2360，1500×480，1200×600，PSD 和 JPG 格式。

2.剧照：高清大图剧照 JPG 格式文件不得低于十张。

二、视频物料

1.预告：切勿使用遮幅！格式 MP4，分辨率 1080P，码流 10M 以上。

2.正片：两个版本。

（1）需严格按照以下表格要求提供高清格式视频，码流 30M 以上。

（2）文件大小 4G 以下，1080P，MP4 格式。

三、文字物料

1.影视节目相关信息，包括但不限于影片名、出品方、发行方、制作方、导演、编剧、主演、上映时间、剧情介绍等。

2.角色性格介绍（包含角色扮演者信息，附加角色高清大图）。

3.影视节目介绍 PPT 或者影视节目宣传册电子版。

节目质量参数要求

视频	
分辨率信息	1920 × 1080 16∶9（1.78Full Frame）3840 × 2160 16∶9
帧速率	24 / 25fps
视频编解码	ProRes / H.264
封装	MOV / MXF /MP4 / MPG / TS
比特率	>30Mbps
压缩模式	CBR / VBR
采样	4∶4∶4
3D	偏振式 3D，左右半宽
音频	
音轨	2 or 6 or 12
音轨内容 （1=Master Left 2=Master Right 3=M&E Left 4=M&E Right）	1=Left; 2=Right; 3=Center; 4=LFE; 5=left Surround; 6=Right Surround 1–6 channels are final mixed channels (Dialogue and M&E),if possible 7–12 channel are M&E channels
格式	5.1 / Stereo
采样	48KHZ
音源	16bit
编码	PCM / AAC(Stereo) /AC-3(Dolby)
字幕格式	SRT
提供方式	百度云盘
要求	首帧必须添加制作方片头 片头片尾均不可加定帧广告或者无关画面 全片不可压制无关角标、浮层 字幕必须压制在有效画面内 提交介质不可添加遮幅 对白、画面、配乐等需符合法律法规 不可出现竞手的明显相关软性广告